Lame Deer/Richard Erdoes
Tahca Ushte

Lame Deer/Richard Erdoes

Tahca Ushte

Medizinmann der Sioux

Aus dem amerikanischen Englisch
von Claus Biegert

Lamuv Taschenbuch 86

CIP-Titelaufnahme der Deutschen Bibliothek

Lame Deer:
Tahca Ushte : Medizinmann der Sioux / Lame Deer ; Richard Erdoes. Aus d. amerikan. Engl. von Claus Biegert. - Göttingen : Lamuv Verlag 1990.
(Lamuv-Taschenbuch ; 86)
Einheitssacht.: Lame Deer, seeker of visions <dt.>
ISBN 3-88977-243-9

NE: Erdoes, Richard [Bearb.] ; GT

1. Auflage, September 1990
Lamuv Verlag GmbH, Düstere Straße 3, D-3400 Göttingen, 1990

Umschlagentwurf: Gerhard Steidl unter Verwendung eines Fotos von Richard Erdoes
Gesamtherstellung: Steidl, Göttingen
ISBN 3-88977-243-9

Dieses Buch ist gewidmet:

Frank Fools Crow

Pete Catches

George Eagle Elk

Bill Schweigman

Leonard Crow Dog

Wallace Black Elk

John Strike

Raymond Hunts Horse

Charles Kills Enemy

Godrey Chips

und allen anderen Medizinmännern

der Sioux-Nation

Inhalt

Vorwort zur deutschen Ausgabe von Richard Erdoes 9
Vorbemerkung des Übersetzers 12

Allein auf der Kuppe des Hügels 15
Das Gewehr im New Yorker Museum gehört mir 22
Die grüne Froschhaut 49
Erst saufen, dann sitzen 83
Auf Teddy Roosevelts Kopf 105
Der Kreis und das Viereck 123
Zu den Eulen und Schmetterlingen sprechen 135
Zwei in einer Decke 158
Medizin – gute und schlechte 175
Inipi – Großvaters Atem 198
Yuwipi – Kleine Lichter aus dem Nichts 207
Sie schauen in die Sonne und tanzen 223
Füge den Bäumen keinen Schmerz zu 240
Rollt die Erde auf 251
Der Umgedrehte, der Vor-Rückwärts, der Eis-Heiße 262
Blut wurde zu Stein 273

Nachwort:
Inyan Wasicun, der Weiße Mann mit den Steinen 297
Glossar 315

Vorwort zur deutschen Ausgabe
von Richard Erdoes

Als unser Buch in Amerika herauskam, sandte uns unser Verleger auf Tournee durch ein Dutzend verschiedener Städte. In New York, es war im November, zog John seine Festtracht an, setzte seinen Federschmuck auf und marschierte bis zum Kinn in den Atlantischen Ozean.
»Ich besitze schon die Geisterkraft der Luft und der Vögel, die Kräfte der Erde und ihrer Geschöpfe. Jetzt will ich noch etwas Kraft vom Meer und den Fischen haben.« Wir kamen triefend aus dem Wasser. Wir waren allein. Er befahl mir, einen Fernsprecher zu suchen und die zwei uralten Verleger, Gründer einer ehrenwerten Firma, anzurufen. Sie sollten sofort kommen, das heißt, fünfzig Meilen zu ihm fahren, und mit ihm ins Meer waten, er würde ihnen dann etwas von seiner Kraft abgeben. Sie antworteten, es sei zu kalt, zu weit und zu beschwerlich. Sie hätten außerdem andere Pläne. John war empört. In Detroit interviewte uns eine Dame: »Lieber Herr Lame Deer, Sie wollen uns doch nicht ernsthaft weismachen, daß Sie mit Tieren und Pflanzen sprechen.« Er antwortete ihr: »Ja, liebe Frau, in Ihrer Bibel, da redet ein nacktes Weib mit einer Schlange. Ich unterhalte mich mit Adlern.«
In Chicago fanden wir uns, vor der Fernsehkamera, einem weißen Pfarrer gegenüber, der viele Jahre lang eine Mission bei den Cheyenne-Indianern geleitet hatte.
»Gott und der Große Geist, das Kreuz und die Friedenspfeife«, sagte der gute Mann, »das ist alles dasselbe. Da ist kein Unterschied. Ich bete mit der Pfeife, gehe ins Schwitzbad und nehme am Sonnentanz und an Peyote-Riten teil.«
»Wenn das nur Ihrem Bischof nicht zu Ohren kommt«, meinte John besorgt.
In Kalifornien besuchten wir Gefängnisse und sprachen mit indianischen Gefangenen. Die Häftline weinten, wenn John mit ihnen die Heilige Pfeife rauchte oder ihnen eine Schwitzhütte im Gefängnishof baute.
Später genoß er die Anerkennung, die das Buch brachte. Die

folgenden Jahre brachten große Veränderungen. Man kann beinahe von einer Revolution sprechen. Vielleicht half das Buch in bescheidenem Maße mit, diesen Umsturz herbeizuführen. Indianer begannen, ins Peyotezelt anstatt in die Kirche zu gehen. Sie gingen zu den *yuwipis* und nicht mehr zum weißen Pfarrer. Statt sich Pillen vom Hospital zu holen, brachten sie Kräuter vom Medizinmann heim.

Die Mehrheit der jungen Leute schlossen sich AIM an, dem American Indian Movement, und viele der Eltern und Großeltern folgten. Die Indianer forderten ihre Rechte.

Im November 1972 besetzten Indianer das »Bureau of Indian Affairs«.

Auf dem Pine Ridge Reservat herrschte ein Mini-Diktator. Er ernannte seinen Onkel als Wahl-Leiter. Ein anderer Onkel war Stammes-Richter. Der Bruder war Chef der Polizei, er schleppte alle ins Kittchen, die den Mund aufmachten. Leute verschwanden und wurden tot, mit einer Kugel im Genick oder zerschmettertem Schädel, aufgefunden. In ihrer Verzweiflung besetzten die Sioux-Indianer Wounded Knee, ihre heilige Stätte, den letzten Ruheplatz für dreihundert ihrer erschlagenen Stammesgenossen. John war kein Politiker. Er sagte den jungen Burschen und Mädchen immer:

»Geht nur demonstrieren. Das ist aber nicht meine Art. Ich werde für euch beten und Sweetgras verbrennen.«

Aber nach Wounded Knee wollte er doch. Wir fuhren zusammen los. Wir ließen den alten Wagen zwischen Bäumen und Gebüsch stehen, um die letzten drei Meilen zu Fuß, schleichend und Deckung nehmend, zurückzulegen. Ein Panzerwagen mit schwerem MG und Raketenwerfer fing uns ab. John sagte nur: »Das sieht euch schon ähnlich.«

Später leitete er wieder die Sonnentänze, die immer strenger wurden. Teilnehmer rissen sich die Brustmuskeln aus und schleppten zwölf in ihrem Fleisch verankerte Büffelköpfe den Tanzplatz entlang. John freute sich, als sein junger Neffe, Crow Dog, den seit 1890 verbotenen Geistertanz wieder einführte. So waren wir Zeugen einer Renaissance indianischen Glaubens und Brauchtums. Manchmal holte er sich eine Rolle mit Silberdollars von der Bank und verteilte die Münzen unter den Tänzern. Das Buch machte ihn nicht reich. Seine paar Tantiemen verschenkte er an die Hungrigen. Bis zuletzt lebte er in seiner primitiven Hütte mit dem fünfzig Schritt entfernten wackeligen Abort. Er litt an den Krankheiten seiner Rasse und den sozialen Verhältnissen. Er war Diabetiker und konnte die Tuberkulose nie loswerden. Kettenrauchen tat ihm nicht gut, aber er lachte darüber: »Diese Dinge können mir nichts anhaben.« Er reiste von Stamm zu Stamm, Stadt zu Stadt, Gefängnis zu Gefängnis, Trost und Rat spendend. Auf dem Wege zu einer Zeremonie fuhr ihm ein Besoffener in den Wagen. John hatte einen Schädelbruch, seine Hüfte war zerschmettert. Aber er war zäh und liebte das Leben, sogar im Rollstuhl. Er behielt seinen Sinn für Humor und ließ sich von Freunden zu Zeremonien tragen oder schieben, aber richtig erholte er sich nicht mehr. Im Herbst 1977 mußte er ins Krankenhaus, in ein Veteranenhospital in Denver. Er sagte den Ärzten: »Hier gefällt es mir nicht. Ich gehe nach Hause und heile mich selber. Ich fühle mich schon ganz wohl.«

Und in der Tat, es schien ihm besser zu gehn. Die Ärzte schüttelten den Kopf und sprachen von einem Wunder. Johns Sohn, Archie, kam seinen Vater besuchen.

»Ich bin wieder ganz in Ordnung«, sagte John, »hol mir meine Klamotten, wir dampfen ab.« Archie half beim Ankleiden.

»Jetzt muß ich nur den Wagen holen«, sagte er.

»*Washteh*, gut«, meinte John, »geh nur. Ich lege mich derweil aufs Sofa und ruhe mich aus.« Archie sah ihn noch einschlafen. Als er zurückkam, schüttelte er seinen Vater sacht an der Schulter: »Let's go, Dad«, aber John antwortete nicht. Mein Freund Lame Deer, Tahca Ushte, war heimgegangen zu den ewigen Jagdgründen, zu den Seelen seiner Ahnen, zu den Geistern unzähliger Büffel. Er gab die Flamme, *Peta Owihankeshni*, das Feuer ohne Ende, an seinen Sohn Archie Fire Lame Deer weiter. Der heilige Kreis ist nicht gebrochen, die Flamme brennt weiter.

New York, 1. Januar 1979

Vorbemerkung des Übersetzers

Lame Deer sprach sein eigenes Englisch, und das nur gezwungenermaßen; unter seinen Leuten sprach er Lakota, die Sprache seines Volkes. Um dieses Buch möglich zu machen, mußte Richard Erdoes Lakota lernen. Zu vieles wäre sonst im Vakuum zwischen beiden Sprachen auf der Strecke geblieben. Das vorliegende Buch ist das Ergebnis vieler Tonbandgespräche und regelmäßiger Gedächtnisaufzeichnungen einer langen Freundschaft. Lame Deers Worte gingen dabei natürlich noch durch den Filter des Schriftstellers Richard Erdoes. Trotzdem blieb die Sprechsprache weitgehend erhalten. Ich habe versucht, ein möglichst adäquates Deutsch zu finden; die Stimmen der Sioux aus Lame Deers Kreis, insbesondere die Stimme von Lame Deers Neffen Leonard Crow Dog, hatte ich dabei im Ohr.

Die beiden Autoren entstammen verschiedenen Kulturkreisen. Das ist nicht neu. Schon vorher haben westliche »Zivilisierte« die Worte von »Primitiven« niedergeschrieben. Die Einmaligkeit dieses Buches liegt in einer entscheidenden Kleinigkeit: Lame Deer kam zu Richard Erdoes und erklärte: »Ich habe beschlossen, du schreibst mein Buch.« Ein Indianer benützte den weißen Mann und dessen Fähigkeiten und Erfindungen – Schrift, Buch, Tonband – als Medium seiner Botschaft. Als Leinwand seines Bildes. Und das ist neu. Das Buch zählt damit zu einer jungen Strömung der amerikanischen Ethnologie, der »action anthropology«: Das eingeborene Stammesvolk dient nicht mehr als Studienobjekt, sondern bestimmt selbst die Arbeit des weißen Wissenschaftlers. Jener wiederum ermöglicht seinen ehemaligen Studienobjekten das Studium der Kultur ihrer Unterdrücker. Auch Lame Deer wirft einen sehr scharfen Blick auf uns. Am Departement of Anthropology der State University in Albuquerque, New Mexico, gehört der »Lame Deer« zur Pflichtlektüre der Erstsemester.

Lame Deer spricht immer wieder von der Sioux-Nation. Er benützt dabei selbstverständlich einen Terminus, der den in-

dianischen Völkern beider Amerikas bis heute abgesprochen wird – nämlich Nation zu sein. Sie sagen: Wir haben eine eigene Geschichte, ein eigenes Territorium, eine eigene Kultur, eine eigene Sprache, ein eigenes Schema des Zusammenlebens – damit sind wir eine Nation. Die Zuerkennung der amerikanischen Bürgerrechte 1924 wird von traditionellen Indianern ignoriert, die Grenzziehung des weißen Amerika existiert in der indianischen Welt nicht. Staat und Nation sind zweierlei. Am deutlichsten wird dies bei den Mohawks im Staat New York und den Ojibways in Minnesota: Dort durchschneidet die Grenze nach Kanada sogar Familien.
Das Land der Sioux ist immer noch Wilder Westen. In Lame Deers Heimat ist Indianertöten auch heute lediglich ein Kavaliersdelikt.

München, im Januar 1979 Claus Biegert

Allein auf der Kuppe des Hügels

Ich war allein auf der Kuppe des Hügels. Ich saß in der Visions-Grube. Das war ein Loch, das sie in den Hügel gegraben hatten. Meine Arme umklammerten meine Knie. Ich beobachtete, wie Old Man Chest, der Medizinmann, der mich hergebracht hatte, drunten im Tal verschwand. Er war nur noch ein schwarzer Punkt zwischen den Kiefern, und bald war er nicht mehr zu sehen. Jetzt war ich nur mir selber überlassen, für vier Tage und Nächte ausgesetzt auf der Kuppe des Hügels ohne Nahrung und Wasser, bis er zurückkommen würde, um nach mir zu sehen. Wißt ihr, wir Indianer sind nicht so wie manche weißen Leute – Mann und Frau, zwei Kinder und ein Kindermädchen, das fernsieht, während die Eltern irgendwo zu Besuch sind.

Indianerkinder sind nie allein. Sie sind zu jeder Zeit umgeben von Großeltern, Onkeln, Neffen, von allerlei Verwandten, die mit den Kleinen schmusen, ihnen vorsingen, ihnen Geschichten erzählen. Wo immer die Eltern hingehen, kommen die Kinder mit.

Nun aber kauerte ich zusammengekrümmt in meiner Visions-Grube, zum ersten Mal in meinem Leben allein und verlassen. Ich war sechzehn damals, trug noch immer meinen Kindernamen, und, das dürft ihr mir glauben, ich hatte Angst. Ich zitterte, und das nicht bloß wegen der Kälte. Das nächste menschliche Wesen war viele Meilen entfernt, und vier Tage und Nächte sind eine lange, eine sehr lange Zeit. Wenn alles vorbei sein würde, wäre ich kein Knabe mehr, sondern ein Mann. Das war klar. Ich würde meine Vision gehabt haben. Ich würde einen Mannes-Namen kriegen.

Die Männer der Sioux haben keine Angst vor Hunger, Durst und Einsamkeit. Und ich war nur 96 Stunden davon entfernt, ein Mann zu sein. Der Gedanke daran war tröstlich, und tröstlich war auch die Wärme der Stern-Decke, die Old Man Chest um mich gelegt hatte, um meine Blöße zu bedecken. Meine Großmutter hatte sie eigens für mein erstes *hanblechia*, meine erste Suche nach der Vision gemacht. Es war ein herrlich verzirrter weißer Quilt* mit einem großen Morgenstern aus vielen farbigen Flicken. Falls *wakan tanka,* der Große Geist, mir die Vision und die Kraft gab, würde ich ein Medizinmann werden und, mit dieser Decke angetan, viele Zeremonien ausführen. Heute bin ich ein alter Mann und vielfacher Großvater, aber die Stern-Decke meiner Großmutter besitze ich immer noch. Ich bewahre sie sorgfältig auf; eines Tages werde ich in ihr begraben werden.

Der Medizinmann hatte mir auch eine Friedenspfeife dagelassen, zusammen mit einem Beutel *kinnickinnick* – unserem Tabak aus roter Weidenrinde. Diese Pfeife war, mehr noch als meine Stern-Decke, mein Freund. Für uns ist die Pfeife wie eine aufgeschlagene Bibel. Die Weißen brauchen eine Kirche, einen Pfarrer und ein Harmonium, um in Gebetsstimmung zu kommen. So viele Dinge, die deine Aufmerksamkeit beanspruchen: wer sonst noch in der Kirche ist, ob die anderen merken, daß du auch da bist, die Bilder an der Wand, die Predigt, wieviel Geld du spenden solltest und ob du überhaupt welches dabei hast. Wir meinen, daß man auf diese Art keine Vision haben kann.

Für uns Indianer gibt es nur die Pfeife, den Erdboden, auf dem wir sitzen, und den offenen Himmel. Der Geist ist überall. Manchmal zeigt er sich durch ein Lebewesen, in einem Vogel, einigen Bäumen oder in einem Hügel. Manchmal spricht er aus den Badlands, aus einem Stein oder sogar aus dem Wasser. Der Rauch aus der Pfeife steigt sogar geradewegs nach oben zur Welt der Geister. Es ist ein Auf und Ab. Kraft fließt durch den Rauch, durch das Pfeifenrohr zu uns herab. Du spürst diese Kraft, wenn du die Pfeife hältst; sie bewegt sich von der Pfeife geradewegs in deinen Körper. Sie läßt deine Haare zu Berge stehen. Diese Pfeife ist kein gewöhnlicher Gegenstand; sie lebt. Beim Rauchen würde es mir gutgehen; mit ihrer Hilfe würden meine Ängste verschwinden.

Während meine Finger am Pfeifenkopf aus glattem rotem Stein** – rot wie das Blut meines Volkes – entlangglitten,

* Steppdecke

** Aus dem traditionellen indianischen Steinbruch im US-Staat Minnesota; Pipestone, geologischer Name: Catlinite (von Catlin als erstem Weißen entdeckt) fühlte ich keine Furcht mehr. Diese Pfeife hatte meinem Vater gehört und vor ihm seinem Vater. Eines Tages würde ich sie an meinen Sohn weitergeben und durch ihn an meine Enkelkinder. Solange wir die Pfeife haben, wird es eine Sioux-Nation geben.

Als ich die Pfeife betastete, sie berührte, als ich ihre Glätte fühlte, die vom langen Gebrauch herrührte, spürte ich, daß meine Vorväter, die einst diese Pfeife geschnitzt hatten, bei mir auf diesem Berg, in der Visions-Grube waren. Ich war nicht mehr allein.

Außer der Pfeife hatte mir der Medizinmann noch eine Kürbisrassel mitgegeben. Darin waren vierzig kleine, viereckige Fleischstückchen, die sich meine Großmutter mit einer Rasierklinge aus dem Arm geschnitten hatte. Ich hatte ihr dabei zugeschaut: Von der Schulter bis zum Ellbogen hatte sie geblutet. Äußerst sorgfältig war sie dabei mit der Rasierklinge umgegangen und hatte jedes Stückchen Haut auf ein Taschentuch gelegt, ängstlich darauf bedacht, keines zu verlieren.

Ich kann mir vorstellen, daß sowas die Anthropologen ganz schön sauer machen würde. Nicht auszudenken: Eine jahrhundertealte Zeremonie mit einer Rasierklinge auszuführen, statt mit einem echten Messer aus Feuerstein. Mir jedenfalls war das egal. Jemand, der mir lieb und teuer war, hatte für mich Schmerzen ausgehalten, hatte mir etwas von sich gegeben, etwas von seinem Körper, um mir beim Beten zu helfen und mein Herz stark zu machen. Wie hätte ich noch Angst haben sollen, da so viele Leute – lebende und tote – mir beistanden?

Eins aber beunruhigte mich noch immer. Ich wollte ein *yuwipi* werden, ein Sioux-Medizinmann, der heilen können würde, wie es meine Vorväter konnten. Aber als Indianer erlernt man den Beruf des Medizinmannes nicht, wie ein Weißer auf der Universität Medizin studiert. Zwar kann ein alter spiritueller Mann aus dem Kreis der Stammesältesten dir etwas über Pflanzen beibringen und über die richtige Art, eine Zeremonie auszuführen, wo alle Dinge an ihrem Platz sein müssen, wo jede Bewegung, jedes Wort eine eigene, besondere Bedeutung hat. All das kann man lernen – wie buchstabieren oder ein Pferd zureiten. Aber für sich genommen bedeuten

diese Dinge gar nichts. Ohne Vision und ohne Kraft ist die ganze Lernerei umsonst. Auch mich würde sie nicht zum Medizinmann machen.
Was würde geschehen, wenn ich versagte, wenn ich keine Vision hatte? Oder, wenn ich von den Donner-Wesen träumte oder ein Blitz auf dem Hügel einschlug? Das würde mich augenblicklich zu einem *heyoka* machen, einem Verkehrtklugen, einem Kopfüber-Mann, einem Clown.
»Du wirst es wissen, wenn du die Gabe erhältst«, hatte mein Onkel Chest zu mir gesagt. »Wenn du sie nicht bekommst, wirst du nicht lügen und uns nichts vorschwindeln. Das würde dich umbringen oder jemanden, der dir nahesteht, jemanden, den du liebst.«
Die Nacht brach an. Es war mir immer noch leicht im Kopf, und ich war benommen von meinem ersten Schwitzbad, in dem ich mich gereinigt hatte, bevor ich auf den Hügel stieg. Ich war nie zuvor in einer Schwitzhütte gewesen. Ich war in der kleinen, bienenkorbförmigen Hütte gesessen, die aus gebogenen Weidenzweigen gebaut und mit Decken verhängt war, um die Hitze zu halten. Old Chest und drei andere Medizinmänner waren mit in der Hütte gewesen. Ich saß mit dem Rücken an der Wand, so weit wie möglich abgerückt von den rotglühenden Steinen in der Mitte.
Als Chest Wasser auf die Felsbrocken schüttete, hüllte mich zischender weißer Dampf ein und füllte meine Lungen. Ich dachte, die Hitze würde mich umbringen, würde mir die Augenlider aus dem Gesicht brennen. Aber inmitten der Dämpfe hörte ich Chest. Er sang. Es konnte also nicht ganz so schlimm sein. Ich schrie nicht: *»Mitakuye oyasin* – Alle meine Verwandten!« Das hätte ihn veranlaßt, die Eingangsklappe der Schwitzhütte zu öffnen und frische Luft hereinzulassen. Darauf war ich stolz. Ich hörte ihn für mich beten: »Ihr heiligen Felsensteine, wir empfangen eueren weißen Atem. Es ist der Atem des Lebens. Möge dieser Junge ihn einatmen. Möge er stark werden.«
Das Schwitzbad hatte mich auf meine Visionssuche vorbereitet. Jetzt, eine Stunde später, prickelte meine Haut immer noch. Mein Gehirn hingegen war wie ausgeleert. Vielleicht war es gut so – viel Platz für neue Einsichten.
Auf dem Hügel war es dunkel geworden. Ich wußte, *hanhepi wi*

war aufgegangen, die Nacht-Sonne, allgemein der Mond genannt. Eng in meine Höhle geschmiegt, sah ich sie nicht. Schwärze umgab mich wie ein Tuch aus Samt. Sie schien mich von der Außenwelt abzutrennen, sogar von meinem eigenen Körper.

Sie ließ mich auf die Stimmen in meinem Inneren hören. Ich dachte an meine Vorväter, die sich vor mir auf diesem Hügel zusammengekauert hatten. Die Medizinmänner meiner Familie hatten diesen Fleck als Ort der Meditation und der Suche nach Visionen ausgewählt, als sie vor etlichen 200 Jahren den Missouri überquert hatten, um im White-River-Land Büffel zu jagen. Ich dachte, daß ich ihre Gegenwart durch die Erde, gegen die ich mich lehnte, spüren konnte. Ich fühlte, wie sie meinen Körper betraten, wie sie sich in meinem Geist und in meinem Herzen regten.

Durch die Dunkelheit drangen Töne zu mir: die Schreie des Windes, das Flüstern der Bäume, die Stimmen der Natur, die Laute der Tiere, das Schreien einer Eule. Plötzlich fühlte ich eine überwältigende Anwesenheit. Hier unten, zusammen mit mir in meinem engen Loch, war ein großer Vogel. Die Grube war gerade so weit, daß ich hineinpaßte, und ich war ein schmaler Junge. Aber dieser riesige Vogel flog um mich herum, als ob er den ganzen Himmel für sich hätte. Ich konnte seine Schreie hören, manchmal nah und manchmal weit weg. Ich spürte, wie Federn oder ein Flügel meinen Rücken und meinen Kopf berührten. Das Gefühl war so überwältigend, daß ich es nicht mehr aushalten konnte. Ich zitterte, und meine Knochen wurden zu Eis. Ich griff nach der Rassel mit den vierzig Stückchen vom Fleisch meiner Großmutter. Viele kleine, von einem Ameisenhaufen aufgelesene Steinchen waren noch darin: Die Ameisen sammeln sie, niemand weiß, warum. Die Steinchen sollen eine Kraft in sich haben. Ich schüttelte die Rassel, und sie gab ein beruhigendes Geräusch von sich, wie Regen, der auf einen Felsen fällt. Sie sprach zu mir, aber sie beruhigte mich nicht in meiner Angst. Ich nahm die heilige Pfeife in die andere Hand und fing an zu singen und betete: »Tunkashila, Großvater Geist, hilf mir.« Aber das Singen half nicht. Ich weiß nicht, was in mich gefahren war, aber ich war nicht länger ich selbst. Ich begann zu weinen. Aber sogar meine Stimme war anders als sonst. Sie klang wie die eines älteren Mannes, ich konnte diese seltsame Stimme nicht einmal als die meine erkennen. In meinem Gebet benutzte ich uralte Worte, Worte, die heutzutage nicht mehr in Gebrauch sind. Ich versuchte, meine Tränen wegzuwischen, aber sie wollten nicht aufhören. Schließlich zog ich die Decke über mich und rollte mich ganz in sie ein. Aber immer noch fühlte ich die Berührung der Flügel.

Langsam begriff ich: Eine Stimme versuchte zu mir zu sprechen. Es klang wie ein Vogelschrei, aber glaubt mir, ich fing an, einiges davon zu verstehen. Sowas kommt manchmal vor. Ich kenne eine Frau, die einen Schmetterling auf ihrer Schulter sitzen hatte. Dieser Schmetterling sagte ihr so manches. Dadurch wurde sie eine große Medizinfrau.

Ich hörte auch eine menschliche Stimme in einer sonderbar hohen Tonlage, eine Stimme, die nicht von einem gewöhnlichen Lebewesen stammen konnte. Mit einemmal war ich da oben bei den Vögeln. Der Hügel mit der Visionsgrube war hoch über allem anderen. Ich konnte sogar auf die Sterne herabschauen, und der Mond war links von mir. Es hatte den Anschein, als ob die Erde und die Sterne sich unter mir bewegten. Eine Stimme sprach: »Du bringst dich hier als Opfer dar, um ein Medizinmann zu werden. Wenn die Zeit gekommen ist, wirst du einer sein. Du wirst andere Medizinmänner unterweisen. Wir sind das Volk mit Schwingen, die Geflügelten, die Adler und die Eulen. Wir sind eine Nation, und du wirst unser Bruder sein. Nie wirst du einen von uns töten oder verletzen. Du wirst unsere Stimmen verstehen, jedesmal, wenn du auf diesen Hügel steigst, um eine Vision zu suchen. Du wirst über Pflanzen und Wurzeln Bescheid wissen, und du wirst Menschen heilen. Du wirst keine Gegenleistung von ihnen verlangen. Das Leben eines Mannes ist kurz. Sieh zu, daß deines etwas wert ist.« Ich fühlte, daß diese Stimmen gut waren, und langsam verließ mich meine Furcht. Ich hatte jegliches Zeitgefühl verloren. Ich wußte nicht, ob es Tag war oder Nacht. Ich schlief und war doch hellwach. Dann sah ich eine Gestalt vor mir. Sie wuchs aus der Dunkelheit und dem wirbelnden Nebel, der in mein Erdloch drang. Ich sah, es war mein Urgroßvater, Tahca Ushte, Lame Deer, der alte Häuptling der Minneconjou. Ich konnte das Blut sehen, das aus der Brust meines Urgroßvaters floß, dort, wo ein weißer Soldat

ihn getroffen hatte. Ich begriff, daß mein Urgroßvater wünschte, ich solle seinen Namen annehmen. Das machte mich unaussprechlich glücklich.
Wir Sioux glauben, daß etwas in uns ist, das uns kontrolliert, etwas, das fast wie eine zweite Person ist. Wir nennen es *nagi*, andere nennen es vielleicht Seele, Geist oder Wesen. Man kann es nicht sehen, fühlen oder schmecken, aber damals auf dem Hügel – und nur das eine Mal – wußte ich, daß es in mir war. Dann fühlte ich, wie mich die Kraft durchflutete. Ich kann es nicht beschreiben, aber sie füllte mich ganz aus. Jetzt hatte ich Gewißheit. Ich würde ein *wisaca wakan* werden, ein Medizinmann. Wieder weinte ich, diesmal vor Glück.
Ich wußte nicht, wie lange ich dort oben auf dem Berg gewesen war – eine Minute oder ein Leben lang. Ich fühlte eine Hand auf meiner Schulter, die mich sanft rüttelte. Es war Old Man Chest, der meinetwegen gekommen war. Er sagte, ich sei jetzt vier Tage und Nächte in der Visions-Grube gewesen und es sei Zeit für den Abstieg. Er würde mir Essen geben und Wasser und dann müsse ich ihm alles erzählen, was mir während meiner *hanblechia* zugestoßen war. Er würde meine Visionen für mich deuten. Er sagte, die Visions-Grube habe mich auf eine Art und Weise verändert, die ich jetzt noch nicht verstehen könne. Er sagte auch, daß ich kein kleiner Junge mehr sei. Ich sei ein Mann. Ich war Lame Deer.

Das Gewehr im New Yorker Museum gehört mir

Im »Museum of the American Indian« in New York sind zwei Glaskästen. Auf einem Schild darüber steht: »Berühmte Gewehre berühmter Indianerhäuptlinge.« Sie haben dort fünf oder sechs Gewehre, das von Sitting Bull ist auch dabei. Unter einem dieser alten Hinterlader ist eine Texttafel, die besagt, daß die Waffe einst dem berühmten Häuptling Lame Deer gehört habe, der in einer Schlacht gegen General Miles getötet worden sei. Miles habe das Gewehr großzügig dem Museum überlassen. Ich habe keine Ahnung, welches Recht der alte Bärenmantel Miles sich rausnahm, über andrer Leute Eigentum so frei zu verfügen. Dieses Gewehr hat ihm nicht gehört. Es gehört mir. Ich bin der einzige Lame Deer, der übrig ist.

Ich bin ein Medizinmann, und ich will über Visionen, Geister und heilige Dinge sprechen. Aber bevor du den Medizinmann Lame Deer verstehen kannst, mußt du etwas über den Mann Lame Deer wissen. Also werde ich mit dem Mann, genauer gesagt mit dem Buben, beginnen. Zur Meditation kommen wir später.

Tahca Ushte – der erste Lame Deer – war mein Urgroßvater väterlicherseits. Er wurde durch ein Versehen getötet. Man könnte auch sagen, er wurde ermordet. Ein Jahr vor jener sogenannten Schlacht mit General Miles hatte Lame Deer mit dem weißen Mann endgültig Frieden geschlossen und mit der US-Regierung ein Abkommen getroffen. Entsprechend jenem Vertrag steckten sie westlich vom heutigen Rapid City in Süd-Dakota vier Quadratmeilen ab. Dieses Gebiet sollte eine Reservation für den Häuptling und sein Volk sein und wurde nach ihm Lame Deer benannt. Das Stück Land sollte uns gehören – »so lange die Sonne scheint und das Gras wächst«. Heute verdeckt Smog die Sonne, und in Rapid City gibt es kaum mehr Gras. Vielleicht hatten die Weißen die Gabe, in die Zukunft zu blicken, als die das Land nahmen, noch bevor die Tinte auf dem Vertrag trocken war.

Lame Deer sagte, daß er diesen Vertrag unterzeichnen werden, wenn es ihm und seinem Volk erlaubt sei, noch ein letztes Mal auf die Jagd zu gehen, noch einen Sommer lang auf die gute alte Weise zu leben – und dem Büffel zu folgen. Nach dieser Sommerjagd würden sie sich auf ihrer neuen Reservation niederlassen und »den Weg des weißen Mannes beschreiten«. Die Regierungsvertreter zeigten sich einverstanden und gaben ihm die Erlaubnis für seine letzte Jagd. Sie bekräftigten die Abmachung mit einem Handschlag.
Die Regierung der Vereinigten Staaten ist ein seltsames Monster mit vielen Köpfen. Ein Kopf weiß nie, was die anderen gerade beschließen. Die Armee hatte Lame Deer versprochen, daß er in Frieden jagen könne. Zur selben Zeit aber hat Old Bear Coat Miles von der Regierung die Anweisung erhalten, daß alle Indianer, die jagend außerhalb ihrer Reservation angetroffen würden, als »Feinde« anzugreifen seien. Lame Deer war im Frühjahr 1877 nach Norden zu seinen alten Büffelrevieren zwischen dem Rosebud und dem Bighornfluß gegangen. Sein Lager hatte er in den Wolf Mountains entlang des Fat Horse Creek aufgeschlagen. Die Alten haben mir erzählt, daß die Prärie noch nie so schön war wie in diesem Frühjahr. Das Gras war hoch und grün und fett. Die Hänge waren mit Blumen übersäht, und in der Luft lagen gute Gerüche und die Lieder der Vögel. Falls sie wirklich nur mehr eine Jagd vor sich hatten, dann hatten sie sie sich so vorgestellt. Lame Deer wußte, daß Soldaten in der Gegend waren, doch er machte sich deswegen keine Sorgen. Er hatte das Recht, dort zu sein, wo er war. Außerdem konnte der Dümmste sehen, daß er sich nicht für den Krieg gegen irgend jemand vorbereitete. Die Frauen und Kinder des Stammes waren alle bei ihm. Die fünfzig Zelte waren voll von Fleisch und Häuten. Im Lager bereitete man ein Fest vor. Alle hatten ihre Kleider mit den schönsten Perlenstickereien angelegt. Sie genossen ihre letzten Ferien vom weißen Mann.
General Miles war so dumm, daß er das nicht merkte, doch ich glaube, daß er in gutem Glauben gehandelt hat. Niemand hatte ihm von dem Vertrag erzählt. Er führte sechs Kompanien Fußsoldaten und einige Trupps Kavallerie mit sich, mehr Männer als alle Indianer zusammen, einschließlich der Frauen und Kinder. Die Blauröcke stürmten das Lager, schossen

und schrien und ritten die Leute nieder. Gleichzeitig schwenkte einer der Reiter die weiße Flagge des Vertrauens. Als er das Lager aus der Nähe sah, hat Bear Coat Miles, glaube ich, begriffen, was los war und seinen Vorsatz geändert. Er fuchtelte mit den Armen und versuchte, das Töten zu verhindern; immer wieder rief er: »*Kola, Kola* – Freund, Freund.« Seine indianischen Kundschafter nahmen den Ruf auf. »Wir sind Freunde«, riefen sie. Seltsame Freunde – doch mein Großvater bemühte sich, ihnen zu glauben. Er wollte nicht, daß sein Volk getötet wurde. Als ein Zeichen des Friedens warf er sein Gewehr hin.
General Miles eilte auf ihn zu, packte ihn bei der Hand und fing an sie zu schütteln. »*Kola, Kola*«, sagte er immerzu. Doch Frieden war nicht das, was seine Soldaten sich wünschten. Sie wollten Indianerskalps und Souvenirs. Wahrscheinlich hatten sie es auch auf die Frauen und Mädchen abgesehen. Ein Reiter galoppierte heran und feuerte seinen Karabiner auf Lame Deer ab. Miles umklammerte mit beiden Händen den Arm meines Urgroßvaters, aber der Häuptling riß sich dennoch los, hob sein Gewehr vom Boden auf und erschoß den Mann, der auf ihn geschossen hatte. Daraufhin eröffneten die Soldaten das Feuer und töteten Lame Deer, seinen zweiten Häuptling, Iron Star* und noch ein Dutzend der Krieger. Dann plünderten sie die Tipis, nahmen sich, was ihnen gefiel und zerstörten den Rest. Sogar General Miles war sich nicht fein genug, einige Dinge an sich zu nehmen, und daher hängt das Gewehr meines Urgroßvaters jetzt in einem New Yorker Museum, statt bei mir an der Wand.
Was die vier Quadratmeilen am Rapid River betrifft, will ich noch was hinzufügen: Als der Vertrag unterzeichnet war, sagte mein Großvater Lame Deer: »Wenn ich einmal sterbe, geht dieses Land an meinen Sohn, wenn er stirbt, an seinen Sohn und so weiter.« Ich versuchte also, die Regierung davon zu überzeugen, daß vier Quadratmeilen am Rapid River Lame-Deer-Land seien, und sie antworteten: »Indianer können keine persönlichen Landansprüche geltend machen.«
Vielleicht war es auch gut so, daß sie uns Indianern das Land weggenommen haben. Bedenken wir doch, auf was ihr sonst alles verzichten müßtet:

* Eisenstern

Auf die Motels mit den Neonschildern, die Leihhäuser, den Waffenladen »Rock Hunter's Paradise«, die Trophäenwerkstatt »Horned Trophies Taxidermist Studio«, auf die Unzahl Geschenkbuden, das »Genuine Indian Crafts Center« mit seinen original indianischen Perlenhandarbeiten aus Taiwan und Hongkong, die gemütliche beleuchtete Sitting-Bull-Höhle, den Andenkenladen »Shrine of Democracy«, vollgestopft mit den Keramikköpfen der Präsidenten Roosevelt, Lincoln, Jefferson und Washington, schließlich das »Fun House« – wer einmal da war, wird wiederkommen –, den »Bucket of Blood Saloon«, den Zoo mit den lebensgroßen Dinosauriern aus grünem Zement, die Go-Go-Girls und Hurenhäuser, die Reptilläden, wo sie die Schlangen nicht füttern, weil das zuviel Umstände bereiten würde. Wenn sie sterben, bekommt man ein neues Tier umsonst.
Man stelle sich vor: Wenn dieses Land noch uns gehören würde, gäbe es das alles nicht. Es gäbe nur Bäume, Gras und Tiere, die frei rumliefen. Meine ganze rechtmäßige Erbschaft würde ungenutzt verkommen.
Mein Urgroßvater war ein Häuptling der Mini Owoju – die am Wasser anpflanzen – einer der sieben westlichen Stämme der großen Sioux-Nation. Er hatte drei Frauen. Seine erste Frau schenkte ihm drei Söhne: Did Not Butcher*, Flying By** und meinen Großvater, Cante Witko, was Crazy Heart*** bedeutet. Die zweite Frau hatte eine Tochter. Die dritte Frau bekam überhaupt keine Kinder. Mein anderer Großvater hieß Good Fox.****
Beide, Crazy Heart und Good Fox, waren berühmte Krieger und hatten in der Custer-Schlacht gekämpft. Good Fox war außerdem einer der Überlebenden des Wounded-Knee-Massakers. Crazy Heart war ein Hemdenträger, was eine große Ehre bedeutete. Sein Hemd war gelb und blau und an den Rändern mit Skalplocken verziert. Er gehörte zum Stammesrat, und sein Rat wurde bei allen wichtigen Angelegenheiten eingeholt. Auch Good Fox war ob seiner Weisheit ein geachteter Mann. Bis zu seinem Tod im Jahr 1928 wurde ihm bei Zeremonien immer die Leitung übergeben, ebenso die Aufgabe, den Boden des Heiligen Sonnentanzplatzes zu glätten.

* Schlachtete nicht ** Fliegt vorüber *** Verrücktes Herz **** Guter Fuchs

Crazy Heart habe ich nie gekannt, Grandpa Good Fox hingegen spielte eine wichtige Rolle in meinem Leben, und ich habe ihn sehr bewundert. Sein Ruf als Krieger war groß, obwohl er kein Mann des Tötens war. Die meisten seiner Kriegsabzeichen kamen vom »Coupzählen«: auf den Feind zureiten, im Zickzack durch die Reiter hindurch manövrieren und möglichst viele mit dem gebogenen und mit Otterfell bezogenen Coup-Stab berühren. Er war ein Coup-Mann. Er zeigte auf diese Art seine Tapferkeit. Verglichen mit meinen Großvätern sind wir Reservationsindianer von heute nur mehr zahme Hühner. Es gibt da den Spruch: Custer starb für eure Sünden, doch ich sage euch: Custer lebt. Es gibt immer noch viel zu viele Custers und Miles unter den Weißen, wo aber ist bei uns ein Crazy Horse? Ein Medizinmann von hier erzählte mir, er habe eine Vision gehabt, nach der Crazy Horse als Schwarzer Mann zurückkäme. Das wäre ja was.
Ich habe meinen Großvater Good Fox oft gebeten, mir etwas über die Custer-Schlacht zu erzählen. »Ich war eigentlich kein guter Augenzeuge«, sagte er dann, »denn ich war zu beschäftigt mit Kämpfen, als daß ich auf das, was um mich rum vorging, hätte aufpassen können. Ich lenkte mein Pferd genau dorthin, wo der meiste Staub aufgewirbelt wurde und wo es am heißesten herging und rief: Heute ist ein guter Tag zu sterben und ein guter Tag zu kämpfen. Doch diesmal war für die Blauröcke der Tag des Sterbens gekommen. Trotzdem hat mich einer von ihnen mit einer Kugel in den Arm getroffen. Die Kugel ging nicht durch, sie blieb im Arm stecken. Nach der Schlacht hat man mir erzählt, daß zwei Cheyennefrauen an Custers Leiche vorbeikamen. Sie kannten ihn, denn sie kamen aus dem Dorf am Washita, das er zu Friedenszeiten angegriffen hatte. Diese Frauen sagten zu ihm: Du hast die Pfeife des Friedens mit uns geraucht. Unsere Häuptlinge sagten dir, daß man dich töten werde, wenn du je gegen uns in den Krieg ziehen würdest. Aber du wolltest nicht auf uns hören. Hier, damit du besser hörst – und die Frauen nahmen beide eine Ahle aus ihrem Nähbeutel und stachen sie tief in Custers Ohren. Jemand, der zugeschaut hat, hat es mir erzählt. Mein Enkel, ich sage dir, Hunderte von Büchern wurden schon über die Schlacht am Little Big Horn geschrieben, doch immer von Leuten, die nicht dabei waren. Ich war dabei, doch

das einzige, an das ich mich erinnern kann, ist eine riesige Staubwolke.«

Über das Wounded-Knee-Massaker sagte mir Großvater Good Fox folgendes: »Sicherlich mag es unter den Weißen auch gute Menschen geben, doch den Weißen zu trauen ist ein schneller Weg zum Tod. Immer wenn ich eine Frau oder ein Kind weinen höre, muß ich an diesen schrecklichen Tag des Tötens denken. Die Pfarrer und Missionare sagen dir, du sollst auch die andere Wange hinhalten und deinen Nachbarn wie dich selbst lieben. Mein Enkel, ich weiß nicht, wie die Weißen sich untereinander behandeln, doch ich glaube nicht, daß sie uns mehr lieben als sich. Einige lieben uns überhaupt nicht.« Mein Großvater starb 1928. Am Ende seines Lebens war er fast blind.

Mein Vater kam von Standing Rock. Sein Name war *Wawi-Yohi-Ya,* das bedeutet: Let-Them-Have-Enough (Laß-sie-genug-haben). Silas war sein Vorname, die Missionare hatten ihn so genannt. Er war ein sehr freizügiger Mann. Ständig lud er Leute zu einem Fest oder zu einer Give-away-Zeremonie ein. Bei solchen Gelegenheiten war er um jeden besorgt, ob er auch genug zu essen hatte und genügend Geschenke erhielt. Daher war er unter Indianern als Let-Them-Have-Enough bekannt.

Bei den Weißen hieß er Silas Fire. Es gab eine Volkszählung, und jeder mußte nach Rosebud gehen und sich in ein großes Buch eintragen. Der Superintendant sagte zu meinem Vater: »Unterzeichne hier!« Mein Vater aber konnte seine Namen nicht schreiben. Also sagte er dem weißen Mann, was sein indianischer Name auf englisch bedeutete. Der Superintendant sagte, das sei zu lang und zu kompliziert. »O. k., dann gib mir einen kürzeren Namen«, antwortete mein Vater. Viele Indianer waren zu der Zeit nach Rosebud gekommen, um ihre Lebensmittelrationen abzuholen. Alle hatten ihre Zelte aufgeschlagen. Gerade in diesem Moment fing eines Feuer. Ein großer Tumult entstand. Leute rannten durcheinander und riefen: »Feuer, Feuer.« Der Superintendant hörte das und sagte: »Haben wir's schon. Du bist Silas Fire. Gut, was?«

Wenn dieses Zelt nicht Feuer gefangen hätte, wäre mein Name wohl Let-Them-Have-Enough. Jetzt ist er John Fire, aber nur auf den Dokumenten des weißen Mannes. Mein indianischer Name ist Lame Deer, wie der meines Urgroßvaters, und so soll es auch sein. Meinen Vater mochte jeder. Er war ein freundlicher, stets lächelnder Mann. Seine Geduld war endlos, und es war sehr schwer, ihn zornig zu machen. Er war ein stiller Mensch, hielt seinen Mund meist geschlossen und sprach sehr wenig. Es gibt Männer, die haben ihren Mund immer offen, aber sie haben höchstens ein Pferd oder überhaupt keins. Mein Vater hatte über zweihundert Pferde. Er hat mich oft aufgezogen, hat mir den Kopf gestreichelt, hat mir in hundert verschiedenen Arten gezeigt, daß er mich gern hat, aber dann gab es wieder Wochen, da sprach er kein einziges Wort mit mir.

Mein Vater hat nie eine Schule besucht, er konnte weder lesen noch schreiben, doch man konnte von ihm eine Menge nur durch Beobachtung lernen. Dad hat mich gelehrt, wie man ein Pferd bändigt und es zum Reiten besänftigt. Zuerst mußte ich ihm immer zuschauen, dann machte er eine Bewegung mit seiner Hand. Das bedeutete: »Jetzt versuch du es!« Ich begriff schnell und war oft schneller als er. Einmal wurde ich vom Pferd geworfen. Ich schlug ziemlich hart auf. »Bring dich nicht selbst um, mein Sohn«, sagte er. Das war einer der wenigen Sätze, die er je zu mir gesagt hat. Darum erinnere ich mich so gut daran.

Meine Mutter hieß Sally Red Blanket. Sie war angenehm anzusehen, eine wunderbare Frau mit langem, lockigem Haar. Sie hatte geschickte Hände und fertigte sehr feine Perlenstickereien, für die sie die ganz kleinen Perlen benutzte, die man heute gar nicht mehr bekommt. Später, als ich schon halb erwachsen war, fiel mir auf, daß immer, wenn ein Händler ihre Arbeiten mit der Lupe besichtigte oder eingehend befühlte, der Preis stieg. Meine Mutter starb, als ich siebzehn war.

Ich wurde als Vollblutindianer in einem zwölf mal zwölf Fuß großen Blockhaus zwischen Pine Ridge und Rosebud geboren. *Maka tanhan wcasa wan* – ich bin ein Mann der Erde, wie wir sagen. Unsere Leute nennen sich nicht Sioux. Das ist ein Wort der Weißen. Wir nennen uns *Ikce Wicasa* – die natürlichen Menschen, die freien, wilden Menschen. Ich werde gern so genannt.

Wie bei den meisten Indianerkindern wurde meine Erzie-

hung von meinen Großeltern besorgt, von Good Fox und seiner Frau Pte-Sa-Ota-Win, Plenty white Buffalo. Bei unserem Volk ist das Verhältnis zu unseren Großeltern so stark wie zu Vater und Mutter. Wir lebten in dieser kleinen Hütte weit draußen in der Prärie, im Hinterland, und in den ersten Jahren meines Lebens hatte ich keinerlei Kontakt mit der Welt draußen. Natürlich hatten wir einige Dinge des Weißen Mannes im Haushalt – Kaffee, Eisentöpfe, eine Flinte, einen alten Leiterwagen. Ich habe mir aber nie viel Gedanken gemacht, woher diese Dinge kamen oder wer sie gemacht hatte.
Als ich fünf Jahre alt war, nahm mich meine Großmutter zu einem Besuch bei den Nachbarn mit. Wie immer, mußte auch mein kleiner schwarzer Hund mit. Wir spazierten auf der Präriestraße, als ich auf einmal einen Reiter auf uns zukommen sah. Er kam mir so seltsam vor, daß ich mich hinter meiner Großmutter versteckte und meinen Hund hinter mich hielt. Ich wußte damals bereits genug vom Reiten, um zu sehen, daß dieser Mensch nicht wußte, wie man mit einem Pferd umgeht. Seine Füße waren geradeaus zu Boden gerichtet. Aus seinen Stiefeln kamen winzige Dinger wie Windmühlenflügeln hinten raus und machten einen metallenen Ton. Er kam näher, und ich wagte, ihn genauer anzusehen.
Ich hatte noch nie so viel Haare an einem Menschen gesehen. Sein ganzes Gesicht war bedeckt, und es wuchs bis zur Brust hinunter, vielleicht sogar noch tiefer, doch oben auf dem Kopf, wo es drauf ankommt, da hatte er kein Haar. Die Farbe des Haares war hellbraun, und er sah aus wie eine Matratze, die zum Leben erwacht war. Er hatte Augen wie eine tote Eule, ein ausgewaschenes Blaugrün. Er kaute auf etwas rum, das aussah wie eine rauchende Zuckerstange, wie wir Kinder sie damals gern schleckten. Später kam ich darauf, daß es eine Zigarre gewesen sein mußte. Dieser Mann war auf ein doppeltes Vergnügen aus, denn gleichzeitg bewegte er einen Riemen Kautabak zwischen den Zähnen, und dann und wann nahm er die rauchende Zuckerstange aus dem Mund, um einen langen Strahl braunen Safts auszuspucken. Ich wunderte mich, daß der Mann etwas aß, das so schlecht schmeckte, daß er es nicht runterschlucken konnte.
Dieses seltsame menschliche Wesen trug auch einen komischen Hut – eine Kreuzung aus Kochtopf und Ofenrohr. Un-

ter ihm, auf dem Rücken des armen Pferdes lag ein dickes Stück Leder, das auf beiden Seiten runterhing. Vor ihm, dort wo seine Beine auseinandergingen, war das Leder wie ein Horn geformt. Ich dachte mir, es solle vielleicht seine Männlichkeit in der Hose stützen. Das war der erste Sattel, den ich sah. Sein armes Pferd hatte auch Lederschnüre um seinen Kopf gewickelt und ein Stück Eisen im Maul. Jedesmal, wenn das Pferd seine Zunge herausstreckte, hörte ich aus dem Maul eine Art Rollen oder Reiben von Metall. Dieser komische Mensch trug Lederhosen und zwei seltsame Hämmer an den Hüften. Später erfuhr ich, daß es 45er Colts waren.

Der Mann fing an, verrückte Töne von sich zu geben. Er sprach, doch wir konnten ihn nicht verstehen, da es Englisch war. Er deutete auf die perlenbestickten Moccasins meiner Großmutter und wedelte mit einigen grünen Froschhäuten herum, die er aus seiner Tasche gezogen hatte. Er wollte handeln. Doch Grandma weigerte sich, da sie in ihre Moccasins vier große Goldstücke eingenäht hatte. Dieser Mensch muß sie gerochen haben. Das war der erste Weiße, der mir begegnete.

Als ich heimkam, wartete eine neue Überraschung auf mich. Mein Großvater schlachtete etwas, das ich noch nie zuvor gesehen hatte, ein Tier mit Hufen wie ein Pferd und dem Körper eines Hundes. Womöglich hatte jemand einen Hund mit einem Pferd gekreuzt, und dieses komische Vieh war das Ergebnis. Wenn ich so einen rosafarbenen, haarlosen Schweinekörper ansehe, muß ich immer an diese alten schaurigen Erzählungen denken, in denen sich Menschen mit Tieren paaren und furchterregende Monster schaffen. Grandpa schnitt das Tier auf, nahm das weiße Fleisch und warf die Innereien weg, zur Freude meines kleinen Hundes, für den es das erste Schwein war. Das Schwein roch verheerend. Grandpa sagte, das Fett solle man aufheben, als Achsenöl.

Die meisten meiner Kindheitstage waren nicht sehr aufregend, und das war auch gut so. Wir lebten ein einfaches, gutes Leben. Grandma war stets zeitig auf den Beinen, meistens sogar als erste, und holte den großen Zinnbehälter mit dem Regierungskaffee vom Schrank. Als erstes hörte ich dann das Knacken und Zischen der gerösteten Bohnen in der Pfanne,

dann Mahlgeräusche. Sie pflegte immer zwei Gallonen Wasser mit zwei gehäuften Händen voll Kaffee zu kochen. Schließlich süßte sie das Gebräu noch – meistens mit Ahornsirup, denn wir mochten Zucker nicht. *Pejuta sapa* – unsere schwarze Medizin tranken wir auch ohne Milch oder Rahm.
Als erstes bot Grandma den Geistern einen Suppenlöffel voll Kaffee an. Damit hatte der Tag begonnen, und der heiße Kessel war in Betrieb bis spät. Sobald sie draußen Leute sah, rief sie ihnen zu (egal ob sie sie kannte oder nicht): »Kommt rein, hier gibt's Kaffee!« Wenn die schwarze Medizin auszugehen drohte, goß sie Wasser nach, gab neuen Kaffee hinzu und kochte das Ganze von neuem. Das Zeug wurde stärker und stärker, dicker und dicker. Zu guter Letzt, wenn der Tag sich neigte, konnte tatsächlich ein Löffel in der Soße stehen. »Jetzt ist der Kaffee wirklich gut«, pflegte Grandma dann zu sagen.
Wie das Kaffeekochen, so gehörte zu Grandmas morgendlichen Tätigkeiten auch das Brotbacken. Sie buk Sojabrot und Squawbrot. Dieses Squawbrot füllte den Magen ungeheuer. Es schien im Magen zu wachsen und größer und größer zu werden.
Jedes Jahr, wenn die Tage länger und wärmer wurden, errichteten die Männer Grandmas »Squaw-Cooler«. Dieser sogenannte Squaw-Kühler war eine Art Laube, deren vier Enden aus vier hohen Baumstümpfen bestanden. Das Dach war aus Tipistangen konstruiert und mit Kiefernzweigen abgedeckt. Die Männer stellten noch einen alten Holzofen auf, damit Grandma kochen konnte, einen grobgezimmerten Tisch und einige Balken zum Sitzen. Im Sommer verbrachten wir die meiste Zeit im Squaw-Cooler, in dem auch an den heißesten Tagen immer eine Brise zu spüren war. Diese Squaw-Cooler sind auch heute noch in den Reservaten sehr beliebt.
Grandma rauchte gern ein kleines Pfeifchen. Sie liebte ihren *kinnickinnick* – (den Rinden-Kräuter-Tabak), vor allem den aus roter Weidenrinde. Einmal fiel etwas Glut aus der Pfeife und genau einem alten Mann zwischen die Beine. Plötzlich roch es angebrannt – die Stoffhose des alten Kerls hatte richtig Feuer gefangen. Fast wäre ihm sein Kindermacher abgebrannt. Er war so alt, daß dies wahrscheinlich nicht viel ausgemacht hätte, obwohl er es immer noch trieb.
Einer meiner Onkel benützte einen Mondzählstock, unseren

eigenen, sehr guten Kalender. Jede Nacht schnitt er eine Kerbe, bis der Mond »starb«, also verschwunden war. Auf der gegenüberliegenden Seite schnitt er eine Kerbe für jeden Monat. Jedes Jahr im Frühjahr begann er mit einem neuen Stock. Auf diese Weise wußte er immer genau, wann es Zeit war für eine unserer Zeremonien.

Manchmal nahmen mich meine Großeltern mit zu einer kleinen Feier unten am Fluß. Grandpa ritt immer auf seinem alten roten Pferd, das bei allen Stämmen bekannt war. Wir schleppten immer reichlich Proviant für jeden mit, Squawbrot, Rindfleisch, die Art von getrocknetem Fleisch, die wir *papa* nennen, dann *wasna* oder *pemmican*, das war getrocknetes Fleisch mit Beeren und Nierenfett verknetet. Außerdem hatten wir eine Kanne Kaffee dabei, wilden Minztee, einen Kessel voll Suppe und ähnliche Dinge. Großvater war immer der Anführer auf dem *owanka osnato* – dem Tanzplatz. Er bereitete den Platz sorgfältig vor. Nur die wirklichen Krieger durften dort tanzen – Männer wie Red Fish* oder Thin Elk**, die in der Custer-Schlacht dabei waren. Mit den Jahren wurden die Tänzer älter und älter und weniger und weniger. Großvater tanzte auch. Jeder konnte dann die Narben auf seinem Arm sehen, wo er von weißen Soldaten verwundet worden war.

Es gab auch Frauen mit Narben. Granpas Bruder, White Crane Walking***, hatte drei Frauen. Sie waren nicht eifersüchtig aufeinander. Sie waren zueinander wie Geschwister. Sie liebten sich und ihren Mann. Dieser alte Mann nahm die Dinge wirklich leicht; die Frauen besorgten die Arbeit. Er lag den ganzen Tag herum und tat nichts. Manchmal nannten ihn andere Männer einen Faulpelz, doch da lachte er nur und sagte zu ihnen: »Warum nehmt ihr euch keine zweite Frau?« Er wußte, daß ihre Frauen eifersüchtig waren und keine zweite Frau duldeten. Als dieser alte Mann schließlich starb, begruben die zwei Frauen, die noch lebten, ihn an der Seite eines Hügels. Sie nahmen ihre Fleischmesser und schnitten sich tiefe Wunden in die Arme und Beine, um ihren Kummer zu zeigen. Vielleicht hätten sie sich auch Finger abgeschnitten, doch jemand sagte ihnen, daß dies nicht länger erlaubt sei, daß die Regierung dies bestrafen würde. Also schnitten sie sich statt-

* Roter Fisch ** Dünner Hirsch *** Weißer Kranich geht

dessen die Haare ab. Sie sangen und weinten vier Tage und vier Nächte, so sehr liebten sie ihren Mann.
Ich war der *takoja* – der Lieblingsenkel –, und wie alle indianischen Kinder wurde ich verwöhnt. Nie wurde ich angeschrien, nie hörte ich ein hartes Wort. »*Ajustan* – laß die Finger davon!« – das war schon das Äußerste. Geschlagen wurde ich nie; wir erziehen Kinder nicht mit Schlägen. Unsere Kinder sind es so gewöhnt, sanft behandelt zu werden und ihren eigenen Dingen nachzugehen, daß dem Schimpfen von Erwachsenen kaum Aufmerksamkeit geschenkt wird.
Ich bin jetzt selbst Großvater, und manchmal juckt es mich schon in den Fingern, und ich möchte so einen kleinen Fratz anbrüllen: »Hey, du kleiner Hundesohn, hör mir jetzt zu!« Das brächte ihn vielleicht zur Vernunft, aber das ist nicht unsere Art. Wenn ich nicht ins Bett gehen wollte, hat mir meine Großmutter mit dem *ciciye* Angst gemacht – einer Art Kinderschreck. »*Takoja, istima ye* – Schlaf jetzt, Sonny«, sagte sie dann, »oder der *ciciye* wird dich holen.« Niemand wußte, was für ein Wesen der *ciciye* war oder wie es aussah, aber er muß etwas Schreckliches gewesen sein. Wenn der *ciciye* nicht wirken wollte, wurde der *siyoko* hervorgeholt, ein anderes Ungeheuer. Niemand wußte, wer der *siyoko* war, doch er galt als zehnmal unheimlicher als der *ciciye*. Grandma hatte kein Glück. Weder der *ciciye* noch der *siyoko* beeindruckten mich. Aber wenn ich wirklich einmal aufsässig war, dann sagte meine Großmutter: »*Wasicun anigni kte* – der weiße Mann wird kommen und dich in sein Haus holen.« Das brachte mir den nötigen Respekt bei. *Wasicun* gab es wirklich.
Es wird behauptet, daß ich nicht meinem heißgeliebten Grandpa Good Fox nachgeraten sei, sondern meinem anderen Großvater, Crazy Heart, den ich nie gekannt habe. Sie sagen, ich würde da weitermachen, wo er aufgehört hat, weil ich so leichtsinnig und wagemutig und vom Teufel geritten sei. Sie sagten mir, daß Crazy Heart genauso war. Wenn er sich etwas in den Kopf gesetzt hatte, dann nahm er keine Rücksicht auf andere, wenn sie ihm in den Weg kamen; er nahm auch keine Rücksicht auf sich selbst. Er war jähzornig, hatte immer Streit mit jemand, er war überhaupt immer auf dem Kriegspfad. Auf der anderen Seite sorgte er sich um das Wohl vieler Leute, gab weise Ratschläge und drängte die Menschen, vernünf-

tig zu handeln. Er war ein guter Redner. Jeder, der ihm einmal zugehört hatte, nannte ihn einen mitreißenden Mann. Immer empfahl er seinen Mitmenschen die Geduld, nur mit sich kam er damit nicht zurecht. Sein Temperament geriet ihm immer dazwischen.

Ich war genauso. Dinge, die mir verboten waren zu tun, tat ich natürlich. Rauhe Spiele behagten mir besonders. Wir spielten Shinny Ball, eine Art Hockey. Die Stöcke und den Ball machten wir selbst. Wir spielten mit dem Reifen und schossen mit Pfeil und Bogen. Wir hatten Wettlaufen, Wettschwimmen und Pferderennen. Ein bevorzugtes Spiel war auch *mato kiciyapi*, das Bärenspiel. Dabei mußte man große, steife lanzenartige Schilfrohre aufeinander werfen. Damit konnte man einem schon richtig wehtun, so daß es auch blutete. Und natürlich waren wir immer beim *isto kicicastakapi*, dem Kirschkern-Schmeißen. Dazu mußtest du eine Hagebutte oder eine wilde Kirsche zerkauen, bis du eine Handvoll Kerne hattest, die dann einem Mitspieler ins Gesicht geschleudert wurden. Selbstverständlich liebte ich auch das Spiel Schnapp-sie-beim-Haar – und Gib-ihnen-einen-Tritt, das wir mit zwei Mannschaften spielten.

Sehr gern saß ich hinter meiner Schwester auf dem Pferd und hielt mich beim Reiten an ihr fest. Als ich dann etwas größer war, hielt sie sich an mir fest. Als ich neun Jahre alt war, hatte ich bereits mein eigenes Reitpferd. Es war ein wunderschönes graues Pony. Mein Vater hatte es mir zusammen mit einem tollen Sattel und einer ganz bunten mexikanischen Decke gegeben. Der Graue war mein liebster Begleiter, und ich war stolz, ihn reiten zu können. Aber er sollte mir nicht lange gehören. Ich verlor ihn durch meine eigene Schuld.

Nonge pahloka – das Durchstechen der Ohren – ist ein großes Ereignis im Leben eines jungen Mädchens. Bei dieser Zeremonie wollen die Eltern und besonders die Großeltern dem Mädchen zeigen, wie sehr sie sie lieben und verehren. Sie bitten einen für seine Tapferkeit und Weisheit bekannten Mann, die Ohren ihrer Tochter zu durchstechen. Die Großmutter bereitet ein großes Essen vor. Das Mädchen nimmt auf einer Decke Platz, um sie herum werden die Geschenke gelegt, die die Familie im Namen ihrer Tochter verschenken wird. Der Mann, der die Ohrläppchen durchsticht, erhält das

wertvollste Geschenk. Nach der Zeremonie widmen sich alle der Hauptsache des Tages – dem großen Essen.
Ja, und eines Tages beobachtete ich, wie ein Mann einem Mädchen die Ohren durchbohrte. Ich sah, wieviel Aufhebens die Familie machte, ich sah die Geschenke, die der Mann bekam, und ich dachte mir, eigentlich könnte ich das bei meiner kleinen Schwester auch tun. Sie war vier Jahre alt und ich neun. Ich weiß heute nicht mehr, wie und warum es zu diesem starken Verlangen kam, vielleicht wollte ich einfach so groß und wichtig sein wie der Mann bei der Zeremonie. Vielleicht hatte ich es auch nur auf ein großes Geschenk abgesehen. Oder ich wollte meine Schwester zum Heulen bringen. Ich weiß nicht mehr, was in meinem Bubenhirn damals vorging. Ich fand einen Draht und bog daraus ein Paar »Ohrringe«. Dann fragte ich meine Schwester: »Willst du, daß ich sie dir anhänge?« – »*Ohan* – ja«, sagte sie und lachte. Ich hatte natürlich nicht den spitzen Knochen, den man beim offiziellen Piercing benützt und auch keine Ahnung von den Gebeten, die vorausgingen. Ich hatte nur eine alte Ahle und dachte, die tut's schon. Mann, hat meine Schwester geschrien. Ich mußte sie mit Gewalt festhalten, aber es gelang mir trotz allen Sträubens, ihre Ohrläppchen zu durchstechen und die »Ohrringe« durchzustecken. Ich war stolz, daß ich meine Arbeit so fachgerecht vollendet hatte. Als meine Mutter heimkam und die Drahtringe in den Ohren meiner Schwester sah, schnappte sie nur nach Luft. Doch sie erholte sich schnell genug, um es meinem Vater zu erzählen. Es war einer der seltenen Anlässe, bei denen mein Vater zu mir sprach. »Eigentlich sollte ich dich jetzt verhauen«, sagte er, »aber das werde ich nicht tun. Das ist nicht meine Art. Du wirst deine Strafe später bekommen.« Nun, die Zeit verging, und ich vergaß die ganze Geschichte. Eines Morgens gab mein Vater bekannt, daß wir alle zu einem *powwow* gehen würden. Er hatte unseren Wagen schon mit Schachteln und Bündeln beladen. Auf diesem *powwow* wollte mein Vater, so ließ er uns wissen, ein großes *otuhan* – ein Give-Away, ein Verschenkfest – abhalten.
Er setzte meine Schwester auf eine wunderschöne Navajodecke und breitete die Sachen aus, die er hergeben wollte – Quilts, Speisen, Decken, eine gute Flinte, seine neuen Cowboystiefel, einen Schafsfellmantel, genug, um eine ganze

Familie auszustaffieren. »Ich will meine Tochter für das Durchstechen ihrer Ohren ehren«, sagte Dad zu den Leuten, »eigentlich sollte dies ja in der Öffentlichkeit geschehen, doch mein Sohn hat es bereits zu Hause getan. Ich nehme an, er ist zu klein und weiß es eben noch nicht besser.« Für meinen Vater war das eine lange Rede. Er forderte mich auf, näher zu kommen. Ich saß auf meinem schmucken grauen Pferd und dachte so für mich, daß wir beide, der Graue und ich, sicher eine gute Figur abgäben. Doch bevor ich mich noch versah, hatte Dad mein Pferd samt Sattel und Decke verschenkt. Ich mußte die Heimfahrt im Wagen antreten und heulte den ganzen Weg. »Das ist deine Strafe«, sagte mein Vater, »später wirst du dich besser fühlen. Ihr ganzes Leben wird deine Schwester davon erzählen, wie du ihre Ohren durchstochen hast. Ich bin sicher, du bist der einzige kleine Junge, der je diese große Zeremonie durchgeführt hat.«

Für mich war das kaum ein Trost. Mein schöner Grauer war fort. Drei Tage lang war ich geknickt. Als ich am vierten Tag morgens aus dem Fenster schaute, sah ich einen kleinen weißen Hengst mit einem neuen Sattel und silbernem Zaumzeug. »Er gehört dir«, sagte mein Vater, »steig auf.« Da war ich wieder froh.

Seit ich etwa sechs war, wurde es sehr schwer, mir Benehmen beizubringen. Zum Stillsitzen konnte man mich nur mit einer Geschichte bewegen. Am liebsten hörte ich den Erzählungen meiner Großeltern zu; die beiden kannten unzählige alte Legenden unseres Volkes. Sie erzählten mir von den Göttern *Wi* und *Hanwi*, Sonne und Mond, die miteinander verheiratet waren, und sie erzählten mir von dem greisen Gott *Waziya*, den die Missionare in Santa Claus umgewandelt haben. *Waziyas* Frau war eine mächtige Hexe. Beide hatten zusammen eine Tochter, die *Ite* hieß – das Antlitz – die schönste Frau des Universums. *Ite* war mit dem Wind verheiratet.

Doch es gab Schwierigkeiten in dieser Ehe: *Ite* bildete sich ein, daß *Wi*, die Sonne, einen besseren Ehemann abgäbe als der Wind. Und *Wi* seinerseits fand, daß *Ite* viel hübscher sei als sein Weib, der Mond. *Wi* hatte eine Liebesaffäre mit *Ite*. Und wenn immer die Mondfrau die beiden zusammen sah, versteckte sie ihr Gesicht voll Scham. »Darum sehen wir in manchen Nächten den Mond nicht«, sagte Großmutter.

Dem Großen Geist mißfielen diese Zustände, und er bestrafte *Ite.* Zwar blieb sie weiterhin das schönste Geschöpf der Schöpfung, doch nur wenn man sie von einer Seite betrachtete. Die andere Hälfte ihres Gesichts wurde so häßlich, daß Worte es nicht beschreiben können. Von da an wurde sie *Anunk-Ite* – Doppelgesicht – genannt. In der Liebe ziehen die Frauen immer den kürzeren.

Viele der Legenden handelten von Tieren. Großmutter erzählte mir auch von der Fledermaus, die sich auf dem Rücken des Adlers versteckte und schrie: »Ich kann höher als alle Vögel fliegen.« Das stimmte natürlich, auch der Adler konnte nicht höher fliegen als jemand, der auf ihm saß. Doch die anderen Vögel holten sich den Angeber und steckten ihn zur Strafe in ein Mauseloch. Dort verliebte er sich in eine Maus. Daher sind Fledermäuse heute halb Maus und halb Vogel.

Großvater Good Fox erzählte mir von den jungen Jägern, die einen Büffel mit einer großen Schwanzrassel der Klapperschlange getötet hatten. Nachdem sie vom Fleisch des erlegten Tieres gegessen hatten, verwandelten sie sich in riesige Klapperschlangen mit Menschenköpfen und menschlichen Stimmen. Sie lebten in einer unterirdischen Höhle und regierten die Unterwelt.

Am liebsten mochte ich die Geschichten von *Iktome,* dem bösen Spinnenmann, einem scheinheiligen Arsch, der jedem Streiche spielte. Eines Tages ging dieser Spinnenkerl an einem See spazieren, auf dem Wildenten schwammen. Als er die Vögel auf dem Wasser sah, bekam er plötzlich Appetit auf einen Entenbraten. Er füllte seinen Ledersack mit Gras und zeigte sich dann den Enten. Als die ihn wahrnahmen, fingen sie an zu quaken:

»Wohin gehst du, Iktome?«

»Ich gehe zu einem *powwow«.*

»Was hast du in deinem Sack, Iktome?«

»Da habe ich Lieder drin für das *powwow,* der Sack ist voll von Liedern, zu denen man gut tanzen kann.«

»Warum singst du nicht einige Lieder für uns?« bettelten die Enten.

Der ausgekochte Spinnenmensch zierte sich sehr, tat, als sei es ihm unangenehm. Er sagte den Enten, er hätte keine Zeit sich aufzuhalten, tat aber schließlich so, als gebe er doch

nach, weil sie so nette Vögel seien. »Also gut«, sagte er, »ich werde für euch singen, aber ihr müßt mir dabei helfen.« »Sag uns, was wir tun sollen«, antworteten die Enten.
»Ihr müßt drei Reihen bilden. In der vorderen Reihe versammeln sich alle fetten Enten. Ihr Fetten da, hierher mit euch. In der zweiten Reihe kommen alle, die weder fett noch mager sind, halt die, die dazwischen liegen. Und die armen dürren Gesellen gehen in die dritte Reihe da hinten. Und ihr müßt alle genau den Worten der einzelnen Lieder folgen. Im ersten Lied heißt es zum Beispiel: Schließt eure Augen und tanzt!«
Die Enten schwammen alle aufgereiht, hielten die Augen geschlossen und flatterten mit den Flügeln, die fettesten schwammen dem Ufer am nächsten. *Iktome* zog einen dicken Prügel unter seinem Mantel hervor. »Singt so laut ihr könnt«, befahl er ihnen, »und haltet eure Augen geschlossen. Wer guckt, der wird blind werden.« Immer wieder spornte er sie zum Singen an, damit ihre Stimmen die dumpfen Schläge seines Prügels übertönten, wenn er ihnen eins überzog. Eine Ente nach der anderen zog er an Land, er war fast bei der Hälfte angelangt, als eines der dünnen Viecher ganz hinten die Augen aufmachte und sah, welchem Tun *Iktome* nachging.
»Hey, wacht auf!« schrie sie. »Dieser *Iktome* bringt uns alle um!«
Die übriggebliebenen Enten rissen ihre Augen auf und hauten ab. *Iktome* kümmerte das wenig; er hatte bereits mehr fette Enten, als er essen konnte.
Iktome ist genauso wie diese großmäuligen Politiker, die mit Geschwätz Geschäfte machen, uns auffordern, unsere Augen zu schließen und zu singen und zu tanzen, währenddessen sie uns auf den Kopf hauen. Ob demokratische Enten oder republikanische Enten, da gibt es keinen Unterschied. Die fetten und dummen sind die ersten im Topf. Es ist immer die klapperdürre Proletenente, die nicht zählt; die ganz unten, die ist es, die nicht still hält. Das sind die richtigen Indianer, die ihre Augen offen halten.
»*Iktome* ist ein schlimmer Intrigant«, sagte Großvater, »aber glücklicherweise ist er so gierig, daß er im Übereifer sich meistens selbst reinlegt.«
Es ist sehr schwierig, unsere Kinder heutzutage zum Anhören dieser Geschichten zu bringen. Diese Geschichten werden ei-

gentlich in unserer Sprache erzählt, aber viele Kinder verstehen diese Sprache nicht mehr. Und dann läuft der Fernseher den ganzen Tag und das Radio und der Plattenspieler. Das sind die Geschichtenerzähler unserer Zeit, ihnen hören die Kinder zu. Um so eine altmodische Indianergeschichte kümmern sie sich nicht.

Ich war glücklich, daß ich mit meinen Großeltern in einer so eigenen Welt leben konnte, doch es war ein Glück, das nicht ewig dauern konnte.

»*Shh, wasicun anigni kte* – sei still oder der weiße Mann wird dich holen!« Wie oft habe ich das zu hören bekommen, wenn ich wieder Unfug getrieben hatte, aber ich habe mir nie vorstellen können, daß es wirklich geschehen könnte, ebensowenig, wie ich daran glaubte, daß die Ungeheuer *ciciye* und *siyoko* leibhaftig kommen und mich holen würden.

Doch eines Tages kam das Ungeheuer – ein weißer Mann vom Büro für indianische Angelegenheiten. Ich nehme an, er hatte meinen Namen auf einer Liste. »Dieses Kind muß zur Schule«, sagte er zu meiner Familie, »und wenn euer Kind nicht freiwillig zur Schule kommt, wird die Indianerpolizei es abholen und ihn sanft zum Unterricht transportieren.« Ich versteckte mich hinter meiner Großmutter. Mein Vater war für mich wie ein großer Gott, und mein Großvater hatte als Krieger in der Custerschlacht gekämpft, doch jetzt konnte mir keiner von beiden helfen.

In jener Zeit waren die Indianerschulen wie Gefängnisse mit militärischem Drill. Viermal am Tag war Appell. Wir mußten strammstehen oder im Gleichschritt marschieren. Das B.I.A.* dachte sich, daß die beste Erziehungsmethode wohl die sei, uns zu verbieten, Indianer zu sein.

Uns war verboten, unsere Sprache zu sprechen oder unsere Lieder zu singen. Wenn wir nicht gehorchten, mußten wir uns in die Ecke oder gegen die Wand stellen, unsere Nasen und Knie gegen die Mauer gepreßt. Einige Lehrer schlugen uns mit dem Lineal auf die Hand. Von diesen Linealen hatten einige eine Messingkante.

Bei mir waren sie mit ihrer Änderungsmethode recht erfolglos. Sie konnten mich zwar kleiden wie einen weißen Mann,

* Bureau Of Indian Affairs (B.I.A.)

doch was da in Hemd und Hose steckte, konnten sie nicht ändern.
Unser erster Lehrer war ein Mann. Er sah sich einer Schar ängstlicher Kinder gegenüber. Ich bemerkte, daß alle Kinder den gleichen Ausdruck im Gesicht hatten – nämlich keinen. Ihre Gesichter waren eingefroren, leer, hölzern. Ich wußte, daß ich ebenso dreinschaute. Von der Sprache des weißen Mannes verstand ich kein Wort, und von seiner Lebensweise wußte ich nur wenig. Zum Beispiel dachte ich, daß jeder über Geld frei verfügen konnte. Der Lehrer sprach kein Wort Lakota. Er wies mir meinen Platz. Ich war steif vor Angst.
Dann sagte der Lehrer »Stand!« und »Sit down!«. Er sagt es immer wieder, bis wir es verstanden. »Sit, stand, sit, stand. Go and stop. Yes and no.« Alles ohne Buchstaben, nur nach dem Klang. Wir hatten auch eine Lehrerin. Sie bediente sich der gleichen Methode. Sie hob einen Stab und sagte: »One.« Dann hob sie zwei Stöcke und sagte: »Two.« Immer und immer wieder. Wochenlang zeigte sie uns Abbildungen von Tieren und sagte dazu »dog« oder »cat«. Ich brauchte drei Jahre, um sagen zu können: »I want this.«
Mein erster Schultag war auch mein erster Tag, da ich Bohnen zu essen bekam. Es gab so ein weißes Zeug dazu, ich nehme an, es war Schweinefett. Als ich heimkam, mußten meine Großeltern die Fenster aufmachen. Mein Geruch sei nicht gut, sagten sie. Bis zu diesem Zeitpunkt hatte ich nur getrocknetes Fleisch – *papa* – gegessen und *com-wasna,* eine Mischung aus getrocknetem Mais und Beeren. Ich kannte weder Käse und Eier, noch Butter oder Rahm. Nur selten hatte ich bis dahin die Süße von Zucker geschmeckt. Und so zeigte ich in der Schule wenig Appetit. Immer wenn sie uns Käsesandwiches gaben, schnüffelte Grandma an mir herum und sagte dann: »Mein Enkel, hast du dich bei den Ziegen rumgetrieben?«
Nach einer Weile verlor ich meine Furcht. Ich gab dem weißen Lehrer alle schlechten Namen, die unsere Sprache zu bieten hatte, und lächelte ihn gleichgültig an. Er strahlte dann und strich mir über den Kopf. Er dachte, ich schmeichelte ihm. Einmal fand ich ein großes Bild mit einem Affen im Klassenzimmer, es war ein seltsames Tier mit steifem, weißem Backenbart. Das muß der Große Weiße Vater in Washington sein, dachte ich. Ich war fest davon überzeugt.

Ich ging in die Tagesschule zwölf Meilen südlich von Norris, Süd-Dakota, auf der Rosebud Reservation. Die staatlichen Lehrer waren alle Third-Grade, d. h. sie unterrichteten nur bis zur dritten Klasse, weiter ging es nicht. Ich verbrachte in dieser verfluchten dritten Klasse ganze sechs Jahre. Es gab keine Klassen, in die man hätte aufrücken können. Die Leute meiner Generation können das alle bestätigen, sie haben die gleiche Erfahrung in den anderen Reservatsschulen gemacht.
Jahr für Jahr die gleiche Klasse. Und wenn wir davonrannten, holte uns die Polizei zurück. Wie auch immer, es war egal. In all diesen Jahren in der Tagesschule haben sie mir weder englisch Sprechen noch Schreiben oder Lesen beigebracht. Ich habe es viele Jahre später in den Saloons, in der Armee und im Gefängnis gelernt.
Als ich vierzehn war, sagten sie mir, daß ich jetzt auf die Boarding School gehen müsse. Für einen Nicht-Indianer dürfte es schwer sein, zu verstehen, was Boarding Schools für unsere Kinder bedeuten. Zu Hause werden Indianerkinder von ihren Verwandten wie von einer warmen Decke umhüllt. Die Eltern, Großeltern, Onkel, Tanten, ältere Geschwister und Vettern und Kusinen sind immer um sie rum, spielen mit ihnen oder hören zu, was sie Wichtiges zu erzählen haben. Indianische Kinder nennen ihre Tante oft »Mutter«, nicht als höfliche Anrede, sondern weil die Tante wie eine Mutter zu ihnen ist. Indianische Kinder sind nie allein. Wenn die Erwachsenen irgendwohin gehen, werden die Kleinen mitgenommen. Kinder haben ihre Rechte geradeso wie die Erwachsenen. Selten werden sie zu etwas gezwungen, was sie nicht wollen, auch wenn es zu ihrem Guten wäre. Die Eltern sagen dann vielleicht: »Er haßt es so, wir bringen es nicht übers Herz, ihn zu zwingen.«
Für ein Indianerkind ist die Boarding School ein furchtbarer Schock. Von dem warmen Mutterleib weg wird es an einen fremden, kalten Platz verpflanzt. Das ist, wie wenn du aus einer gemütlichen, kuschligen Küche nach draußen in einen Blizzard gestoßen wirst. Die Schulen sind heute etwas besser, als sie es zu meiner Zeit waren. Von außen schauen sie modern und teuer aus. Die Lehrer verstehen vielleicht die Kinder heute etwas besser, benützen mehr Psychologie und weniger den Rohrstock. Aber in diesen sauberen, neuen Gebäuden

begehen die Schüler noch immer Selbstmord, denn sie fühlen sich einsam zwischen all dem Lärm und der Aktivität. Ich kannte ein zehnjähriges Mädchen, das sich erhängt hat. Diese Schulen sind nichts anderes als Schachteln, gefüllt mit heimwehkranken Kindern. Diese Schulen hinterlassen eine Narbe. Wir betreten sie verwirrt und durcheinander, und wir verlassen sie verwirrt und durcheinander. Wenn wir in die Schule kommen, wissen wir immerhin noch, daß wir Indianer sind. Wenn wir rauskommen, sind wir halb rot und halb weiß und wissen nicht, wer oder was wir sind.
Zu meiner Zeit waren diese Schulen wirklich schlecht. Fragt nur meine Altersgenossen. Ich beneidete meinen Vater, der all dies nie über sich ergehen lassen mußte. Ich weinte vor Einsamkeit, doch ich tat ihnen nicht den Gefallen, mich in einen Weißen umwandeln zu lassen. Ich spielte den dummen Indianer. Sie konnten keinen Apfel aus mir machen – außen rot und innen weiß. Von ihrem Standpunkt aus war ich ein totaler Versager. Ich bekam die Strafen für alles, was an der Schule passierte. Wenn irgendwas vorkam, war die erste Frage: »Habt ihr gesehen, ob es John war?« Sie nutzten die Riemen an uns ab, und an mir mehr als an irgend jemand anderem.
Eine der Lehrerinnen war eine gemeine, vertrocknete alte Lady. Einmal warf ich ein lebendes Huhn wie einen Schneeball auf sie. Sie bedankte sich mit einigen Schlägen mit dem Lineal auf die Handflächen. Ein anderes Mal hab ich mit dem Tintenfaß so hantiert, daß die Tinte über ihren Kopf spritzte. Sie war total voll. Sie drehte sich um, und ich war der erste, der grinsen mußte. Sie wußte sofort, wer es war. Ich bekam dafür die Pferdepeitsche auf meinem Rücken zu spüren und wurde in den Keller gesperrt. Wir Vollblut-Sioux haben die meiste Zeit dort unten verbracht. Dort unten hab ich übrigens ein paar gute Fuchslieder* aufgeschnappt.
Ich war ein guter Sportler. Einmal zerschmiß ich ein Küchenfenster beim Stickball, unserem indianischen Hockey. Danach hab ich nie mehr so gut getroffen. Sie wollten auch, daß ich Posaune spiele. Aber ich nahm das Instrument auseinander und verbog es zu einer Brezel.

* Fox-Warrior-Society: Kriegergesellschaft bei den Sioux

Diese schäbige alte Lehrerin hatte ein Maul wie ein Hecht und dazu passende Augen. Wir zählten gegenseitig viele Coups, aber ich weiß nicht, wer gewonnen hat. Einmal, als sie wieder hinter mir her waren für etwas, das ich nicht getan hatte, haute ich ab. Ich lief heim, nahm mein Pferd und verschwand. Ich wußte, daß die Indianerpolizei mich verfolgen würde. Ich schaffte es bis Nebraska. Dort verkaufte ich Pferd und Sattel und kaufte eine Fahrkarte nach Rapid City. Mir blieben immer noch zwölf Dollars. Mit einem Dollar konnte ich gut zwei Tage aushalten, doch bevor ich es noch ausprobieren konnte, hatte die Polizei mich gefangen und zurückgebracht. Manchmal denke ich, daß ich von der Schule profitiert habe: Der Indianer in mir war stärker als vor der Zeit in der Boarding School. Und mein Rücken ist stärker gewesen als die vielen Riemen, die an ihm abgenützt wurden.
Es gibt Ärzte, die sagen, Indianer müssen gesünder sein als Weiße, denn sie haben weniger Herzleiden. Andere wieder sagen, das käme vom vielen Hunger, wodurch unsere Körper schlank und fit seien. Aber das ist alles falsch. Der Grund, warum wir Indianer weniger an Herzkrankheiten leiden, ist schlicht der, daß wir nicht lang genug leben, um mit dem Herzen Schwierigkeiten zu bekommen. Herz, das ist was für die Alten. So wie wir heute leben müssen, da sind wir froh, wenn wir es bis 40 schaffen. Vollblutindianer sterben schnell. Heute noch unterhalte ich mich mit einem, morgen ist er schon tot. In gewisser Weise sorgt die Regierung noch immer dafür, daß der Indianer verschwindet; sie setzt Custers Arbeit fort. Die seltsamen Pillen und Kapseln, die sie uns beim Public Health Service geben und die wir ständig nehmen sollen, taugen nicht viel. Während meiner Schulzeit kam der Zahnarzt einmal im Jahr in seinem Pferdewagen und brachte eine große Zange mit, um die schlechten Zähne zu ziehen. Der stärkste Mann, den sie in der Umgebung finden konnten, mußte unsere Arme festhalten. Das war die Narkose.
Wir waren zwölf Kinder zu Hause, doch bis auf meine Schwester sind heute alle tot. Die meisten sind aus dem Kindesalter nicht mal rausgekommen. Mein großer Bruder, Tom, und seine Frau starben an der Grippe 1917. Ich selbst habe vor 35 Jahren einen kleinen Sohn verloren. Ich war damals hundert Meilen von zu Hause weg und saß in einem Blizzard

fest. Ein Doktor ließ sich auch nicht auftreiben. Man hat mir gesagt, es seien die Masern gewesen. Letztes Jahr haben wir noch ein Kind verloren; wir hatten es adoptiert. Dieses Mal sagten sie, es hätte etwas an den Därmen gehabt.

Wir haben also innerhalb eines Lebensalters nicht viel Fortschritt gemacht. Wir Medizinmänner versuchen zwar, unsere Kranken zu behandeln, doch uns befallen viele Krankheiten des Weißen Mannes, die wiederum von des Weißen Mannes Ernährung und seiner Art zu leben kommen, und dagegen haben wir nicht immer die richtigen Kräuter.

Meine große Schwester war die Älteste von uns allen. Als sie 1914 starb, nahmen meine Leute ihren Tod so schwer, daß sich unser ganzes Leben geändert hat. Ihr zu Ehren gaben sie fast ihren ganzen Besitz her, sogar Betten und Matratzen, sogar jene Dinge, ohne die eine Familie nur schwer ihr Auskommen hat. Meine Mutter starb 1920 an Tuberkulose, ich war damals siebzehn, und damit ging der letzte Halt der Familie verloren. An ihrem letzten Tag fühlte ich, daß ihr Körper bereits gegangen war und nur ihre Seele noch blieb. Ich hielt ihre Hand, und sie sah mich an. Ihre Augen waren groß und traurig, so, als wüßte sie, wie hart es für mich von nun an sein würde. Sie sagte: »*Onsika, onsika* – schlimm, schlimm.« Es waren ihre letzten Worte. Sie bedauerte nicht sich, sie bedauerte mich. Ich ging allein auf einen Hügel und weinte.

Als Großvater Crazy Heart starb, töteten sie seine zwei Ponys, die Köpfe gen Osten gerichtet und die Schwänze nach Westen. Zu jedem Pferd wurden folgende Worte gesprochen: »Enkel, dein Reiter und Eigentümer liebte dich. Dort, wo er jetzt hingeht, wird er dich brauchen.« Großvater wußte genau, wo er hinging, und ebenso genau wußten es die Leute, die ihn nach altem Brauch bestatteten, auf einem Gerüst, wo der Wind, die Luft, die Sonne, der Regen und der Schnee sich um ihn kümmern konnten. Wenn ich mich recht erinnere, wurden die Reste später in eine Kiste verpackt und auf dem Friedhof beigesetzt, doch das ist Jahre später gewesen, und Großvater und seine Ponys waren bereits dort angelangt, wo sie hingehen wollten.

1920 war das anders, da erlaubten sie uns nicht einmal, auf unsere Weise tot zu sein. Wir mußten auf christliche Weise beerdigt werden. Es war so, als wollten sie meine Mutter zu

einer weißen Boarding School dort oben holen. Noch vier Tage lang fühlte ich das *nagi* meiner Mutter, ihre Gegenwart, ihre Seele, um mich. Ich fühlte, daß etwas von ihrer Güte bei mir geblieben war. Der Pfarrer sprach von Ewigkeit. Ich sagte ihm, daß wir Indianer nicht an ein Immer und Ewig glauben. Wir sagen, daß nur die Felsen und Berge bleiben, und auch die werden eines Tages verschwinden. Zwar komme immer wieder ein neuer Tag, aber nicht für ewig, sagte ich ihm. »Wenn meine Zeit gekommen ist, will ich dahin gehen, wo meine Vorfahren hingegangen sind.« »Aber das könnte die Hölle sein«, antwortete der Priester. Ich sagte ihm, daß ich lieber mit einer Sioux-Großmutter oder einem Sioux-Onkel röste, als auf einer Wolke zu sitzen und mit einem fremden Bleichgesicht Harfe zu spielen. »Und diesen christlichen Vornamen, John, benütze ihn ja nicht, wenn ich gegangen bin. Nenn mich Tahca Ushte – Lame Deer!«
Mit dem Tod meiner Mutter brach eine Welt für mich zusammen. Zur gleichen Zeit erließ die Regierung ein neues Gesetz über Weidepacht und Landaufteilung bei Indianern. Zäune aus Stacheldraht umgaben uns plötzlich. Mein Vater sagte nur: »Vielleicht müssen wir auch aufgeben.« Er ging zurück nach Standing Rock, wo er herkam. Er hinterließ meiner Schwester an die sechzig Pferde, vierzig magere Kühe und einen Stier. Ich hatte ungefähr sechzig eingerittene Pferde und fünfzig Kühe. Mein Vater sprach mich frei: »Hey, ich gebe dir diese Pferde; mach, wie es dir gefällt. Wenn du wie ein Weißer leben willst, geh und kauf dir ein Auto, bevor du pleite bist und zu Fuß gehen mußt.« Ich glaube, Dad wußte genau, was ich im Sinn hatte.
Ich tauschte meine Herde gegen einen Model-T-Ford ein und kaufte mir außerdem Sachen, wie sie jetzt beim Rodeo getragen werden – elegante Stiefel, silberne Sporen, Überhosen nach dem letzten Schrei und einen großen Hut. Ich folgte der Rodeo-Route, doch am Wettkampf der Reiter war ich nicht sonderlich interessiert. Es war ein Grund, verschiedene Reservationen aufzusuchen. Mein Leben hatte sich geändert, und ich war dabei, mich zu ändern. Ich erkannte mich selbst kaum mehr. Ich war ein Wanderer, ein Hippie-Indianer. Ich hatte von nichts eine Ahnung damals. Richtig oder falsch waren nur Worte. Mein Leben war ein einziges Herausfinden.

Wenn jemand sagte: »Das ist schlecht«, dann wollte ich es erst noch ausprobieren. Vielleicht stellte es sich heraus, daß es gut war. Ich trank damals noch nicht, doch ich war kurz davor. Meine Pferde und Kühe waren weg. Dafür war ich der Besitzer von einem halben Dutzend erbärmlicher Klapperkisten. Doch die Geister fühlte ich immer noch. Sie kamen immer nachts zu mir. Ich konnte sie hören, es war ein feines Pfeifen, ähnlich wie das Hörgerät, das ich jetzt trage. Ich konnte sie fühlen – wie eine Feder, die eine empfindliche Stelle berührt. Ich verbrannte immer etwas Sweetgras* für sie. Ich lebte wie ein Hobo, ich besuchte viele alte Medizinmänner, mit dem Vorsatz, von ihnen zu lernen.
Damals brauchte ich kein Haus und auch kein Weideland. Irgendwo war immer eine Höhle oder ein Spalt im Fels, wo ich bei Regen unterschlupfen konnte. Ich wollte, daß die Steine und Pflanzen mir ihre Geheimnisse anvertrauten. Ich sprach zu ihnen. Ich streifte umher. Ich war wie ein Stück der Erde. Alles war mir genommen worden, nur ich selbst war mir geblieben. Hin und wieder, wenn es sich ergab, blickte ich in einen Spiegel, um beim Anblick meines Gesichts mich zu erinnern, wer ich war. Armut, Not, Lachen, Schande, Abenteuer – ich wollte alles ausprobieren. Mitunter fühlte ich mich wie eine dieser Hauskatzen, denen man die Krallen entfernt hat, oder wie ein Kojote, auf den die Fallen, das vergiftete Fleisch und das Gewehr eines Rangers warten. Trotzdem war ich nicht beunruhigt. Ich war weder traurig noch glücklich. Ich war einfach.
In ebendieser Zeit kannte ich einen alten Indianer, der gezwungen wurde, sein Zelt, in dem er zeit seines Lebens gewohnt hatte, zu verlassen und in ein neues Haus einzuziehen. Sie sagten ihm, daß er es dort viel bequemer haben werde und daß sie sein Zelt wegen des Ungeziefers und der mangelnden Hygiene verbrennen müßten. Er war ein dünner und schmächtiger Kerl, aber er kämpfte richtig um sein Tipi. Es kostete allerhand Mühe, ihn zu bändigen. Er fluchte in einem fort: »Ich will nicht in so einem *son-of-a-bitch*-Haus leben. Ich will nicht in einer Schachtel wohnen. Werft doch den gottverfluchten Eisschrank wieder raus, sauft ihn aus! Hinaus mit den Stühlen, sägt wenigstens die Beine ab, hockt euch auf den

* aromatisches Gras, das wie Weihrauch verwendet wird.

Boden. Hinaus mit dem Ding, in das ich reinpissen soll! Ich werde es eh nicht benutzen. Werft doch diesen *son-of-a-bitch*-Goldfisch auf den Abfall. Schlachtet die verdammte Kuh und eßt sie auf. Morgen ist wieder ein Tag, aber nicht in dieser verfluchten Schachtel. Da gibt es kein Morgen!«

Ich war stolz auf diesen alten Mann. Er drückte auch meine Gefühle aus. Er gab mir Mut. Ich war ohne Halt und trieb im Wind wie ein Blatt, das sich vom Baum löst. Ich hörte vielen weißen Predigern der verschiedensten Konfessionen zu, einfach, weil ich neugierig war, was sie zu sagen hatten. Aber ich brauchte ihre Kirchen nicht. Ich trug meine eigene Kirche in mir. Ich besuchte Peyote-Zusammenkünfte und hatte Visionen. Ich wollte fühlen, riechen, hören und sehen, doch nicht nur mit meinen Augen und meinem Verstand. Ich wollte sehen mit *cante ista* – dem Auge des Herzens. Dieses Auge betrachtet die Dinge auf seine Weise. Mit mir ging eine Änderung vor. Ich wehrte mich nicht dagegen. Ich gab mich ganz hin. Es war ein einziges Herausfinden. Ich traf einen Medizinmann, einen meiner Onkel. »Erzähl mir vom Großen Geist«, bat ich ihn. »Er ist nicht wie ein Menschenwesen«, sagte er, »nicht wie der Gott der Weißen. Er ist eine unsichtbare Macht. Diese Macht kann auch in einer Tasse Kaffee sein. Der Große Geist ist kein alter Mann mit Bart.« Diese Antwort machte mich froh, aber ich nahm mir vor, die gleiche Frage bei Gelegenheit jemand anderem zu stellen.

Ich war durstig nach Frauen. Ich wollte sie kennenlernen. Ich habe viele Mädchen geliebt, sicher über hundert. Ihr sanftes Stöhnen erzählte mir viel. Einmal hätte mich das Weibern fast das Leben gekostet. Es war beim Tanz auf einer Reservation – ich werde den Namen nicht sagen, sonst kommen sie womöglich noch hinter mir her und schießen wieder auf mich – ich traf da also ein Mädchen und nahm es mit zu meinem Versteck. Auf einmal bemerkte ich, daß ich meinen Mantel bei dem *powwow* vergessen hatte, und lief zurück, ihn zu holen. Als ich auf den Platz kam, stieß ich auf den Ehemann meiner Eroberung; er stampfte umher und blickte wütend um sich. Zu allem Übel war er ein Riesenkerl von einem Polizisten und hatte mitbekommen, wie ich mit seiner Frau davongewischt war. Kaum hatte er mich entdeckt, als er auch schon mit seiner Flinte auf mich losballerte und mir dabei die übelsten Schimpfnamen zurief. Ich hörte ihm nicht zu, sprang auf das nächstbeste Pferd, und weg war ich. Er feuerte alle sechs Schüsse ab. Mich traf er nicht, eine Kugel aber ging dem Pferd in den Arsch. Armes Pferd, es hatte mit der Sache überhaupt nichts zu tun.

1930 bekam ich dann, was ich verdiente. Ich wurde mit Gewalt verheiratet. Der Vater des Mädchens war ein hohes Tier – und ein Christ mit Geld und Einfluß. Sie setzten mich unter Druck. Ich hatte keine Wahl. Wie ein Kojote war ich mit dem Bein in der Falle gefangen. Aber ich würde mein Bein beizeiten durchbeißen.

Meine Schwiegereltern waren Katholiken, und ich mußte mit ihnen zur Kirche gehen. Aber das ging nicht gut. Die Kirchgänger achteten mehr auf mich als auf den Pfarrer vorn. Einige Weiße weigerten sich, neben mir zu sitzen. Die ganze alte Scheiße der Boarding School kam wieder. Nach drei Jahren ließ sich meine Frau von mir scheiden. Sie sagte, ich sei gut während des Tages gewesen, jedoch schlecht während der Nacht.

Ich war der Falle entkommen. Ich wäre auch noch nicht reif genug gewesen, seßhaft zu werden. Es gab noch vieles, durch das ich hindurch mußte – ich mußte noch ein Gesetzesbrecher werden und ein Gesetzeshüter, ein Sträfling und ein Tramp, ein Schäfer und ein Alkoholschmuggler, ein Rodeoreiter und ein Medizinmann. Ich wollte immer noch andere Lebensarten ausprobieren, wollte herausfinden, wer ich war. Das Fieber in mir glühte weiter. Wie mein Urgroßvater Lame Deer wollte ich auf Jagd gehen, obwohl ich noch nicht wußte, was ich jagen wollte, wie lange die Jagd dauern und ob ich dabei draufgehen würde, so wie meine Vorfahren umgekommen waren. Vielleicht war ich auf sein Gewehr aus. Ich behaupte immer noch, daß es mir gehört.

Die grüne Froschhaut

Die grüne Froschhaut – so nenne ich die Dollarnote. In unserer Haltung zum Geld unterscheiden wir Indianer uns wohl am meisten von euch Weißen. Meine Großeltern sind in ihrer indianischen Welt ohne Geld aufgewachsen. Sie haben mir eine sehr treffende Geschichte erzählt: Kurz vor der Custerschlacht am Little Big Horn hatten alle Soldaten ihren Sold erhalten. Ihre Taschen waren mit grünem Papier vollgestopft, aber sie hatten keine Gelegenheit, es auszugeben. Was mag wohl ihr letzter Gedanke gewesen sein, als eine Indianerkugel oder ein Indianerpfeil sie getroffen hatte? Ich vermute, sie trauerten um all ihr Geld, das jetzt verlorenging, ohne daß sie sich daran hätten freuen können, und nach dem ein Haufen dummer Wilder jetzt die Pfoten ausstreckt. Dies muß sie mehr geschmerzt haben als der Pfeil zwischen ihren Rippen.
Das dichte Handgemenge, vermischt mit tausend herrenlosen, verwundeten und wiehernden Pferden, hüllte das Schlachtfeld in eine gewaltige Staubwolke, in der die grünen Froschhäute der Soldaten wie Schneeflocken in einem Blizzard wirbelten. Nun – was taten die Indianer wohl mit dem Geld? Sie gaben es ihren Kindern. Die falteten kleine Büffel, Pferde und Zelte aus dem komischen bunten Papier.
Die Abenteuer- und Geschichtsbücher schreiben von einem Soldaten, der die Schlacht überlebt haben soll. Die Autoren dieser Bücher behaupten, daß er schließlich Selbstmord beging, um den grausigen Foltern der Sioux zu entgehen. Aber das ist falsch! Er wurde nicht gefangengenommen, doch er wurde mit der Zeit verrückt, und einige Frauen beobachteten ihn von weitem, wie er sich erschoß.
Könnt ihr ihn nicht sehen? Dort ist er, in einen Graben geduckt, und beobachtet, was um ihn herum vorgeht. Er sieht die Kinder, wie sie das Geld zerreißen, er sieht die Frauen, wie sie das Feuer aus Büffeldung mit einem Dollarschein anzünden, und er sieht die Männer, die sich mit einem gerollten Dollar Feuer für die Pfeife nehmen. Die Mehrzahl der

Scheine aber weht der Wind durch das Lager. All das sieht unser Soldat und wird – wen wundert's – verrückt.
Er schlägt sich gegen den Kopf und heult: »Gottverdammter, Jesus Christus Allmächtiger, schau doch auf diese blöden, dummen, roten Hurensöhne, wie sie das schöne Geld in der Prärie verfeuern!« Er schaut so lange zu, bis er es nicht mehr aushalten kann und sein Hirn mit einem Colt stillegt. In einem Film gäbe das sicher eine großartige Szene, aber es wäre indianischer Humor nötig, um die Pointe zu erwischen.
Die grüne Froschhaut – um sie ging überhaupt der ganze Kampf. Das Gold in den Black Hills und das Gold unter jedem Grasbüschel. Täglich kann man Farmer übers Land reiten sehen. An ihrem Sattelknauf hängt ein Sack mit Körnern, und sobald sie das Loch von einem Präriehundegang sehen, werfen sie eine Handvoll Weizen hinein, wie eine nette alte Dame, die die Tauben in einem eurer Stadtparks füttert. Nur mit dem Unterschied, daß die Weizenkörner für die Präriehunde mit Strychnin vergiftet sind. Was mit dem Präriehund geschieht, nachdem er diesen Weizen gefressen hat, ist nicht gerade angenehm mit anzusehen. Bekämpft werden die Präriehunde, weil sie Grasfresser sind. Tausend Präriehunde fressen in einem Jahr soviel Gras wie eine Kuh. Wenn also ein Rancher diese beträchtliche Anzahl von Präriehunden vergiftet hat, kann er sich eine Kuh mehr halten und ein bißchen mehr Geld machen. Und wenn er einen Präriehund sieht, dann sieht er eigentlich nur eine grüne Froschhaut, die ihm davonflattert.
Für den weißen Mann hat jeder Grashalm und jede Wasserquelle ein Preisschild. Und daran krankt auch alles, schau dich doch um. Die Bobcats und Kojoten, die von Präriehunden zu leben pflegten, müssen sich jetzt an einem streunenden Schaf oder einem verkrüppelten Kalb gütlich tun. Daraufhin bestellt der Rancher einen Beamten der Seuchenbehörde, um wiederum diese Tiere zu töten.
Dieser Mann schießt einige Kaninchen und legt sie als Köder aus. In dem toten Hasen steckt ein Holzstock. Auf dem Holzstock ist eine Ladung Zynid angebracht; dem Kojoten, der nach dem toten Tier schnappt, explodiert der Sprengstoff im Maul. Der Beamte weiß, daß er sehr vorsichtig sein muß. Er stellt deshalb an jedem Köder ein Schild auf, mit der War-

nung: »Gefahr! Explosiv! Gift!« Das Dumme ist nur, daß unsere Hunde nicht lesen können und manche Kinder auch nicht.

Und langsam wird die Prärie eine Landschaft ohne Leben – keine Präriehunde mehr, keine Dachse, keine Füchse, keine Kojoten. Die großen Raubvögel haben sich natürlich auch von den Präriehunden ernährt. Heutzutage siehst du nur noch ganz selten einen Adler. Der Weißkopfadler ist das Symbol dieses Landes. Du siehst ihn auf eurem Geld, aber euer Geld tötet ihn. Wenn ein Volk anfängt, sein eigenes Symbol zu vernichten, dann ist es nicht gerade auf dem besten Weg.

Wir Sioux haben für den weißen Mann einen eigenen Namen. Wir nennen ihn *wasicun:* der-das-Fett-nimmt, der Rahmabschöpfer. Es ist ein guter Name, denn ihr habt den Rahm dieses Landes abgeschöpft. Aber es scheint euch nicht gut bekommen zu sein. Im Moment schaut eure Rasse nicht gerade gesund aus – Übergewicht, wohin man sieht, ungesunde Gesichter. Die weißen Amerikaner werden wie Mastgänse gezüchtet – zu Verbrauchern, Konsumenten, nicht zu menschlichen Wesen. Wenn sie mit dem Konsumieren und Kaufen aufhören, hat die Froschhautwelt keinen Nutzen mehr für sie. Sie sind bereits selbst zu Fröschen geworden. Irgendein Kind, das gerne Tiere quält, hat ihnen eine Zigarre in den Mund gesteckt, und jetzt müssen sie ziehen und ziehen, bis sie platzen. Das Rahmabschöpfen ist eine üble Sache auch für den, der abschöpft. Es ist besonders schlecht für Indianer, die gezwungen werden, in dieser Froschhautwelt zu leben, die sie nicht erschaffen haben und in der sie auch keinen Sinn sehen.

Du, Richard, bist ein Künstler. Das ist ein Grund, warum wir gut miteinander auskommen. Die Künstler sind die Indianer der weißen Welt. Sie werden Träumer genannt, die in den Wolken leben, leichtsinnige Typen, die ihr Geld nicht zusammenhalten können, Menschen, die sich der »Realität« nicht stellen wollen. Das gleiche sagen sie auch über Indianer. Wie, zum Teufel, wollen diese Froschhautmenschen wissen, was die Wirklichkeit ist? Die Welt, in der du ein Bild im Geiste malst, ein Bild, das die Dinge anders zeigt, als deine Augen sie sehen, das ist die Welt, aus der ich meine Visionen bekomme. Und ich sage dir: Das ist die wirkliche Welt, nicht

die Grüne-Froschhaut-Welt. Die ist bloß ein böser Traum, ein moderner, mit Abgasen angefüllter Alptraum.
Weil wir uns weigern, aus unserer Wirklichkeit aus- und in die Froschhautillusion einzusteigen, werden wir dumm, faul, leichtsinnig, gedankenlos, unreif und weltfremd genannt. Es macht mich stolz, wenn ich »weltfremd« genannt werde, und es sollte dich auch stolz machen. Es ist gut, daß unsere Realität eine andere ist als die der Weißen. Ich erinnere mich an einen Weißen, der die Weste meines Großvaters kopfschüttelnd betrachtete. Die Weste war aus schwarzem Samt, und die Knöpfe waren Zehn-Dollar-Goldmünzen. Der weiße Mann konnte sich nicht beruhigen, immer und immer wieder sagte er: »Es kann auch nur einem verrückten Indianer einfallen – das gute Geld als Knöpfe verwenden und selbst nicht einmal einen Nachttopf besitzen!« Doch Grandpa war keine Spur verrückt, und er hatte, wie jeder andere auch, den Wert des Geldes zu schätzen gelernt. Geld ist dazu da, um sich ein Vergnügen zu leisten. Nun, es bereitete ihm eben ein Vergnügen, ein paar goldene Münzen mit dem Indianerkopf an seine Weste zu nähen. Das gibt doch Sinn, oder?
Ich kenne einen gebildeten Indianer, der auf die Reservation zurückkam, nachdem er viele Jahre in einer großen Stadt gearbeitet hatte. Mit seinen Ersparnissen eröffnete er eine Cafeteria und eine Tankstelle. Den ganzen Tag fuhren die Wagen vor. »Hey, Onkel, mach ihn voll. Ich kann nicht zahlen, aber du bist ja reich; du gibst es mir doch umsonst . . .« Und drüben in der Cafeteria war es das gleiche: »Sag, Onkel, kann ich eines deiner Grillsteak-Sandwiches haben. Aber mach dir nicht die Mühe, für einen deiner Verwandten eine Rechnung auszuschreiben.«
Der Besitzer hätte mit weißen Geschäftsmethoden unter Weißen sein Leben gut bestreiten können. So aber war er Indianer unter Indianern. Er konnte schlecht »nein« zu einem armen Verwandten sagen, und die ganze Reservation war ein einziger Haufen armer Verwandter, die ihn alle Onkel oder Vetter nannten, auch wenn sie noch so entfernte Verwandte waren. Er konnte sie nicht abweisen, und seine Erziehung und Ausbildung konnten ihm in dieser Situation auch nicht helfen. Wir sind nicht in abgetrennte, niedliche kleine Familien aufgeteilt – Vater, Mutter, Kinder und den Rest soll der

Teufel holen. Der ganze verdammte Stamm ist eine einzige große Familie; das ist unsere Art von Realität.
Der indianische Geschäftsmann machte also Bankrott und hatte Schulden. Aber er war nicht auf den Kopf gefallen; er hatte weiße Erziehung genossen. Er wußte sich zu helfen: Er stellte eine weiße Bedienung ein und einen weißen Tankwart und verbreitete das Gerücht, er sei gezwungen gewesen, sein Geschäft an Weiße zu verkaufen. Von da an ging es ihm gut. Alle zahlten, denn sie wußten, daß kein Weißer etwas umsonst hergibt.
Ich hörte einmal von einem Indianer, der bei einem Betriebsunfall ein Bein verloren hatte. Die Versicherung zahlte ihm eine Entschädigung von fünfzehntausend Dollar. Im Handumdrehen war er von hungrigen Verwandten umdrängt, gut über hundert Leuten. Sie kamen in alten Klapperkisten, zu Pferd, zu Fuß. Von früh bis spät fuhr ein Kleinlaster zwischen seiner Wohnung und dem nächsten Laden hin und her und schaffte Rindfleisch, Brot und Kästen voll Bier heran, um all die hungrigen Indianerbäuche zu füllen. Schließlich kauften sie ganze Ochsen und schlachteten selbst. Der Spaß dauerte ein paar Wochen, dann ging das Geld aus. Und einen Tag später gingen auch die Verwandten. Doch der Mann beschwerte sich nicht. Er sagte sogar, er wünschte, er würde das andere Bein auch noch verlieren, dann könnte das Feiern wieder von vorn beginnen. Dieser Mann wurde fast ein Volksheld, sein Name war danach auch bei anderen Stämmen populär, und er wurde überall, wohin er kam, willkommen geheißen.
Ich habe ein neues Sprichwort erfunden: »Indianer jagen Visionen, die Weißen den Dollar.« Wir sind ein vedammt mieses Rohmaterial, um daraus Kapitalisten zu formen. Wir könnten ohne weiteres diesen Weg gehen, aber dann würden wir aufhören, Indianer zu sein. Dann wären wir gewöhnliche Bürger, mit einer etwas dunkleren Haut. Das aber wäre ein zu hoher Preis, mein Freund, ganz einfach zu hoch. Wir geben auch schlechte Farmer ab, denn tief in uns ist die Ansicht verwurzelt, daß Land, Wasser, Luft, Erde und alles, was unter der Erdoberfläche liegt, nicht im Privatbesitz einer Person sein kann. Diese Dinge gehören allen, und wenn der Mensch überleben will, dann sollte er schleunigst zu dieser indiani-

schen Einsicht und Ansicht kommen, je schneller, desto besser, denn es bleibt nicht mehr viel Zeit, um darüber nachzudenken.
Ich erinnere mich noch gut, wie ich das erste Mal Radio hörte. Es war in der kleinen Stadt Interior, damals in den zwanziger Jahren. Da gab es ein Café, über dessen Tür war ein Schild mit der Aufschrift: »Hören Sie die drahtlose Musik aus Sioux Falls – aus 300 Meilen Entfernung! $ 1.50 pro Person.« Soviel mußte man springen lassen, um einzutreten und seine Ohren in diesen Genuß zu bringen. Wir sahen einen Kerl, der mit einer Nadel auf einem Kristall rumspielte, und hörten eine dünne, krächzende Stimme, die etwas von Winterfutter, Mais und dem Preis von Qualitätsschweinen sagte. Da stand ein alter Indianer auf und sagte: »Sie haben das Land genommen und das Wasser, jetzt besitzen sie auch noch die Luft.« Damit wären wir wieder bei der grünen Froschhautwelt, in der jedes Ding sein Preisschild hat.
Indianer feilschen nicht gern. Ein langer Streit um Geld tut weh. Aber wenn's drauf ankommt, können wir schlaue Händler sein. Mein Onkel Poor Thunder* züchtete eine besondere Rasse Appaloosas. Damals konnte man ein eingerittenes Pferd leicht für zwanzig Dollar bekommen, nicht aber einen Appaloosa aus der Zucht von Poor Thunder. Wenn ein Weißer kam und nach dem Preis fragte, sagte Poor Thunder ohne zu zögern: »Fünfundsiebzig Dollar.« Die Käufer pflegten sich dann am Kopf zu kratzen und nannten den Preis zu hoch. Nach ein oder zwei Tagen kamen sie meistens wieder, denn diese Pferde gab es nicht zweimal. Doch wenn sie mit dem abgezählten Geld auftauchten, winkte mein Onkel ab und sagte: »Das war der Preis von gestern. Heute kosten sie hundert Dollar das Stück.« Wenn sie dumm genug waren, sich weiterhin am Kopf zu kratzen, stieg der Preis auf hundertfünfundzwanzig Dollar. Ein ehrlicher Käufer aber, der nicht rumfeilschte und sich sofort entscheiden konnte, bekam zehn Bucks** Preisnachlaß. Onkel liebte seine Ponys. »Ein Indianer«, sagte er einmal zu mir, »kann ein Pferd so lieben, daß er dafür stirbt.« Er war ein glänzender Geschäftsmann und als Pferdehändler unübertrefflich, doch das meiste seiner Ein-

* Armer Donner
** Slangausdruck für Dollar

nahmen gab er seinen armen Verwandten. Der Händler in ihm konnte die gute Seite des Indianers nicht besiegen.
Der alte Onkel ließ auch manchmal einen Ochsen oder eine junge Kuh vor dem Haus eines mittellosen Cousins zurück. »Mit dem Essen hat es mehr auf sich als nur das Verdauen«, pflegte er immer zu mir zu sagen, »im Essen sind Geister, die darüber wachen. Wenn du ein Geizkragen bist, wird der Geist sich denken: Dieser Bastard ist mir zu knickrig, ich verschwinde, und er wird entweichen. Aber wenn du dein Essen mit anderen teilst, wird der gute Geist bei dir bleiben.« Mir wurde als Kind beigebracht, Essen als etwas Heiliges zu betrachten. Ich sehe schon den Tag kommen, da ihr uns nur noch Kapseln mit Chemie und Vitaminen anstelle von Lebensmitteln anbieten könnt und die Missionare uns sagen, wir sollen über ein paar Tabletten auf unseren Tellern die Hände falten und beten: »Vater im Himmel, segne unsere täglichen Pillen.« Ich bin froh, daß ich das nicht mehr erleben werde.
Da trinke ich schon lieber ein Glas *minisha* – rotes Wasser – mit meinem Nachbar. Er ist ein alter Wino, aber sehr freigebig. Er wird auch noch seine letzte Flasche mit einem Freund teilen. »Der Whisky kann sich von mir nicht trennen«, sagte er einmal zu mir, »je mehr ich hergebe, um so mehr kommt zurück. Ich muß vorsichtig sein, sonst ertrinke ich noch darin.«
Die Anthropologen sagen immer, es sei noch viel zuviel vom alten Büffeljäger in uns. Teile dein Essen, teile deine Habe, oder der Stamm wird untergehen. Das war richtig, damals. Heute sagt man »nein, nein, nein« zu einem armen Verwandten. Das empfiehlt sich heute. Nach der eigenen Vorstellung die Leute wieder auferstehen zu lassen, ist eine Krankheit des weißen Mannes. Ich kann da nicht helfen. »Ihr habt euer Gehirn mit grünen Froschhäuten vernagelt«, sage ich zu den Anthros. »Wenn wir Indianer wirklich so schmutzige Wilde sind, wie ihr immer behauptet, dann hätten wir euch auffressen sollen, als ihr auf dieser Schildkröteninsel gelandet seid. Dann hätte ich jetzt wenigstens meine Ruhe und meinen Frieden.« Das bringt sie vorläufig zum Schweigen.
Sie drohen uns auch mit dem Finger, wenn wir unser »Giveaway«-Fest haben. Sie wollen uns sagen, daß arme Leute es

sich nicht leisten können, freigebig zu sein. Aber wir halten fest an *otuhan*, unserem Verschenkfest, denn es hilft uns, Indianer zu bleiben. Alle großen Ereignisse in unserem Leben – Geburt und Tod, Freude und Trauer – können Anlaß für ein Give-away sein. Wir halten nichts vom plötzlichen Reichtum einer Familie durch Erbschaft. Es ist besser, die Besitztümer eines toten Menschen werden hergegeben. Auf diese Weise wird er, oder sie, den anderen immer im Gedächtnis sein.

Wenn ein Mann seine Frau verliert, kommen seine Freunde und helfen ihm weinen. Er weint vier Tage, aber keinen Tag länger, denn das Leben muß weitergehen, und wenn er zuviel weint, geben ihm die Geister noch einen Extragrund zum Weinen. Es ist noch nicht lange her, da sah ich eine alte Frau, die sich aus Trauer um ihren toten Enkel auf die alte Weise das Haar kurz geschnitten hatte. Nach vier Tagen räumten sie und ihr Mann das ganze Haus leer. Sie gaben das große Klavier her, den Fernseher, sogar ihr Bett. Sie saßen auf dem nackten Boden und riefen den Leuten zu, die ihnen die Ehre erwiesen: »Sag, Bruder, Schwester, brauchst du irgend etwas? Wenn du es brauchen kannst, nimm es.« Als der Tag zu Ende ging, waren nur mehr die weißen Wände übrig. Freunde gaben ihnen ein neues Bett. *Wopila* – eine Danksagung für etwas Gutes, das einem widerfahren ist – ist ebenfalls ein Grund, um Sachen zu verschenken. Euer jährliches Erntedankfest hingegen – das ist für uns Indianer ein Tag der Trauer, nichts, wofür man dankbar sein könnte. Thanksgiving, denk mal darüber nach. Das ist eine Feier des Überlebens. Die ersten weißen Siedler wären vor Hunger verreckt, wenn wir Indianer ihnen nicht Mais und wilde Truthähne geschenkt hätten. Und da fielen die Einwanderer auf die Knie und lobten den Herrn. Das war das erste Thanksgiving. Na, schön habt ihr es uns gedankt. Euer Überleben war unser Tod.

Ihr schreibt »In God We Trust«* auf euer Geld. Ich bin froh, daß ihr den Großen Geist da rausgelassen habt. Das einzige, wofür ihr euren Gott benützen wollt, sind doch eure Geschäfte. Ich wollte dir zeigen, daß es die grüne Froschhaut ist, die uns trennt. Aber auch ein Medizinmann wie ich braucht etwas Geld, denn ihr zwingt mich ja, in eurer Welt zu leben, wo ich ohne Geld nicht auskomme. Das heißt, ich muß mich

* Wir glauben an Gott; Dollar-Inschrift

spalten und in zwei verschiedenen Welten leben. Ich mag es nicht, aber ich kann es nicht ändern. Ich werde versuchen, dir zu erzählen, wie ich damit zurechtgekommen bin. Ob ich erfolgreich war oder nicht – das sollst du selbst entscheiden.
Solange ich noch im Besitz der Pferde und Rinder war, die mein Vater mir gegeben hatte, machte ich mir über das Geldverdienen keine Gedanken. Ich streifte sorglos durch die Gegend. Ich ließ mich zwar von der grünen Froschhautwelt nicht überrollen, aber ich war doch neugierig genug, um sie zu erkunden. Ich ritt gerne auf dem Pferd in die Stadt. Auf dem Weg holte ich meine Freunde ab, Ben Rifle war auch darunter, der wurde später ein Kongreßabgeordneter. Wir trieben uns in den kleinen Reservationsstädten herum, wie Wososo oder Upper Cut Meat. Ich war ein bißchen wie ein Hirschträumer mit der Gabe, Mädchen zu betören. Ich hatte eine gute Stimme und sang gern indianische Lieder. Meine Großeltern hatten mir alle die alten Lieder beigebracht. Ich hatte zwar keine Schulbildung genossen, aber ich war immer am Nachdenken und Herausfinden und versuchte immer, was ich sah und hörte, in meine Wirklichkeit einzuordnen.
Da kam der Tag, da ich mein letztes Stück Vieh eintauschte oder verkaufte, ich weiß es nicht mehr so genau. Ich war ziemlich glücklich danach. Nun belastete mich kein Besitz mehr, auf den ich aufpassen mußte und der mich festhielt. Jetzt konnte ich sein, was ich sein wollte – ein echter Sioux, ein *ikce wicasa,* ein einfaches, wildes, natürliches Menschenwesen. Wie solch eine Kreatur im Froschhautland überleben konnte, war eine Sache, die ich jetzt herausfinden mußte. Ich dachte, ich werde etwas jagen, um meine Speisekarte mit Fleisch aufzubessern. Schnell wurde ich belehrt, daß ich einen Jagdschein haben mußte, um einen Hirsch oder eine Antilope zu erlegen. Der Gedanke, daß ein Indianer ein lächerliches Stück Papier brauchte, für das er auch noch bezahlen muß, nur um die Erlaubnis zu haben, auf seinem eigenen Land zu jagen, um seinen eigenen, original indianischen Bauch zu füllen – das schien mir doch wie ein schlechter Witz. Ich mußte lachen, gleichzeitig überkam mich auch ein maßloser Zorn. Die gleichen Leute, die den Büffel ausgerottet haben und jetzt die letzten Wildpferde zu Hundefutter verarbeiteten, die wollen mir jetzt weismachen, ich sei eine Gefahr für die Erhal-

tung des Wildbestandes, und wenn ich ein Stück rotes Fleisch auf meinem Tisch haben wollte, müßte das gesetzlich geregelt werden. Warum konnte ich auch nicht mit den stärkereichen Nahrungsmitteln zufrieden sein, die sie uns aushändigten? Sie sagten mir, ich sollte mich geschmeichelt fühlen, daß der Besitz eines Jagdscheines mich den weißen Gentlemen gleichsetzen würde, die auch zur Jagd gingen. Ich sei kein Scheißsonntagsjäger, antwortete ich über euren Dolmetscher, sondern ich sei nur ein hungriger, einfacher Indianer, der hübsche, gestempelte Papiere überhaupt nicht mag und nur eine Sache wüßte, wofür man sie gut verwenden könne.

Ich war nicht der einzige, der so dachte. Die meisten Indianer hätten sich geschämt, mit einem Jagdschein zu jagen. Also taten wir es ohne. Es gab nur ein Problem: Es war wirklich nicht mehr viel Wild übrig. Ein paar hungrige Indianer gaben vor, ein Geweih gesehen zu haben, wenn ihnen ein Ochse begegnete, und dann gab es auf der Reservation ein nächtliches Schlachtfest, und einige Leute taten sich an »langsamem Hirsch« gütlich. Es gab einem eine gewisse Befriedigung, ein bißchen wie das Pferdestehlen zwischen verfeindeten Stämmen in den guten alten Tagen.

Wenn ich es auch noch so haßte, so mußte ich mich doch langsam an den Gedanken gewöhnen, daß ich etwas Geld verdienen mußte. Ich war wie viele andere Vollblutindianer: Einen regelmäßigen Job in einem Büro oder in einer Fabrik wollte ich nicht. Dafür war ich mir zu gut, nicht weil ich hochnäsig war, nein, jedes menschliche Wesen ist zu gut für eine solche Art von Nicht-Leben, auch weiße Leute. Ich übte mich darin, mit so wenig wie möglich auszukommen, so daß ich nur arbeiten mußte, wenn mir der Sinn danach stand. Auf diese Weise kam ich gut zurecht und hatte genügend Zeit, um zu fragen, zu lernen, zuzuhören und Treffer bei den Mädchen zu landen.

Dann warf ich mich ins Rodeogeschäft. Das Reiten stand mir gut und brachte etwas Kleingeld in meine Taschen. Ich hatte immer noch meinen verzierten Sattel und den dazu passenden Anzug, und so warf ich mich in die Kleider und schloß mich der halsbrecherischen Truppe an. Dieses Leben paßte zu mir. Ich war unter Pferden aufgewachsen und fast selbst ein Stück Pferd. Durch meinen Hosenboden hindurch habe ich die Pferde von früh an kennengelernt. In jenen Tagen, als ich anfing, da war das Rodeo noch ein Vergnügen. Die meisten Zuschauer waren zu Pferd, so gut wie die Männer in der Arena. Sie verstanden, was du machtest, und es gab keine Betrügereien.

Heutzutage sind Rodeos nichts anders als Froschhautgeschäfte, und die Reiter verrichten ihre Arbeit wie bei einem anderen Job auch. So wie ich es sehe, könnten sie genausogut Fernsprechapparate reparieren. Es gibt auch keine ungezähmten Pferde mehr. Die heutigen Pferde sind dressiert, sich aufzubäumen, so wie Elefanten dressiert sind, im Zirkus im Kreis zu laufen. Die filmen das Pferd und studieren seine Eigenheiten, und wenn sie dann in die Arena reiten, wissen sie bereits, wann das Pferd bockt und wie es reagiert. Das ist kein Reiten mehr, genausogut kannst du einen Milchlastzug fahren. Es ist nur mehr ein Zusammentreffen von Geld, Punkten und Titeln. Die Spannung ist vorbei.

In den alten Tagen bekamst du ein wildes Pferd oder einen Stier, die noch nie geritten oder in die Knie gezwungen wurden, und da hattest du ganz schön zu tun. Und wenn du mit dem Pferd fertig warst oder das Pferd mit dir, hast du es bestimmt kein zweites Mal versucht. Und damals gab es keine Spezialisten. Ich tat alles, und war es noch so verrückt – Bulldogging*, Bronc-busting**, Büffelreiten. Die Pferde, die wir ritten, waren wirkliche Wildpferde, richtige Cloud-Hunters*** und Sun-Fishers****. Du warst womöglich der erste Mensch, der sich auf sie setzte. Um sie hinter die Banden zu bringen, mußtest du ihnen die Augen verbinden. Dann hat man sie an den Ohren festgehalten, und los ging die Jagd. Du hast dich freiwillig gemeldet, um einen dieser bösen Kerle zu reiten – »Bring dem Mördergaul Manieren bei!« –, nur weil ein bestimmtes Mädchen dir zuschaute.

Und für das Steerroping***** und Bulldogging wurden die

* Einen Ochsen bei den Hörnern packen und niederwerfen

** Auf einem wilden Pferd mindestens zehn Sekunden reiten, ohne abgeworfen zu werden

*** »Wolkenjäger«, ein Pferd, das sich hinten aufbäumt

**** »Sonnenangler«, ein Pferd, das wilde Sprünge macht

***** Einen jungen Bullen mit dem Lasso einfangen, auf die Seite werfen und alle vier Beine zusammenbinden wilden Rinder von den nicht eingezäunten Weiden genommen. Zu meiner Zeit bist du hinter so einem üblen Kunden hergejagt, hast ihn mit dem Lasso an den Hörnern eingefangen und dein Pferd so geritten, daß es den Stier hochriß und er sich überschlug wie ein Pfannkuchen. Das reichte gewöhnlich und legte ihn lang genug flach, daß du seine Füße zusammenbinden konntest, bevor er wieder hochkam. Manche Reiter nahmen die Stiernase zwischen ihre Zähne und breiteten ihre Arme aus, um dem Publikum zu zeigen, wer hier der Boß war. Dieses Durch-die-Luft-Wirbeln nannte man »Throwing the Hoolikan«, und es konnte dem Stier das Genick brechen oder dir. Es ist mittlerweile verboten, und das ist gut für beide, für Mensch und Tier.

Die aufregendste Geschichte war für mich Büffelreiten. Diese Büffel schauten so groß und schwerfällig drein, aber sie zischten los wie ein geölter Blitz. Ich weiß nicht, wo sie diese Viecher herhatten, wahrscheinlich vom Custer State Park. Einmal habe ich sieben von ihnen an einem Tag geritten. Diese Büffel kosteten mich meine ganze Kraft. Vom ersten flog ich bereits nach dem ersten Sprung. Er war ein richtiges Zündloch. Auf dem zweiten konnte ich mich zwei Sprünge lang halten. Auf dem vierten Büffel blieb ich sechs volle Sprünge lang. Er lief so schnell, daß die Cowboys mich nicht von ihm runterheben konnten. Nummer sieben kam so schnell aus dem Gang gerast, daß ich ihn verfehlte. Ich wurde ganz schön geschleudert, doch der Sand war weich und gut zu mir.

Ich nehme an, die Geister haben gut auf mich aufgepaßt, denn ich habe mir bis auf ein einziges Mal nie einen Arm oder ein Bein gebrochen. In Martin, Süd-Dakota, hatte ich mir die Schulter ausgekugelt. In jenen Tagen gab es keine Bereitschaftsärzte. Sie schoben mir ein Kissen unter den Arm und zogen daran. Meine Schulter ist heute noch kaputt. In jener Zeit ging ich auch immer gern zu den »White River Frontier Days«, die als großer Rummel berüchtigt waren. Ich reiste nach Gilette in Wyoming, nach Oregon und hinunter an die mexikanische Grenze. Manchmal hatten wir nicht einmal einen gescheiten Platz. Die alten Klapperkisten, »Model-T's«, und Pferdewägen formten dann einfach irgendwo einen großen Kreis, und das war dann die Arena. Die Zuschauer blieben in ihren Autos und Anhängern sitzen, und wenn du eine

besondere Leistung vollbracht hattest, drückten sie fest auf die Hupe. Viel Geld konnte man da nicht machen, dafür war es ein riesiger Spaß. Heute ist es fast wie im Kino.
Ich fand es ratsam, das »Bronc-busting« aufzugeben, solange ich noch heil war. Außerdem langweilte mich jeder Job, wenn ich ihn zu lange hatte. Doch ich reiste weiterhin zu den Rodeos, und zwar als Rodeoclown. Das war ein bißchen weniger gefährlich als »Bulldogging«, aber nur ein bißchen. Unsere Bezeichnung für Clown ist *heyoka*. Für uns Indianer ist der Clown ein seltsamer Geselle, der immer das Gegenteil von dem tut, was von ihm erwartet wird. Die Arbeit eines Clowns ist heilig; sie gleicht der Arbeit des Medizinmanns. Ich habe noch mehr darüber zu sagen, doch das hat Zeit, bis ich zum *heyoka*-Teil meiner Geschichte komme, wenn wir über die Träume der Donnerwesen sprechen, über Visionen, Medizin und gekochten Hund.
Meine Aufgabe als Clown war es, die Bullen von den abgeworfenen Reitern zu trennen, um sie vor dem Aufgespießtwerden zu retten. Das Ganze mußten wir mit möglichst viel Blödelei machen, um die Zuschauer zu unterhalten und den ernsten Tatbestand zu vertuschen. Wir wedelten mit Tüchern und hatten Fässer rumstehen. Wenn mich ein Bulle angriff, verschwand ich in meinem Faß wie eine Schnecke in ihrem Haus, zog meine Fühler ein und ließ mich von dem Stier von einem Ende der Arena zum anderen bugsieren.
Einer meiner besonderen Auftritte war dieser: Ich trug Frauenkleider, hatte eine riesige gelbe Perücke auf dem Kopf und zwei Kissen im Hemd, um eine glaubhafte »Baby-Bar« vorzutäuschen, wie die Cowboys die Busen der Mädchen nannten. Angekündigt war ich als Alice Jitterbug. Ich ritt immer auf einer Kuh in die Arena, und zwar auf einer ziemlich heißen, der man die Liebeslaune in den Augenwinkeln ansah. Einmal wurden wir von einem Stier gejagt, der sich sofort über diese Kuh hermachen wollte. Die Zuschauer fanden das sehr lustig, für mich war es alles andere. Ich wedelte immer mit meinen Unterröcken, um die Brahma-Bullen von den gestrauchelten Reitern abzulenken. Manchmal mußte ich mit dem Kopf voran in mein Faß tauchen, und die Menge konnte meine Spitzenunterhosen bewundern. Des öfteren trat ich zusammen mit Jake Herman auf, einem anderen indianischen Rodeo-

clown, der bekannt war für seine lustigen Geschichten und Märchen. Er ist bereits seit einigen Jahren tot, er ist »nach Süden gegangen«, wie wir sagen.
Mir machten meine Auftritte immer viel Spaß, und etwas Geld haben sie ja schließlich auch gebracht. Die Oldtimer in den Rinderstädten hier in der Gegend erinnern sich immer noch an mich. Natürlich erinnern sie sich nicht an den Reiter Lame Deer, denn gute Reiter gab es in jenen Tagen genügend; aber Alice Jitterburg gab es nur eine.
Ob Reiten oder Clownerie, es war kein schlechtes Leben damals. Immer gab es jemand, der dich zu einem Bumblebee Whisky einlud – das war der Drink mit dem besonderen Stich! – Es gab Leute, mit denen man sich anfreunden konnte, Indianer von anderen Stämmen, mit denen man sich unterhalten konnte. Meistens schlief ich unter der Tribüne, sofern es eine gab, oder draußen zwischen den Salbeibüschen. Ganz selten schlief ich allein. Die Nächte kann ich zählen, in denen kein Mädchen mir Gesellschaft geleistet hat. Meine Elk-Kraft muß damals stark gewesen sein.
Frauen betrachtete ich wie einen Teil der Mutter Erde, die kein Mann als ein Stück eingezäunten Eigentums betrachten sollte. Wenn mein Schlafsack weich und einladend auf ein Mädchen wirkte, wenn sie auf eine kurze Rast Lust hatte oder mich fragte, ob ich sie zu einem Drink »Sneaky Pete« oder »Dago Red« einladen würde, wer war ich denn, daß ich da von ihr verlangt hätte, auf einen Stoß Bibeln zu schwören, daß sie allein war und niemand einen Anspruch auf sie hatte. Ich fand, das gehörte nicht zu meinem Beruf.
Einige Männer waren da nicht meiner Ansicht, und es gab saftige Schlägereien. Ich war aber nicht einer von denen, die man demütigen konnte, und sagte diesen eifersüchtigen Kerlen immer: »Ein widerwilliges Mädchen bewachen ist wie auf einen Sack Flöhe aufpassen – hoffnungslos.«
Es war ein geselliges Leben, gleichzeitig einsam, glücklich und traurig. Das war es, was ich suchte. Einen jungen indianischen Reiter hörte ich singen:

Ich hab keinen Vater
Ich hab keinen Vater
der meine Stiefel bezahlt

Ich hab keine Mutter
ich hab keine Mutter
die meine Socken stopft
Ich hab kein Mädchen
ich hab kein Mädchen
das mein häßliches Gesicht küßt
Ich bin nur ein *pteole Lakota hoksila*
ein armer Sioux Cowboy
weit, weit von zu Haus.

Genauso fühlte ich mich, nur daß meistens irgendein Mädchen mein häßliches Gesicht küßte. Ich fiel in das Lied des Sängers ein: »*Tokiya blahe?* – Wo reit ich hin, wohin geht mein Weg?« Ich wußte es nicht, und es war mir auch egal.

Im Sommer gab es die Rodeos, im Winter die Square Dances. Wir mochten die Tanzerei der Weißen, denn sie gab einem Jungen die Möglichkeit, ein Mädchen zu berühren und ihren Körper zu fühlen. Bei einem indianischen *powwow* tanzen Jungen und Mädchen getrennt und bewegen sich in einem Kreis, die Jungen in die eine und die Mädchen in die andere Richtung. Eines Tages zog ein Indianer seine eigene Sache auf, eine Quadrille im Western-Stil. Er stellte drei Musiker ein, einen Geiger, einen mit einer Maultrommel und einen guten Harmonikaspieler. Die Ansagen besorgte er selber. Wir waren schnell im Begreifen. Ich versuchte mich auch als Ansager, denn ich wollte immer meine Nase vorn dran haben. Manchmal hatte der Kerl einen rauhen Hals, und dann schickte er mich vor, um den Tanz anzuführen. Ich war aufgeregt und scheu zur gleichen Zeit und machte einen Haufen Fehler.

Das Ganze endete in einem einzigen Chaos – die Tänzer stießen ineinander und rannten umeinander wie Hühner, in deren Stall der Fuchs eingedrungen ist. Ich war noch nie ein guter Redner im Englischen, und zu jener Zeit konnte ich kaum die Worte richtig aussprechen, auch wenn ich ihre Bedeutung verstand, was übrigens auch selten der Fall war. Ich versuchte mich einfach an den Klang zu erinnern. Der Mann, der den Tanzabend leitete, sagte zu mir: »Solange du viel Radau machst, ist alles okay.« Ich holte aus meiner Kehle raus, was rausging. Mit der Zeit war mir das ganze Square-Dance-

Schreigeschäft über. Es brachte mir auch keine grünen Froschhäute ein, nur kostenlose Mahlzeiten. Und so hab ich gerufen:

> Jetzt fangt euch ein Mädchen, schwingt sie hoch,
> Verliert euch nicht, und weiter geht's
> Schnappt eure Partner, Do-see-do!
> Hängt euch ein, liebkost den Kopf eures Lieblings
> Nehmt sie mit ins Gras,
> Fallt aber nicht auf Eure . . . Do-see-do!
> Ich dreh die meine, ihr dreht die eure
> Ich drehe eure, ihr dreht die meine
> Aahaa, und auf gehts, trefft sie genau,
> Im Kreis gehts rund und jetzt die Promenade
> Und wieder zur Mitte und jetzt heimmarschiert.

Ein guter Tanz fing bei Sonnenuntergang an und hörte nicht vor Sonnenaufgang auf. Jeder ging mit roten Augen und todmüde nach Hause, doch den Kopf voll guter Erinnerungen. Wir schliefen den ganzen Sonntag durch. Einige der alten Geiger beschlossen die Tanzerei immer mit einem ganz, ganz langsamen Walzer, so langsam, daß man die Schnecken vorbeizischen sehen konnte. Ich hielt mich in diesem Moment fest an mein Mädchen, schloß die Augen und träumte von ihr, was mir mehr bedeutete als die Musik. Was ich vor mir sah, waren nicht immer die keuschesten Bilder, aber es waren schöne Bilder.

Dieses Square-Dancing haben wir sieben Jahre lang betrieben, aber mittlerweile ist es aus damit. Der letzte Geiger aus diesen Tagen, der in unserer Stadt lebte, starb vor nicht allzu langer Zeit, und die Tänzer meiner Generation sind längst verheiratet und weißhaarig, sofern sie überhaupt noch leben.

Ja, das ist es, was wir im Winter getrieben haben. Im Sommer hielt mich nichts drinnen, da wollte ich draußen sein. Im Sommer war *powwow*-Zeit, Zeit für Tänze nach unserer Art. Aber auch die guten alten *powwows* sind schön langsam zu Geschäften mit der grünen Froschhaut geworden. Als ich jung war, wurde bei einem Tanz nie ein Eintrittsgeld verlangt, und niemand kam, um zuzuschauen – man kam, um mitzumachen. Jetzt tanzen sie für die Prämien beim Wettanzen.

Das entmutigt jene, die sich um Preise nicht kümmern und die aus der Freude am Tanzen gekommen sind. Anfangs haben die Preisrichter das Geld einem armen Mann gegeben, der es nötig hatte; heute schanzen sie den Gewinn ihren Verwandten zu. Wenn das Geldgeschäft einmal begonnen hat, wird schnell alles sauer.
Beim letzten Sonnentanz in Pine Ridge hat das Veranstaltungskomitee einen Dollar und 50 Cents Eintritt verlangt. Zwei alte Indianer haben sie vom Tanzplatz verwiesen, weil sie den Eintritt nicht bezahlen konnten. Stell dir das mal vor; einem Indianer Geld abverlangen, weil er bei seinem Sonnentanz dabeisein will! Den Leuten gefiel das überhaupt nicht, und am Abend, als die Tänzer aufgefordert wurden, den Tanzplatz zu betreten, nun, da kam keiner, alle Tänzer standen abseits in Gruppen herum, mit Federn geschmückt, herausgeputzt, die Tanzschellen am Bein, so lehnten sie an ihren Autos und Pick-ups, gaben ein gutes Bild ab, aber bewegten sich nicht. Sie würden nicht auf einem Platz tanzen, auf dem zwei Vollblutindianer, die nicht zahlen konnten, nicht zugelassen waren. Wir waren froh, als wir das sahen. Diese Runde hatten wir gewonnen. Später hörten wir, daß zwei Männer des Komitees beschuldigt wurden, Geld vom Sonnentanz veruntreut zu haben. Die Welt der grünen Froschhaut rückt näher und näher, bis hin zu unseren heiligsten Zeremonien.
Während meiner Wanderzeit, meinem *oyumni*, meiner Periode des Umherstreifens, versumpfte ich beim Kartenspielen, war besoffen oder gab das Geld für Mädchen aus. Von Mal zu Mal sah ich mich dann gezwungen, irgendwas zu verkaufen oder ins Pfandhaus zu bringen: meinen wertvollen Sattel, meine bunten Rodeostiefel oder sonstigen Tand. Ich war daher nicht besonders scharf darauf, die Rodeo-Reise noch einmal anzutreten. Jemand wollte mir eine sichere Stellung als Ranchgehilfe verschaffen. »Ich will umhauen, nicht Rinder aufziehen«*, sagte ich zu ihm. Ich war mit dem Rumtreiben noch nicht fertig. Irgendwas trieb mich weiter, hielt mich davon ab, mich niederzulassen. Ich war immer noch jung, dazu geboren, die Erde zu erschüttern, oder einfach noch dumm und hatte von Tuten und Blasen keine Ahnung. Einer erzählte mir, daß in Nevada Leute zum Kartoffelklauben gesucht wür-

* »I want to raise cain, not cattle«

den, fünf Cents der Scheffel. Ich nahm meine letzten zehn Froschhäute als Anzahlung für einen zusammengebrochenen Karren, einen frühen Ford, damals bereits ein Museumsstück. Ich möbelte das Ding auf, so gut es ging, und schnaufte nach Pine Ridge. Dort sammelte ich drei andere Kerle auf, und los ging die Reise. Wir waren jetzt eine Mannschaft. »Je weiter südlich ihr fahrt«, sagten sie daheim zu uns, »desto weniger Konkurrenz werdet ihr haben und um so mehr wird man euch zahlen.« Also fuhren wir nach Süden, vorbei an Gordon, Agate, Haysprings. Am nächsten Morgen rollten wir in das Städtchen Alliance. Ein Farmer mit einem Lastwagen kam vorbei. »Wollt ihr Arbeit, Fellows?« rief er aus dem Wagen, »fünf Cents der Scheffel!«

Dieser Farmer hatte ungefähr an die hundert Hektar Kartoffelacker, jeder Acker in Streifen gepflügt. Wir schätzten ab, wieviel Scheffel wohl so ein Streifen bringen würde, und kamen so auf dreißig bis vierzig Scheffel. Der Farmer versorgte uns mit einem Pack Kartoffelsäcken und einem Gespann Pferde. Jeder hatte einen Gürtel um den Bauch und einen tiefen Sack zwischen den Beinen. Dann ging es los, feldauf und feldab, von Sonnenaufgang bis Sonnenuntergang. Am ersten Tag brachte ich es auf fünfundsiebzig Scheffel, die brachen mir aber auch fast das Kreuz. Drei Dollar und zwei kärgliche Bissen für zwölf Stunden harte Arbeit. Dieser Farmer gab uns nichts zu essen; wir mußten uns an die rohen Kartoffeln halten und in der Scheune schlafen. Ich wurde zum Weltmeister der Kartoffelklauber. Mein Rekord waren 150 Scheffel, das waren siebeneinhalb Bucks* pro Tag. Mehr habe ich nicht geschafft.

Später wechselten wir den Farmer. Der neue war netter. Er bezahlte uns zwar das gleiche, aber hatte ein Herz und gab uns zu essen – Brot und Butter, Pökelfleisch und Kaffee. Die alte Scheune jedoch, die er uns zum Schlafen anbot, hatte einen eigenen Wildbestand anzubieten, auf den wir nicht besonders scharf waren. Ich kam nicht auf einhundertfünfzig Scheffel am Tag, da ich immer wieder anhalten und mich kratzen mußte. Wir vier warfen das Geld in einen Topf und teilten uns das Benzin. Wir wurden täglich abends bezahlt. Einmal im Monat kauften wir Konserven ein, eine riesige

* Slang: Dollars

Schwarte Speck und einen Sack Zucker und vertranken, was übrigblieb.
Als die Ernte vorbei war, hatten wir eine große Sauferei in der Stadt. An diesem Tag war der Mondschein hervorragend. Man konnte sich vollaufen lassen und hatte am nächsten Morgen keinen Kater. Das war der beste Mondschein, den ich je erlebte. Einer von unserer Mannschaft war zu lange ohne Frau gewesen. Er dichtete ein Lied:

I count coup on the girls
The moment I am on top of them.
I'm on top of the world.
I am the top man.

Ich zähle die Coups* an den Mädchen
Sobald ich auf ihnen bin
Bin ich auf dem Gipfel der Welt
Bin ich ein Spitzenmann.

Niemand kann so ein Lied übertreffen, glaube ich. Zwei unserer Gruppe hatten sich mit Mädchen eingelassen und gingen ihre eigenen Wege; damit war unsere Gang zerbrochen. Ich hatte einiges über Farmer und Kartoffeln gelernt; es war Zeit, etwas Neues zu versuchen.
Ich ging nach Norden, nach Standing Rock. Ich fühlte in mir die Notwendigkeit, eine Zeitlang allein zu bleiben und zu überdenken, was ich bis jetzt erlebt hatte. Eines Tages schlenderte ich ziellos durch die Straßen von Belle Fourche, als eine weiße Frau mich anhielt und mich fragte, ob ich für sie Schafe hüten könne. Ihr Ehemann war bereits seit einiger Zeit in den Bergen, um auf seine Wollknäuel aufzupassen, und seine Lady wurde langsam aber sicher wepsig und konnte es kaum erwarten, ihn wieder bei sich zu haben. Ich konnte sehen, daß es einen weichen, warmen, feuchten Fleck gab, der sich nach diesem Mann sehnte.
Sie nahm mich im Auto mit, und wir fuhren zu ihrem Mann; es war ein weiter Weg durch ein Gebiet ohne Zäune, wo eine riesige Schafherde graste, die ihnen gehörte. Der Mann war

* abgeleitet vom Kriegsbrauch der Prärieştämme: den Feind mit dem Coupstab berühren. Heute: einen Treffer landen.

vielleicht froh, als er sie wiedersah. Er war ein lustiger Mann mit einem barfüßigen Kopf, auf dem sich die Sonne widerspiegelte, wenn er seinen Hut abnahm, um sich den Schweiß abzuwischen. Sie hatten es ganz schön eilig, davonzukommen und unter sich zu sein. Ich hatte das Gefühl, daß die beiden nicht schnurstracks heimgefahren sind, ich glaube eher, daß sie ab und an im Schatten angehalten haben. Immerhin hatten sie sich lange nicht gesehen. Schafehüten verlangt seine Opfer!

Es gab einen großen Schäferkarren, aus dem ein Ofenrohr ragte. Er war vollgestopft mit Lebensmitteln und Zeug für gut sechs Monate. Das sollte von nun an mein Zuhause sein. Ich hatte ausreichend zu futtern, und die Bezahlung war auch nicht schlecht. »Barfüßiger Kopf« hatte mir auch eine .30-.30-Büchse dagelassen, dazu eine Handvoll Patronen und zwei Schäferhunde. Diese Hunde taten die ganze Arbeit und jagten die Streuner in die Herde zurück. Ich war eigentlich nur eine einsame Dekorationsfigur.

Der Schlafplatz der Schafe war auch mein Schlafplatz; dort stand mein Wagen. Jeden Morgen um fünf Uhr mußte ich die Viecher zum Essen ausführen, besser gesagt, die Hunde taten das, und ich folgte ihnen zu Pferd. Jeden Tag suchten wir einen neuen Platz, wo das Gras reichlich und fett war. Die Schafe verbrachten immer die ersten fünf Stunden mit Fressen, dann eine Stunde mit Trinken, und dann taten sie drei Stunden lang nichts Besonderes. In dieser Zeit hatten die Hunde frei und durften Kaninchen jagen, und ich konnte meinen Gedanken nachgehen. Nach dieser Ruhepause kam nochmal eine Freßzeit, und dann kam schließlich die Abendparade heim zum Schlafplatz. Alle paar Wochen, sobald halt die Schafe sämtliches Gras im Umkreis aufgefressen hatten und wir den Marsch zur Weide und zurück an einem Tag nicht mehr schaffen konnten, war es Zeit umzuziehen. Gewöhnlich wählte ich nicht nur einen Platz mit guten Weidegründen, sondern auch einer schönen Sicht vom Wagen aus. Dann begann der ganze Zirkus von neuem.

Hirte zu sein, erscheint auf den ersten Blick langweilig. Das ändert sich, sobald man selber Hirte ist. Diese Wollknäuel können einen ganz schön in Trab halten. Diese Viecher sind nämlich von Menschen gezüchtet, sie sind künstliche Verwandte des wilden Bergschafs, Kreaturen, die nicht selber für sich sorgen können. Immer wieder passiert es, daß eines umfällt und auf dem Rücken landet, und liegt ein Schaf mal auf dem Rücken, dann kommt es nicht mehr hoch. Hast du das gewußt? Ich wußte es nicht. Ich hätte das nie für möglich gehalten, auch von einem Tier nicht, das die Weißen gezüchtet haben. Aber da waren sie nun mal mit ihren vier Beinen in der Luft und schauten dumm und hilflos. Und dann kommt hinzu, daß so ein Schaf, sobald es auf dem Rücken liegt, sich mit Luft wie ein Ballon aufbläst, und es stirbt, sofern nicht jemand rechtzeitig kommt und es wieder auf seine Füße stellt. Manchmal muß man auch mit einer Nadel in den Bauch stechen, und dann geht's . . . pffft! . . . wie bei einem Ballon. Die Schafe scheint das wenig zu kümmern. Sie nehmen wieder ihre ursprüngliche Form an und kauen weiter Gras, wie sie es auch taten, bevor das Unglück passierte, so als sei nichts geschehen.

Es gab Tage, da hatte ich alle Hände voll zu tun, diese verfluchten Wolldinger wieder umzudrehen, ich kam mir vor wie ein Koch mit seinen Pfannkuchen. Einmal habe ich auch ein Tier übersehen; es starb innerhalb einer Stunde.

Manche Schafe sind auch so blöd, daß sie ihre eigenen Lämmer nicht erkennen und auch nicht säugen. Diese Waisenkinder werden »Bums« genannt, und man muß sie mit der Hand aufziehen, es sei denn, es gelingt, ein weibliches Tier zu täuschen oder dazu zu bringen, ein fremdes Lamm anzunehmen. Das geht, wenn man weiß, wie. Obwohl die Schafe kein Hirn haben, das wert wäre, erwähnt zu werden, können sie doch allerhand aushecken, um einen Hirten den ganzen Tag lang zu beschäftigen.

Nachts, wenn ich die Herde zum Wagen zurückgebracht hatte, nahm ich zwei Kerosinlampen mit Reflektoren dahinter und stellte sie nach draußen. So konnte ich die Herde beobachten und auch nach Kojoten, Bobcats* oder auch einem streunenden Puma Ausschau halten. Sobald die Hunde anfingen zu bellen, wußte ich, die Kojoten waren da. Ich konnte ihre Augen als leuchtende Punkte in einem weiten Bogen um mich herum sehen. Schießen brauchte ich nicht. Sobald ich einen Holzscheit ins Feuer geworfen und die .30-.30er heraus-

* Wildkatze in Luchsgröße

geholt hatte, waren sie verschwunden, und ich konnte weiterschlafen. Kojoten sind klug, klüger als so manche Leute, die ich kenne.

So weit war es also gekommen: ein Sioux-Indianer als Herdenchef. Am Morgen ging ich zum Bach, dessen Wasser so klar war, daß mir die Zähne weh taten. Ich füllte meinen Cowboyhut und ließ die Hunde daraus trinken; man hatte mir gesagt, ein richtiger Schäfer macht es so. Ich war froh, allein zu sein. Ich schloß meine Augen, dachte nach, dachte mir Sachen aus, lauschte den Stimmen von draußen und ließ die Geister zu mir kommen. Aber nach einem Monat wurde ich unruhig. Ich war es leid, ständig das Blöken der Schafe zu hören. Ich wünschte den Mann herbei oder seine Frau oder daß sie mir jemand schickten, zu dem ich sprechen konnte. Ich fühlte mich so verdammt einsam, daß ich um eine Squaw betete, die mir Gesellschaft leisten sollte, sie konnte sogar häßlich sein. Doch ein Tag nach dem anderen ging vorbei, ohne daß ich ein menschliches Wesen gesehen oder eine menschliche Stimme gehört hätte.

Radio gab es keins, »Barfüßiger Kopf« hatte mir lediglich einen Haufen bunter Zeitschriften dagelassen, »Saturday Evening Post« und so Zeug. Ich übte mich im Lesen und fuhr mit meinem Finger die Zeilen entlang. Die Geschichten und Bilder in diesen Magazinen waren für mich unverständlich, so als kämen sie aus einer anderen Welt. Ich fand auch eine Bibel im Schäferkarren und studierte sie. Und mit der Zeit verbesserte sich mein Englisch und mein Lesen. »And Shem begat Uz, and Uz begat Lud, and Lud begat Mash, and Mash begat Nush.« »Begat, begat, begat – einer zeugte den anderen! Diese alten Hebräer, so entnahm ich den Geschichten, waren auch alle Schafhirten wie ich. Aber zum Teufel, wenn die dauernd Nachkommen gezeugt haben, wer hat da auf die Herden aufgepaßt? Immerhin hatten sie keine .30-.30er, aber dafür reichlich Löwen. Wenn ständig vom Zeugen die Rede ist, muß ich natürlich an Frauen denken. Aber das half mir wenig. Ich fing an, mit mir selbst zu sprechen oder besser mit mir selbst zu murmeln.

Manchmal ging ich nach draußen und brüllte rum, nur um meine eigene Stimme zu hören. Diese gelbäugigen Schafe schauten mir dabei zu. Sicher dachten sie, ich sei übergeschnappt. Manchmal krepierte ein Viech durch einen Unfall, und ich hatte für eine Zeitlang Schaf, Widder, Lamm und Hammel auf meinem Speiseplan. Langsam verlor ich jegliches Zeitgefühl und wußte nicht einmal mehr, welcher Wochentag war. Scheiße, nicht mal im Monat war ich mir mehr sicher.

Eines Tages bemerkte ich eine Staubwolke, »Barfüßiger Kopf« und seine alte Lady kamen in ihrem Ratterkasten, um nachzusehen, ob ich noch am Leben sei. Als das klapprige Auto am Schäferkarren anhielt, stand ich gestiefelt und gespornt und fertig gepackt da und war zum Aufbruch bereit. Sie waren bestürzt und fragten, ob irgend etwas nicht in Ordnung gewesen wäre. Das Essen oder die Bezahlung? Ich sagte ihnen, daß ich nichts auszusetzen hätte, daß ihre Behandlung wirklich gut war, aber daß ich halt einfach nicht zum Schäfer geschaffen war. Besser, ich höre auf, bevor ich vergesse, wie man spricht, sagte ich, oder bevor ich mich noch mit einer Schaflady verheirate.

Ich war über drei Monate allein da draußen gewesen, und ein dickes Bündel Froschhäute in meiner Tasche war der Lohn. Vor nicht allzu langer Zeit traf ich einen modernen Schäfer. Der hatte einen Kassettenrecorder in seinem Wagen. Ich fragte ihn, wozu er den brauche. Um mit sich selber zu sprechen, gab er zur Antwort. Er hatte nur ein Band. Wenn es ihm langweilig wurde, immer über ein und dieselbe Sache mit sich zu streiten, löschte er das Band und begann einen neuen Disput. Ich glaube, alle alten Schäfer sind *witko* – verrückt –, verrückt vom Alleinsein. Ich war nach diesem Einsiedlerdasein sehr auf sozialen Kontakt aus, und mein Geld war schnell weg.

Immer, wenn ich einen Job in der Welt des weißen Mannes hinter mir hatte oder auch eine Zeit des Umhauens, ging ich zu den Alten meines Stammes zurück und hörte ihnen tagelang zu, was sie über Medizin und die alten Wege unseres Volkes zu sagen hatten. Die Welt der Visionen und die Welt hinter der Froschhautwelt ist für uns Indianer immer sehr wichtig gewesen. Fast kann man sagen, daß ein Mann ohne Vision kein richtiger Indianer ist. Draußen in den Prärien bekamen wir unsere Visionen auf die harte Weise, durch Fasten und indem wir vier Tage lang in der Visionsgrube aushielten und nächtelang für einen Traum weinten. Andere Stämme

haben denselben Drang nach einer Vision, aber sie suchen auf eine andere Weise. Vor achtzig Jahren kam die Geistertanzreligion zu uns, und zwar von Süden, von einem heiligen Mann der *Paiute.* Die Leute tanzten so lange, bis sie in Trance gerieten und ihre toten Verwandten sahen. Die Geistertänzer wurden in Wounded Knee massakriert und ihre Träume mit Gewehren ausgelöscht. Träume sind für die Froschhautwelt gefährlich, sie muß sich ihrer mit Kanonen erwehren.
Ich war so um die 21 Jahre alt, als einige Männer zu mir sagten: »Es gibt eine neue, sehr mächtige Medizin, die dreht dich um und um, und du wirst Gott sehen.« Ebenso wie damals beim Geistertanz waren die Männer, die uns diese Medizin brachten, nicht von uns, sie kamen von einem anderen Stamm. Einer war ein Arapaho und der andere ein Schwarzfuß, ein Mann namens Lone Bear*.
Das wollte ich herausfinden; ich war neugierig und ging zu einem ihrer ersten Treffen in einer einsamen Scheune. Sechs Männer saßen auf dem Boden eines leeren Raumes. Vor sich hatten sie eine Kanne voll von aufgeschnittenen Peyote-Kakteen. Der Arapaho und der Schwarzfuß sprachen in ihrer eigenen Sprache. Ich konnte nichts verstehen, aber ich verstand, was sie uns sagen wollten: »Eßt das und ihr werdet ein neues Licht sehen!« Ich fühlte mich seltsam nach dieser neuen Medizin, obwohl ich anfangs nur einige Eßlöffel voll genommen hatte. Das Peyote war sehr mächtig, ich fühlte die Trommel in mir, und ich fühlte die Rassel in mir, und aus der Rassel sprachen Stimmen. Ich schloß meine Augen, ich schaute mich an und blickte in mein Inneres; da saß ich niedergekauert auf meinen Arschbacken, den Rücken gegen die Wand gelehnt, und fühlte meine Knochen durch meine Haut. Ich mochte diese *Pejuta,* denn sie drehte mich um mich selber. Um Mitternacht hatte ich mehrere Visionen. Zuerst sah ich ein Viereck, das sich in einen Kreis verwandelte, dann in einen Halbmond und dann in einen Perlengürtel, grün und blau; der Gürtel drehte sich um mich. Ich konnte mich selbst sehen, so als blicke ich von einem hohen Berg, und sah mich mit den anderen sechs Männern in der Hütte sitzen. Plötzlich war ich wieder bei mir. Meine Augen ruhten auf den Holzbalken der Wand, die plötzlich sehr, sehr nah vor mir war, so

* Einsamer Bär

als blicke ich durch ein Vergrößerungsglas. Ich sah etwas aus den Ritzen kriechen, es war eine riesige Ameise, vielleicht so zehn Fuß hoch, die größte Ameise, die ich je gesehen hatte. Und ihre Fühler waren wie die eines Hummers. Als die Ameise größer und größer wurde, weitete sich auch der Raum, ich sah Insekten, die anfingen, mich zu fressen. Mir wurde angst und bange, und ich versuchte zu fliehen, aber ich konnte mich nicht von der Stelle rühren. Der Anführer unserer Peyotesitzung wußte, daß ich etwas sah, er wußte auch, wie mir zumute war. Er schüttelte seine Rassel und fächerte seine Federn über mir. Ich kam zurück ins Leben, zurück von irgendwo draußen außerhalb des Hauses, wie es mir schien.

Ich war total verwirrt. Als ich versuchte, an jemand zu denken, der mir lieb und teuer war – meine Großmutter, mein Onkel –, funktionierte es nicht. Meine Gedanken flohen immer von mir wie eine wildgewordene Herde. Ich wollte an den weißen Mann denken, an die Froschhautwelt – aber auch das funktionierte nicht. Ich versuchte, an Tiere zu denken, aber ich war unfähig, mich zu konzentrieren. Die Männer hatten gesagt: »Eßt das und du wirst Gott sehen.« Ich sah keinen Gott. Ich konnte nicht einmal in vollständigen Wörtern denken, nur noch in Silben, eine Silbe nach der anderen.

Ich schickte ein Gebet zum Großen Geist, daß er mir helfe, mir einen Ausweg zeige. Ein süßer Geruch, der aber nicht durch meine Nasenlöcher hochstieg, breitete sich in meinem Gehirn aus. Es war weder ein Parfüm noch ein Geruch der Natur. Nur ich konnte es riechen. Ich sah ein Buch, das sich in einen Felsen verwandelte, und der Felsen verwandelte sich in eine Höhle. Ich wußte nicht, was ich damit anfangen sollte, aber es war etwas Heiliges in dieser Verwandlung, es war *wakan*, es war gut, trotzdem fürchtete ich mich.

Der Führer gab mir den Federfächer und die Rassel. Ich war jetzt an der Reihe, ein Lied zu singen, aber ich wußte nicht wie, und so kam der nächste dran. Als die Sonne am nächsten Morgen aufging, war ich erschöpft und schwindlig. Ich war völlig durcheinandergeschüttelt. Etwas war mit mir passiert, das ich noch nicht erklären konnte. Ich würde einige Zeit brauchen, um darüber nachzudenken und mit mir ins klare zu kommen.

Ich wurde für viele Jahre ein Peyotemann und ging regelmäßig zu den Sitzungen, aber nie gab ich mich ganz dem Peyote hin. Genauso versuchte ich, tiefer in den alten Siouxglauben einzudringen, in die spirituelle Welt; ich lauschte den Rednern, den Kräutermännern und den *yuwipi*. Langsam erfuhr ich, wo ich hingehen wollte, ganz schwach konnte ich meinen Platz sehen, aber ich sah auch, daß viele verschiedene Straßen zu diesem Ziel führten, und wußte nicht, welche ich nehmen sollte. Deshalb ging ich alle Straßen und endete manchmal in Sackgassen.

Die Polizei wollte diesen neuen Peyotekult zerstören, wie sie damals den Geistertanz zerstört hatte, nicht weil Peyote eine Droge war – damals sprach noch niemand von Drogen –, sondern weil Peyote indianisch war und im Wettbewerb mit den Missionaren stand. Mich schätzte die Polizei nicht sehr, auch unabhängig vom Peyote. Ich hatte damals einen Wohnsitz in Pine Ridge und einen in Rosebud. In Pine Ridge hatte ich auch ein Mädchen. Nach Ansicht des weißen Mannes waren wir nicht verheiratet. Die Missionare nannten so was Gewohnheitsrecht, die Erlaubnis dazu gaben sie aber nicht, und du konntest auch im Gefängnis dafür landen. Sie sagten: »Du kannst nicht mit einem Mädchen zusammenwohnen, bis du nicht ordnungsgemäß verheiratet bist, und zwar ordnungsgemäß nach unserem Recht.«

Einmal kam zu einem Peyote-Meeting auch die Polizei und holte mich ab. Sie kamen im Dämmerlicht. Vermutlich haben sie die Sache gerochen, oder jemand hat ihnen einen Tip gegeben. Auf jeden Fall brachen sie die Türe auf und versuchten, das Peyote zu finden, aber sie suchten umsonst. Das Peyote war gar nicht im Haus, es war anderswo, zwei Meilen weg, wo wir es immer aufhoben, und wir hatten es noch nicht abgeholt. Als sie mit der Petroleumlampe den Raum ausleuchteten, entdeckten sie mich. Sofort hatten sie das Peyote vergessen und warfen sich auf mich. Ich war in ihren Augen das schwarze Schaf und ein schlechtes Beispiel für alle kleinen Schafe in dem Reservat.

Unsere Hütte stand nur ungefähr drei Kilometer von der Reservatsgrenze entfernt. Die Polizei von Pine Ridge und die von Rosebud jagten mich gleichzeitig, aber jede mußte auf ihrer Seite bleiben. Sie hatten keine Vollmacht, die Reservatsgrenze zu überschreiten. Ich rannte also genau auf der Grenzlinie, den Polizeiwagen von Rosebud auf der einen und den von Pine Ridge auf der anderen Seite. Sie versuchten sogar, auf mich zu schießen, um mich zu zwingen anzuhalten, aber ich wußte, daß sie nicht wagten, wirklich auf mich zu zielen. Wenn die Polizei von Rosebud mir zu nahe kam, hüpfte ich rüber aufs Pine Ridge Reservat und umgekehrt, von einem Territorium ins andere, wie ein zu groß geratener Grashüpfer. Als meine Kraft zu Ende ging und mein Herz schon wie wild schlug, konnte ich mich auf die Pinienhügel retten, wohin sie mir mit ihren Autos nicht folgen konnten. Sie ließen die Autos stehen und verfolgten mich, die Gewehre im Anschlag, aber ich hängte sie im Dunklen ab. Sie verhafteten meine Freundin, ließen sie aber wieder frei, als ich tagelang nicht auftauchte. Sie beobachteten sie in der Hoffnung, sie könne als Köder dienen. Mich zu fangen war nicht einfach. Ich blieb einfach eine Weile in Standing Rock, bis sich die Gemüter wieder abkühlten. Auch dort hatte ich ein wunderschönes Nest, draußen in der Prärie.

Sechs Jahre lang nahm ich Peyote. Dann gab ich es auf. Ich fand heraus, daß es nicht unbedingt mein Weg war. Es war irgendwie eine Sackgasse, ein Canyon ohne Ausgang, und ich mußte meinen Ausgang finden. Ich will hier nichts gegen den Peyotekult sagen. Bei vielen Stämmen glauben die Menschen an diese Medizin. Großvater Peyote bringt viele Menschen zusammen, nicht nur als Mitglieder dieser Religion, sondern auch als Indianer, und das ist gut. Viele Stämme benützen Peyote schon so lange, daß es bei ihnen den Platz der einzigen Religion eingenommen hat. Viele Indianer haben auch ihren alten Glauben verloren, er wurde von den Missionaren ausradiert, und übrig blieb nur das Peyote; und so ist es der einzige indianische Glaube, den sie kennen. Aber für uns Sioux ist Peyote etwas total Neues, völlig verschieden von unserem Glauben an den Großen Geist und an die Heilige Pfeife. Langsam wurde mir bewußt, daß ich diese zwei Glauben nicht durcheinandermischen sollte, das eine mit dem anderen verwirren. Ich spürte, daß es an der Zeit war, mich zu entscheiden, mich zwischen der Pfeife und dem Peyote zu entscheiden. Und ich entschied mich für die Pfeife.

Zu jener Zeit, als ich aufhörte, Peyote zu nehmen, fand ich heraus, was eine wirkliche Sioux-Vision ist. Wenn man träumt, das ist keine Vision. Jeder kann träumen. Aber wenn du ein Kraut nimmst – nun, jeder Metzgerlehrling hinter seinem Ladentisch kann womöglich eine Vision haben, wenn er Peyote ißt. Aber die wirkliche Vision kommt aus deinen eigenen Säften, und sie ist kein Traum, sie ist wirklich. Sie trifft dich scharf und klar wie ein Elektroschock. Du bist völlig wach, und plötzlich steht eine Person neben dir, von der du sicher bist, daß sie nicht neben dir sein kann. Oder jemand sitzt in der Nähe, und plötzlich siehst du ihn weit weg auf einem Hügel stehen. Und trotzdem träumst du nicht; deine Augen sind offen. Dafür mußt du arbeiten und dein Gehirn leermachen.

Peyote ist etwas für die armen Leute. Es hilft ihnen in ihrem Schicksal und gibt ihnen etwas, woran sie sich festhalten können, aber ich konnte da nicht haltmachen, ich mußte weitergehen. Und wenn du einmal das wirkliche Ding erfahren hast, wirst du mit nichts anderem mehr zufrieden sein. Dann willst du alles oder nichts.

Dieses Suchen und Herausfinden hat mein ganzes Leben gedauert. Wenn ich es recht bedenke, bin ich eigentlich immer auf den Grenzen des Geistes hin- und hergesprungen. Drei Jahre lang verdiente ich mir mein Geld als Alkoholschmuggler. Ich hatte ein kleines Café in Parmelee und einen Billardraum mit einem Würfeltisch und einer Musikbox. Ich hatte den besten *Redeye* im Umkreis. Und ich spielte mit der Polizei. In meinem Café hatte ich eine besondere Flasche mit einem ungewöhnlichen Format, und in dieser Flasche befand sich das Heißeste und Härteste, was man sich denken konnte – die Originalpisse der Klapperschlange! Und wenn der Spitzel der Polizei hereinkam, ließ ich ihn einen tüchtigen Schluck von diesem Aufheizer der Gedärme nehmen, mit diesem teuflischen Zeug hat man die Garantie, daß es einen umbringt. Man kann sich denken, daß der Kerl im Nu mit der Polizei zurück war, und die Ursache allen Übels stand noch immer auf dem Tisch. Und dann brachten sie uns zum Richter, mich und die ominöse Flasche.

»Was haben wir denn hier?« sagte der Richter, »einen Viertelliter vom schweren Kopf?« Er schenkte sich selbst einen Drink ein, in seinem Amt als Richter, wie er betonte, und verzog dann das Gesicht. »Brr, das Zeug ist kalter Tee, schrecklich!« Der Grund war, daß ich zwei dieser besonderen Flaschen hatte und sie ausgetauscht hatte, sie mußten mich gehen lassen. Nachdem ich viele solcher Tricks gespielt hatte, ließ mich die Polizei für eine Weile alleine.

Ich war eine Art Doppelgesicht und wollte daher herausfinden, wie die Welt von der anderen Seite aussah. Als für die Stammespolizei im Black Pipe Distrikt ein Mann gesucht wurde, meldete ich mich. Ich war überrascht, daß sie mir diesen Posten gaben, denn ich konnte ja, wie wir wissen, die Hölle locker machen, aber, und das bedachten sie auch, ich war beliebt bei den Leuten. Sie gaben mir ein Abzeichen und ein Gewehr, aber das Schießeisen verstaute ich sofort in der Schublade. Ich trug es nie mit mir rum. Ich trug lediglich einen geladenen Gummiknüppel für Notfälle mit mir rum, doch die Notfälle traten nie ein. Gleich an meinem ersten Tag als Gesetzeshüter fand ich heraus, wie man sich fühlt, wenn einem ein betrunkener Cousin über den Weg läuft. Ich war bald bekannter als der Polizist, mit dem man verwandt ist. Jeder war mit mir verwandt. Nun, wenn dein Cousin besoffen ist, dann verhaftest du ihn nicht, du wirfst ihn nicht ins Gefängnis, du bringst ihn nach Hause. Und das war meine Politik. Immer wenn ich einen Betrunkenen sah, sagte ich zu ihm: »Cousin, ich bin ein ausgesprochen schlechter Mensch, wie du weißt. Anstatt dich ins Gefängnis zu werfen, bring ich dich heim zu deiner alten Lady, und die soll das Nudelholz an dir ausprobieren. Du siehst, so niederträchtig bin ich.«

Und wenn ich eine junge Squaw sah, die meiner Ansicht nach sich am falschen Kerl eingehängt hatte, nahm ich sie beiseite und sprach ihr ins Gewissen. »Hör zu, mein Mädchen, laß mich dich zu deiner Mutter heimbringen, dieser Mann da ist nichts für dich. Er hat bereits ein halbes Dutzend Mädchen. Er will nur mit dir ins Bett, nichts weiter.« »Wie willst du das wissen?« fragte sie mich. »Weil ich es doch selber so tue«, sagte ich, »ein Hurensohn wie ich, der ständig rumweibert, kennt seinesgleichen, glaube mir.« »Nun«, sagte sie, »unter diesen Umständen kannst du mich heimbringen, ich glaube, du weißt, was du sagst.«

So hielt ich es für eine Weile und verdingte mich als Polizist bei Nacht, bis sich meine Arbeitspraxis langsam herumsprach und abnützte – für mich, für die Betrunkenen und für das

Council. Einige Stammespolizisten nämlich sind Halbblutindianer. Und da sie den weißen Mann nicht schlagen können, schlagen sie die Indianer, die Niedersten auf der Leiter. Und das gibt ihnen das Gefühl, etwas Besonderes zu sein. Und ich hatte mich daran nicht gehalten. Fast glaube ich, daß die Betrunkenen mich vermißten, nachdem ich mein Abzeichen wieder zurückgegeben hatte, aber ich konnte nicht an einem Platz wie diesem länger bleiben.
Die Jahre gingen ins Land. Ich wurde älter und hatte fast schon alles versucht und ausprobiert. Ich war wie ein großes Zusammensetzspiel, jedes Jahr wurden neue Stücke hinzugefügt, die letzten Endes das vollständige Bild ergaben. Aber immer noch fehlten einige Teile. 1941 arbeitete ich für einen Farmer in Nebraska. Er war ein guter Kerl, sehr umgänglich, mit einer wunderbaren Frau und wunderbaren Kindern. Zwischen mir und seiner Familie entwickelte sich ein sehr inniges Verhältnis. Er lebte sehr naturverbunden, hatte wenige Maschinen, überhaupt kaum überflüssiges Zeug, sein Haus war aus den Steinen und den Bäumen der Umgebung gebaut und somit ein Teil des Landes. Schon allein an der Menge der Bäume, die um sein Haus herumstanden, konnte man sehen, daß dieser Mann okay war. In Nebraska und in den Dakotas sind die meisten dieser Mastvieh- und Maisfarmer so knauserig, daß sie nie mehr als vier Bäume auf ihrem Besitz stehenlassen, zwei stehen meistens vor dem Haus, um ein wenig Schatten zu haben, und zwei stehen hinter dem Haus. Jeder weitere Baum muß weichen, um möglichst viel Anbaufläche zu haben. Nicht der geringste Quadratzentimeter wird verschwendet, denn es könnte ja sein, daß man auf diese Weise einen Nickel oder einen Dime verliert. Diese geizigen Froschhäuteriche mit ihren verschrumpelten Seelen pflanzen nur eine Sorte Getreide an, mit der sie Kohle machen, und ansonsten leben sie von Konserven.
Mein Farmer war nicht so. Er hatte einen kleinen Wald, und immer, wenn er einen Baum fällen mußte, tätschelte er geistesabwesend den Baumstumpf, so, als sei es ein Haustier. Er versorgte sich auch weitgehend selbst mit Lebensmitteln. Mit einem Menschen dieser Sorte kam ich sehr gut zurecht. Er überließ mir ein kleines Stück Land, auf dem ich meinen eigenen Mais und meine Kartoffeln anbauen konnte. Er war

verkrüppelt, und ich mußte das meiste seiner Arbeit für ihn tun, die harte Arbeit, den Traktor fahren, aber er behandelte mich wie einen seiner Familie. Seine Frau machte wunderbare Kuchen, und in jener Zeit habe ich meine Knochen ganz schön gepolstert.

Dann kam eines Tages eine Nachricht von der Regierung, vom Großen Weißen Vater persönlich. »Grüße!« hieß es, sie wollten, daß ich komme und einige Weiße töte. Plötzlich war das in Ordnung. Was weiß man immer! Der Farmer gab mir meinen Lohn, weit mehr, als er mir schuldete, und setzte eine große Abschiedsfeier an, für mich und meine Verwandten, eine große, zwei Tage dauernde Sauferei, die ihresgleichen suchte. Dann setzten sie mich in einen Zug nach Fort Leavenworth in Kansas. Ich war betrunken wie eine gekochte Eule. Im Zug sah ich mich in Gesellschaft von vielen anderen Indianern, die alle an denselben Ort fuhren.

Der Doktor der Armee untersuchte mich und ordnete mich der Abteilung 4F zu. Fast nehme ich an, sie hielten mich für zu alt, aber ich wollte mit meinen Freunden in derselben Abteilung sein, ich wollte dorthin gehen, wo sie hingingen. So mischte ich mich einfach unter eine Gruppe anderer Sioux, die in einer Reihe warteten, und diesesmal kam ich durch. Ich bekam verschiedene Uniformen, einen Helm und ein Gewehr. Zu Hause, als ich ein Kind war, erinnerte ich mich, waren Pfeil und Bogen bereits eine getarnte Waffe. Aber das Soldatengeschäft war eine einzige große Enttäuschung für mich. Sie verschwendeten eine Unmenge Zeit mit einer Unmenge idiotischer Befehle, mit Drill, mit Grüßen und ähnlichem Mist. Neunzig Prozent der Zeit, die ich in der Armee verbrachte, bestand aus Herumstehen und dem Warten auf Befehle. Das Coupzählen im indianischen Stil der alten Tage erschien mir da doch weit sinnvoller.

Eines Tages mußten wir uns nach der Grundausbildung vor einem hohen Tier aufstellen. Von den Weißen hatten einige ihre Verwandten kommen lassen, um sie zu bewundern; ob unsere Leute aus dem Reservat kommen konnten, darum kümmerte sich natürlich niemand. Nun, wir standen also stocksteif da, und der große Häuptling hielt seine Rede: »Männer, ihr seid jetzt Soldaten, keine Zivilisten mehr. Gibt es unter euch einen, der die Armee nicht mag, der irgend-

welche Beschwerden vorzubringen hat?« Ich bin sicher, er erwartete keine Antwort, und so trat ich einen Schritt nach vorn. »Scheiße«, sagte ich, »mir stinkt die Armee des Weißen Mannes. Bringt uns bei, wie man schießt, und nicht, wie man sich ausruht, wir verschwenden unsere Zeit.« Sie versuchten, mich zurückzuhalten, sie versuchten, mich zum Schweigen zu bringen, aber ich war bereits in Fahrt. »Sie behandeln uns wie Sklaven. Ich hab nichts gegen Kämpfen, aber ihr könnt kein Spielzeug aus mir machen, das man aufzieht.«
Der General schaute mich an und sah, daß ich ein Indianer war. Und er holte aus für eine zweite Rede: »Ihr jungen Soldaten, wir alle wissen, daß niemand diese Armee mag. Aber niemand spricht es aus. Nur dieser Kerl da sagt die Wahrheit.« Ich bekam ein paar Extrastreifen auf meinen Ärmel und durfte die Mannschaft nach Hause marschieren. Am nächsten Tag war Zahltag – der Tag, an dem der Adler scheißt, wie sie sagen –, und ich war so besoffen, daß sie mir meine Streifen wieder abnahmen.
Schließlich durfte ich den Laden verlassen. Ich war der älteste in ihren Reihen, die anderen waren Kinder, verglichen mit mir. Immer wenn die Situation etwas haarig wurde, weinten sie richtige Tränen, und ich war ihr Babysitter. Ich glaube, ich war ein etwas rauher Babysitter. Manchmal dachte ich mir auch, ich skalpier mir einen Deutschen, reiß ihm den blonden Skalp vom Kopf, geb ihm eins aufs Auge für Custer und all dieses. Aber ich änderte meine Gesinnung. Ich glaube, es war der billige Wein, der solche Gedanken in meinem Kopf produziert hat.
Über den Sinn des Krieges ist eine Menge Unsinn erzählt und geschrieben worden: Kämpfen fürs Vaterland, für Amerika, für Demokratie, für deine Lieben. Zum Teufel, ein Soldat kämpft, um sich selbst zu schützen. Jemand schießt auf ihn, also schießt er zurück, am besten noch, bevor der andere ihn töten kann. Und dann rennt er wie ein Hirsch. Er kommt zurück und prahlt: »Ich habe für meine Fahne gekämpft.« Das ist eine Menge *ta-chesli,* eine Menge Scheiße. Wenn auf jemanden geschossen wird, dann denkt keiner an ein Stück Stoff.
Die Regierung nimmt unsere Indianerjungen, unsere Onkel, unsere Cousins, unsere Brüder, unsere Söhne, alle von uns,

um ihre Kriege zu kämpfen. Im 1. Weltkrieg, im 2. Weltkrieg, in Korea, in Vietnam. Und solange das Schießen anhält, sind wir die Helden, so wie Ira Hayes, der vom Kongreß die Ehrenmedaille in Iwo Jima überreicht bekam. Und wenn wir dann zurückkommen, sind wir wieder die unfähigen Zöglinge der Regierung und enden womöglich auch im Graben so wie Ira Hayes. Es waren keine weißen Männer, die Sitting Bull getötet haben, es waren Indianer, Hunkpapa Sioux wie er selber, bezahlt mit grünen Froschhäuten. Es war zwar ein weißer Soldat, der Crazy Horse mit seinem Bajonett durchbohrte, aber es war die Indianerpolizei, die seine Arme festhielt, so daß der weiße Soldat seinen Körper als Zielscheibe benutzen konnte. Man findet immer einige hungrige Indianer, die die schmutzigen Kriege anderer führen.
Die Anthropologen sagen, wir seien von Asien über eine Brücke in dieses Land gekommen, aber vielleicht sind wir schon immer hier gewesen, vom Anfang der Zeit an, und der ganze Zug ging entgegengesetzt, von diesem Kontinent hier zum anderen. Vielleicht sind diese Vietnamesen alle frühere Indianer, und wir sind alle Crow und Rhee Scouts und reiten für ein neues Custer. Ich habe Bilder von Song My und My Lai gesehen, und ich habe Bilder von Wounded Knee gesehen – die toten Mütter mit ihren Babys. Und ich erinnere mich an meinem Großvater, Good Fox, als er mir von der toten Mutter erzählte, deren Baby noch an der kalten Brust trank, kalte Milch. My Lai war heiß, und Wounded Knee war kalt, und das ist der einzige Unterschied.
Heutzutage spielen sie mit dem heiligen Feuer der Sonne herum und fabrizieren Atombomben. Letzten Endes werden sie nur in einer Sache erfolgreich sein. Sie werden ihre eigenen Köpfe in die Luft jagen, und wie man das vermeidet, könnten sie von uns lernen, aber wahrscheinlich denken sie weiterhin, wir sind zu unerzogen, zu ungebildet, nicht wert, daß man uns zuhört. Ich habe ein Exemplar unserer Stammeszeitung aufgehoben, es ist schon einige Jahre alt. Ich habe es aufgehoben, weil ein Gedicht darin steht, geschrieben von einem unserer Sioux in Vietnam, Spotted War Bonnet; als er das Gedicht schrieb, war er in der entmilitarisierten Zone stationiert. Ich wollte, ich hätte dieses Gedicht geschrieben, denn es drückt genau aus, was ich fühle, was die meisten von uns fühlen.

Klage eines Reservatsindianers vom Stamm der Sioux:

Sie haben die ganze Sioux-Nation genommen
Und in ein Reservat gepfercht,
Sie haben unsere Lebensart genommen,
Den Tomahawk, den Bogen, das Messer,
Sie haben unser Kind in eine Krippe gelegt
Und uns das Leder vom Leib gerissen,
Sie haben uns unsere Sprache geraubt
Und unseren Kindern Englisch aufgezwungen.
Das alte Teepee, das wir so lieben,
Benützen sie jetzt für ihre Shows,
Und die Perlenarbeiten, die wir mit der Hand machten,
Werden jetzt aus Japan importiert.
Obwohl sie unsere alten Weisen geändert haben,
Werden sie nie unsere Herzen und Seelen ändern,
Auch wenn ich das Hemd und die Krawatte eines
Weißen trage,
Werde ich in meinem Innersten immer ein Indianer bleiben.
Hi ya yoh, hi ya yoh ho

Es war noch kein Monat seit der Invasion in der Normandie vergangen, da entdeckte jemand, daß ich über 39 war und damit zu alt für die Armee. Ich wurde entlassen. Diese Entlassung war gleichzeitig mein Abschied von der Welt der grünen Froschhäute. Mein Umherstreifen hatte ein Ende, und ich ließ mich zu meinem einzigen Full-time-Job nieder, den es von da an für mich gab – Indianer sein.

Erst saufen, dann sitzen

Die schlauen Weißen versuchen immer, uns armen beschränkten Indianern etwas Neues beizubringen. Ich wünschte, sie würden uns endlich mal zeigen, wie man trinkt. Wenn man eine Kamera oder ein Tonbandgerät kauft, liegt immer so ein kleines Heft dabei, wo drinsteht, wie man das Gerät benutzt; aber als die Weißen uns den Whisky brachten, haben sie die Gebrauchsanleitung vergessen. Das hat uns endlosen Jammer beschert.

Sieh dir diese armselige alte Schnapsdrossel da drüben am Straßenrand an. Er sammelt leere Colaflaschen auf. Sobald er zwanzig beisammen hat, löst er sie im Lebensmittelladen ein. Von dem Geld kann er sich einen billigen Muskateller leisten – Fusel, der kaum den Namen »Wein« verdient. Bis Mittag ist er besoffen.

Trotzdem ist der alte Säufer noch ganz gut dran – seine Haut ist nämlich weiß. Wir sind hier in einem weißen Stadtteil, was bedeutet: Hier gibt's jede Menge leerer Flaschen. Da drüben ist der indianische Teil der Stadt mit seinen Hütten aus Teerpappe, den angerosteten Wohnwagen, zerfallenen Holzbaracken und umgestürzten Aborten. Man läßt sich in einem dieser verschlissenen Zweisitzer nieder und weiß nie, ob der nächste Windstoß einen nicht über den Haufen pustet. Manche Leute wohnen in alten Autokarosserien, die sind ihre einzige Zuflucht.

In indianischen Wohnvierteln gibt es wenig leere Colaflaschen. Wir haben nicht genug Geld, um soviel Rülpswasser zu kaufen; und die Kinder stöbern die Flaschen sowieso zuerst auf. Für einen indianischen Säufer ist es schwer, genügend alte Flaschen zu finden, um sich seine Pinte Sprit zu kaufen. Aber das ist noch die geringste seiner Sorgen. Wenn sich hier in der Gegend ein Weißer betrinkt, ist die Polizei richtig nett zu ihm, packt ihn in den Streifenwagen und fährt ihn nach Hause zu seiner Alten. Er kann so sternhagelvoll wie eine Haubitze sein, das macht nichts. Ich hab sie aus dem Saloon da stolpern sehen, die Hosen vollgepißt und das Hemd mit »glücklicher Wiederkehr« bedeckt – nämlich dem erbrochenen Fusel. Ich hab gesehen, wie ein Weißer am hellichten Tage vor den großen Lebensmittelladen gepinkelt hat, und die Polizei hat ihm den Hosenlatz zugeknöpft und ihn mit schwarzem Kaffee vollgepumpt, um ihn nüchtern genug zu kriegen, daß er den Heimweg findet.

Wenn ein Indianer sich betrinkt, läuft das ganz anders. Die Polizei liebt es, mit uns zu spielen wie Katzen mit einer Maus oder einem jungen Vogel. Nicht nur hier in Winner, sondern überall in den kleinen weißen Kuhdörfern rund um die Reservation. Jeden Tag kannst du erleben, wie ein indianisches Paar mit einer Tüte voller Lebensmittel aus dem Laden kommt und ein Polizist sie aus seinem Streifenwagen heraus beäugt, um rauszukriegen, ob sie irgendwelchen Whisky oder Bier in der Tasche haben. Dann folgt der Bulle ihnen in einiger Entfernung; und außerhalb der Stadtgrenze, da wo die Reservation anfängt, fällt er über die Leute her und konfisziert das Zeug. Für die Polizisten ist das ein bequemer Weg, sich umsonst zu besaufen. Du kannst zwar Alkohol in der Stadt kaufen, aber auf der Reservation kannst du ihn nicht trinken. Gleiches Recht für alle gibt es hier nicht. Auf Indianer darf immer Jagd gemacht werden.

Ich bin meistens auf der guten Seite – das heißt, nüchtern. Aber ab und zu trinke ich doch mal Whisky, so um etwas klarzukriegen, und dann mache ich mir richtig die Füße naß. Manchmal bin ich eine ganze Woche lang besoffen, und dann brauche ich zwei Tage, um wieder nüchtern zu werden. Einmal – das ist schon lange her – kam ich von einem Neujahrs-*powwow* nicht nach Hause. Irgendwer fand mich in einer Schneewehe, aus der bloß noch meine Füße rausschauten. Dann haben sie eine alte Badewanne mit Schnee gefüllt und mich reingesetzt, und gleichzeitig gaben sie mir einen Riesenkrug Schwarzgebrannten zu schlucken, um mich aufzuwärmen. Der Schnee fühlte sich richtig heiß an, und meine Haut wurde am ganzen Körper rot. Nach einer Weile wurde mir wieder kalt, und ich hatte das Gefühl, daß mir die Ohren und Zehen abfrieren. Sie brachten mich zu meinem Onkel und steckten mich ins Bett. Ich war so schwach, daß ich zehn Tage bloß die Decke anstarren konnte, sonst nichts. Meine Lunge funktionierte nicht mehr richtig, und ich hatte ungeheure

Schmerzen in der Seite. Mein Onkel, der Medizinmann war, hat mich mit allen möglichen Kräutern wieder auf die Beine gebracht. Bis heute habe ich keine Ahnung, wie ich in diese Schneewehe geraten bin; ich muß wohl betrunken gewesen sein, schätze ich.

Damals, als Indianer keinen Alkohol kaufen durften, haben wir alles mögliche getrunken, was ein bißchen high machte – Methylalkohol, Zitronenextrakt, Firnis. Wir versteckten uns hinterm Haus, irgendwo, wo wir nicht gesehen werden konnten. Was man gerade hatte, mußte man schnell hinunterkippen – und in kaum einer halben Stunde wurde dir schon schlecht davon. Jetzt dürfen wir trinken. In den Städten sieht man indianische Jungen und Mädchen, die durch die Kneipen ziehen und um ein paar Cent betteln, damit sie sich noch einen Drink mehr bestellen können. Es ist ein großes Problem. Viele von uns sterben bei Autounfällen, weil diese beiden Erfindungen des weißen Mannes – Whisky und Autos – nicht zusammenpassen. Und die Menschen bekämpfen sich. Sie kämpfen nicht gegen die Weißen, sondern gegeneinander.

Die weiße Polizei hier prügelt Mister Indian, nur weil er ein bißchen getrunken hat und ein bißchen flucht. Sie schlagen ihn also, und weil er betrunken ist, spürt er nichts davon. Sie schlagen ihn zusammen, er wird schwer verletzt. Manchmal stirbt er; manchmal kommt er mit einem Schädelbruch oder blutendem Unterkiefer davon. Er ist betrunken und kann sich nicht genügend wehren. Es gibt Polizisten, klein und schmächtig wie Leichtgewichtler, die ihre Knarren und Schlagstöcke hernehmen, um die »großen, starken Indianer« zu verhauen. Sie fühlen sich dann wie richtige Männer.

Vor ein paar Jahren hatte ich abends mal zuwenig Geld dabei. Ich war nicht richtig betrunken, sondern bloß ein bißchen unsicher auf den Beinen, gutgelaunt und zu Späßen aufgelegt. Trotzdem nahmen sie mich fest und zerrten mich brutal herum. Ich versuchte, einen Scherz aus der ganzen Sache zu machen, aber einer von den Typen hatte keinen Sinn für Humor. Er knurrte mich an wie ein Hund: »Los, rein da, du roter Hundesohn«, und drosch mit seinem Schlagstock auf mich ein. Ich drehte mich um und schlug ihn nieder; da schossen die beiden anderen auf mich los und prügelten mit Totschlägern auf mich ein. Ich konnte ihnen ein paar gute Treffer verpas-

sen, aber schließlich warfen mich alle drei zu Boden, und der widerlichste von allen, der Bulle, der zuerst zugeschlagen hatte, setzte sich auf meine Brust.
Er trug einen schweren Ring am Finger, mit dem er mir ins Gesicht schlug, während seine beiden Kumpel mich niederhielten. Ich sehe heute noch diesen dicken Brocken Reliefsilber vor mir, wie er auf mich niedersaust. Vermutlich trug der Kerl den Ring gerade für solche Gelegenheiten. Er zerschmetterte mir das Jochbein, er machte wirklich Splitter und Matsch daraus. Schließlich wurde ihm der Arm lahm, und ich wurde ohnmächtig.
Als ich wieder zu mir kam, fummelte ein Arzt an mir herum. Sie hatten wohl Bedenken bekommen, daß herauskommen könnte, was sie mit mir gemacht hatten. »Sie sind in Ordnung«, sagte der Arzt, »bis auf einen kleinen blauen Fleck. Vermutlich sind Sie gestürzt, als Sie betrunken waren.« Ich sagte nichts dazu. Ich mußte zehn Dollar Strafe zahlen und durfte gehen. Meine Frau Ida ist ein ziemlicher Hitzkopf und schrie sofort: »Wer hat das getan? Welcher war das, der dich so zugerichtet hat? Ich gehe hin und nehm die Knarre mit.« Sie wollte die alte kaputte .38er holen, die bei uns herumlag, aber ich brachte sie zur Besinnung. Das hier war nicht Little Big Horn. »Spiel nicht den Helden«, sagte ich, mehr zu mir selbst als zu ihr.
Eine Woche später fuhr ich nach Rosebud, wo mich der Amtsarzt untersuchte. Er sagte mir, ich hätte einen bösen Knochenbruch. Das war mir neu. Da, wo der Polizist mit seinem Ring darauf eingehämmert hatte, war mein Gesicht voller eingedrückter Stellen. Ich habe heute noch, nach all den Jahren, kein Gefühl in der Backe. Vielleicht sollte ich es ihnen heimzahlen, aber meine innere Stimme sagte nein. Diese Indianerhasser zerstören sich selber und werden in einem Superjet zur Hölle fahren. Warum sollte ich mich über diesen einen aufregen?
Jedesmal, wenn ich den Kerl mit seinem dicken Silberring sehe, fängt meine Backe an weh zu tun. Dann denke ich an meine Familie und daran, was mit ihnen passieren würde, wenn ich ausgleichende Gerechtigkeit spielen und die Sache selber in die Hand nehmen würde. Aber ich vergesse nicht. Ich warte und beobachte. Eine Stimme sagt mir: »Spiel nicht

den Helden, das ist nicht deine Art. Du bist da, um andere zu heilen, nicht um zu verletzen.« Aber eine andere Stimme sagt: »Sei ein Mann!« Vielleicht werde ich eines Tages wirklich wild, wenn diese dumme Backe sich wieder bemerkbar macht. Bald bin ich zu alt, um jemandem noch einen wirksamen Haken versetzen zu können, aber wenn ich wütend werde, fühle ich mich gleich dreißig Jahre jünger.

Bevor unsere weißen Brüder kamen, um uns zu zivilisieren, hatten wir keine Gefängnisse und deswegen auch keine Kriminellen. Ohne Gefängnisse kann man auch keine Verbrecher haben. Wir hatten keine Schlösser und Schlüssel, also gab es auch keine Diebe. Wenn jemand so arm war, daß er kein Pferd hatte, kein Tipi oder keine Decke, dann bekam er die Sachen von jemand geschenkt. Wir waren zu unzivilisiert, um viel Wert auf persönliches Eigentum zu legen. Wir wollten die Sachen nur haben, um sie verschenken zu können. Geld gab es nicht, und daher konnte der Wert eines Menschen auch nicht damit aufgewogen werden. Wir hatten kein geschriebenes Gesetz, keine Anwälte und Politiker, also gab es auch keinen Betrug. Wir waren wirklich schlecht dran, bevor der weiße Mann kam. Ich weiß gar nicht, wie wir ohne alle diese grundlegenden Dinge ausgekommen sind, die für eine zivilisierte Gesellschaft angeblich absolut notwendig sind.

Aber heute ist überall der Fortschritt sichtbar – es gibt jede Menge Gefängnisse, und wir wissen, die sind für uns Indianer gedacht. Wie schade, daß so viele von uns sie nicht gut finden! Es sind Gute-Laune-Gefängnisse mit großen »Willkommen«-Schildern an den Wänden. Manche haben die Aufschrift »Hotel zum Gebrochenen Herzen« über der Tür. Sie sind beliebtes Objekt für fotografierwütige Touristen, aber die knipsen nie die kaputten Säufer, die drin sitzen.

Wenn die Bullen eine betrunkene Indianerin finden, amüsieren sie sich damit, sie weit hinaus in die Prärie zu fahren; und da lassen sie sie laufen, meilenweit entfernt vom nächsten Haus. Oder sie wird ins Gefängnis gesteckt und dort vergewaltigt. Trunkenheit ist dabei oft nur ein Vorwand für die Polizei. Ein Mädchen braucht nicht betrunken zu sein, um in einer Zelle zu landen, sondern bloß hübsch. Die Polizei weiß, daß die meisten Mädchen zu verängstigt sind, um etwas da-

von zu erzählen. Und selbst wenn – wer glaubt schon einer besoffenen Rothaut?
Auch die weißen Kneipenwirte haben Sinn für Humor. Noch vor einiger Zeit hatten sie diese Schilder im Fenster: »Für Indianer und Hunde Zutritt verboten.« Heute sieht man das außer im Hinterland kaum noch. Ich könnte dir immer noch ein oder zwei solche Schilder zeigen; aber der Staat und die Leute von Süd-Dakota sind heutzutage nicht mehr gegen uns, sie haben eben nur Sinn für Humor. Zum Beispiel stellen sie in den Kneipen Schilder mit der Aufschrift »Red Power« zwischen die Bierdosen und Alkoholflaschen. Hier ist ein Artikel aus einer unserer indianischen Zeitungen:

DIE INDIANER VON WANBLEE AUF DEM KRIEGSPFAD!

Seit der weiße Mann unser Land besetzt hat, sind wir verspottet und mit Vorurteilen überhäuft worden. Das Vorurteil äußert sich auf vielerlei Art: es reicht von direkter Gewalttätigkeit bis zu subtileren Formen wie rassistischen Witzen und kaum verhohlener Verachtung. Wir, die Leute von Wanblee, sind gegen alle Formen des Vorurteils, weil wir es sind, die immer unter seinen Auswirkungen gelitten haben und noch leiden.
Ein schreiendes Beispiel rassistischen Vorurteils ist das »Indian Power«-Schild am Weinschrank in der Municipal Bar in Kadoka. Zweifellos finden viele Besucher dieser Kneipe das Schild sehr witzig. Wir dagegen meinen, daß das Schild durchaus nicht witzig ist, sondern beleidigend und voreingenommen. Es ist sehr bedauerlich, daß es immer noch viele Menschen gibt, die sich erlauben, schlichtweg auf der Grundlage ihrer beschränkten persönlichen Erfahrungen ganze Rassen und Nationen als minderwertig einzuordnen. Noch mehr Sorge macht uns die Tatsache, daß jene Leute mit beschränktem Horizont und Verständnis auch von ihren Mitbürgern nicht darüber aufgeklärt werden, daß in einem Scherz dieser Art wenig Humor steckt.
Durch dieses Land zieht eine Stimmung der Unzufriedenheit, in der Minoritätengruppen sich zu Wort melden und verlangen, daß man sie als Menschen wahrnimmt. Wir stimmen mit dieser Bewegung überein und vertrauen darauf, daß es nicht

mehr lange dauern wird, bis auch die Bürger von Kadoka ihre Nachbarn endlich als Menschen behandeln.

Gemeinde Wanblee, South Dakota.

Wanblee – das findet man kaum auf der Landkarte. Bloß ein paar Hütten und Baracken. Die Weißen würden es für einen dieser indianischen Slums auf dem Lande halten, wo eine Handvoll heruntergekommener Analphabeten wohnt. Nun, sie schreiben nicht schlecht, diese Analphabeten. Sie können sogar richtig buchstabieren. Sie wollen »als Menschen wahrgenommen« werden. Vor ein paar Jahren hätte kein Indianer dazu seine Stimme erhoben. Er hätte nur mit den Schultern gezuckt mit diesem Da-kann-man-nichts-machen-Ausdruck im Gesicht. Aber die Zeiten ändern sich. Ich bin froh, daß ich das noch erleben kann.

Alkoholismus ist ein Problem für uns, und solange es überall soviel Alkohol gibt, wird es nicht besser. Ich habe oft darüber nachgedacht, welche besonderen Auswirkungen der Alkohol auf uns Indianer hat. Auch nach zweihundert Jahren haben wir noch nicht gelernt, damit umzugehen. Es ist wie mit den Masern oder anderen Krankheiten, die der weiße Mann uns gebracht hat. Die Krankheit ist an sich bei allen dieselbe, aber wir sterben daran, während sie für die Weißen gewöhnlich nur ein paar Tage Unpäßlichkeit bedeutet.

Ich habe ein paar Gründe dafür gefunden, warum wir trinken. Vielleicht treffen sie nicht zu; ich spekuliere nur. Alkohol nennen wir *mni wakan* – heiliges Wasser. Ich glaube, daß für uns Visionen so wichtig und heilig waren, daß der Whisky – der die Wahrnehmung verdreht und verändert – uns zu Anfang beeindruckt hat wie eine religiöse Erfahrung, ein Traum, eine Vision. Wir vertrugen nur wenig Alkohol, und das ist immer noch so. Die alten französischen Händler aus St. Louis waren sparsame Leute. Sie wollten ihren guten Whisky nicht an die Indianer verschwenden. Der Whisky, den sie uns gegen unsere Biberpelze eintauschten, war meistens Missouriwasser mit Klapperschlangenköpfen, Schießpulver und viel schwarzem Pfeffer vermischt – damit das Zeug ordentlich wirkt – und bloß einem ganz kleinen Schuß echtem Sprit in jeder Flasche. Die Wirkung war bestimmt großartig, auch ohne viel Alkohol.

Aber heute können wir nicht mehr behaupten, daß wir trinken, weil wir Visionen haben wollen, oder daß wir das Zeug schlucken, weil es heilig ist – obwohl so mancher Säufer auch heute noch mit glasigen Augen oft die Flasche hebt und etwas von dem kostbaren Naß auf die Erde gießt, um die Geister der Toten zu grüßen mit den Worten: »Hier, mein Freund, der du uns verlassen hast, hier ist ein Schluck für dich", oder: „Hier, meine alte Freundin, die gestorben ist, trink einen mit mir.«

Die Frage ist also: Warum trinken die Indianer? Ich glaube, daß sie trinken, um zu vergessen. Um die guten Zeiten zu vergessen, als das Land noch uns gehörte und schön war, ohne die Highways, Reklameschilder, Zäune und Fabriken. Sie versuchen die jämmerlichen Hütten und verrosteten Wohnwagen zu vergessen, die ihre »Wohnungen« sind. Sie wollen vergessen, daß sie wie Kinder behandelt werden, nicht wie Erwachsene. In diesen neuen Häusern, die das O.E.O. baut (Office of Economic Opportunity) – ich nenne sie Instant-Slums, weil sie meist schon wieder auseinanderfallen, bevor sie überhaupt fertig sind – darf man nach zehn Uhr keinen Besuch mehr empfangen und schon gleich keine Verwandten übernachten lassen. Wir kriegen sogar vorgeschrieben, in welcher Farbe die Häuser zu streichen sind und was für Gardinen wir aufhängen sollen. Auch unser Geld dürfen wir nicht ausgeben, wofür wir wollen. Also trinken wir, weil wir Minderjährige sind und keine erwachsenen Menschen. Wir versuchen zu vergessen, daß sogar unsere eingezäunten Reservationen nicht mehr uns gehören. Wir müssen sie an weiße Rancher verpachten, die dann sich und ihr Vieh auf unserem Land mästen. In Pine Ridge wird weniger als ein Prozent des Weide-und Ackerlandes von Indianern bestellt.

Wir bemühen uns zu vergessen, daß wir Bettler sind, die von Almosen leben, von acht verschiedenen Sorten Almosen: für ehemalige Armeeangehörige, Kriegsversehrte, Witwen, für Mütter, die mit dem »Goldenen Stern« ausgezeichnet wurden; es gibt Almosen von der Altersversorgung und Sozialversicherung, Zuschüsse für Pflegeeltern und ADC – Hilfe für alleinerziehende Mütter. Dieses Geld von der ADC: Mütter bekommen mehr Geld vom Staat, wenn sie ihre Ehemänner hinauswerfen. »Ich will ihn nicht«, heißt es dann, »wenn er

bei der Familie lebt, bleibt das Geld aus. Wir wollen lieber Geld als den Mann.« In Winner leben fast vierzig Mädchen auf diese Weise.
Wir trinken, um zu vergessen, daß es nichts Sinnvolles für uns zu tun gibt, nichts, was einem Indianer Ehre macht oder ihm ein gutes Gefühl zu sich selbst vermittelt. Für ein paar tausend Leute gibt es nur eine Handvoll Jobs. Es sind alles Regierungsstellen auf Stammes- oder Bundesebene. Um so einen Job zu ergattern, mußt du ein guter braver Indianer sein, ein Onkel Tomahawk, ein richtiger Apfel – außen rot und innen weiß. Um die Arbeit zu behalten, mußt du dich gut benehmen und darfst keine Widerworte geben. Wenn du so einen Job hast, dann trinkst du, um zu vergessen, was aus dir geworden ist. Wenn du keinen hast, trinkst du, weil für dich nichts in Aussicht ist außer vielleicht ein paar Wochen Kartoffelernte, wenn du Glück hast. Du trinkst, weil du nicht lebst, sondern nur existierst. Für manche Leute mag das ausreichend sein, aber nicht für uns.
Wenn ein Indianer wegen Trunkenheit verhaftet wird, kriegt er dreißig Tage Knast. Sobald es draußen kalt wird, sieht man immer vierzig bis fünfzig Indianer, die einen in der Krone haben. Sie lassen sich verhaften, um sich aufwärmen zu können, um etwas zu essen und einen Schlafplatz zu bekommen. Das ist auch eine Lösung für das »Indianerproblem«.
Der Säufer hat es warm in seiner Zelle, aber was ist mit seiner Familie? Das ist die traurige Seite der ganzen Sache, die Auswirkungen auf die Kinder. Ganz gleich, wie kaputt ein Mann ist, er muß für seine Angehörigen sorgen, für die Frauen und Kinder. Wir Indianer sagen immer, daß die Kinder unser wertvollster Besitz sind und nicht das Auto, das Haus oder der Fernseher. Die zählen nichts. Aber die Hälfte unserer Kinder stirbt, noch bevor sie erwachsen sind.
Hier bei uns gibt es einen Vogel, der in Größe und Aussehen ungefähr einer Taube ähnelt. Er hat einen Kreis auf jeder Seite des Kopfes. Er zwitschert nicht, sondern wenn er seinen Schnabel öffnet, macht er ein Geräusch wie ein Furz. Die Weißen nennen ihn Nachtfalke; bei uns heißt er *pishko*. Er baut keine Nester und kümmert sich nicht um seine Jungen. Der *pishko* legt seine Eier überall hin, in einen Graben oder auf den Highway. So verhalten sich auch manche Trinker. Sie

vergessen, daß sie Kinder zu versorgen haben, und überlassen sie sich selbst. In der Öffentlichkeit tun sie ganz groß und reißen das Maul auf, ohne daß sie wirklich etwas zu sagen hätten. Aber kann man ihnen das verdenken? Wer hilft ihnen, anders zu werden?

Ich bin kein Alkoholiker und kein *pishko,* aber ein Heiliger bin ich auch nicht. Ein Medizinmann sollte kein Heiliger sein. Er sollte all das Auf und Ab, die Verzweiflung und die Freude, das Magische und die Realität, den Mut und die Angst seines Volkes erfahren und fühlen. Er muß so tief sinken können wie ein Wurm und so hoch fliegen wie ein Adler. Wenn er nicht beides erfahren hat, ist er kein guter Medizinmann.

Krankheit, Gefängnis, Armut, Trunkenheit – all das habe ich selbst erlebt. Sünden bringen die Welt in Schwung. Man sollte nicht so überheblich, so unmenschlich sein zu glauben, man könne immer sauber bleiben, die Seele in eine Plastiktüte eingewickelt. Ein Medizinmann muß Gott und der Teufel sein, beides zugleich. Er ist mittendrin im Trubel und schreckt vor nichts zurück. Es bedeutet, das Leben in all seinen Farben kennenzulernen. Es heißt, keine Angst zu haben vor Übertreibungen und ab und zu den Clown zu spielen. Auch das ist heilig.

Die Natur und der Große Geist sind auch nicht perfekt. Soviel Vollkommenheit könnte die Welt gar nicht aushalten. Es gibt immer eine gute und eine schlechte Seite. Manchmal lehrt mich die schlechte Seite des Lebens mehr Weisheit als die gute.

Als ich jung war, streifte ich durchs Land wie ein Hippie, schlief in Heuschobern oder unter den Sternen in der weiten Prärie. Ich bin in fünf oder sechs Kirchen eingetreten und habe viele Berufe gehabt. Es war fast, als wäre ich verschiedene Personen auf einmal – Prediger, Kartoffelpflücker, Cowboy, Clown, Schildermaler, Heiler, Alkoholschmuggler und Vorsitzender des indianischen CVJM. Ich habe es geschafft, sowohl Christ als auch Heide zu sein, Flüchtling und Verfolger, Gesetzeshüter und Gesetzloser. Ich war ungebildet, habe aber Wissen in mich aufgesogen wie ein Schwamm. All dieses unverdaute Wissen machte einen Riesentumult in meinem Hirn. Diese Phase voller Unruhe und Überspanntheit

dauerte von 1926 bis 1933. Die meiste Zeit lebte ich wie ein Landstreicher und Vagabund, aber ich verbrachte auch viele Monate damit, ein Heiler und Medizinmann zu werden.
Ich war damals oft verliebt. Ein Tag, eine Frau; der nächste Tag, eine andere Frau. Manchmal ein Mädchen am Abend und später in der Nacht noch eines. Heute sind die alle Großmütter. Wenn ich jetzt eine von ihnen im Laden oder auf der Straße treffe, sage ich mir: sieh dir diese alte Vogelscheuche an – eine Frau, mit der ich geschlafen habe. Jetzt nennt sie mich einen alten Raubvogel und benützt mich dazu, ihre Enkel einzuschüchtern. Diese Frauen haben heute alle weißes Haar und Gesichter so runzlig wie Walnüsse, gefurcht wie die Landschaft der Badlands. Aber ich glaube, ich kann immer noch das kleine Blitzen in ihren Augen sehen. Das stirbt nicht.
Ich muß dir erzählen, wie ich einmal betrunken war und auf einen Streifzug ging, auf den größten, den ich je unternommen habe. Ich war mit einem Kumpel zusammen. Wir hatten irgendwo eine Flasche Moonshine aufgetrieben. Das war 1930, mußt du bedenken, zur Zeit der Prohibition. Das Zeug war so stark, daß ich mich wunderte, wie der Korken halten konnte. Als die Flasche leer war, fühlten wir uns *itomni* – sehr fröhlich und auf Abenteuer aus. Wir überlegten, wo wir noch mehr Schwarzgebrannten herkriegen konnten. Ich hatte gehört, daß irgendein Schmuggler unten in Nebraska Moonshine gegen alles mögliche tauschte. Außerdem wußte ich von einem Weißen, der irgendwo auf seiner Ranch einen Haufen Drahtballen herumliegen hatte.
Als ich das meinem Kumpel erzählte, sagte er: »He, da steht ein Auto ohne Fahrer. Los, wir holen uns diese Drahtballen. *»Hiyupo, hopo, hoka-hay!«* Das Auto war ein 29er Model-T mit einem sehr nachlässigen Eigentümer, der den Schlüssel in der Zündung hatte steckenlassen. Es schneite, ein richtiger Schneesturm, wie es ihn nur in Dakota gibt; man konnte kaum die Straße sehen. Uns machte es nichts aus. Die Dinge entwickelten sich prächtig. Wir hatten schon fünfzehn Ballen Draht aufgeladen, als ein Hund zu bellen anfing. Mein Kumpel bekam Angst und haute ab, aber ich lud die restlichen Ballen auf und fuhr los, um meine Ladung gegen Moonshine einzutauschen. Da traf ich auf der Straße einen anderen Be-

kannten. Als wir nach Upper Cut Meat kamen, sagte er: »Es ist noch weit nach Cody, bis wir den Draht loswerden. Laß uns hier einen Moment anhalten und etwas trinken. Ich kenne hier jemanden, der richtig starkes Zeug hat.«

Er nahm mich mit zu einem alten Weißen, den er kannte, und der führte uns in den Keller. »Meine Herren, was darf ich euch anbieten?« Was er uns vorsetzte, war ausgezeichnet – reinste Grislymilch mit Klapperschlangenpisse. Es schneite so stark, daß wir nicht gleich weiterfahren konnten, sondern eine Weile bleiben mußten. Beim Kartenspiel ging die Flasche herum. Dieser Schmuggler war ein winziges altes Männchen und so besoffen, daß er mit beiden Händen seine Nase nicht finden konnte. Ab und zu fiel er mal in Ohnmacht. (Trotzdem gewann er meinem Freund alles Geld ab, was allerdings nicht viel war.) Als das Schneegestöber etwas nachließ, rollten wir wieder los. Wir erreichten Cody, Nebraska, bei Tagesanbruch und tauschten den Draht gegen dreißig Gallonen Schwarzgebrannten ein.

Den ganzen Tag amüsierten wir uns köstlich. In der Stadt gab es ein Café mit dem Schild: »Damen willkommen – keine Indianer und Minderjährigen!« Wir gingen trotzdem rein, und da brach eine richtige Schlacht los. Wir kratzten den Lack von ein paar weißen Billardspielern ab, die gegen unsere Anwesenheit etwas einzuwenden hatten, und zählten viele Coups. Die Polizei brach das *powwow* ab und verhaftete uns wegen »Trunkenheit und Aufsässigkeit«, aber sie konnten uns nicht festhalten. Irgendwie kamen wir wieder los, und sie fanden in dem Wetter unsere Spur nicht mehr. Wir gelangten zurück zu unserem Model-T. Mittlerweile tat der Eigentümer uns schon leid, und wir dachten, er fände es vielleicht gut, wenn wir ihm den Wagen zurückbrächten. Aber dann trafen wir noch mehr Leute, die vom Moonshine high waren – ein paar gutaussehende Squaws waren auch dabei – und beschlossen, sie alle nach Hause zu fahren. Einer nach dem anderen stiegen sie aus; über die ganze Landkarte verteilt in Upper Cut Meat, Bad Nation, Potato Creek, Porcupine, Wososo und all diesen kleinen Nestern. Dann fuhr ich wieder zurück nach Nebraska. In Kilgore blieben wir im Schnee stecken und übernachteten bei einem Mann, der uns noch etwas von unserem Augenröter trinken half. Am nächsten Tag war die

Straße wieder frei. Wir fuhren durch Valentine und verkauften etwas Moonshine in Crookston. Ich muß wohl blau gewesen sein, denn als ich den Wagen drehen wollte, blieb er stecken. Bei dem Versuch, aus dem Graben zu kommen, ging das Heck des Model-T drauf. Also ließen wir ihn stehen und wateten durch hüfthohe Schneewehen nach Crookston zurück. Der Sturm legte manche Stellen auf der Erde vom Schnee frei und fegte die weißen Flocken zu dicken Haufen zusammen. Es war Pulverschnee, und man konnte noch fahren – ich jedenfalls. Auf der Hauptstraße kam ich an einem 28er Chevrolet vorbei, der wegen der Kälte mit laufendem Motor vor dem Billardsaal stand. Die Versuchung war wirklich zu groß.

Ich beauftragte meinen Kumpel, den restlichen Schwarzgebrannten aus dem verlassenen Model-T zu holen und am Highway auf mich zu warten, wo ich ihn mit meinem neuen Chevrolet abholen wollte. Ich war immer noch voller Unternehmungslust. Auf dem Weg nach Gordon trafen wir einen anderen Indianer, der draußen im Schnee abgesetzt worden und halbtot vor Kälte war. Der freute sich sehr, als er uns traf. Wir belebten ihn wieder, womit der Rest von dem harten Zeugs verbraucht war. Ich beschloß, unseren Vorrat in Pine Ridge wieder aufzufüllen. Dort angekommen, erzählte man uns, daß die Polizei hinter mir her sei. Als wir das hörten, sagte mein Kumpel: »Ich ruh mich mal ein Weilchen aus«, und kam nicht mehr zurück. Hat einfach gekniffen. Aber der Typ, der nach Gordon hatte fahren wollen, der, den wir aufgetaut hatten, meinte, er hätte zuviel Spaß gehabt, um jetzt aufzuhören. Er war ein netter Kerl, aber er blieb mir leider liegen. Auf den brauchte ich nicht zu warten, der würde noch lange brauchen, bis er zu sich kam.

Als ich mich daraufhin nach einem neuen Begleiter umsah, lief ich der Stammespolizei in die Arme. »He, John, du hast in Norris in South Dakota einen Model-T geklaut. Du bist verhaftet.« Ich lachte sie einfach aus. »Seht mal genau hin. Mein Wagen ist ein Chevy mit Nebraska-Kennzeichen. Ob ihr wohl den Unterschied sehen könnt? Wir haben vielleicht Polizisten hier!« Da schauten sie ganz schön dumm drein. Das hatten sie nicht erwartet. »Seid nicht traurig«, sagte ich, »hier habt ihr einen Schluck Sprit.« Sie mußten mich gehen lassen.

Nun war ich allein. Der Weg nach Osten war ziemlich beschwerlich. Der Schnee lag vier Fuß hoch, und die Straße bestand nur noch aus einer Reifenspur. Ich schaffte es bis zu einer Tankstelle in Wounded Knee und bat den Tankwart, Schneeketten auf alle vier Reifen zu montieren und den Tank vollzumachen. Als er fertig war, sagte ich, er möge mir noch etwas Öl zur Reserve holen gehen. Sobald er in seinem Schuppen verschwunden war, raste ich so schnell es ging los, aber der tiefe Schnee bremste den Wagen. Als ich zweihundert Yards entfernt war und mich umschaute, sah ich den Mann seine Flinte rausholen und auf mich schießen. Offenbar zielte er gut, denn er verpaßte mich nur knapp: Eine Kugel pfiff an meinem Schaffellkragen vorbei, und die andere ging mitten durch meinen Hut. Sie sengte mir sogar die Haare etwas an. Auf dem Rücksitz des Chevrolets lag ein .30-.30er-Gewehr; ich hielt an und schoß zurück. Nach einem kleinen Schußwechsel waren wir beide etwas abgekühlt; schließlich hatte es draußen mittlerweile zwanzig Grad Minus.
Ich fuhr weiter nach Osten und hielt mich dabei mit meiner letzten Pinte *mni-wakan* warm. Als ich in die Nähe von Martin kam, ließ ich den Chevy in einem Wäldchen außerhalb der Stadt stehen. Zu Fuß würde ich vermutlich nicht weiter auffallen. Draußen war es dunkel geworden, und ich drückte mich in einen Hauseingang. Mein Kopf war ziemlich vernebelt, aber immer noch klar genug, um den Überblick über die Lage zu behalten. Ich beobachtete, wie ein paar Polizisten an Autos herumfummelten, an Türklinken nach Fingerabdrücken suchten und die kleinen Restaurants und illegalen Kneipen durchstöberten. Schließlich dämmerte mir, worauf sie aus waren. Nahe bei der Stelle, wo ich mich versteckt hielt, ging ein junges Mädchen vorbei. »*Wincincala*, schönes Mädchen«, flüsterte ich, »komm her.« Sie hatte keine Angst vor mir und der Dunkelheit und fragte: »Wo bist du?« Sie hielt ein Schlachtmesser in der Hand. Kein Wunder, daß sie nicht ängstlich war. Ich bat sie, sich mit den Polizisten etwas anzufreunden, um herausfinden, was da im Gange war. Sie kam bald darauf zurück. »Mensch, John, die sagen, du hättest mehrere Autos geklaut! Sie sind ganz begierig danach, dich zu schnappen. Mann, du bist vielleicht ein Krieger. Ein richtiger Desperado! Sechs Autos!«

Sechs Autos! Ich war sprachlos. Zu der Zeit wußte ich nicht, daß noch ein anderer Mann auf einer ähnlichen Spritztour unterwegs war wie ich und sich links und rechts Autos ausborgte. Da wurde das Gesetz ganz nett durcheinandergebracht. Über Funk und Telefon waren Berichte eingegangen, daß ich hoch im Norden in Holabird, Tennis, Grassrope, Grindstone und Eagle Butte in Süd-Dakota Plünderungen begangen hätte, während ich zur selben Zeit als wildgewordener Amokläufer in Hire, Cherry, Valentine und Nonpareil in Nebraska gewesen sein sollte. Der Witz ist, daß ich nie mit diesem anderen Spaßvogel zusammengetroffen bin, obwohl unsere Wege sich ein paarmal gekreuzt haben müssen. Der muß ganz schön weit in der Gegend herumgekommen sein. Die Polizei dachte bestimmt, ich hätte irgendeine mächtige Medizin, die es möglich machte, daß ich in all diesen verschiedenen Orten gleichzeitig auftauchen konnte.
In der Zwischenzeit versteckte ich mich also in diesem Hauseingang in Martin und freundete mich mit dem hübschen Mädchen an. »Hier ist es zu kalt, John«, sagte sie, »laß uns woanders hingehen, damit du dich aufwärmen kannst.« Viel Wärme brauchte ich nicht. Der Augenröter hatte ein gemütliches Feuer in meinem Magen entfacht. Die *wincincala* nahm mich zu einem Halbblut mit, der auch vom Alkoholschmuggel lebte. Wegen der glühenden Ofenhitze in seiner Wohnung lief er mit nacktem Oberkörper herum. Er hatte über jeder Brustwarze eine große Tätowierung; die eine lautete »Wein« und die andere »Bier«. Von diesem Mann und seiner Frau hatte ich schon gehört. Sie hatte angeblich auch Tätowierungen über den Brustwarzen, nur daß ihre »süß« und »sauer« hießen. Sie war aber nirgends zu sehen. Dieser Bursche sah angeblich sehr aufs Geld, wenn er nüchtern war; dann gewann vermutlich seine weiße Hälfte die Oberhand. Aber wenn er sich betrank, wurde er richtig indianisch und teilte alles. Als ich ihn kennenlernte, war er blau genug, daß er sich zum Pinkeln den Hemdkragen aufknöpfte, wie man so sagt. Er marschierte in Richtung Keller. »Bedient euch – ich gebe einen aus.« Dann legte er sich auf den Boden und fing an zu schnarchen. So eine Nacht war das. Wir brauchten seine Hilfe auch nicht. Mann, war sein Moonshine gut! Unsere Kleider dampften wie die heißen Quellen im Yellowstone-

Park. Wir blieben bis zum Morgen dort; bis ich das dringende Bedürfnis bekam, weiterzufahren. Ich nahm eine Gallone Sprit mit, damit ich unterwegs nicht austrocknen würde, und suchte mir ein anderes Auto, einen funkelnagelneuen Chevy, der erst 25 Meilen drauf hatte. Das hübsche Mädchen umarmte mich zum Abschied und wünschte mir Glück.

Ich machte mich auf nach Rosebud. Der Schnee lag so hoch, daß das tolle neue Auto beinahe aufgegeben hätte. Als ich ins Todd County hineinfuhr, blockierte ein Reiter auf einem schwarzen Pferd die Straße. Durch den wirbelnden Schnee hindurch konnte ich erkennen, daß er der Stammespolizei angehörte. Bevor er seine Knarre ziehen konnte, hatte ich die .30-.30er schon auf seine Brust gerichtet und befahl ihm, seine .38er Dienstpistole wegzuwerfen. »Bleib, wo du bist, Onkel«, rief ich und feuerte einen Schuß dicht an den Ohren seines Pferdes vorbei. Der Gaul ging ab wie ein gutgeschmierter Furz auf einem Blitzableiter. Ich lief etwa 20 Yards zurück und hob die .38er auf.

Als ich weiterfuhr, traf ich unterwegs ein paar Indianer, die im Schnee steckengeblieben waren. Sie warnten mich: »Sei vorsichtig, zwei Staaten und die Bundespolizei sind hinter dir her. Im Radio haben sie durchgesagt, du seist gefährlich und würdest Widerstand leisten, wenn sie dich festnehmen wollten.« Ich fuhr zurück nach Parmelee, wo ich viele Freunde hatte, aber keiner wollte etwas mit mir zu tun haben. Also machte ich mich schnellstens auf den Weg nach Kadoka. In den Senken reichte der Schnee bis an die Wagenfenster hinauf, weich und flockig wie Seifenschaum. Ich suchte im Handschuhfach nach Zigaretten, fand aber einen .44er Revolver.

Die Lage wurde immer komplizierter. Irgendwo und irgendwie sind da auch noch zwölf Stunden, an die ich mich überhaupt nicht erinnern kann. Als ich schließlich wieder nach Norris kam, wo meine große Tour begonnen hatte, wurde ich so langsam wieder nüchtern – ein teuflisches Gefühl. Bei einem Mann tauschte ich den Ersatzreifen vom Chevrolet gegen fünf Gallonen Grislymilch ein. Obendrein lief mir der Eigentümer des Model-T, mit dem ich losgefahren war, über den Weg. Er war ganz begierig darauf, mit mir zu reden, aber als er all die Artillerie sah, die ich bei mir trug, änderte er seinen Entschluß sehr schnell.

An die Zeit danach kann ich mich auch nur undeutlich erinnern. Zwischen Norris und Belvidere, zwei Meilen südlich meiner damaligen Wohnung, ließ ich den Wagen in einem Abwasserkanal stehen. Ich stopfte mir zwei Revolver in die Taschen und schaffte es irgendwie bis zu meiner Hütte. Ich war kaputt und müde. Schließlich hatte ich drei Tage harte Arbeit hinter mir – oder waren es vier?
Ich wachte auf, als ich Hundegebell hörte. Da wußte ich, daß das Gesetz mir auf den Fersen war. Die ersten, die kamen, waren glücklicherweise von der Indianerpolizei, Sioux mit verständnisvollem Herzen. Sie blieben in fünfzehn Yards Entfernung vor der Hütte stehen und riefen: »Neffe, wir kommen friedlich. Schau, wir werfen unsere Flinten hin.« Sie ließen ihre Gewehre vor mir in den Schnee fallen. Das gab mir ein gutes Gefühl. Ich kramte meine Flinten raus und warf sie ebenfalls hin.
»Onkels, legt mich nicht in Handschellen«, bat ich. »Das müssen wir aber, Neffe«, antworteten sie. »Die weiße Polizei kommt uns nach. Die erschießen dich, wenn sie dich ohne Fesseln vorfinden. Aber wir werden dich schützen.« Ich dankte ihnen. Sie nahmen mich mit zur Straße zurück, und da warteten ungefähr ein Dutzend Hilfssheriffs auf mich, deren Gewehre und Revolver aus den Autos rausguckten. Noch mehr Streifenwagen kamen heran, von überallher; aus weit entlegenen Orten wie Rapid City, Pierre, Chamberlain, Yankton, Wall und Hot Springs. Zeitungsleute fielen über mich her, schossen Fotos, baten mich zu lächeln und mich nach hierhin und dorthin zu drehen. Es wurde eine richtige Prozession wie bei einem Begräbnis. Sie hatten mich in Eisen gelegt; zwei Kerle gingen hinter mir her, und zwei andere hielten mich an den Armen. Plötzlich behandelten mich alle so, als wäre ich wer. Ich versuchte, ihnen begreiflich zu machen, daß ich so gefährlich gar nicht sei, aber sie meinten, ich wäre ein hoffnungsloser Fall und nur mit Vorsicht zu genießen.
Ich landete im *kaška* der Reservation, unserem Hotel zum Gebrochenen Herzen in Rosebud. Ziemlich schnell hatten sie entschieden, daß meine Verbrechen zu unerhört waren, als daß man mich dem Stammesgericht hätte überlassen können. Also holten sie mich wieder raus aus dem kleinen Bullenstall von U-Haft-Zelle und überführten mich nach Deadwood City

in den Black Hills. Der Gerichtstermin fand in einem riesigen Saal statt, wo sie mich dann auf eine Aussage festnagelten. Vier oder fünf Stenografen schrieben alles mit. Sie hatten sogar Gipsabdrücke von meinen Fußspuren – wozu, weiß ich auch nicht.

Die Anklage lautete auf bewaffneten Raubüberfall. Ich war mit geklauten Autos in verschiedenen Staaten herumgereist und fiel somit unter Bundesgesetz. Die Anklage bestand aus elf verschiedenen Punkten, und sie brauchten viel Zeit, um all die Fakten auseinanderzusortieren. Das glaubte ich ihnen gern. Ich blieb zwei Monate in Deadwood; dann hatten meine Freunde und Verwandten genug Geld für die Kaution beisammen, und ich war wieder frei.

Ich hatte das Bedürfnis, zu fasten und auf den Hügel zu gehen, denn ich wollte eine Vision haben, ein *hanblechia.* Ich verkroch mich da oben in einem Erdloch, dachte über meine Probleme nach und ließ die Träume kommen. Als ich zurückkam, deutete mein Onkel, der Medizinmann, meine Träume. Er sagte mir: »Neffe, du mußt sitzen; aber in weniger als einem Jahr bist du wieder draußen. Es wird hart für dich werden, aber hab keine Angst. Es liegt für dich eine Lehre darin, und du wirst als ganzes menschliches Wesen herauskommen, also sei guten Mutes!«

Es wurde Juni, bis mein Fall endlich geklärt war. Ich kam zwei Tage zu spät zur Verhandlung, und sie machten einen Mordsspektakel daraus. »Was wollt ihr denn?« fragte ich. »Ich bin doch hier. Ich funktioniere nach indianischer Zeit. Ihr Weißen habt es immer so verdammt eilig.« Während der Verhandlungstage bekam ich drei Dollar Spesen pro Tag, einen Dollar für das Hotel und zwei fürs Essen. Diese zwei Dollar trug ich jeden Tag ins Bordell, um meine Bildung zu vervollständigen. Deadwood war damals kein zahmes Bergarbeiterstädtchen und ist es vermutlich auch heute noch nicht. Es gab dort Spielhöllen und jede Menge schöner Frauen. Heute ist es ein Touristenmekka, Wild Bill Hickock, Calamity Jane und all das Zeug, du kennst das ja. Sie sind alle da oben auf dem Heldenfriedhof begraben. Während der Touristensaison finden im historischen Saloon von Deadwood Nachtvorstellungen statt wie »Wild Bills letzte Stunde«. Deadwood war genau der richtige Rahmen für meinen Prozeß. Es hatte Stil.

Der Prozeß war ein einziger Wirrwarr. Ich war betrunken gewesen, als ich mir die Autos ausgeliehen hatte. Meine Kumpel und alle Leute, die wir getroffen hatten, waren betrunken gewesen. Auch einige der Polizisten und sogar die Besitzer der Autos hatten einen sitzen gehabt – der Grund, warum sie nicht hinterm Steuer saßen, war wahrscheinlich der, daß sie ebenfalls irgendwo versackt waren und mengenweise harte Sachen wegschütteten. Es muß etwas in der Luft gelegen haben, als ich meine Freudenfahrt unternahm. Vielleicht hat der Cayuse-Wind all den weichen Schnee nach Süd-Dakota hingeweht und bewirkt, daß jedermann, ob weiß oder rot, plötzlich aufstand und sagte: »Laßt uns einen trinken!«
Die Zeugen widersprachen sich selbst und gegenseitig. Die Polizei auch. Obendrein verwechselten sie mich dauernd mit Running Horse, dem anderen Burschen. Bei dem ganzen Theater hatten sogar noch ein paar Chargen mitgespielt, die auch auf kleinen Spritztouren unterwegs gewesen waren; kaum der Rede wert zwar, aber immerhin tauchten sie dauernd wieder auf, so daß schließlich niemand mehr wußte, wer was getan hatte.
Der Richter rang die Hände. Er war reif für einen Nervenzusammenbruch. »Bitte, Häuptling«, flehte er mich an, »bitte bekenne dich zum ersten Punkt der Anklage schuldig, und ich erlasse dir die anderen zehn. Ich habe schon vom bloßen Zuhören einen fürchterlichen Kater. Mach's mir leicht, Häuptling, und ich mach's dir auch leicht.« Das klang einigermaßen fair. Mein Anwalt, ein Freund meines Vaters, übernahm die Sache, und er und der Richter steckten die Köpfe zusammen. Dann kam er zurück und riet mir: »Bekenn dich schuldig zum ersten Punkt, John. Sie sind einverstanden, dich nur in die Besserungsanstalt zu schicken, nicht in den Bau. Das ist wie Schule – teils lernen, teils arbeiten. Sie verknacken dich zu einem Jahr und einem Tag, das macht neun Monate mit Bewährung.«
Also stand ich mit ernster Miene auf und sagte: »Ich habe getan, was im ersten Anklagepunkt steht.« Der Richter war so froh, mich los zu sein, daß er mir stundenlang die Hand schüttelte. Der US-Marshal brachte mich in die Arrestanstalt in Chillicothe, Ohio. Die ersten dreißig Tage mußte ich hart arbeiten, danach wurde es besser – morgens Schule und

nachmittags Arbeit. Ich sollte mir ein Handwerk aussuchen und wählte Schildermalen. Das hatte etwas mit Kunst zu tun, was mir schon immer gefallen hat. Der Boß war ein Mithäftling namens Nolan, der fünf Jahre absitzen mußte. Er war ein guter Schildermaler und hat mir viel beigebracht. Mit der schlimmsten Arbeit mußte ich anfangen: Ich sollte eine Aufschrift auf einem riesigen Getreidespeicher anbringen. Ich stand dabei auf einem Brett, das an zwei Seilen aufgehängt baumelte; der Wind warf mich hin und her wie ein verdorrtes Blatt, und ich verkleckerte überall Farbe in die Landschaft. Von meinem schwankenden Aussichtspunkt aus war Ohio ganz schön klein. Ich arbeite immer noch ab und zu als Schildermaler. Das hiesige Reklameschild von der Handelskammer, das am Highway steht, die Frontfassade vom Supermarkt und die Bilder auf dem Lieferwagen sind alle von mir. Aber ich werde es wohl bald aufgeben müssen. Die Farben, mit denen ich jetzt arbeiten muß, sind alle voller Gift und Chemikalien. Du atmest das Zeug ein, und davon wird dir schlecht, ob du willst oder nicht. Man muß husten, und es brennt in den Augen. Das ist auch eine Art von Umweltverschmutzung. Ich kann das nicht mehr ertragen.

Aber ich habe in Chillicothe noch mehr gelernt als nur einen Beruf. Als ich dort hinkam, war ich Analphabet. Ich konnte fast gar kein Englisch. Der Grund war wie gesagt der, daß wir als Kinder nicht weiter als bis zur dritten Klasse kamen. Acht Jahre lang mußten wir immer wieder in die dritte Klasse gehen und dieselben Sachen lernen. Dazu kam, daß wir die Lehrer nicht verstehen konnten und sie uns nicht.

Während der Zeit hinter Gittern ging ich jeden Tag zur Schule, außer sonntags. Merkwürdigerweise stellte sich dort heraus, daß ich gut im Rechnen war. Von meinen Mitgefangenen habe ich sogar noch mehr gelernt als in der Schule. Wir hatten viel Zeit zum Reden und Zuhören und Geschichtenerzählen. Das Fluchen habe ich da gelernt und all die dreckigen Ausdrücke. Das hat meine Bildung gehörig erweitert, denn wir Indianer haben keine Flüche in unserer Sprache. Wenn ein Weißer mich beschimpfte, konnte ich darauf nur mit einem Brummen antworten – hrrhn, hrrrhn, wie es der Bär macht –, um meinen Ärger zu zeigen. Das war aber nicht sehr befriedigend, weil der Weiße das dann nie verstand. Nach in-

dianischer Sitte mußt du, wenn du den Laut des Bären hörst, dein Messer ziehen und kämpfen. Das war die Sache nicht immer wert. Nun konnte ich einfach sagen: »Du verdammtes Schwein!« Damit war die Angelegenheit erledigt. Flüche machen den Umgang mit den Weißen auf jeden Fall einfacher.
Als ich entlassen wurde, fühlte ich mich irgendwie erwachsen. Neun Monate hatte ich gesessen, genau die Zeit, in der ein Kind gezeugt und geboren wird. Irgendwie fühlte ich mich neu-geboren. Manchmal frage ich mich, wie ich wohl dazu gekommen bin, so eine verrückte Tour zu unternehmen. Am nächsten komme ich der Antwort wohl so: Früher konnte ein Mann durch Großzügigkeit und Geschenke Achtung gewinnen, aber jetzt haben wir nichts mehr zu verschenken. Oder man wurde geachtet, weil man Medizinmann war. Ich war ein Medizinmann, aber meine Religion wurde unterdrückt und wie ein schändlicher, heidnischer Aberglaube behandelt. Wenn ich meine Religion ausüben wollte, mußte ich das heimlich tun. Damals schämte ich mich oft dafür, Medizinmann zu sein, und verbarg es vor Fremden.
Früher wurde ein Mann geehrt, wenn er ein erfolgreicher Jäger war und seine Familie gut versorgte, aber für uns gab es nichts mehr zu jagen. Die kargen Lebensmittelzuteilungen von der Regierung, Essen, das wir nicht mochten, weil es nicht unsere natürliche Nahrung war und wir uns nie daran gewöhnen konnten – das brachte uns keine Ehre ein. Einst waren wir Krieger gewesen und geachtet wegen unserer Tapferkeit. Jetzt waren wir nur noch ein Nichts. In alten Zeiten konnte ein Mensch als Krüppel geboren sein, unfähig zu allen Taten, die Ehre und Bewunderung einbrachten; wenn sein Verstand klar war und sein Rat gut durchdacht, wurde er doch wegen seiner Weisheit geachtet. Aber nun wurde unsere Weisheit mit dem Maßstab der Schläue des weißen Mannes gemessen, und immer wieder bekamen wir gesagt, was für dumme, ungebildete Taugenichtse wir seien.
Wir wollten kein Nichts sein, ganz im Gegenteil. Ich fühlte mich nur als halber Mensch, denn der traditionelle Weg, auf dem ein junger Mann sich mit einer wertvollen Tat Achtung erwarb, war mir verbaut. Wie es einen Zaun um die Reservation gab, so hatten sie auch unseren Stolz eingezäunt. Um mir einen Namen zu machen, mußte ich also etwas Neues erfin-

den und den Zaun durchbrechen. Vom Ruhm meines Urgroßvaters, der im Kampf gegen General Miles gestorben war, konnte ich nicht zehren. Während jener Freudenfahrt hatte ich mich gefühlt wie auf dem Kriegspfad beim Zählen der Coups.

Ich war noch jung, und vielleicht war es kindisch, auf diese Weise zeigen zu wollen, daß ich ein Mann bin und will, daß man mich beachtet. Jetzt bin ich so bejahrt wie ein alter Holzbock und angeblich auch sehr weise und achtbar, aber über den Riesenaufruhr, den ich damals verursacht habe, muß ich immer noch lächeln. Ich fühlte mich wie ein Mann, der der Welt seine Männlichkeit beweist. Und es gab mir die Sicherheit, daß mein Leben wichtig war und Sinn hatte. Dafür lohnte es sich, in den Bau zu gehen.

Auf Teddy Roosevelts Kopf

Da sind wir, sitzen auf Teddy Roosevelts Kopf und bereiten ihm womöglich Kopfschmerzen. Wenn uns die Sicht von hier aus langweilt, können wir immer noch umziehen und uns auf Washington setzen oder auf Lincoln. Oder auf den Jefferson. Aber Teddy ist bei weitem der beste. Auf seinem Hinterkopf wachsen Moos und eine Menge Bäume, Feuerholz liegt rum, es gibt riesige Steine, gegen die man sich lehnen kann, und eine kleine mit Kiefern umgebene Lichtung, wie geschaffen für einen Lagerplatz – besonders durch den Felsen im Hintergrund, auf dem mit mannshohen Buchstaben »Red Power – Indian Land« gemalt ist. So gefällt's mir.

Eigentlich sitzen wir nicht genau auf Teddys Kopf, denn der ist kahl und glatt, wir sitzen dahinter, schon ein bißchen in Richtung Lincoln. Wir sind jetzt höher als alle vier Schädel.

Eines hat es für sich, auf dem Gipfel von Mount Rushmore zu sein: Es ist der einzige Platz hier in der Umgebung, wo man diese gigantischen Gesichter nicht anschauen muß. Diese riesigen Touristen-Lockvögel, Aschenbecher, Briefbeschwerer. Ich kenne einen Santee-Indianer, der vor einigen Jahren des Nachts mit einigen Freunden hier herauf kletterte, nur um auf eine Präsidentennase runterzupinkeln. Er nannte es einen »symbolischen Akt«. So, wie er mir das erzählt hat, muß das schon ein Kunststück gewesen sein. Sie mußten eine Kette bilden, damit er vorn zielen konnte, ohne abzustürzen.

Versteht mich nicht falsch – wir haben keinen Zorn auf Lincoln, Jefferson oder Washington. Sie schlossen einige ganz passable Verträge mit uns, und es war nicht ihre persönliche Schuld, daß sie nicht gehalten wurden.

Worum es uns geht, ist die Arroganz und Selbstsucht des Weißen Mannes und seine fehlende Achtung vor der Natur. Was dann dazu führt, daß er unsere heiligen Paha-Sapa-Berge mit solchen überdimensionalen Bleichgesichtern entweiht. Es ist sicher auch bezeichnend, daß dieser vierköpfige »Shrine of Democracy«* bis zum Hals in einer Lawine von Fels-

* »Weihestätte der Demokratie«, offizielle Bezeichnung des Denkmals

brocken steckt – Millionen Tonnen Fels, durch Dynamit gesprengt, vom Kinn der Präsidenten bis runter vor die Füße der Touristen. Wenn man zum Berg raufblickt, dort, wo es die meisten Touristen tun, schaut es aus, als würden die vier Köpfe aus einem riesigen Schuttabladeplatz auftauchen. Aber das scheint niemand zu bemerken.
Schon lustig, daß wir alle den plötzlichen Drang verspürten, uns hier einzufinden – du, Richard, ein weißer Künstler und deine Frau, ich, ein alter Sioux-Medizinmann, eine Handvoll unserer Frauen mit ihren Kindern und Enkelkindern und ein Haufen junger zorniger »Red Power«-Sprößlinge. Wir sind alle verschieden und aus unterschiedlichen Gründen hierhergekommen, jeder mit seinem privaten Zorn. Nun, ein gesunder Zorn hat auch sein Gutes. Er könnte sich am Ende in Liebe verwandeln. Zorn ist etwas, das wir teilen können, teilen wie eine Mahlzeit.
Hört mal her: Richard, mein weißer Freund, hat mir seine Gründe genannt, warum er den Mount Rushmore nicht mag. Wir Indianer haben viele Gründe, warum wir ihn nicht mögen, aber er hat ein paar neue, auf die wir noch nicht gekommen sind. Er bezeichnet diese Gesichter als einen einzigen, großen, weißen Ego-Trip. Er sagt, Kunst kann man nicht mit einem Preßlufthammer schaffen, und ich denke, er als Künstler muß es ja wissen. Er sagt, daß alles, was in solcher Disharmonie mit der Natur steht, schlechte Kunst ist. Auch wenn Michelangelo dieses Monument aus dem Stein gehauen hätte, wäre es häßlich, denn es paßt in unsere heiligen Black Hills wie die Faust aufs Auge. Habe ich dich soweit richtig verstanden?
Richard nannte die Skulpturen auch eine Krankheit der Gesellschaft – ich nehme an, er meint seine Gesellschaft, nicht die unsere –, nämlich die Krankheit, quantitative Größe mit qualitativer Größe zu verwechseln. Das versteh ich, wir denken in diesem Punkt ebenso. Dann erzählte er mir jedoch noch etwas, und das wußte ich noch nicht. Die einzigen Berge, die so behauen sind wie der Mount Rushmore, sind einige riesige Felshänge in Asien. Sie zeigen einen babylonischen Riesenkäse oder einen ägyptischen Pharao, der auf Menschen rumtrampelt, die auf dem Boden liegen; die Inschriften lesen sich meistens so:

»Ich, der große König, der König der Könige, der lebendige Gott, ich habe fünfzig Städte in dieser Richtung vernichtet und ihre Bewohner bei lebendigem Leibe verbrannt, ich habe fünfzig Städte in jener Richtung niedergemacht und jeden Bürger auf Pfähle aufspießen lassen, und ich habe weitere fünfzig Orte auf dieser Seite des Flusses erobert und sämtliche Einwohner in Asche verwandelt, und um meiner Nachwelt meine Größe zu zeigen, haben tausend Sklaven dieses Zeugnis aus dem Berg gemeißelt.«
Das gibt mir zu denken. Was bedeutet der jetzige Mount Rushmore für uns Indianer? Die großen weißen Köpfe sprechen zu uns:
»Zuerst gaben wir euch Indianern einen Vertrag, der euch die Black Hills zusicherte, solange die Sonne scheint, ihr gabt uns dafür die Dakotas, Wyoming und Montana. Dann fanden wir Gold und nahmen euch auch dieses Stückchen. Denn wir waren stärker und wir waren mehr. Und wir hatten Kanonen und gute Gewehre, während eure Kultur so zurückgeblieben war, daß ihr euch selber nicht einmal eine Stahlklinge herstellen konntet. Und als ihr euch geweigert habt, Platz zu machen, haben wir euch ausgelöscht. Wer am Leben blieb, wurde auf die Reservation geschafft. Und dann holten wir uns das Gold. Doch damit nicht genug – wir schätzen den Touristendollar auch! Wir haben aus euren heiligen Bergen ein weites Disneyland gemacht. Wir haben eure Geister mit unseren Gesichtern vertrieben. Wir sind die Eroberer.«
Eine Million Besucher oder auch mehr blickt jedes Jahr zu den Köpfen rauf und fühlt sich gut, richtig gut. Sie können sich groß und mächtig fühlen, denn die Schöpfer dieser Skulptur sind Menschen ihrer Rasse, und sie denken sich: »Wir sind weiß und wir haben das geschaffen. Was wir wollen, bekommen wir, und nichts kann uns halten.« Vielleicht würden sie es sich selbst nicht eingestehen, aber ganz tief drin denken sie doch so. Das ist Eroberung in ihrer wahren Bedeutung. Sie hätten ebenso aus dem Berg einen riesigen Kavalleriestiefel meißeln können, der auf einem toten Indianer steht.
Des einen Denkmal ist des anderen Friedhof. Doch so langsam regen sich auch Weiße über diesen unförmigen Briefbeschwerer auf. Aber dafür ist es jetzt zu spät, wir werden das

Ding nicht mehr los. Man kann einen schönen Berg zu einem Briefbeschwerer machen, aber nicht umgekehrt. Ich glaube, dazu fehlen euch die Fähigkeiten.
Ein Reporter des »Rapid City Journal« hat mich gefragt, warum ich hier heraufgekommen bin. Ich gab ihm zur Antwort, die Präsidentengesichter seien schmutzig geworden, und ich würde jetzt auf dem höchsten Punkt eine Stange aufstellen, als Altar sozusagen, um aus dem Mount Rushmore wieder einen heiligen Berg zu machen. Der Kerl hat nicht gerade geistreich dreingeschaut. Für eine Weile sagte er gar nichts. Schließlich raffte er sich auf und fragte: »Welche Bedeutung hat der Stab?« Ich sagte ihm dies als Antwort:
»Der untere Teil des Stabes ist schwarz gestrichen. Das ist die Nacht. Schwarz ist auch die Gesichtsbemalung im Krieg. Schwarz repräsentiert auch die Menschen, die mit geschlossenen Augen oder im Dunkeln beten. Es soll auch heißen, daß ich mit dem Stab gleichzeitig eine Decke oder ein Leichentuch über den Berg lege und die Gesichter der Präsidenten so lange schmutzig bleiben sollen, bis die Verträge, die uns die Black Hills zusichern, eingelöst werden.
Die obere Hälfte des Stabes ist rot. Das ist der Tag und die Sonne und die Gesichtsbemalung der Freude. Rot bedeutet, daß der Mount Rushmore, sobald die Regierung ihre Versprechungen gegenüber uns Indianern einhalten wird, wieder in Schönheit erstrahlt, aber das kann noch eine gute Weile dauern. In der Zwischenzeit werden wir den Mount Rushmore in ›Crazy Horse Mountain‹ umtaufen.«
»Well«, sagte der Reporter, »ich hoffe, ich habe alles richtig verstanden.« »Das«, sagte ich zu ihm, »hoffe ich auch.«
Jetzt hat Richard noch eine andere Idee. Er meinte, es solle ein Gesetz geben, das verlangt, alle Denkmäler und Statuen, die über 100 Fuß hoch sind, in aufgelassenen Bergwerkschächten aufzustellen. Auf diese Weise wäre niemand gezwungen, sie zu betrachten. Und die, die sie unbedingt sehen wollen, zahlen einen Vierteldollar und fahren mit dem Lift nach unten und können dann hochschauen. Auf diese Weise wäre jeder zufrieden. Wäre schön gewesen, wenn wir ein solches Gesetz gehabt hätten, bevor sie dieses Riesending begonnen haben. Aber vielleicht ist es doch noch nicht zu spät: Man könnte den ganzen Shrine of Democracy auf einen Aufzug stellen –

dann drückt man einen Knopf, und das ganze Monument verschwindet in der Versenkung. Und einmal in der Woche – sagen wir, jeden Sonntag von neun bis elf – drückt wieder einer auf den Knopf, und die vier Köpfe kommen nach oben, und dazu tönt in voller Lautstärke Musik. Diese Kerle, die es fertiggebracht haben, einen Astronauten auf dem Mond landen zu lassen, sollten das auch hinkriegen, vor allem für uns Indianer, Künstler und Natur-Menschen.

In einem Punkt hast du nicht recht. Du sagtest, wir könnten jetzt ausruhen, das Schlimmste sei vorüber, noch übler zurichten könnten sie die Black Hills nicht, da nichts mehr zu verschandeln übrig ist. Meinst du! Dann laß dir erzählen von einem deiner Künstlerkollegen – einem Bildhauer. Ich habe seinen Namen hier aufgeschrieben, der Zettel muß irgendwo in meiner Umhängetasche sein. Wir Indianer sind so ungebildet, daß wir uns nicht einmal einen Namen merken können. Nachdem unsere eigenen Namen so kompliziert sind – Red Cloud, Lame Deer, Gall – sollte es eigentlich ein Kinderspiel für uns sein, den simplen Namen eines zivilisierten weißen Mannes zu behalten. Aber ich krieg ihn beim besten Willen nicht zusammen, ich muß nachschauen. Da ist er: Mr. Korczak Ziolkowski, Schüler des Mount Rushmore-Schöpfers Gutzon Borglum. Irgendwann müssen sich die beiden mal gestritten haben; Ziolkowski war es leid, an so einem mickrigen Ding wie dem Mount Rushmore rumzuhämmern.

Er verließ Borglum und nahm sein eigenes Werk in Angriff, und zwar am Thunderhead Mountain, einem Berg, doppelt so groß wie der hier. Ziolkowski sagt immer, er sei ein Freund der Indianer. Er sagt, er will uns was Gutes tun. Wenn ein Weißer so etwas sagt, ist es für uns Indianer immer an der Zeit, das Weite zu suchen. Ziolkowski will für uns eine überdimensionale Statue von Crazy Horse aus dem Fels hauen, die die vier Präsidentenköpfe nur mehr wie Gartenzwerge erscheinen läßt.

Der Häuptling soll auf seinem Pony sitzen und über 650 Fuß lang und um die 560 Fuß hoch werden. Und eine 40 Fuß lange Feder soll aus seinem Kopf ragen. Crazy Horse schaut bis jetzt nicht sehr indianisch aus und sein Pony auch nicht. Crazy Horse hat keine Zöpfe, und die Feder, die ihm im Haar steckt, schaut aus wie ein Luftventil in einem Fahrradschlauch. Der ausgestreckte Arm des Häuptlings deutet nach vorn, als wolle er sagen, »zu den Pissoirs hier lang«. Auf diesem Arm sollen alle Leute unseres Reservats stehen können, vielleicht auch nur auf der Hand. Es soll auch eine Leitung gelegt werden für den Ton. Vielleicht wird sich sein Mund öffnen und Kriegsrufe ausstoßen, die man dann bis Sioux Falls hören kann. Der Geröllhaufen wird sicher zehnmal so groß sein wie der Steinschutthaufen unter den Präsidenten-Porträts.

In den Touristen-Prospekten heißt es: »Ein ganzer Berg wird das Aussehen des Häuptlings Crazy Horse annehmen, das Bildhauer-Genie Korczak Ziolkowski wird ihn aus dem Stein hauen.« Nicht gerade bescheiden.

Dieses Genie, so hat man mir erzählt, verdient über 100 000 grüne Froschhäute im Jahr, steuerfrei, allein vom Eintritt der Touristen und dem Verkauf von Crazy Horse aus Gips, in klein ab drei Dollar – steuerfrei, weil er ja alles für uns arme Indianer macht. Irgendwo in oder unter der Reiterstatue soll für 50 Millionen Dollar eine Universität entstehen, im großen Zeh oder unter einem der Hufe, ich weiß nicht genau wo, aber eines weiß ich sicher, daß wir Indianer nie auch nur einen Pfennig sehen werden.

Zwei Sachen an diesem Unternehmen sind nicht in Ordnung: Crazy Horse hat nie einem Weißen erlaubt, ihn zu photographieren. Er wollte nicht, daß weiße Menschen ihn betrachten. Er starb im Kampf, noch bevor ihn weiße Soldaten gefangennehmen und ihn in ein Gefängnis aus Stein sperren konnten. Er wurde nach seinem Wunsch beerdigt – an einem unbekannten Platz, niemand kennt sein Grab. Die ganze Idee, aus einem schönen unberührten Berg ein Reiterstandbild zu machen, ist eine Verschmutzung der Landschaft. Es ist gegen den Geist von Crazy Horse.

Frank Fools Crow, einer unserer respektiertesten Medizinmänner, sagt, der Berg wolle nicht verändert werden, der Geist von Crazy Horse wolle es nicht. Die Statue, sagt Fools Crow, werde nie fertig werden.

Godfrey Chips, unser jüngster Medizinmann, sagte mir: »Am Anfang war Crazy Horse ein friedlicher Mensch, aber als er sah, wie sein Volk niedergemetzelt wurde, änderte er sich und benützte seine Kraft, um zu kämpfen. Er war ein friedfertiger

Mensch, aber das Leben hat ihn zu einem Krieger gemacht, der nur tötet. Der Haß füllte ihn aus. Er haßte alle Weißen und er starb in diesem Haß. Sein Geist sprach zu mir und sagte, daß er nicht zur Touristen-Attraktion werden will.«
Das sagte Godfrey Chips, ein anderer *yuwipi* sagte mir: »Thunderhead Mountain ist ein alter Name. Donnerkopf könnte bedeuten, daß dort einmal Donnervögel wohnten. Sie würden das auch nicht wollen. Unsere Toten sind dagegen. Die Bäume und die Tiere auf dem Berg auch. Wir Medizinmänner wissen das.«
Die zweite faule Sache ist folgende: Die Zeiten sind vorbei, in denen ein Weißer hergehen und entscheiden konnte, für uns in unseren heiligen Bergen ein Denkmal zu bauen, bloß weil er sich das in den Kopf gesetzt hatte, und dies, ohne uns auch nur zu fragen. Als er sein Unternehmen vor über 30 Jahren anfing, da konnte man allenthalben einen Indianer finden, der sich geschmeichelt fühlte, weil ein weißer Bildhauer einen Indianer-Häuptling zur Statue machen wollte. Aber diese Tage sind vorbei.
Ziolkowski sagt des öfteren, wir Indianer seien zu abergläubisch, und es fehle uns an Vorstellungskraft, um ihn zu verstehen. Das Problem ist, daß wir ihn nur zu gut verstehen. Aber er versteht nicht, daß das gigantische Zermeißeln eines unserer heiligen Berge für uns einfach eine andere Form von Rassismus ist.
Macht euch keine Sorgen. Das Bildhauer-Genie wird langsam alt, während seine Figur kaum Fortschritte macht. Ziolkowski verbringt die meiste Zeit damit, Eintrittsgelder zu kassieren, Führungen zu machen, Gipsmodelle in allen möglichen Größen zu verkaufen, die Touristen gegen Gebühr durch ein Fernrohr blicken zu lassen, um eine Dynamitsprengung mitzuerleben und was-weiß-ich-noch-alles. Vielleicht ist es der Geist von Crazy Horse, der ihm all die Unterbrechungen schickt. Mein Vater hat leidenschaftlich gern gewettet. Bei einem Kampf zwischen Korczak Ziolkowski und Crazy Horse hätte er sein Geld nicht auf Ziolkowski gesetzt. Ihr werdet noch an meine Worte denken – dieses Denkmal wird ohne Gesicht bleiben.
Warum ich meine Zeit damit verschwende, über die Denkmäler der Weißen zu schimpfen? Weil sie eine Form von Dis-

kriminierung darstellen. Es ist die Diskriminierung, deretwegen wir uns heute alle hier auf Roosevelts Kopf versammeln. Und darüber möchte ich eigentlich reden. Einige unserer jungen Brüder haben Aufkleber auf ihren Autos: »Custer starb für eure Sünden« – aber ich sage euch, General Custer lebt! Nicht nur einer, viele Custers betreiben ihr Geschäft auf Kosten der Indianer. Custers Geist steckt in all den Touristenfallen, die unsere heiligen Berge entweihen. Er steckt im »Mother Goose Story Book Island«, im »All-Aboard«, »Narrow Gauge« und im »Scenic 1880 Train«, im »Flintstone's Bed-Rock Village«, im »Doll-House Museum«, im »Horseless Carriage Museum«, im »Unforgettable Fun For The Family Gravity House«, im »Pan Your Own Cold Dust Place«, in all den verfälschten Freiluft-Aufführungen. In dem ganzen Mist steckt Custer. Ein klein wenig von ihm steckt auch in den Besichtigungswütigen, den Souvenirjägern, den Felsenschnüfflern, den Touristen-Skalpjägern, den Gaunern und Deadwood-Huren, die auf den Hängen wie Ameisen rumkrabbeln. Nun, ich kam hier herauf, um zu beten, um eine Zeremonie abzuhalten und ein Zeichen zu setzen. Ich werde jetzt hinter die Steine kriechen und ein wenig singen und den Stimmen des Berges lauschen. In der Zwischenzeit kannst du diese Ladies hier – Muriel Waukazoo und Lizzy Fast Horse – fragen, warum sie hier sind.

Muriel Waukazoo und Lizzy Fast Horse: »Die Idee, hier heraufzukommen, stammt ursprünglich von einer Frau in Pine Ridge. Eigentlich begann alles mit einer Demonstration auf dem Sheep Mountain in der Nähe von Scenic, im Pine Ridge Reservat. Dort hat die Regierung 200 000 acres Land als Manövergelände in Besitz genommen, um Bomben auszuprobieren, und versprochen, es nach dem 2. Weltkrieg wieder zurückzugeben. Nun, der 2. Weltkrieg ist längst vorbei, aber das Versprechen haben sie immer noch nicht eingelöst. Also haben wir Handzettel gedruckt, auf denen wir über das Movement und die ganzen Vorgänge informierten. Wir trugen die Handzettel von Haus zu Haus und schärften jedem ein, die Sache vorläufig für sich zu behalten. Und so wußten die indianischen Einwohner von Rapid City von der Besetzung des

Mount Rushmore schon einen Monat im voraus. Die Weißen wußten von nichts. Wir hielten dicht.«
»Wir machten uns an einem Montagmorgen auf den Weg, es war der 24. August. Am Anfang waren es nur wir drei Frauen. Wir rechneten mit mehr Leuten, aber sie blieben aus. Ich nehme an, sie hatten Angst. Den ganzen Weg hier rauf blitzte es, und wir dachten an Crazy Horse und wußten, er war mit uns. Wir hatten schon Angst, daß die Rangers uns verhaften würden. In den ersten Tagen verteilten wir nämlich unsere Handzettel an die Touristen am Parkplatz. Dann kamen endlich Lee Brightman und die indianischen Studenten, um uns zu unterstützen. Wir wurden mutiger und mutiger, und jetzt fürchten wir uns eigentlich vor niemandem mehr.«

Lee Brightman: »Ich bin ein Sioux von Cheyenne River. Ich bin stolz auf meine Familie. Mein Urgroßvater wurde bei Custers letzter Schlacht getötet. Einige meiner Verwandten wurden in Wounded Knee umgebracht. Ich bin 40 Jahre alt und leite ein Programm für indianische Studenten an einer Universität in San Francisco. Ich bin mit einer Gruppe von Leuten hier. Wir begannen den Aufstieg im Dunkeln, doch diese Mounties mit ihren Taschenlampen haben uns ausfindig gemacht. Sie dachten, wir würden rote Farbe über die Gesichter gießen. Sie befahlen uns, das Gelände zu verlassen, doch wir setzten uns einfach auf den Boden. Wir lachten laut, denn sie hatten keine Waffen, was also sollten sie uns tun? Auf ein Zeichen hin sprangen wir auf und liefen in verschiedene Richtungen davon. Weiter oben hatten einige Rangers Gewehre. Wir mußten uns die ganze Nacht verstecken, und am nächsten Morgen kletterten wir auf die Spitze und hißten unsere »Sioux Indian Power«-Flagge. Wir beschlossen, den ganzen Sommer zu bleiben. Jetzt ist es Oktober, und wir sind immer noch hier. Unsere Leute aus den hiesigen indianischen Gemeinden versorgen uns mit Lebensmitteln und Wasser.
Die Gründe für unsere Besetzung sind klar: Die Bundesregierung nahm sich 200 000 acres von unserem Land für einen Schießübungsplatz. Sie gaben ihn nicht, wie ausgemacht, an uns zurück. Wir haben 26 Jahre gewartet. Und jetzt verkündet der Innenminister, daß das Gelände zu einem Natur-

schutzpark erklärt werden soll. Das ist eine Verletzung der verdammten Abmachung von damals.
Zum einen wollen wir diese Sache durch Aktionen bekanntmachen, zum anderen wollten wir auch die beschissene Situation mit den Black Hills zeigen. 1868 schlossen sie einen Vertrag mit der Sioux-Nation und sprachen uns dieses Land hier zu, solange die Sonne scheinen und das Gras wachsen würde. Natürlich war dieser Vertrag keinen Furz wert. Sechs Jahre später entdeckte Custer Gold in den Bergen. Auf der Stelle nahmen sie uns das Land; bis heute haben sie es behalten und nichts dafür bezahlt. Inzwischen haben sie Milliarden von Dollars an dem Land verdient, und wir haben keinen Dime davon gesehen. Sie haben die Wälder abgeholzt und sich Uran, Eisen und Kalkstein geholt. Das Touristengeschäft bringt ebenfalls regelmäßig seine Millionen – »Komm ins Indianerland!« –, doch wir gehen leer aus. Für uns ist das Land heilig, und was machen sie? Sie entheiligen es weiter, indem sie uns die Gesichter von vier weißen Präsidenten vor die Nase setzen.
Außerdem haben wir langsam die Diskriminierung, der wir überall begegnen, satt. Meine Organisation, die »United Native Americans«, hat eine Untersuchung über die Diskriminierung von Indianern durchgeführt und in einer Liste die einzelnen Bundesstaaten nach dem Grad ihres Rassismus aufgeführt. Süd-Dakota ist, was Indianer angeht, der mit Abstand rassistischste Staat in den USA und Rapid City die indianerfeindlichste Stadt in diesem Staat. Deshalb haben wir den Berg eingenommen.
Das sind unsere Forderungen: Wir wollen rückwirkende Zahlungen für die Black Hills, für die abgebauten Bodenschätze und den Holzverlust. Und wir wollen unsere geheiligten Berge zurück. Die Cheyenne werden wahrscheinlich den Bear Butte zurückverlangen – das ist deren heiligster Berg.
Und was verkaufen sie hier als Souvenir? Postkarten mit den Opfern von Wounded Knee 1890, als die 7. Kavallerie 250 unserer Leute, einschließlich Greise, Frauen und Kinder im Winter massakriert hat! Die Soldaten wurden anschließend mit 32 Ehrenmedaillen vom Kongreß in Washington ausgezeichnet. Medaillen für ein Massaker – das ist wohl das Schrecklichste daran. Wir verlangen, daß diese obszönen

Postkarten sofort entfernt werden. Und wir verlangen, daß statt dessen die Indianer ihren eigenen Schmuck und ihre eigenen Handarbeiten auf ihrem Land verkaufen können. Jetzt verkaufen weiße Händler mit Konzessionen »original indianische Perlenarbeiten« made in Hongkong – und all den Scheiß. Und wir verlangen, daß mehr indianische Waldarbeiter angestellt werden. Und dann dieses riesige Amphitheater, das hier unnütz rumsteht – wir wollen, daß unsere Leute herkommen und ihre eigenen Aufführungen inszenieren.

Verflucht lang haben wir unser Land an Weiße verkauft, und am Schluß stehen wir mit nichts da. Die Leute von den Umweltschutzbehörden haben festgestellt, daß die Hälfte des Reservatslandes von starker oder zumindest kritischer Erosion bedroht ist, während die andere Hälfte bereits leicht abgetragen ist. Also gehören uns Indianern 56 Millionen Bodenerosion. Wenn ich etwas zu sagen hätte, würde ich den Riegel ein für allemal vorschieben, und kein weißer Farmer könnte mehr Land pachten oder kaufen. Im Moment haben die meisten Pachtverträge auf 100 Jahre. Viele unserer Leute enden auf ihrem eigenen Land als Handlanger von Fremden. Über 90 Prozent des Pine Ridge Reservats ist an weiße Rancher und Farmer verpachtet, und diese Verträge können nach 100 Jahren wieder erneuert werden. Einige dieser üblen Kauf- und Pachtgeschäfte werden von Leuten getätigt, die sich selber Indianer nennen. Wir haben nämlich einen Haufen korrupter Stammesräte, die diese Dinge befürworten. Ich glaube, wir werden bald einen neuen Indianer auftauchen sehen: einen jungen Indianer, dem das alles zum Hals heraushängt und der angewidert ist von all dem Schwindel – Leute wie mich, die es leid sind, weiterhin zuzuschauen, wie die offiziellen Stammesfürsten und weißen Politiker uns ausbeuten. Viele unserer alten Leute haben sich uns angeschlossen. Sie sind lange genug unterdrückt worden. Fast hatten sie sich daran gewöhnt und die Ungerechtigkeiten akzeptiert, denn sie waren damit aufgewachsen. Doch langsam merken sie, wie sie betrogen werden.

Es ist schwierig, auf dem Reservat den Mund aufzumachen, denn das Büro für Indianische Angelegenheiten wird dich sofort zum Schweigen bringen. Nehmen wir an, du bist ein junger Kerl und willst dich beschweren, aber dein Vater arbeitet

für das B. I. A. Kaum machst du den Mund auf, bekommt er eins drauf. Das B. I. A. kontrolliert die Bevölkerung auf dem Reservat durch Angst, Einschüchterung und Erpressung. Wenn du aufstehst, um für deine Leute zu sprechen, können sie ganz schön Druck auf dich und deine Verwandten ausüben. Und wenn du für das B. I. A. arbeitest, versetzen sie dich kurzerhand auf ein anderes Reservat. Immer die gleiche Scheiße.
Dann diese weißen Aufsichtsbeamten des B. I. A. In Bemiji, in Minnesota, fanden die Leute heraus, daß ihr Aufsichtsbeamter in allerhand skrupellose Geschäfte verwickelt war, und nach Monaten, in denen sie eine Beschwerde nach der anderen losließen, wurden sie ihn endlich los. Das B. I. A. beförderte ihn von Minnesota nach Süd-Dakota und schob ihn zu den Sioux ab, diesen unfähigen Bastard. Dann gaben sie ihm eine Gehaltsaufbesserung und einen höheren Posten. Das ist ihre Spezialmethode, mit unfähigen Beamten umzugehen. Du mußt nur unfähig und korrupt genug sein, dann kannst du ein hohes Tier beim B. I. A. werden.
Langsam werde ich so sauer, daß ich schreien könnte. Dabei muß ich eines klarstellen: Ich hasse nicht die Weißen, ich hasse nur, was die Weißen uns angetan haben. Diese Bergbesteigung wird viele unserer Kinder und alten Leute mit Stolz erfüllen, wenn sie sehen, wie wir diesen Berg der stärksten Regierung der Welt wieder entzogen haben, wie wir ihn besetzt und ihm einen neuen Namen gegeben haben. Das nämlich ist der springende Punkt: Wir müssen wieder das Selbstvertrauen gewinnen, unsere eigenen Angelegenheiten in die Hand zu nehmen, unser Leben selbst zu bestimmen, unser eigner Herr zu sein – das ist es, worum wir kämpfen. Und ich habe das Gefühl, daß sehr bald die Zeit kommen wird, da Indianer sich diese Rechte nehmen werden. Wir haben es satt, immer Nicht-Indianer über uns zu haben, die uns sagen, was wir tun sollen und wie wir es tun sollen. Das ist einer der Gründe, warum wir auf dem Mount Rushmore sind.«

Ich habe gesungen. Hier bin ich wieder. Mein Bruder Lee Brightman hat sicher eine Menge unserer alten Leute vor den Kopf gestoßen, als er all diese deftigen Wörter öffentlich benutzt hat, »bullshit« und so. Sie sind das noch nicht gewöhnt, höchstens daheim. Doch ich glaube, daß das seinen erzieherischen Wert hat. Wenn erst mal eine alte indianische Lady aufsteht und einem B. I. A.-Agenten laut und deutlich »bullshit«* ins Gesicht sagt – das gilt für alle öffentlichen Behörden –, dann hat sich bereits etwas geändert. Es läuft schon. Schaut euch Fast Horse an, sie ist eine Großmutter, Tag für Tag kommt sie hier herauf. Das ist sehr, sehr gut. Und wißt ihr, warum das so gut ist? Weil bis vor kurzem indianische Frauen sich da rausgehalten hätten. Vielleicht hätten einige Studentinnen mitgemacht, aber nicht unsere Ladies hier. Und so ein alter Knacker wie ich hätte auch die Finger davon gelassen. Ich hätte zu mir selbst gesagt: »Du bist ein Medizinmann, bleib auf deinem spirituellen Boden, misch dich nicht in Politik ein.« Mount Rushmore hat unsere Gesinnung geändert. Einstimmig haben wir beschlossen, hier heraufzugehen.

Und vor einem Jahr noch hätten sich die meisten jungen Leute unseres Volkes nicht um einen alten Medizinmann gekümmert. Welche Rolle kann so einer schon in ihrem Kampf führen? Mittlerweile hat sich alles geändert. Diese jungen, mit Schulbildung versehenen Indianer kommen zu mir und sagen: »Erzähl uns, wie es früher war, erzähl uns von der heiligen Pfeife, wir wollen den indianischen Weg gehen.« Und als dann die Besetzung des Mount Rushmore geplant wurde, baten sie mich, einen heiligen Pfahl zu errichten und eine Zeremonie abzuhalten. Und hier sind wir nun, alt und jung, Männer und Frauen, ein großer Haufen Indianer und du, Richard, deine Frau Jean und das blonde, blauäugige Mädchen dort drüben, das uns einfach nachgelaufen ist. Alle, die wir da sind, werden wir nicht mehr dieselben sein, wenn wir wieder hinabsteigen. Der Berg wird uns verändert haben.

Wie es mich verändert haben wird? Nun, ich glaube, für den Anfang werde ich mir die Stadt Winner vornehmen. Wegen der Diskriminierung, die dort herrscht. Das wird etwas Neues für mich sein. Ich habe hin und wieder daran gedacht, etwas zu unternehmen, aber es immer sein lassen. Jetzt werde ich etwas tun. Was in dem kleinen Städtchen Winner in Süd-Dakota, wo ich wohne, so passiert, ist ein weiterer Grund, war-

* wörtlich: Bullenscheiße, amerikanischer Umgangsausdruck für: Schwindel

um ich hier oben bin. Winner besteht eigentlich aus zwei Städten: Die höher gelegene Hälfte ist das weiße Winner: gepflasterte Straßen, Gehsteige, Feuerhydranten, Straßenbeleuchtung, fließendes Wasser, Kanalisation und alles, was so dazugehört.

Am tiefer gelegenen Ende ist das andere Winner: Indian Town mit etwa 80 Sioux-Familien – keine gepflasterten Straßen, keine Straßenlaternen, keine Hydranten und keine Toiletten mit Wasserspülung. Wir sind primitive Eingeborene, wie sie sagen. Wir brauchen so was nicht. Wir bevorzugen sowieso das Klo im Freien. Jeder weiß das. Ein paar weiße Familien leben auch in Indian Town. Sie sind so arm wie wir. Vielleicht sogar ärmer. Und für dieses Verbrechen werden sie wie Indianer behandelt, wie weiße Indianer.

Sogar der Regen in Winner ist rassistisch. Er läuft die schön gepflasterten weißen Straßen hinunter und überschwemmt die Eingeborenenviertel. Wenn Mister Indian dann seinen Spaziergang von seiner Hütte zum Scheißhaus macht, versinkt er bis zum Arsch im Schlamm.

Wir haben nicht nur zwei Städte; wir haben auch zweierlei Gesetz in Winner: eines für Weiße und eines für Indianer. Ich lebe jetzt fast zwanzig Jahre in Winner, und hin und wieder bin ich, wie jeder schlechte Kerl, auch mal wegen Trunksucht und Erregung öffentlichen Ärgernisses im Gefängnis gelandet. Dann war ich auch wieder mal als Besucher dort. Wie dem auch sei, ich kenne das Gefängnis ziemlich gut. Sie lochen Mister Indian über Nacht ein, und am nächsten Morgen muß er vor Gericht erscheinen. Da gibt es ein kleines Büro, und du gehst alleine hinein. Der Richter liest die Anklage und sagt dann zu Mister Indian: »Wenn du dich schuldig bekennst, ist die Sache hiermit erledigt. Wenn du dich aber nicht schuldig bekennst, mußt du jemanden finden, der die Kaution für dich bezahlt. Und bevor du ausgelöst bist, kann es sein, daß du erst mal zwei Wochen hier drin sitzt. Warum machst du es dir also nicht einfach und bekennst dich schuldig – fünfzehn Tage und zehn Dollar.« Und Mister Indian bekennt sich schuldig, denn bis er eine Kaution aufbringt, sitzt er womöglich für immer.

Einmal sah ich einen Indianer – er war gerade stocknüchtern – auf seinem Heimweg. Da hielt die Polizei vor ihm:

»Steig hier ein!« »Ich bin nicht betrunken«, sagte er, aber die wiederholten nur: »Steig ein!« Dann fingen sie an, mit ihren Gummiknüppeln auf ihn einzuschlagen, und warfen ihn ins Kittchen. Ich weiß nicht, was sie gegen ihn hatten. Wahrscheinlich hatte er irgendwo laut seinem Ärger Luft gemacht. Damit wollen sie nicht nur ihn, sondern uns alle einschüchtern. Niemand von uns spricht in der Öffentlichkeit über die Diskriminierung in dieser Stadt, denn jeder weiß, daß die Polizei ihn beobachtet.

Die schlimmste Art von doppelgesichtiger Gerechtigkeit wird spürbar, wenn ein Mord passiert. Als White Hawk, ein junger Indianer, einen weißen Juwelier umgebracht hatte, wurde er zum Tode verurteilt. Das Urteil wurde dann in lebenslänglich umgewandelt. Wir alle wissen, daß Whit Hawk nicht bei Sinnen war, als er das getan hat.

Die Bestrafung für die Ermordung eines roten Mannes ist anders: Als ein siebzehnjähriger Weißer einen Indianer, Vater von mehreren Kindern, mit sieben Schüssen aus einer deutschen Luger tötete, kam er mit zwei Jahren davon. Als ein Weißer aus White River einen Indianerjungen aus Murdo umbrachte, bekam er 30 Tage und mußte 100 Dollar wegen tätlichen Angriffs zahlen. Sie gaben als Begründung an, sie hätten ihn nicht des Mordes anklagen können, da er die Kronzeugin geheiratet habe, eine Indianerin, die das Verbrechen beobachtet hatte.

Und ein reicher Rancher erschoß einen jungen Indianer, einen sehr ruhigen und scheuen Kirchgänger. Der Weiße war bewaffnet, der Indianer nicht. Es gab keine Zeugen, doch der Mann gab die Tat zu. Er wurde nicht einmal eingesperrt. Nicht einmal für zwei Wochen. Als es dann zum Prozeß kam, wurde er freigesprochen. Gerechtfertigter Totschlag, nannten sie es. So was vergessen wir nicht.

Ich sehe die Sonne hochkommen: sie ist rot – eine richtige Indian Power Sonne. Es war gut, die Nacht über hier zu sein und miteinander auf Teddy Roosevelts Kopf zu reden. Es ist Zeit, die heiligen Utensilien auf dem höchsten Punkt anzubringen.

Wo ist der höchste Punkt. Was, ihr verlangt, daß ich da raufgehe? An dieser schmalen Spalte hoch? Ich ziehe meine hochhackigen Cowboystiefel lieber aus. Aber mit meinen schlüpfrigen Socken ist der Halt auch nicht hervorragend. Wie geht es dir, Richard? Steh nicht rum, wir brauchen dich da oben mit deiner Kamera. Ich glaube nicht, daß du dich gescheiter anstellst. Obwohl du mir von all den Bergen erzählt hast, die du in Österreich bestiegen hast. Du mußt damals dünner gewesen sein. Dieser Spalt ist für dich ein bißchen eng, beziehungsweise du bist zu dick geworden. Mir scheint, das, was du deinen »Backhendl-Friedhof« nennst, ist dir im Weg. Aber wir haben es geschafft. Laß uns Atem holen, mein Bruder – wir sollten 20 Jahre jünger sein für ein derart verrücktes Abenteuer. Ich werde jetzt mit meiner Pfeife ein Gebet sprechen. Das ist mein heiliger Stab, an den eine Feder gebunden ist, es ist der Stab eines alten Medizinmannes. Ich möchte jetzt, daß einer der Jungen den Stab in diese Felsritze hier steckt. Nimm das Beil, schlag ihn tief rein. Jetzt weht wieder eine Adlerfeder über Paha Sapa, den heiligen Black Hills. Gut so. Eines Tages werden sie wieder uns gehören.

Nachtrag von Richard: Im August 1971, ungefähr ein halbes Jahr, nachdem wir dieses Kapitel fertiggestellt hatten, zelteten John und ich mit unseren Familien in den Black Hills. Einer plötzlichen Laune folgend entschlossen wir uns eines Tages, den Bildhauer Korczak Ziolkowski zu besuchen. Der Weg zu ihm sah aus, wie wir ihn uns vorgestellt hatten – eine geteerte Straße, eine Schranke, an der pro Wagen eine Gebühr von zwei Dollar zu entrichten war, ein schier unendlicher Parkplatz und, dahinter, ein riesiger Berg, der bis jetzt noch nicht die geringsten Anzeichen zeigte, jemals eine Statue zu werden. Eine Plattform auf der Spitze und ein Loch, das wie ein Tunnel durch den Granit führte, waren der einzige Beweis für die 25 Jahre, die Ziolkowski bereits an dem Berg rumsprengte.
Des Künstlers Atelier und Zuhause ist ein Kaninchenstall mit 57 Räumen, alle mit Kiefernholz getäfelt. Eine weitläufige, holzverkleidete Halle – Grand Central Station der Prärie – ist der Sammelplatz der Touristen. Dort verdrücken sie auf den Lunchbänken ihre Buffalo-Burger oder beladen sich mit rosa und chartreusen Abbildern des künftigen Crazy Horse Monuments aus dem Souvenir-Laden. Des Künstlers Tochter

führte eine Gruppe von Besuchern, die ihr mit offenen Mündern an verschiedenen Ausstellungsstücken und Sehenswürdigkeiten vorbei folgten; die Erklärungen dröhnten über Lautsprecher. Wir fragten nach dem Meister und wurden schließlich durch das Innere des Bienenstocks in ein winziges, gemütliches Arbeitszimmer geführt, wo der Lärm der Touristen nur mehr als Summen zu uns drang: Korczaks Heiligtum.

Es ist wahrscheinlich immer ein Fehler, eine Person erst dann kennenzulernen, wenn man sie bereits kritisiert hat. Tatsache ist, daß John und ich den Mann auf Anhieb mochten. Zottelig wie ein Bär mit einem langen, dichten, ungekämmten Bart, um die Brust eine sonnengebleichte, ausgewaschene Levi-Jacke ohne Ärmel, breitete er seine nackten, behaarten Arme zu einem grizzlyhaften Willkommensgruß aus.

Wir erzählten ihm, daß wir einiges Schlechte über sein Kunstwerk geschrieben hatten, und erklärten auch, warum. Er grinste und stellte eine Flasche köstlichen, französischen Wein vor mich und eine Flasche guten Whisky vor John. Auf der Stelle stimmte er den meisten Punkten unserer Kritik zu. Auch er, sagte er, habe sich bereits gedacht, daß der Berg unbehauen schöner aussehe. Es täte ihm leid, daß er mit Indianern so wenig Kontakt habe. Seine rosa Gipshäuptlinge kommentierte er nur mit einer obszönen Geste.

Gleichzeitig entschuldigte er sich aber für nichts, sondern zog seine Sache durch und mochte sie auch. Er war ein Egozentriker und stolz darauf. Er gab zu, jährlich an die 200 000 Dollar allein durch Eintrittsgelder zu verdienen, betonte aber, daß er fast alles wieder in sein Projekt stecken würde. Er erzählte uns von den Feinden, die er unter den ansässigen Weißen hatte, die gegen sein Indianer-Denkmal waren. Er deutete auf die paar Gewehre, die geladen im Zimmer verteilt waren. »Ich habe sogar meiner Frau das Schießen beigebracht.«

Er gab zu, daß Indianer heute seinem Projekt sehr reserviert gegenüberstanden, zeigte uns aber einen Brief, den ihm der Sioux-Häuptling Henry Standing Bear geschrieben hatt. »Bitte«, so hieß es da, »behaue einen Berg, damit der weiße Mann sieht, daß der rote Mann auch Helden hatte.« Dieser Brief – so Korczak – brachte die ganze Sache ins Rollen. Er sprach von einem 50-Millionen-Indian-Center mit einem Krankenhaus, einer Universität und einem Museum, das zu dem Denkmal gehören würde. Es war ihm offensichtlich ernst damit, obwohl es natürlich auch ein raffiniertes Täuschungsmanöver sein konnte.

Korczak war 63 Jahre alt und hatte außer einem Loch im Berg nichts aufzuweisen. Wir fragten ihn, ob er glaube, sein Denkmal je fertigzustellen. »Es gibt Leute, die prophezeien, ich würde es nicht beenden«, antwortete er. »Was soll's! Sollen sie sich doch zum Teufel scheren. Es hat sie doch keinen Dime gekostet.« Dann servierte er uns noch eine Kostprobe seiner seltsamen Philosophie: »Wißt ihr, falls die Russen oder die Chinesen jemals dieses Land erobern, werden sie den Mount Rushmore in die Luft jagen, mein Crazy Horse Denkmal aber werden sie stehen lassen; die ägyptischen Pyramiden werden dagegen unscheinbar wirken.«

Korczak war ein guter und unterhaltsamer Gastgeber, und wir saßen und redeten bis spät in die Nacht. Zwischendurch stimmten wir immer wieder in sein Lieblingslied mit ein:

Hätte ich die Eier eines Bisons
und den Stecher eines Bullen,
ich würde mich auf den Crazy Horse Mountain stellen
und auf die Bastarde unter mir pissen.

Als wir zu unserem Lagerplatz zurückfuhren, waren John und ich uns einig, daß wir weiterhin Korczaks Projekt nicht mochten, dafür aber Korczak, den Menschen.

Der Kreis und das Viereck

Was siehst du hier, mein Freund? Einen einfachen alten Kochtopf, schwarz von Ruß, und voller Beulen. Er steht auf dem alten Holzofen, und das Wasser sprudelt, und der weiße Dampf hebt den Deckel und zischt ins Freie. Im kochenden Wasser schwimmen große Fleischbrocken mit Knochen und Fett dran und viele Kartoffeln.

Es schaut nicht so aus, als ob dieser alte Topf eine Botschaft zu vermitteln hätte, und ich glaube nicht, daß du einen Gedanken an ihn verschwendest. Der gute Geruch der Suppe wird dich höchstens daran erinnern, daß du Hunger hast. Vielleicht hast du auch Angst, es könnte Hunde-Stew sein. Was das Fleisch angeht, brauchst du dir keine Sorgen zu machen: Es ist ganz gewöhnliches Rindfleisch – kein fettes Hundebaby für eine Zeremonie. Ein ganz schlichtes Alltagsessen.

Aber ich bin ein Indianer. Ich denke über einfache, belanglose Dinge nach, wie eben jetzt über diesen Topf. Das sprudelnde Wasser kommt aus der Regenwolke und vertritt den Himmel. Das Feuer kommt von der Sonne und wärmt uns alle – Menschen, Tiere, Bäume. Das Fleisch symbolisiert die vierbeinigen Geschöpfe, unsere Brüder aus der Tierwelt, die ihr Leben geben, damit wir leben können. Der Dampf ist lebender Atem. Vordem war er Wasser, jetzt geht er zum Himmel und wird wieder zur Wolke. Diese Dinge sind heilig. Und wenn ich jetzt so auf den Suppentopf schaue, denke ich daran, wie gut sich *Wakan Tanka* doch um mich kümmert. Wir Sioux verbringen viel Zeit damit, über Alltägliches nachzudenken; in unserem Kopf vermischt es sich dann mit den spirituellen Dingen. In der Welt, die uns umgibt, sehen wir viele Symbole, die uns die Bedeutung des Lebens sagen. Wir haben so eine Redensart, daß der Weiße Mann so wenig sieht, weil er nur mit einem Auge zu sehen scheint. Wir sehen eine Menge Dinge, die ihr Weißen gar nicht mehr wahrnehmt, die ihr aber vielleicht doch wahrnehmen könntet, wenn ihr nicht zu beschäftigt wärt. Wir Indianer leben in einer Welt von Symbolen und Bildern, in der das Geistige und

Alltägliche sich vereinen. Für euch sind Symbole nur gesprochen oder in einem Buch niedergeschriebene Worte. Für uns sind sie Teil der Natur, Teil von uns selbst, die Erde, die Sonne, der Wind, der Regen, Steine, Bäume, Tiere, und wenn es so kleine Insekten sind wie Ameisen oder Grashüpfer. Wir versuchen nicht, sie mit dem Kopf zu verstehen, dafür aber mit dem Herzen, und wir brauchen nur einen winzigen Hinweis, um ihre Bedeutung zu begreifen.
Was für euch wie ein Gemeinplatz aussieht, gewinnt durch seine Symbolik für uns einen besonderen Sinn. Das Merkwürdige ist, daß wir für Symbolik gar kein Wort haben, obwohl wir ständig damit leben. Ihr habt ein Wort dafür, aber das ist auch alles. Schau auf diesen Gürtel, Richard! Meine Großmutter hat ihn gemacht. Du sagst, er sei sehr schön, und das freut mich, denn ich will ihn dir schenken. Aber er ist mehr als nur schön; er trägt eine ganze Geschichte mit sich rum. Alles, was du siehst, sind geometrische Muster aus Perlen – Linien, Dreiecke, Rauten – aber dahinter verbergen sich die Taten meines Großvaters. Das diamantenförmige Feld

ist eine Feder, die ein Krieger für tapfere Taten wie zum Beispiel das Coupsammeln erhält. Und diese Rechtecke, bei denen eine Seite fehlt

stellen Hufspuren dar. Damit sind die Ponies gemeint, die er dem Feind abgenommen hat. Diese Form

bedeutet ein Pferd, das in der Schlacht getötet und dessen Reiter von meinem Großvater gerettet worden ist. Diese zwei Dreiecke

sind Pfeile, die auf den Feind abgeschossen wurden. Dieser Gürtel erzählt also von einer Schlacht. Der Gürtel einer Frau könnte wieder ganz andere Zeichen tragen, die ihre Liebe zur Natur zum Ausdruck bringt. Diese Linien

sind Wege, die sie gegangen ist. Und dies sind die Blätter, die sie mit ihrem Ärmel im Vorbeigehen streifte.

So sieht ein Schmetterling aus,

der sich auf ihrer Schulter niedergelassen hat. Dieses Dreieck mit den Stufen

ist ein ferner Berg. Das folgende Zeichen symbolisiert die Wolken,

und diese drei Diamanten schließlich verkörpern den Wirbelwind.

Der Gürtel erzählt uns von einer jungen Frau, die einen Spaziergang macht, in einen Sturm gerät, naß wird und heim eilt, wo sie sich dann über den Gürtel macht. Natürlich kann ein Mädchen auch einen Gürtel für ihren Liebhaber anfertigen, in den sie alle geheimen Herzensangelegenheiten einarbeitet. Er würde es schon verstehen.

Solche abstrakten Zeichen stammen meistens von Frauen. Männer zeichnen die Figuren von Menschen und Tieren wirklichkeitsnäher, so wie sie sie sehen, trotzdem ist natürlich auch hinter den Zeichnungen der Männer noch allerhand Bedeutung verborgen. Nimm zum Beispiel diese Landschaft. Ein Freund hat sie gemalt. Alles was du sehen kannst, sind zwei runde Hügel, darüber ein Himmel, die Prärie, ein dunkles Tal mit einigen Büschen, eine Spalte, eine Quelle. Nun, das ist natürlich überhaupt keine Landschaft. Das ist der Körper einer Frau. Die Hügel sind die Brüste, die weiche Grasebene ist ihr Körper und das Tal mit der Quelle – das ist *winyan shan*, ihre Weiblichkeit. Mein Freund hat das nicht gemalt, um dich zum Schmunzeln zu bringen. Ich vermute, er sah den Körper seiner Frau als herrliche Landschaft. Das Tal mit der Erdspalte konnte er nicht auslassen. Das ist der Mittelpunkt einer Frau; das ist ihre Kraft; dieser Platz ist heilig. Er ist Inbegriff von Liebe und Geburt. Ich finde das Bild sehr gut.

Symbole ermöglichten uns, ohne Alphabet zu »schreiben«. Mit Symbolen können wir sogar abstrakte Gedanken so genau beschreiben, daß sie für jeden verständlich sind. Zwei Hände wie diese,

die sich geöffnet einander nähern, bedeuten Frieden. Ein Mann, der eine Pfeife hält,

bedeutet Gebet. Dies ist ein Medizinmann:

Seine Augen sind geschlossen; er hat eine Vision, eine Erleuchtung. Die Wellenlinien, die auf seinen Kopf runterkommen, sind die Kraft des Geistes, die in ihn dringt. Ein Mann, der so von Punkten umgeben ist,

hat Angst, daß die Dinge, die ihn umgeben, ihm zu dicht auf den Leib rücken, ihn zu sehr einkreisen.
Weiß du, was mich immer zum Lachen bringt – wenn ich junge Leute höre, die andere Leute als »Squares« und »Straights«, also als Querköpfe und sture Böcke bezeichnen – alte Menschen, die in ihrer Lebensart eingefahren und in ihren Anschauungen, im Geist und im Herzen verhärtet sind. Dazu müssen sie gar nicht alt sein. Ein »Old Square« kannst du auch mit achtzehn sein. Wie dem auch sei, so jemand »Square« zu rufen, das könnte sich auch ein Indianer ausgedacht haben.
Das elementare Symbol des indianischen Denkens ist der Kreis. Die Natur läßt ihre Schöpfungen rund sein. Die Körper von Menschen und Tieren haben keine Kanten. Für uns ist der Kreis die Einheit der Menschen, die zusammen um das Feuer sitzen, Verwandte und Freunde in Frieden vereint, währenddessen die Pfeife von Hand zu Hand geht. Das Lager, in dem jedes Tipi auf seinem Platz stand, war in einem Ring geordnet. Und das Tipi war wiederum ein Ring, in dem die

Leute im Kreis saßen, und alle Familien im Dorf waren nacheinander Kreise in einem größeren Kreis, der wiederum Teil eines noch weiteren Kreises war, der sieben Ratsfeuer der Sioux, die zusammen die Nation darstellten. Die Nation war wiederum nur Teil des Universums, das sich aus der Erde – rund –, der Sonne – rund – und den Gestirnen – rund – zusammensetzt. Die Bahn der Planeten, der Horizont, der Regenbogen – Kreise in Kreisen, die sich wieder innerhalb von Kreisen bewegen, ohne Anfang und ohne Ende.

Für uns ist das schön und paßt, Symbold und Realität gleichzeitig, Ausdruck der Harmonie von Leben und Natur. Unser Kreis ist zeitlos und fließend; neues Leben, das aus dem Tod entweicht, Leben, das über den Tod siegt.

Das Symbol des weißen Mannes ist das Viereck. Viereckig ist sein Haus, viereckig sind seine Bürogebäude mit Mauern, die die Menschen voneinander trennen. Viereckig ist die Tür, die Freunde draußen hält, viereckig ist die Dollarnote, viereckig ist das Gefängnis. Viereckig ist der ganze technische Kram des weißen Mannes (Schachteln, Schachteln, Schachteln und noch mehr Schachteln: Fernsehapparate, Radios, Waschmaschinen, Computer, Autos. Sie alle haben Ecken und scharfe Kanten – Termine, die Zeit des weißen Mannes, mit Verabredungen, Uhren und Stoßzeiten – das bedeuten die Ecken und Kanten für mich. Du wirst ein Gefangener in all diesen Schachteln.

Immer mehr junge weiße Menschen haben es satt, »stur« und »viereckig« zu sein, sie versuchen rund zu werden und in unseren Kreis zu treten. Das ist gut so.

Von der Geburt bis in den Tod sind wir Indianer in eine Decke von Symbolen eingehüllt. Das Wiegenbrett eines Neugeborenen ist über und über mit Symbolen bedeckt, um ihm ein Leben voll Glück und Gesundheit zu bereiten. Die Moccasins der Toten sind in einer bestimmten Weise bestickt, um ihnen den Weg in die andere Welt zu erleichtern. Aus dem gleichen Grund haben wir Tätowierungen auf dem Arm – nicht die Tätowierungen, wie sie eure Seeleute haben: Schwerter, Herzen oder nackte Frauen – sondern einen Namen, ein paar Buchstaben oder Zeichen. Die Eulenfrau, die über die Straße zu den Wohnungen der Geister wacht, sieht die Tätowierungen und läßt uns durch. Diese Zeichen in der

Haut sind wie ein Reisepaß. Viele Indianer glauben, daß, wenn du diese Zeichen nicht auf deinem Körper hast, die Geisterfrau dich nicht vorbei läßt und dich einen Abgrund hinunterstürzt. Dann mußt du für immer als *wanagi* – als Geist – auf der Erde umherstreifen. Alles, was du dann tun kannst, ist, Leute zu erschrecken und rumzupfeifen. Vielleicht ist es auch gar nicht so übel, ein *wanagi* zu sein. Vielleicht ist es ein Mordsspaß. Ich weiß es nicht. Aber du siehst, meine Arme sind tätowiert.

Jeden Tag sehe ich in den Formen von Wurzeln oder Ästen Symbole. Ich lese Botschaften in den Steinen. Ihnen widme ich meine besondere Aufmerksamkeit, denn ich bin ein *yuwipi,* und es gehört zu meiner Arbeit. Aber ich bin da nicht der einzige. Viele Indianer tun das. *Inyan* – die Felsen – sind heilig. Jeder Mann braucht einen Stein, der ihm hilft. Es gibt zwei Arten von Kieselsteinen, die gut für eine Medizin sind. Einer ist weiß wie Eis. Der andere ist wie ein gewöhnlicher Stein, aber er ist auffällig in seiner Form, und du hebst ihn deswegen auf. Du bittest die Steine um ihre Hilfe, wenn du etwas finden willst, das du verloren hast oder das verschwunden ist. Steine können vor einem Feind oder einem bevorstehenden Unglück warnen. Für die Winde haben wir als Symbole den Raben und einen kleinen schwarzen Stein in Eiform. *Inyan – sha* – der rote Pfeifenstein – ist wahrscheinlich der heiligste von allen, seine rote Farbe verkörpert das pulsierende Blut unseres Volkes.

In den alten Tagen hatten wir viele Steine, die bemalt und mit Federn bedeckt waren; oder mit Salbei, dann haben wir sie als Altar für unsere Gebete benutzt. Manchmal wurde ein Hund für so einen Stein geopfert. Nördlich von hier, in Montana, in der Nähe der Stadt Busby, ist ein riesiger Stein. Er wird Medicine Deer Rock genannt. Er ist so groß wie ein Gebäude, und du kannst auf seine Spitze klettern. Er ist übersät mit Bildern von Menschen und Tieren und abstrakten Zeichen wie Ringen, Spiralen und Zickzacklinien. Einige sind aufgemalt, andere wieder sind eingeritzt. Die Linien dieser Bilder überschneiden sich alle, denn jede Generation von Indianern hat ihre Zeichen auf diesem Stein hinterlassen.

Kurz vor der Schlacht am Little Big Horn haben die Sioux und Cheyenne ihren Sonnentanz am Medicine Deer Rock abgehalten. Sitting Bull opferte hundert kleine Fleischstücke aus seinen Armen und hatte eine Vision: Er sah »viele weiße Soldaten im Lager rückwärts fallen«, das war Custers Niederlage. Immer wenn ich in Montana bin und es mir möglich ist, gehe ich zum Medicine Deer Rock und bete. Er steht mitten im Weideland eines Ranchers. Ein recht netter Mann, dieser Rancher. Er öffnet uns immer das Gatter und winkt uns hinter dem Zaun zu. Ich glaube, es kommt ihm allmählich komisch vor, wenn schon wieder ein Haufen verrückter Indianer über ihn hereinbricht.

Ein Stein paßt genau in unsere Welt von Symbolen: Er ist rund und endlos. Alle runden Dinge mögen einander, wie *wagmuha* – die Kürbisrassel –, das heilige Instrument, in dem 405 winzige Steine sind, die auf einem Ameisenhaufen gesammelt wurden.

Sie sind zwar klein und unscheinbar, aber ein besonderer Geist wohnt in ihnen. *Wakan Tanka* hat ihnen diesen Geist gegeben. *Tunkan* würde in eurer Sprache ein Steingott sein, doch er ist auch Teil des Großen Geistes. Die Götter und Geister sind getrennte Wesen, doch sie sind alle in *Wakan Tanka* vereint. Das ist schwierig zu verstehen, ist aber ähnlich wie mit der heiligen Dreifaltigkeit. Es ist nicht erklärbar, ohne wieder auf die Idee der »Kreise innerhalb der Kreise« zurückzugreifen: Der Geist zerteilt sich in Steine, Bäume, winzige Insekten und macht sie durch seine ständige Gegenwart *wakan*. Und diese Unsumme von Dingen, die das Universum ausmachen, fließt zurück zur Quelle, vereint sich im Großvater Geist.

Tunkan – der Steingott – ist, glaube ich, der älteste Geist, denn er ist der härteste von allen. Er symbolisiert die Schöpfung, weißt du, wie das männliche Glied. Hart, aufrecht, stoßbereit – geformt wie die Speer- und Pfeilspitzen der Frühzeit.

Inyan Wasicun Wakan – Heiliger-Weißer-Stein-Mann – so nennen wir Moses. Er ist uns sympathisch. Er geht allein auf den Berg, um eine Vision zu haben, um allein zu sein mit seinem Gott, der durch Feuer, Büsche und Felsen zu ihm spricht. Dieser Moses, wie er dann wieder von seinem Berg runterkommt und Steintafeln mit sich trägt, auf denen Sachen eingekratzt sind – er hätte einen guten indianischen Medizinmann abgegeben.

Tunkan, der Steingeist; *Wakinyan*, der Donnergeist; *Takuskanska*, der bewegende Geist; *Unktehi*, der Wassergeist – sie sind alle *wakan:* geheimnisvoll, wunderbar, unbegreiflich, heilig. Sie gehören alle zum großen Wunder. Dies sind unsere vier übernatürlichen Kräfte; damit wären wir bei einer weiteren Form der Symbolik: der Zauberkraft der Zahlen, die wir mit vielen Völkern teilen.
»Vier« ist die heiligste Zahl. Vier steht für *Tatuye Topa* – die vier Viertel der Erde. Eines der Hauptsymbole ist *Umane*, und schaut so aus:

Es repräsentiert die ungenutzten Kräfte dieser Erde. Ich will damit sagen, daß der Große Geist allen Dingen eine endlose, unvorstellbare Kraftmenge gegeben hat, den Kieseln, den Ameisen, den Blättern, dem Wirbelwind, was immer du willst. Doch es ist immer noch etwas Kraft übrig, unverbrauchte Kraft, die uns angeboten wird, und man muß sich ihrer weise und mit Bedacht bedienen.
Diese Kraft ist symbolisiert durch *Umane*. In den alten Tagen hatten wir bei besonderen Gelegenheiten im Tipi einen *Umane*-Altar aus Erde aufgehäuft. Dieser Platz war so *wakan*, daß man ihn nicht berühren, ja nicht einmal seine Hand darüber halten konnte.
Auch heute noch errichten wir solche Altäre, zum Beispiel für unsere *yuwipi*-Zeremonie: ein Häufchen Erde, verziert mit Tabak, Bändern und Fahnen.
Die heilige Ziffer Vier verkörpert auch die vier Winde, die vier Himmelsrichtungen, das Symbol ist das Kreuz.
Der Medizinbeutel des Großen Geheimnisses enthielt viermal vier Dinge. *Unktehi*, der Wassergeist erschuf die Erde und die Menschenwesen auf ihr. Alles nimmt seinen Anfang im Wasser. *Unktehi* gab uns diesen Beutel voll Wunder. In diesem Sack waren verschiedene Symbole: für die Vogelwelt eine Daunenfeder des Schwans, ein Haarbüschel des Büffels für die vierbeinigen Tiere, Gras für alle Kräuter und für die Bäume Rinde und Wurzeln. Das Bündel enthielt vier verschiedene Federbälge von Vögeln, vier verschiedene Tierhäu-

te, vier verschiedene Pflanzen, vier verschiedene Felsen und Steine.
Vier Dinge machen das Universum: Erde, Luft, Wasser, Feuer. Wir Sioux sprechen von den vier Tugenden, die ein Mann besitzen sollte: Tapferkeit, Freizügigkeit, Ausdauer, Weisheit. Für eine Frau sind es Tapferkeit, Freizügigkeit, Aufrichtigkeit und Fruchtbarkeit.
Wir Sioux machen alles mit der Ziffer Vier: Wenn wir die Pfeife rauchen, machen wir vier Züge. Diejenigen unter uns, die der Native American Church* angehören, nehmen während der Nacht, die wir durchbeten, viermal vier Löffel Peyote. In der Schwitzhütte gießen wir viermal Wasser über die heißen Steine. Vier Nächte lang dauert die Visionssuche beim *hanblechia.* Männer meiden vier Tage und Nächte lang den Kontakt zu Frauen, wenn eine wichtige Zeremonie bevorsteht. Die Frauen wiederum bleiben für vier Tage dem Lager des Mannes fern, wenn sie *isnati* sind – ihre Menstruation haben – oder nach einer Geburt. Zumindest war es lange so.
Sieben ist auch eine heilige Zahl: sie stellt die sieben Ratsfeuer der Sioux-Nation dar, die sieben geheiligten Riten, die sieben Gruppen der Teton Sioux; trotzdem ist Vier mehr *wakan.* Bei allen Zeremonien benützen wir Stoffbänder in vier Farben. Das bringt mich zur Symbolik und Kraft der Farben.
Schwarz stellt den Westen dar, Rot den Norden, Gelb den Osten, Weiß den Süden. Schwarz ist die Nacht, die Dunkelheit, das Geheimnis, die Sonne, die untergegangen ist. Rot ist die Erde, der Pfeifenstein, das Blut der Menschen. Gelb ist die Sonne, wenn sie im Osten aufsteigt, um die Welt zu erhellen. Weiß ist der Schnee. Weiß ist die Glut der Sonne im Zenit. Rot, Weiß, Schwarz, Gelb – das sind *die* Farben. Sie geben uns die vier Richtungen; du kannst auch sagen, sie weisen uns den Weg für unsere Gebete. Ein anderer Grund, warum wir von diesen Farben so fasziniert sind, ist, daß sie die vereinte Menschheit darstellen: die schwarze Rasse, die rote Rasse, die gelbe Rasse und die weiße Rasse.
Worte sind auch Symbole und bergen große Kraft in sich, besonders Namen. Aber nicht Charles, Dick und George. Da

* Glaubensgemeinschaft, in der der halluzinogene Kaktus Peyote genossen wird; die Drogengesetze der US-Staaten erlauben den Genuß nur bei Religionsausübung. (Anm. d. Übers.)

steckt nicht viel Kraft drin. Hingegen Red Cloud, Black Elk, Whirlwind, Two Moons, Lame Deer – diese Namen haben eine Beziehung zum Großen Geist. Hinter jedem Indianernamen steckt eine Geschichte, eine Vision, eine Suche nach Träumen. Der Ursprung des Namens ist die Quelle vieler Wohltaten, sie verbindet uns mit der Natur und mit den Tiervölkern. Sie gibt uns Mächte. Du kannst dich auf einen Namen stützen und aus ihm viel Kraft beziehen. Dein Name ist etwas Besonderes und gilt nur für dich – natürlich nicht so ein Durchschnittsname wie Dick, George, Charles oder so.
Die Geschichte eines indianischen Namens bleibt dem Fremden verborgen. Sie muß ihm erst erklärt werden. Nimm nur unseren berühmten Häuptling, Man-Afraid-Of-His-Horse. Im Englischen klingt das natürlich komisch. Man-Afraid führte einst seine Krieger in eine Schlacht, und der Feind floh vor ihnen. Der Medizinmann wollte ihn ehren und verlieh ihm diesen Namen. Er bedeutet: Er ist so tapfer, so gefürchtet, daß seine Feinde fliehen, sobald sie nur sein Pferd sehen, sogar wenn er nicht draufsitzt. Das ist ein machtvoller Name. Er mußte nach ihm leben.
Neben den Namen, unter denen man uns kennt, haben wir noch einen zweiten, einen geheimen Namen, der nie laut ausgesprochen wird. Dieser zweite Name steht für Glück und langes Leben. Manchmal gibt der Großvater oder der Medizinmann einem Kind den Geheimnamen, doch noch besser war, man ging für diesen Zweck zu einem *winkte.*
Winktes waren Männer, die sich wie Frauen kleideten, wie Frauen aussahen und sich wie Frauen benahmen. Entweder war es ihre eigene Entscheidung, so zu leben, oder sie folgten einem Traum. Sie waren nicht wie die anderen Männer, der Große Geist hatte sie zu *winktes* gemacht, und wir erkannten sie als solche an. Sie hatten gewöhnlich die Gabe der Vorsehung, und den geheimen Namen, den ein *winkte* einem Kind gab, hielt man für besonders mächtig und wirksam. Früher hat ein Vater dem *winkte* als Gegenleistung ein gutes Pferd gegeben.
Für einen Weißen sind Symbole nur Dinge zum Raten, um mit den Gedanken damit zu spielen. Für uns sind sie viel, viel mehr. Leben ist für uns ein Symbol, das gelebt werden muß. Du siehst, daß ich etwas rote Erde auf den Boden streue. Ich

drücke sie mit der Handfläche an und glätte sie mit der Adlerfeder. Mit dem Finger ziehe ich eine Linie ohne Ende. Das Gesicht eines Mannes ist auch in diesem Kreis enthalten. Das bin ich. Gleichzeitig ist es ein Geist. Aus dem Kopf wachsen vier Hörner. Sie stehen für die vier Winde. An ihren Enden sind sie gegabelt in einen guten und einen schlechten Teil. Das schlechte Ende kann benützt werden, um jemanden zu töten. Wenn du diese Figur ohne Anfang und Ende genauer anschaust, dann wirst du auch einen Halbmond entdecken. Mit meinem Daumen mache ich vierundzwanzig Eindrücke rund um den Kreis. Diese vierundzwanzig Mulden symbolisieren die vierundzwanzig neuen Medizinmänner, die ich, wie mir gesagt worden war, unterweisen soll. Achtzehn waren es bis jetzt. Eine weise alte Frau sagte mir einmal, daß ich sterben werde, sobald ich mit der Unterweisung des letzten fertig bin. Du kannst dir denken, daß ich mich nicht gerade beeile, um die vierundzwanzig vollzukriegen. Schau meine Erdzeichnung gut an. Es ist ein spirituelles Zeichen, über das man nachdenken muß.
Die vierundzwanzig Punkte repräsentieren auch die vier Richtungen des Universums, jeweils vier Punkte für den Norden, den Osten, den Westen, den Süden, den Himmel über uns und die Erde unter uns. Meine Pfeife richte ich in alle sechs Richtungen. Jetzt sind wir eins mit dem Universum, mit allen lebenden Dingen, ein Glied im Kreis ohne Ende. Das bedeutet, daß wir lange vor dem weißen Mann hier waren, daß wir immer noch da sind und auch in Zukunft und am Ende der Zeit – indianischer Zeit – hier sein werden. Wir werden leben! Jetzt laß uns rauchen. *He-hetchetu.*

Zu den Eulen und Schmetterlingen sprechen

Wir wollen uns alle hier niederlassen, hier in der offenen Prärie, wo nirgendwo eine Highway oder ein Zaun zu sehen ist. Laßt die Decken, auf die ihr euch sonst setzt, jetzt mal weg, fühlt den Boden mit eurem Körper, fühlt die Erde, fühlt das biegsame Strauchwerk. Wir wollen das Gras als Matratze benutzen, seine scharfen Ränder kennenlernen und seine sanfte Weichheit spüren. Wir wollen wie Steine, Pflanzen und Bäume werden. Wir wollen Tiere sein und denken und fühlen wie sie.

Horcht auf die Luft. Ihr könnt sie hören, fühlen, riechen und schmecken. *Woniya wakan* – die heilige Luft – die durch ihr Atmen alles erneuert. *Woniya, woniya wakan* – das bedeutet Geist, Leben, Atem, Erneuerung, alles zusammen. *Woniya* – wir sitzen zusammen, berühren uns nicht, aber irgend etwas ist da: Wir fühlen es zwischen uns, wir fühlen seine Gegenwart. Der richtige Moment, um über Natur nachzudenken und über sie zu sprechen. Sprecht so zu ihr und zu den Flüssen, den Seen und den Winden, als seien sie eure Verwandten.

Ihr habt es uns ziemlich schwer gemacht, heutzutage Natur auf die gute alte Weise zu erfahren, nämlich Teil von ihr zu sein. Sogar hier draußen ist mit uns ständig das Bewußtsein, daß irgendwo in den Hügeln Raketenlager und Radarstationen stehen.

Die Weißen nehmen immer die wenigen, noch nicht verschmutzten, schönen und eindrucksvollen Flecken Natur, um für diese Abscheulichkeiten einen Platz zu finden. Ihr habt dieses Land geraubt und vergewaltigt, immer ein »gimme, gimme, gimme« (gebt her) auf den Lippen, und ihr habt nie etwas zurückgegeben. Ihr habt 200 000 acres unserer Pine Ridge Reservation genommen und sie in ein Bombenabwurfgelände verwandelt. Dieses Land ist so schön und seltsam, daß einige von euch jetzt auf die Idee kommen, einen Nationalpark daraus zu machen. Der einzige Nutzen, den ihr aus

dem Land gezogen habt, seit ihr es in Besitz genommen habt, war, dieses Land in die Luft zu sprengen. Ihr habt nicht nur die Erde, die Felsen und die Bodenschätze geplündert – Dinge, die ihr tot nennt, die aber sehr wohl Leben in sich haben –, ihr habt auch die Tiere verändert, die Teil von uns sind, Teil des Großen Geistes. Ihr habt sie auf so schreckliche Weise verändert, daß keiner sie mehr erkennen kann. In einem Büffel steckt Kraft – spirituelle, magische Kraft –, aber es steckt keine Kraft in einem Angus oder in einem Herfordrind.
Es ist Kraft in einer Antilope, aber keine Kraft in einer Ziege oder einem Schaf, die stillhalten, während man sie schlachtet, und die einem die Zeitung auffressen, sofern man sie läßt. Auch der Wolf hatte allerhand Kraft, sogar der Kojote. Ihr habt den Wolf zu einem Krüppel gemacht – zu einem Spielzeugpudel, zu einem Pekinesen, zu einem Schoßhund. Mit einer Katze kann man nicht so umspringen; sie ist wie ein Indianer – schwer zu ändern. Also behebt ihr diesen Zustand: Ihr verändert sie, entfernt die Krallen und durchschneidet ihre Stimmbänder, damit ihr in euren Labors ungestört hantieren könnt und euch das Schreien nicht bei euren Experimenten stört.
Das Rebhuhn, das Birkhuhn, die Wachtel, der Fasan – ihr habt sie alle zu Suppenhühnern zerzüchtet, zu Kreaturen, die nicht mehr fliegen können, die eine Art Sonnenbrille brauchen, damit sie sich gegenseitig die Augen nicht auspicken, zu »Vögeln mit Hackordnung«. In einigen Farmen züchten sie extra Hühner für Hühnerbrust. Diese Tiere werden in niedrigen Käfigen gehalten und ständig herumgescheucht, damit sie in Bewegung bleiben und sich die Brustmuskeln entwickeln. Die Käfige werden mit sanfter Musik berieselt – ein lautes Geräusch –, und die Hühner töten sich selbst am Maschendraht. Dieses lebenslange Ducken gibt ein unnatürliches, verrücktes, schlechtes Vogelfleisch. Und das wiederum macht unnatürliche, untaugliche Menschen.
Damit sind wir schon beim nächsten Punkt, wo ihr euch selbst zum Narren haltet: Ihr habt nicht nur eure geflügelten und vierbeinigen Verwandten verändert, ihre Krallen beschnitten und sie verunstaltet – ihr habt es auch mit euch selbst getan. Ihr habt Männer zu Angestellten erniedrigt, zu Büroarbeitern, zu Stechuhrdrückern. Aus den Frauen habt ihr

Hausdrachen gezüchtet, wahrliche Schreckensgestalten. Ich war einmal in so ein Haus eingeladen:
»Passen Sie auf die Asche auf, bitte nicht rauchen, Sie vergilben den Vorhang. Passen Sie auf das Goldfischglas auf. Blasen Sie den Wellensittich nicht an. Lehnen Sie sich mit dem Kopf nicht gegen die Tapete, womöglich haben sie fettiges Haar. Spritzen Sie keinen Alkohol auf die Tischplatte, die besondere Politur, Sie verstehen. Sie hätten sich die Füße abstreifen sollen, der Boden ist frisch gebohnert. Tun Sie dies nicht, tun Sie das nicht ...« – Das ist verrückt. Wir wurden nicht geboren, um das auszuhalten. Ihr Weißen lebt in Gefängnissen, die ihr euch selbst gebaut habt. Ihr nennt sie Zuhause, Büro, Fabrik. Wir haben jetzt einen neuen Witz auf der Reservation: »Was ist kultureller Abstieg?« Antwort: »Ein weißes Ober-Mittelklasse-Kind zu sein und in einer Etagenvorstadtwohnung mit Farbfernseher zu leben.«
Manchmal denk ich mir, daß sogar unsere armseligen Teerpappenverschläge besser sind als eure luxuriösen Wohnungen. Der Gang dreihundert Meter weit zum Plumpsklo in einer frostklaren Winternacht, man muß durch Matsch oder Schnee stapfen, das ist immerhin eine kleine Verbindung zur Natur. Oder im Sommer im Hinterland, du läßt die Tür deines Hauses offen, läßt dir Zeit bei allem, lauscht dem Summen der Insekten, durch die dünnen Bretter dringt die Sonne und wärmt deine Knochen auf; Vergnügen solcher Art sind euch fremd.
Die Amerikaner wollen alles hygienisch einwandfrei haben. Ohne Gerüche! Nicht einmal den guten natürlichen Geruch von Mann und Frau. Weg mit dem Geruch unterm Arm, weg mit dem Geruch der Haut. Lösch ihn aus und sprüh oder tupfe etwas nichtmenschlichen Geruch auf dich, möglichst teuer die Tinktur, so zehn Dollar die Unze, damit du weißt, daß sie auch gut riecht. »B. O.«* – schlechter Atem – Odor Spray für die weibliche Intimsphäre – ich sehe es alles immer im Fernsehen. Bald werdet ihr Menschen züchten, die keinerlei Öffnungen mehr am Körper haben.
Manchmal glaube ich, die weißen Menschen sind so erschüttert von der Welt, die sie selber geschaffen haben, daß sie sie weder sehen, fühlen, riechen noch hören wollen. Zum Bei-

* Body Odor (Körperspray)

spiel das Gefühl von Regen und Schnee auf dem Gesicht, steif sein von einem eisigen Wind und dann auftauen vor einem rauchigen Feuer, aus einem Schwitzbad kommen und in einen eisigen Fluß eintauchen, das sind Dinge, die dich fühlen lassen, daß du lebendig bist; aber was soll's – ihr wollt das ja gar nicht mehr.

Ihr lebt in Schachteln, die die Hitze des Sommers und die Kälte des Winters nicht spüren lassen. Ihr lebt in einem Körper, der nach nichts mehr riecht. Ihr lauscht der Hi-Fi-Anlage statt den Klängen der Natur. Ihr beobachtet im Fernsehen einen Schauspieler, der aus zweiter Hand Erfahrungen vermittelt, anstatt die Erfahrungen selbst zu machen. Ihr eßt Lebensmittel ohne Geschmack – das ist euer Stil. Das ist nicht gut. Ihr behandelt eure Nahrung wie euren Körper, nehmt ihr alle natürlichen Eigenschaften, den Geschmack, den Geruch, die Frische – und wenn alles weg ist, kommt ihr mit künstlicher Farbe und künstlichem Geschmack. Rohe Leber, rohe Nieren – das haben wir altmodischen Vollblutindianer gern zwischen den Zähnen. In den alten Tagen pflegten wir in einem Wettkampf die Därme des Büffels zu essen: Zwei Kerle nahmen je ein Ende des Darms zwischen die Zähne, stellten sich auf und begannen sich zur Mitte vorzuessen. Das nenn ich essen. Diese Büffeldärme waren natürlich voll von halbfermentierten und halbverdauten Kräutern und Gräsern, wenn du das drunten hattest, dann waren keine Pillen oder Vitamine mehr nötig. Zum Würzen nimm das Bittere der Galle an Stelle von raffiniertem Zucker oder Salz. *Wasna,* das war getrocknetes Fleisch, zusammengeknetet mit Nierenfett und getrockneten Beeren; ein Klumpen von diesem süßen *wasna* konnte einen Mann leicht den ganzen Tag bei Kräften halten. Das war Nahrung, da war Power drin! Nicht das Zeug, das ihr uns heute verabreicht: Trockenmilch, Trockeneier, pasteurisierte Butter und Hühner, die nur aus Keulen und Brust bestehen, vom ursprünglichen Vogel ist da nicht mehr viel übrig.

Ihr wollt den Vogel ja gar nicht. Ihr habt den Mut nicht, ihn ehrenhaft zu töten: Kopf abschneiden, rupfen, ausnehmen – das mögt ihr nicht mehr. Heute kommt alles in einem niedlichen Plastikbeutel in der Küche an, sauber und bratfertig, ohne Geschmack und ohne Schuld. Ihr mit euren Nerz- und Seehundmänteln, ihr wollt nichts davon wissen, wieviel Blut und Schmerz es gab, bis sie fertig waren. So ist auch eure Vorstellung von Krieg: in einem Flugzeug sitzen, weit unter euch die Wolken, einen Knopf drücken, die Bomben fallen lassen und keinen Blick mehr auf die Wolken unter euch werfen – das ist der geruchlose, schuldlose, hygienische Weg. Als wir den Büffel töteten, wußten wir, was wir taten. Wir baten seinen Geist um Entschuldigung, versuchten ihm klarzumachen, warum wir ihn getötet hatten, mit einem Gebet ehrten wir die Knochen jener, die ihr Leben gaben, um uns am Leben zu erhalten, wir beteten um ihre Rückkehr, wir beteten für das Leben unserer Brüder, der Büffelnation, so wie wir für das Leben unseres eigenen Volkes beteten. Ihr könnt das nicht verstehen, und drum kam es ja auch zum Washita Massaker, zum Sand Creek Massaker und zu den toten Frauen und Kindern am Wounded Knee. Darum haben wir heute Song My and My Lai.

Für uns ist Leben – alles Leben! – heilig. Der Staat Süd-Dakota hat Pestkontrollbeamte eingesetzt. Sie üben ihren Beruf im Fliegen aus und schießen Kojoten aus der Luft ab. Sie führen genau Buch über ihre Tötungsaktionen. Die Rancher und Schafzüchter bezahlen sie. Kojoten fressen hauptsächlich Nagetiere, Feldmäuse und so. Nur hin und wieder reißen sie ein verirrtes Lamm. Sie sind unsere natürlichen Abfallmänner und Gesundheitspolizisten, sie räumen die Fallen und stinkenden Reste weg. Wenn du ihnen eine Chance gibst, können sie zu guten Haustieren werden. Doch ihr Leben in Freiheit könnte einen Mann einige Cents kosten, und daher müssen sie aus der Luft abgeschossen werden, die Kojoten. Sie waren hier, lange bevor das Schaf auftauchte, aber sie sind im Weg; man kann kein Geld aus ihnen machen. Immer mehr Tiere sterben aus. Die Tiere, die der Große Geist auf die Erde gesetzt hat, sie müssen gehen. Nur die von Menschen geschaffenen Tiere dürfen bleiben – so lange, bis sie zur Schlachtbank transportiert werden. Es ist eine widerliche Arroganz des weißen Mannes, sich über Gott zu stellen und zu sagen: »Dieses Tier werde ich leben lassen, denn es bringt Geld.« Oder: »Dieses Tier muß weg, es rentiert sich nicht, der Raum, den es besetzt, kann ertragreicher genutzt werden. Der einzige gute Kojote ist ein toter Kojote.« Sie behandeln Kojoten fast schon so schlecht, wie sie früher Indianer behandelt haben.

Ihr Weißen verbreitet den Tod. Ihr kauft und verkauft Tod. Mit all euren Deodorants riecht ihr nach Tod, doch ihr habt Angst vor der Wirklichkeit. Ihr habt Angst, dem Tod gegenüberzustehen. Ihr habt den Tod hygienisch gemacht, ihr habt ihn verpackt, ihm seine Ehre genommen. Wir Indianer denken oft an den Tod. Ich auch. Heute wäre ein guter Tag zum Sterben – nicht zu heiß und nicht zu kalt. Ein Tag, an dem man etwas von sich zurückläßt, um es streunen zu lassen. Ein Tag für einen glücklichen Mann, um ans Ende seines Wegs zu kommen. Ein froher Mensch mit vielen Freunden. Andere Tage sind nicht so gut. Sie bleiben den Eigennützigen und Einsamen vorbehalten, jenen, die sich nur schwer von dieser Erde trennen können. Für euch Weiße wäre wahrscheinlich jeder Tag ein schlechter Tag.
Vor achtzig Jahren tanzten unsere Leute den Geistertanz; sie sangen und tanzten, bis sie vor Erschöpfung umfielen, ohnmächtig wurden und Visionen hatten. Sie tanzten diesen Tanz, um so ihre Toten und den Büffel zurückzuholen. Ein Prophet hatte ihnen erzählt, durch die Kraft des Geistertanzes würde sich die Erde aufrollen, aufrollen wie ein Teppich, mit allem, was der weiße Mann bereits abgestellt hatte: die Zäune und Bergwerkstädte mit ihren Puffs, die Fabriken und Farmhöfe mit ihren stinkenden, unnatürlichen Tieren, die Eisenbahnschienen und Telegrafenmasten, das ganze Zeug halt. Und unter der zusammengerollten Welt des weißen Mannes, so sagte der Prophet, würden wir wieder eine blühende Prärie vorfinden, unverschmutzt, mit Büffelherden und Antilopen und Wolken von Vögeln, sie würden jedem gehören und alle erfreuen.
Ich nehme an, die Zeit war damals noch nicht reif, aber es kommt noch, ich fühle es in meinen Knochen, wie es warm wird. Es wird nicht der alte Geistertanz sein, auch nicht das Aufrollmanöver – aber ein neuer alter Geist wird kommen, nicht nur unter Indianern, sondern auch bei den Weißen und Schwarzen, besonders bei den jungen Leuten. Es ist wie mit den Regentropfen: Viele Tropfen geben einen kleinen Bach, viele Bäche geben einen Fluß, viele Flüsse geben einen starken Strom, der Dämme bricht. Wir, die wir dieses Buch zusammen machen und reden – wir sind ein paar dieser Regentropfen.

Hör zu, vor nicht allzu langer Zeit sah ich dieses Bild vor mir: Das elektrische Licht wird erlöschen. Zuviel Elektrizität ist verbraucht worden für TV und Mondflüge. Der Tag rückt näher, da die Natur die Elektrizität beenden wird. Die Polizei wird ohne Taschenlampen sein, das Bier wird im Kühlschrank warm, Flugzeuge fallen vom Himmel, nicht einmal der Präsident kann einen Telefonanruf machen. Ein junger Mann wird kommen – vielleicht auch mehrere Männer –, und er wird wissen, wie man den Elektrizitätshahn ein für allemal zudreht. Es wird schmerzhaft sein wie eine Geburt. Überfälle im Dunkeln wird es geben, die Winos brechen in die Schnapsläden ein, es wird viel Zerstörung geben. Die Leute sind nämlich zu klug geworden: Kaum halten die Maschinen an, sind sie rat- und hilflos, sie haben vergessen, wie man ohne Maschinen auskommt. Ein Lichtermensch wird kommen und ein neues Licht bringen. Es wird passieren, noch bevor dieses Jahrhundert zu Ende geht. Der Mann, der diese Kraft hat, wird auch gute Dinge tun – er wird sämtliche Atomkraft vernichten, er wird Kriege beenden, einfach, indem er die weiße Elektrizität ausbläst. Ich hoffe, ich kann das noch erleben, obwohl ich gleichzeitig auch etwas Angst habe. Doch was sein wird, wird sein.
Ich denke, wir bewegen uns in einem Kreis, oder besser gesagt, in einer Spirale: mit jeder Drehung ein bißchen höher, doch immer wieder zum gleichen Punkt zurückkommend. Wir bewegen uns wieder mehr in Richtung Natur. Ich fühle es, du fühlst es, deine zwei Söhne fühlen es auch. Es wird nicht schlecht sein, ohne die vielen Dinge auszukommen, an die wir jetzt gewöhnt sind; Dinge, die der Erde entnommen und idiotisch vergeudet werden. Du kannst sie nicht ersetzen, und sie halten auch nicht ewig. Irgendwann hört der Nachschub auf. Dann werdet ihr euch mit eurem Lebensstil etwas an uns Indianer anpassen müssen. Die Menschen werden das nur widerstrebend tun, doch ihre Kinder werden sich schnell ändern. Die Maschinerie wird, so hoffe ich, zum Stillstand kommen, noch bevor sie elektrische Maiskolben* für die Plumpsklos der armen Indianer erfinden.
Wir werden dann aus unseren Schachteln krabbeln und das

* bis in die 30er Jahre Klopapierersatz der Farmer im Süden und Südwesten

Wetter wiederentdecken. In den alten Tagen hast du das Wetter genommen, wie es kam, bist den Kranichen gefolgt und mit den Herden nach Süden gezogen. Hier in Süd-Dakota gibt es eine Redensart: »Wenn dir das Wetter nicht paßt, dann warte fünf Minuten.« Es kann sein, daß es nachmittags 100 Grad Fahrenheit im Schatten hat, und plötzlich kommt ein Hagelsturm mit Körnern so groß wie Golfbälle, die Prärie ist weiß, und deine Zähne klappern. Das ist gut – eine kleine Gedächtnisauffrischung, daß ihr nur ein winziger Teil der Natur seid, nicht so mächtig, wie ihr denkt.

Ihr Weißen versucht, dem Wetter zu entfliehen, und fliegt nach Miami, wo es immer Sommer ist. Aber ihr versäumt den Regen und versäumt den Schnee. Das ist schade. Bis 1925 gab es bei uns einige alte Männer, die hatten so eine Art Club, wo sie immer zusammenkamen. Irgendwie konnten sie das Wetter voraussagen. Sie brauchten dazu keinen Berichterstatter mit seinem dummen Geschwätz und keine Satelliten und was ihr noch alles benützt. Sie hatten nur ihre Weisheit, etwas, das ihnen sagte, was die Natur vorhatte.

Einige Medizinmänner haben die Macht, Wetter zu beeinflussen. Diese Kraft wird nicht leichtfertig eingesetzt, sondern nur, wenn es unbedingt erforderlich ist. Wenn wir unseren Sonnentanz abhalten, versuchen wir immer, das beste Wetter zu haben. Erinnerst du dich, als wir letztes Frühjahr die Hochzeitszeremonie in Winner hatten, habe ich die Figur einer Schildkröte in die Erde gezeichnet. Das Zeichen habe ich von unseren Alten. Als ich ein kleiner Junge war, gab es einmal ein Fest, und wir wollten spielen. Es regnete leicht, und ich war sauer. Da sagte meine Großmutter: »Warum zeichnest du nicht das Bild einer Schildkröte?« Noch bevor wir mit der Schildkröte fertig waren, hörte es auf zu regnen. Ich könnte das Land austrocknen; mit einer besonderen Schildkröte, die auf dem Kopf steht, könnte ich alles überfluten. Du mußt nur das richtige Gebet dazu wissen, die rechten Worte, die dazu gehören. Ich werde sie dir nicht verraten. Das ist zu gefährlich. Damit spielt man nicht herum. Ich sehe den typischen Ausdruck des weißen Mannes auf deinem Gesicht. Du glaubst mir nicht. Frag meinen Freund und Bruder Pete Catches, auch ein Medizinmann.

Pete Catches: »John hat recht. Dieser Sonnentanz, den er erwähnte – als wir den Sonnentanzpfahl holten, mußten wir einen Baum fällen. Dieser Baum darf die Erde nicht berühren. Wir standen in einer Reihe, ich war dem Baumstumpf am nächsten, und als der Baum fiel, traf er mein Bein genau über dem Knie. Ich tanzte den Sonnentanz trotz der Schmerzen. Und ich fühlte mich gut. Mein Sonnentanz war dem Ursprung der Zeremonie so nahe wie möglich. Ich durchbohrte mein Fleisch am Morgen und riß mich gegen drei Uhr nachmittags los, das war das längste *Piercing,* seit wir den Sonnentanz wieder zum Leben erweckt haben. Nachdem ich mich losgerissen hatte, sahen wir eine große Gewitterwolke, die sich im Westen bildete. Viele Leute wollten gehen, um daheim zu sein, bevor das Unwetter losbrach. Und die Wolkenwand rückte schnell näher. Sie brachten mir meine Pfeife, die Pfeife, die ich immer benütze. Ich nenne sie meine Häuptlingspfeife. Ich nahm sie und bat den Großen Geist, den Donner zu teilen, ihn in zwei Hälften zu teilen, auf daß wir unseren Sonnentanz beenden könnten. Für alle sichtbar, teilte sich die Wolke, bevor sie uns erreichte. Ein Teil ging nach Norden, tobte im White River Land, riß die Dächer von den Häusern, zerstörte die Gärten und Felder und ließ nichts auf seinem Platz. Die Wolkenhälfte, die nach Süden zog, in Richtung Pine Ridge, bedeckte alles mit Hagel. Auf dem Tanzplatz schien ohne Unterbrechung die Sonne. Für mich war es der mächtigste Sonnentanz, dem ich je beigewohnt habe. Das war 1964.

Und das Schildkrötenzeichen, von dem dir John erzählt hat, wir wissen, daß das stimmt. Das Herz von *keha,* der Schildkröte, ist wahrscheinlich das Mächtigste, was es gibt. Es schlägt noch zwei Tage nachdem du das Tier getötet hast. Ungeahnte Stärke und Ausdauer steckt in ihm. Wer solch ein Herz ißt, wird widerstandsfähig. Wer es ißt, nimmt diese Kraft in sich auf. Meine Schwester hat ein Schildkrötenherz gegessen. Sie mußten es in zwei Hälften schneiden, damit sie es schlucken konnte. Es machte sie zu einer starken Frau, tapfer wie ein Krieger. Sie hatte ein Gewächs in ihrer Brust. Die Ärzte sagten, es sei Krebs. Sie zündete fünf Zigaretten an, gab sie ihren Kindern und sagte, sie sollten ziehen, damit die Glut nicht ausginge. Dann nahm sie eine nach der anderen und

brannte das böse Ding in ihrem Fleisch bis tief in ihre Brust aus, und ihr Gesicht blieb während der ganzen Zeit ruhig; nicht ein Muskel zuckte. Sie ist jetzt geheilt. Ein Schildkrötenherz hat diese Kraft.
Alle Tiere haben Mächte in sich, denn der Große Geist wohnt in allen, auch in einer kleinen Ameise, in einem Schmetterling, auch in einem Baum, in einer Blume und in einem Felsen. Die moderne Zivilisation des weißen Mannes hält diese Mächte von uns fern und verwässert sie. Um sich der Natur zu nähern, ihre Kraft zu spüren, sie helfen zu lassen, braucht man Zeit und Geduld. Zeit, um nachzudenken und alles herauszufinden. Ihr habt so wenig Zeit, um in euch zu gehen – ihr seid immer in Hetze, Hetze, Hetze. Dieses Hetzen und Hinterherlaufen verkürzt das Leben. Unsere Alten sagen, daß die Indianer der letzten Jahrhunderte keine Herzbeschwerden hatten. Und die Krankheiten, die sie hatten, wußten sie auch zu heilen. Krebs kannten sie nicht. Doch zwischen 1890 und 1920 wurden die meisten Arzneien und Heilmittel, die Tierbündel, die Pfeifen, die alten, geheimen Dinge, die wir über Jahrhunderte aufbewahrt hatten, vom B. I. A. und der Regierungspolizei beschlagnahmt oder zerstört. Sie rissen unsere Schwitzhütten nieder, sie drangen in unsere Wohnungen ein, zerbrachen die Pfeifen, warfen die Medizinbeutel ins Feuer und fegten die Weisheit von Generationen weg. Aber einem Indianer kannst du nicht alles nehmen, auch wenn du ihm scheinbar alles genommen hast: er hat immer noch seinen Mund, um zu beten, und weiß die uralten Lieder zu singen. Er kann immer noch seine *yuwipi*-Zeremonie im dunklen Zimmer abhalten, kann eine kleine Trommel schlagen und kann Kraft und Weisheit zurückkehren lassen. Das tat er auch, doch nicht alle Kräfte konnte er zur Umkehr zwingen. Die Hirschmedizin ist verschwunden. Ebenso die Bärenmedizin. Wir hatten flußaufwärts einen Medizinmann, der vor fünfzehn Jahren starb. Er war der letzte Bärenmedizinmann, den ich kannte. Und er war ein guter dazu. Er war wirklich gut.«

Aber sie kommt zurück, diese Bärenkraft. Wir machen Bärengeräusche und sprechen die Bärensprache, wenn wir in Kampfstimmung sind. »Harruh« – und du hast so gut wie verloren. Eine Bärenklaue, sorgfältig behandelt, ist das richtige Instrument für das *Piercing* beim Sonnentanz – ein Mann, den du damit durchbohrst, fühlt keinerlei Schmerzen. Ich will dir von der Bärenkraft erzählen, davon, was passiert, wenn die natürliche Tierkraft sich mit der künstlichen, nicht-tierischen Kraft messen muß.

Es ist schon lange her, ich war noch ein kleiner Bub und mit meinem Vater unterwegs. Wir waren auf dem Rückweg nach Standing Rock. Da hielt mein Vater plötzlich auf der Straße an. Er hatte Lust auf ein Pokerspiel und ging in den Saloon. Im Nebenraum saß ein junger Bär auf der Theke, fast noch ein Bärenbaby. Er war angekettet, was jämmerlich aussah. Sie neckten ihn, und er mußte sich auf zwei Beine aufrichten.

Die Kartenspieler waren in ihr Spiel vertieft und kümmerten sich nicht um ihn. Jeder hatte einen Turm Silberdollars vor sich aufgehäuft. Ich saß unter dem Tisch. Ich mochte diese großen, runden, glänzenden Silberstücke. Ich langte unter dem Tisch hervor und bediente mich. Niemand nahm Notiz davon, vielleicht war es ihnen auch egal. Da kam ein großer weißer Mann in einem schwarzen Fellmantel und mit einem Bowler auf dem Kopf herein und nahm an der Bar Platz. Er führte eine riesige Bulldogge mit sich, wirklich ein riesiges Tier.

»Ihr habt einen niedlichen Teddybär hier«, sagte der weiße Mann zum Barkeeper und kaute dabei an seiner großen Zigarre. »Aber ihr solltet ihn lieber im Auge behalten. Wenn mein Hund sich losreißt, wird euer Bär schnell durchgekaut sein.« »Diese Bulldogge taugt nicht viel. Sie würde bei meinem Petz den Kürzeren ziehen«, war die Antwort.

»Ich wette 50 Dollar, daß mein Hund Ihr Vieh sehr wohl unterkriegen kann. Ich will großzügig sein, ich wette 5:1, daß mein Hund dieses Bärlein in Stücke reißt. Wie wär's mit einem großen Kampf!«

Alle kamen mit ihrem Geld, und die Kartenspieler fielen vor Eifer übereinander. Die Bulldogge und der Bär wurden nach draußen zu einem großen braunen Zelt gebracht, das sonst als Versammlungsraum benützt wurde. Es gab bereits vier oder fünf Cowboyhüte voll Wettgeld für den Hund und den Bär. Die Nachricht über den Kampf verbreitete sich wie ein Präriefeuer, der Zustrom der Leute nahm kein Ende.

Mein Vater hatte Vieh verkauft und daher etwas Geld bei

sich. »Sohn«, sagte er zu mir, »ich werde hundert Dollar auf den niedlichen kleinen Bär setzen.« Der große weiße Mann mit dem Bowler war sich seines Sieges so sicher, daß er ganze Hände voll gegen meinen Vater einsetzte – Goldmünzen, Silbermünzen und jene alten großen Zwanzig-Dollar-Scheine. Sie zogen einen Kreis auf dem Boden. Niemand durfte diese Linie überschreiten. Diejenigen, die Geld eingesetzt hatten, durften in der ersten Reihe sitzen. Sie knieten oder kauerten, damit die anderen auch etwas sehen konnten. Bänke gab es keine. Einige Decken wurden als Zaun aufgehängt, um die Tiere innerhalb der Arena zu halten. Innerhalb des Kreises saßen der Hundebesitzer, der Wirt und der Mann, der die Bank verwaltete. Ich habe nie wieder so viel Geld auf einem Haufen gesehen. Sie pafften alle ihre Zigarren und füllten das Zelt mit Rauch. Schließlich verkündete der große Mann mit dem Hund: »Noch fünf Minuten, dann werden keine Wetten mehr angenommen!«

In der Menge entstand Bewegung. Jeder versuchte, sein Geld noch einzubringen. Die Gemüter erhitzten sich so stark beim Streit darüber, wer wohl gewinnen würde, daß es über den ganzen Platz zu Raufereien kam und das Geld am Boden rollte. Das waren die guten alten Glücksspieltage. »Kein unnötiges Durcheinander, wettet lieber!« sagte der große Mann. Dann zog er seine Uhr aus der Tasche. »Die Zeit ist um. Keine weiteren Einsätze mehr!« Er drehte sich zu seinem Hund um und zog ihn ein wenig an den Ohren. »Okay, faß den Bär! Mach ihn fertig, den kleinen Bastard! Reiß ihn in Stücke!«

Der arme kleine Kerl von einem Bär saß aufrecht da wie ein Baby, so, als ginge ihn der ganze Zirkus nichts an. »Eine Runde, mehr nicht«, sagte der Wirt, »eine Runde bis zur Entscheidung.« Immer noch kamen Rancher und Cowboys mit Geld angerannt. Sie hatten kein Glück mehr, oder sie hatten gerade Glück, kommt drauf an, auf wen sie setzen wollten; sie kamen zu spät, denn der Hundebesitzer nahm ein Gewehr und feuerte den Startschuß ab.

Der arme kleine Bär saß immer noch aufrecht auf dem Boden, als sie den Hund auf ihn hetzten. Junge, der Bär bewegte sich vielleicht langsam! Im Licht der alten Gaslampen sahen seine Augen blau aus. Der Hund knurrte und bleckte die Zähne, so daß seine Nase mehr Falten hatte als mein Gesicht heute. Der

Bär bewegte sich nur um eine Fußlänge näher heran und ließ sich dann wieder auf sein Hinterteil fallen. Er schaute auf das knurrende Ding vor sich, aus dem das weiße Gebiß blitzte. Der kleine Bär rieb seine Pranke auf dem Boden und schmierte etwas Dreck auf seinen Kopf. Vielleicht hatte der Hund mehr Verstand als sein Herr. Jedenfalls merkte er etwas. Er fletschte die Zähne, knurrte böse, gab einen drohenden Ton von sich, hielt aber respektvollen Abstand. Der große Mann mit dem Bowler wurde ungeduldig. »Los, mach ihn schon fertig!« sagte er und gab dem Hund einen Tritt in den Arsch. Der Hund rappelte sich auf und stürmte schließlich los.

Der Bär holte einfach mit einer Pranke aus, die einzelnen Klauen schossen heraus wie viele Messer, ein Schlag in Richtung des Hundes, ein Schlag nur und die alte Bulldogge ist nicht mehr, tot und kalt ist sie, die Kehle aufgerissen, tot und vorbei. Der kleine Bär aber ließ sein Kampfgeräusch hören – »harruh« –, wie ein Sioux.

Mein Vater gewann über 700 Dollar durch den kleinen Bär. Die meisten Weißen hatten auf den Hund gesetzt, die Indianer hingegen alle auf den putzigen Bär. Sie wußten von seiner Kraft.

Mit den Büffeln ist es das gleiche. Sie haben Kraft und Weisheit. Wir Sioux haben eine starke Beziehung zum Büffel. Er ist unser Bruder. Wir haben viele Legenden, in denen sich Büffel in Menschen verwandeln. Und die Indianer sind auch wie Büffel gebaut – breite Schultern, schmale Hüften. In unserem Glauben spielt »Buffalo Woman«, die Büffelfrau, die uns die Pfeife, das Herz unserer Religion, brachte, eine große Rolle. Sie war ein wunderschönes Mädchen, und nachdem sie unseren Stämmen den Gebrauch der Pfeife gezeigt hatte, verwandelte sie sich in ein weißes Büffelkalb. Der Büffel ist für uns daher besonders heilig. Ihr könnt die Natur nicht verstehen, auch unser Verhältnis zur Natur nicht, wenn ihr nicht versteht, wie nahe wir dem Büffel waren. Dieses Tier war fast ein Teil von uns, ein Teil unserer Seele.

Der Büffel gab uns alles, was wir zum Leben brauchten. Ohne ihn waren wir nichts. Unsere Tipis waren aus seiner Haut gemacht. Sein Fell war unser Bett, unsere Decke, unser Wintermantel. Seine Haut war unsere Trommel, die durch die Nacht klang, lebendig, heilig. Aus dieser Haut machten wir unsere Wassersäcke. Sein Fleisch gab uns Kraft, wurde in uns wieder zu Fleisch. Nicht der kleinste Teil wurde vergeudet. Sein Magen wurde zum Suppenkessel; dazu füllten wir ihn mit rotglühenden Steinen. Aus den Hörnern entstanden Löffel, aus den Knochen Messer und die Ahlen und Nadeln der Frauen. Aus den Sehnen machten wir Bogensehnen und Faden. Die Rippen wurden zu Kinderschlitten umgearbeitet, aus den Hufen wurden Rasseln. Sein mächtiger Schädel war unser Altar. Gegen ihn wurde die heilige Pfeife gelehnt. Der Name des größten Mannes der Sioux war Tatanka Iyotake – Sitting Bull*.

Als ihr den Büffel getötet habt, habt ihr auch den Indianer getötet – den echten, natürlichen, »wilden« Indianer.

Der Büffel ist weise. Die von Menschen gezüchteten Rinder – sie kommen ja aus der Fabrik – haben keinen Verstand mehr. Diese mexikanischen Kampfstiere lassen sich jedes Mal mit dem Tuch an der Nase herumführen. Sie sind tapfer, zugegeben, aber im Kopf mangelt es. Stell dir nur mal vor, diese Stierkämpfer hätten mit einem Büffel zu tun. Sie würden alle getötet werden. Der gezüchtete Kampfstier schaut nur nach dem Tuch. Einem Büffel könnte man mit einem roten Stück Stoff nichts vormachen. Er würde auf den Mann hinter dem Tuch schauen, und seine Hörner würden ihn finden. Büffel sind kluge Köpfe. Sie haben auch einen Sinn für Humor. Erinnerst du dich, als wir das letzte Mal zusammen in den Black Hills waren? Als es nach einem heißen Tag plötzlich zu schneien anfing? Diese sechs großen dunklen Stiere, die wir in der Nähe von Blue Bell sahen, die aussahen wie sechs Kleinlaster. Die waren richtig glücklich über den Schnee. Sie tollten herum und spielten wie Kinder. Danach trafen wir auch noch die Hausrinder, armselig und bemitleidenswert sahen sie aus. »Muh, muh, muh – wir frieren«. Die echten Tiere der Natur kümmern sich nicht um die Kälte; sie sind glücklich mit dem Fellmantel und den Galoschen, die der Große Geist ihnen gegeben hat. Weiße Jäger haben den Büffel dumm genannt, weil er so leicht zu jagen war und keine Angst vor dem Gewehr zeigte. Aber der Büffel war nicht dazu

* Sitzender Büffelstier

bestimmt, gegen moderne Waffen anzukommen. Er war dazu bestimmt, es mit Indianerpfeilen aufzunehmen.
Ich habe dir von dem kleinen Bären und der Bulldogge erzählt. Jetzt werde ich dir vom Büffel und dem Zuchtstier erzählen. Es verbreitete sich das Gerücht, einige Rancher würden auf der Phillips-Ranch einen Kampf zwischen einem Büffel und einem ihrer Stiere abhalten. Wir Sioux haben alle einen Hang zu Wettkämpfen und Glücksspielen. Wir hatten viele Wettspiele, lange bevor die Weißen kamen. Wetten ist etwas, was man uns nicht beibringen mußte. Wir hätten es euch beibringen können. Mein Vater verstand es, Dinge genau zu beurteilen. Was ich jetzt erzähle, ereignete sich 1919 oder 1920. Wir hatten einen dieser komischen alten Fords. Sprit für drei Dollar reichte gut an die hundert Meilen. Es kostete drei Dollar, um von Fort Pierre zur Phillips-Ranch zu fahren. Ich war ungefähr sechzehn. Dad kümmerte sich immer noch um mich. Wir kamen also an. Der Korral war schwarz von Leuten. Am Anfang ließen sie zwei Hähne kämpfen, um die Zuschauer anzuheizen und das Geld zu lockern. Mein Vater hätte nie auf Hühner gewettet. Zwei arme Hühner, die sich gegenseitig kratzen und picken, wer könnte da schon in Begeisterung geraten?
Den Büffel trieben sie zuletzt herein. Der Stier wartete bereits im Gang. Er gehörte einem Mann aus Wyoming. Er hatte einen kurzen Namen, aber ich erinnere mich jetzt nicht. Es wird dir aufgefallen sein, bei mir ist der Büffel immer ein »er«, außer wir sprechen von einer Büffelkuh. Der vom Menschen gezüchtete Stier ist ein »es« – das Rind, das Vieh. »Es« war in Ordnung: ein richtiger »Bull-Durham«-Stier*, der kräftigste Kerl der Umgebung. Sein Sack hing so tief, daß er fast draufstieg. Dann öffneten sie den Gang. Junge, ich habe in meinem Leben eine Menge Stiere gesehen, aber diese Hörner – Wow! –, sie waren riesig, hell mit schwarzen Spitzen. Der alte Buffler** wirbelte Staub auf, stampfte hin und her und blickte in die Menge. Einige Männer und auch ein paar Frauen saßen oben auf dem Korral. Damals trug man lange

* Kautabak, der einen äußerst »männlichen« Stier zum Markenzeichen hatte.

** alter Grenzerausdruck für den Bison

Röcke, aber ich sah trotzdem einige schöne Beine. Das war vielleicht eine Menge! Sie führten sich auf wie bei einer Billy Graham Show. Die Aufregung stachelte den Stier an und brachte sein Blut in Wallung.
Mein Vater nahm viele 2: und 3: Wetten entgegen. Er setzte natürlich auf den Büffel, wie du dir denken kannst. Ich erwartete einen Zusammenstoß mit hundert Meilen die Stunde. Der Stier war fertig für den Angriff. Sein Schwanz stand aufrecht in die Luft. Ich hatte Angst, er könnte den Korral durchbrechen. »Stell dich hinter den Pfosten«, sagte mein Vater zu mir, »für den Fall, daß etwas schiefgeht.« Mein Vater sprach nur, wenn es unbedingt notwendig war. Einen Moment lang dachte ich schon, der Büffel wollte kneifen, denn er schien den Stier gar nicht zu beachten. Für ihren Angriff hatten sie nur an die zwanzig Meter zur Verfügung, denn der ganze Korral hatte einen Durchmesser von dreißig Metern. Endlich kamen sie. Sie rasten aneinander vorbei, verfehlten einander und preschten weiter, die Hörner erhoben, wie zwei Eisenbahnzüge, die aneinander vorbeifahren. Ein großes, enttäuschtes »Oh« kam aus der Menge. Aber dann sahen wir, daß der Büffel die ganze Seite des Stiers aufgerissen hatte, wie mit einer Rasierklinge. Die Rippen des Stiers waren durchgeschnitten. Zwei Cowboys schrien: »Der Stier ist hin!« Er bewegte die Beine noch ein paar Mal, doch dann war er toter als tot. Sie haben keine Kraft, diese Haustiere.
Der Dachs – *hoka* – gehört auch zu den echten Tieren. Mein Onkel ritt einmal auf seinem Grauen, mit dem er immer die Ponies eintrieb. Er ritt ohne Sattel und hatte als Zaumzeug nur einen Strick, der um die Nüstern des Grauen gebunden war. Da sah er den Dachs. Wenn ein Dachs mal in seinem Bau ist, dann können ihn keine drei und auch keine vier Männer ausgraben. Mein Onkel nahm den Strick als Lasso und fing den *hoka,* aber er konnte ihn nicht halten. Der Dachs war kurz vor seinem Bau und verschwand im Loch; der Strick verschwand ebenfalls. Der Dachs zog und zog. Bald wäre das Pferd im Loch verschwunden. Mein Onkel versuchte, den Strick vom Pferd loszubinden, aber er hatte nicht mehr den nötigen Spielraum; der Kopf des Pferdes war bereits dicht am Eingang des Dachsbaus. Mein Onkel mußte den Strick direkt an der Pferdenase auseinanderschießen. Wenn sich ein Dachs

einmal eingräbt, kannst du nicht mehr viel dagegen unternehmen.

Mit dem Körper eines toten Dachses kannst du vorhersagen, wie lange du leben wirst. In ihm steckt die Gabe der Vorsehung. Ich kannte einen Mann mit Namen Night Chaser. Er schnitt den Bauch eines Dachses auf und ließ das Blut stehen. Man soll darin eine Vision sehen können. Es ist wie ein roter Spiegel, in dem man sich selbst erkennt. Doch man sieht sich im Dachsblut nur so, wie man aussehen wird, bevor man stirbt. Drei oder vier Männer blickten in das Blut des *hoka*. Ich war auch dabei. Wir waren alle junge Männer. Der erste, der hineinsah, sagte: »Junge, ich bin ein alter Mann, verrunzelt und weißhaarig, gebückt und ohne Zähne.« Er war recht froh darüber. Er wußte nun, daß er ein alter Großvater werden würde. Der zweite war nicht so glücklich. »Ich glaube, ich bin bereits am Ende«, sagte er, »ich schaue aus, wie ihr mich jetzt kennt. Ich sterbe noch, bevor ich mein erstes graues Haar habe.« Dann war ich an der Reihe, aber außer dem dunklen Blut konnte ich nichts sehen. Die beiden anderen hatten recht. Der eine, der sich als alter Mann gesehen hatte, ist immer noch um die Wege. Der andere ist schon lange tot; er starb einige Monate, nachdem er in das Dachsblut geblickt hatte, genau wie er gesagt hatte, noch vor dem ersten grauen Haar.

Einen Knorpel aus dem Penis des Dachses benutzen wir zum Nähen und als Ahle. Wir polieren ihn. Er hält ewig und ist ein so gutes Werkzeug, daß du ein Pferd dagegen eintauschen kannst.

Es gibt eine Art Bodenhörnchen – Gopher heißt es –, das ist sehr schnell. Es hat einen schwarzen Streifen über dem Gesicht. Diese Tiere haben viel Macht; sie können dich hypnotisieren und sogar töten. Die Kraft liegt in ihren Augen. Sie leben zusammen mit Präriehunden und sind richtige U-Bahn-Fahrer, denn sie reisen im Untergrund. Sie sind so schnell, daß deine Augen ihnen kaum folgen können. Während dein Auge noch suchend hin und her schaut, sind die Gopher schon wieder ganz woanders. Man erzählt sich bei uns die lustige Geschichte von einem Mann, der einen solchen Gopher fangen wollte. Er müsse schnell sein, hatten sie ihm gesagt. »Schieß, dann renn wie der Teufel und pack das Vieh, bevor es in sein Loch verschwindet!« Der Mann beherzigte den Rat. Er schoß und raste los. Da fühlte er einen Schmerz in der Sitzfläche – seine eigene Kugel!

Die Erde aus einem Gopherloch enthält ebenfalls große Kraft. Sie kann dich im Krieg beschützen und dich kugelsicher machen. Ich benütze sie bei bestimmten Krankheiten.

Ein Tier muß nicht groß sein, um mächtig zu sein. Es gibt auch eine Ameisenkraft. Manche Ameisen haben keine Augen, aber sie können ihren Weg fühlen. Sie ziehen aus und kommen mit den kleinen Felskristallen zurück, die wir *yuwipi* nennen. Winzige Steine, so groß wie Samenkügelchen, schimmernd, granitartig, winzige Dinger, so klar wie Schnee. Manchmal bringen sie statt dessen kleine Fossilienteile. Zwei Ameisen sind nötig, um einen solchen Stein zu transportieren. Eine geht womöglich dabei drauf. Die Ameisen lassen nichts unversucht.

Wir Medizinmänner sind immer auf der Suche nach Ameisenhügeln, um diese winzigen Felssplitter zu sammeln. Sie sind heilig. 405 dieser Steine tun wir in unsere Zeremonienrasseln. Sie symbolisieren die 405 Baumarten unseres Landes. *Taśuśka śaśa* – die roten Ameisen – zerreiben wir zu Brei und verwenden sie für unsere Medizin. Wenn jemand angeschossen wird oder sich verletzt, geben wir ihm davon zu trinken. Die Ameisenmedizin läßt die Wunde schneller heilen. Und was ihr Fossilien nennt, benützen wir auch. Tief in den Badlands finden wir die Knochen von *unktegila,* dem Saurier, dem Wassermonster, das bereits lebte, lange bevor die ersten Menschenwesen auftauchten. Auf einem Hügel dort drüben liegt der Rückenwirbel eines dieser Tiere, genau auf der Kante des Hügels. Ich bin droben gewesen, bin auf dem Kamm geritten wie auf einem Pferd; nur so kannst du dich nämlich darauf bewegen. Es ist ganz schön unheimlich, wie der Ritt auf einem Saurier. Nachts schwirren dort oben überall Geisterlichter. Ich finde dort oben viele Dinge, die ich für meine Behandlungen verwende.

Iktomé – die Spinne – hat auch eine eigene Kraft, aber die ist schlecht. Ihr Körper ist kurz, alles ist auf einen Punkt konzentriert, und davon gehen die Beine weg. Sie sitzt in ihrem Netz und wartet auf die Fliege. *Iktome* ist ein Mann. Er ist ein dummer Kerl, ein Arsch; er will jeden an der Nase herumführen,

macht den Leuten Hoffnungen und stürzt sie dann ins Unglück. Doch er ist leicht zu täuschen.
Du mußt all diesen Kreaturen zuhören, zuhören mit Kopf und Herz. Sie haben Geheimnisse zu erzählen. Eine Zikadenart – *ptewoyake* –, ein flügelloser Heuhupfer, sagte uns in den alten Tagen, wo die Büffel zu finden waren. Heutzutage hat er uns nichts mehr zu erzählen.
Schmetterlinge sprechen zu den Frauen. Ein Geist wird in einen Schmetterling schlüpfen, zu einer jungen Frau fliegen und sich ihr auf die Schulter setzen. Der Geist wird durch den Schmetterling zu der jungen Frau sprechen und ihr sagen, daß sie eine Medizinfrau werden solle. Wir haben immer noch ein paar von diesen Ladys. Ich habe einer geholfen und ihr die Dinge gezeigt, die sie wissen muß, und sie tut ihre Arbeit auf dem Reservat recht erfolgreich. Sie ist eine ehrliche Haut, so aufrichtig, daß sogar die Gossenalkoholiker an sie glauben und sie achten. Sie nimmt kein Geld von ihnen, sie tut einfach ihr Bestes, um ihnen zu helfen.
Ich habe einen Neffen, Joe Thunderhawk, der ist ein Heiler. Er hat die Kojotenkraft. Auf seine Trommel ist das Bild eines Kojoten gemalt. Das war Joes Vision. Diese Kojotenkraft ist bereits seit Generationen in der Thunderhawk-Familie. Vor vielen Jahren reiste Joes Großvater einmal während des Winters. Der Schnee war tief, und in einem Canyon wurde er von der Dunkelheit überrascht. Er mußte sich eingraben und versuchen, dem Erfrierungstod zu entgehen. Mitten in der Nacht kam etwas Weiches zu ihm und legte sich zu seinen Füßen nieder. Er sah, daß es ein Kojote war. Sie wärmten sich gegenseitig und hielten sich gegenseitig am Leben. Am nächsten Morgen, als der Mann aufstand, um weiterzuziehen, folgte ihm der Kojote.
Nach dieser Begegnung hörte Joes Großvater nachts immer den Kojoten in der Nähe seines Hauses bellen. Er bellte auf zweierlei Weise – ein Bellen klang wie von einem Hund, das andere wie von einem kleinen Kind. Das erste Bellen kündigte etwas Gutes an, das zweite ein Unglück. Joes Großvater wurde ein Medizinmann und ein Prophet. Der Kojote ließ ihn Dinge wissen, die bevorstanden. Als der alte Mann starb, starb sein Wissen mit ihm. Es war ihm nicht möglich gewesen, das Wissen zu seinen Lebzeiten weiterzugeben.

Jahre später kam Joe Thunderhawk durch den Canyon, in dem sein Großvater und der Kojote sich einst aneinander gewärmt hatten. Mein Neffe fuhr in einem Wagen. Plötzlich hatte er das Gefühl, als folge ihm jemand. Er schaute sich um und sah dicht hinter sich einen lahmenden und abgemagerten Kojoten. Er fing zu bellen an – und bellte auf zweierlei Weise: wie ein Hund und wie ein Kind.

In dieser Nacht träumte Joe Thunderhawk von diesem Kojoten, und er verstand das Zeichen: Er sollte ein Medizinmann werden und die Arbeit seines Großvaters fortsetzen. Er arbeitet jetzt auf die traditionelle Weise mit seiner eigenen Medizin und heilt Leute, die sich sonst einer Operation unterziehen müßten. So ist die Kojotenkraft zur Familie Thunderhawk zurückgekehrt.

Für mich haben auch die Vögel viel zu sagen. Der Adler. Die Eule. In einem Adler vereint sich alle Weisheit dieser Welt; deshalb wird während unserer *yuwipi*-Zeremonien eine Adlerfeder oben auf der Stange angebracht. Wenn du vorhast, einen Adler zu töten, weiß der Adler in der Minute, in der du den Gedanken hast, bereits von deinen Plänen. Der Hirsch mit dem schwarzen Schwanz hat diese Weisheit auch. Und drum hängt an der *yuwipi*-Stange auch ein schwarzer Hirschschwanz. Diesen Hirsch wirst du, wenn du auf ihn schießt, nicht verletzen. Er bleibt einfach stehen, und die Kugel kommt zurück und trifft dich. Das ist, wie wenn jemand schlecht über dich spricht, und es fällt dann auf ihn zurück.

In einer meiner großen Visionen sprach ich mit den Vögeln, den geflügelten Geschöpfen. Ich war in Trauer über den Tod meiner Mutter. Sie hatte meine Hand gehalten und nur ein Wort gesagt: »Schlimm.« Sie hat dabei sicher nicht an sich gedacht; ich glaube, sie machte sich Sorgen um mich, einen armen Indianer, den sie in der Welt der Weißen zurücklassen mußte. Ich heulte auf dem Visionshügel, ich heulte um Hilfe, streckte die Hände zum Himmel und zog schließlich die Decke über mich – das war alles, was ich hatte: die Decke, meine Pfeife und etwas Tabak für eine Opfergabe. Ich wußte nicht, was ich zu erwarten hatte. Ich wollte die Kraft spüren, sie berühren. Ich dachte daran, mich hinzugeben, auch wenn ich dabei draufgehen sollte. So gab ich mich den Winden hin und der Natur, es war mir egal, was mit mir geschehen würde.

Plötzlich hörte ich einen großen Vogel über mir schreien, und dann schlug etwas auf meinen Rücken, er berührte mich mit beiden Flügeln. Ich hörte den Schrei eines Adlers, laut hob er sich ab von den Stimmen der anderen Vögel. Er schien zu sagen: »Wir haben auf dich gewartet. Wir wußten, daß du kommen wirst. Jetzt bist du da. Dein Weg beginnt hier. Laß unsere Stimmen dich führen. Wir sind deine Freunde, die Federwesen, die Zweibeiner, die Vierbeiner, wir sind deine Freunde, alle Kreaturen, auch die winzigsten, die Achtbeinigen, die Zwölfbeinigen – alle, die auf der Erde krabbeln, alle Kreaturen, die fliegen und alle unter Wasser. Jeder von uns wird seine Kräfte mit dir teilen, und du wirst von nun an immer einen Geist mit dir haben – ein zweites Ich.«
Das bin ich, dachte ich, nichts anderes als nur ich, anders, aber doch derselbe, unsichtbar, aber trotzdem wirklich. Ich hatte Angst. Damals verstand ich das alles noch nicht. Ich habe ein Lebensalter gebraucht, um es herauszufinden.
Und wieder hörte ich die Stimme aus dem Klappern der Schnäbel, aus dem Quaken und Zirpen der anderen Vögel heraus. »Du hast Liebe für alles Leben, das auf diese Erde gepflanzt wurde, nicht vergleichbar mit der Liebe einer Mutter zu ihrem Sohn, auch nicht mit der Liebe des Sohnes zu seiner Mutter, sondern eine noch größere Liebe, die die ganze Erde umfaßt. Du bist nur ein Menschenwesen, ängstlich, weinend unter der Decke, aber in dir ist ein großer Raum, der mit dieser Liebe gefüllt werden kann. Die ganze Natur paßt da hinein.«
Ich zitterte und zog die Decke enger um mich, aber die Stimmen wiederholten sich immer wieder, nannten mich »Bruder, Bruder, Bruder«. So steht es mit mir. Manchmal fühle ich mich wie das erste Wesen in einer unserer Legenden. Es war ein Riese, geschaffen aus Erde, Wasser, dem Mond und den Winden. Statt Haare wuchsen ihm Bäume auf dem Kopf, ein ganzer Wald. In seinem Bauch hatte er einen riesigen See und in seiner Kehle einen Wasserfall. Ich fühlte mich wie dieser Riese. Alle Natur ist in mir, und ein Stück von mir ist in jedem Teil der Natur.

Pete Catches: »Ich fühle auch so. Ich lebe in einem Zeitalter, das längst vorbei ist. Ich lebe wie vor fünfzig oder sogar vor hundert Jahren. Ich mag es so. Ich will so bescheiden und der Erde so nahe wie möglich leben. Nahe den Pflanzen, den Gräsern, den Blumen, die ich für meine Medizin brauche. Der Große Geist hat gesehen, daß der Mensch auf diese Weise überleben kann, daß er leben kann, wie er leben soll. Meine Frau und ich leben in einer kleinen Hütte – keine Elektrizität, kein fließendes Wasser, keine Kanalisation, keine Straße. So wollen wir es. Dieses einfache Blockhaus ist ein Platz des Friedens. So wollen wir auch den Rest unseres Lebens verbringen. Ich will abseits der modernen Welt leben, nur weg davon, weit weg im Busch und noch viel näher an der Natur, als ich das jetzt bereits tue. Ich will auch nicht Medizinmann genannt werden, einfach Heiler, denn das ist es, wofür ich erschaffen worden bin. Ich verlange nichts. Ein weißer Arzt hat sein Einkommen, ebenso ein weißer Priester. Ich nehme kein Honorar. Ein Mann geht geheilt aus meinem Haus. Das ist mein Lohn. Manchmal habe ich nicht die nötige Kraft – das macht mich traurig. Wenn ich die Kraft habe, bin ich glücklich. Viele Menschen denken immer nur daran, wie sie zu Geld kommen können. Das kommt mir nie in den Sinn. Wir leben von der Natur, meine Frau und ich, wir brauchen kaum etwas. Irgendwie werden wir schon leben. Der Große Geist erschuf die Blumen, die Flüsse, die Kiefern, die Zedern – und kümmert sich um sie. Er läßt eine Brise durch sie hindurch wehen und läßt sie atmen, gibt ihnen Wasser und läßt sie wachsen. Auch die, die in den Felsen wachsen. Er kümmert sich auch um mich, gibt mir zu trinken und zu essen, läßt mich mit den Pflanzen und Tieren als einer der ihren leben. So will ich auch bleiben, ein Indianer, jeden Tag in meinem Leben. Das soll nicht heißen, daß ich mich abkapseln will. Irgendwie finden die Leute immer wieder den Weg zu meiner Hütte. Ich habe das gern. Ich will im Gespräch sein mit den Menschen, ich will die Leute überall erreichen, ihnen den traditionellen indianischen Weg vermitteln, den Weg des Geistes nahebringen.

Gleichzeitig habe ich das Bedürfnis, mich immer mehr zurückzuziehen von allem, zu leben wie meine Vorfahren. Auf den Highways siehst du manchmal einen trampenden Vollblutindianer mit dem Daumen draußen. Das mache ich nie. Wenn ich auf einer Straße gehe, dann will ich sie auch zu

Ende gehen. Das steckt tief in mir drin, eine Art Stolz. Eines Tages werde ich meine Hütte noch tiefer in die Berge verlegen, vielleicht lasse ich das Haus ganz weg und werde ein Teil der Wälder. Dort hat der Geist immer noch etwas zum Entdecken übriggelassen: ein Kraut, ein Zweig, eine Blume – eine ganz kleine Blume vielleicht, in die man sich lange versenken und über die man nachdenken kann. Keine Rose! Gelb, weiß, künstlich und groß. Ich habe gehört, sie züchten jetzt schwarze Rosen. Das ist nicht natürlich. Das ist gegen die Natur. Sie machen uns schwach. Ich verabscheue sie.
Je älter ich werde, desto mehr verkrieche ich mich in den Hügeln. Der Große Geist hat sie für uns, für mich geschaffen. Ich will mich mit ihnen vermischen, in sie eintauchen und schließlich in ihnen verschwinden. Wie mein Bruder Lame Deer schon gesagt hat – alle Natur ist in uns, und alles von uns ist in der Natur. So soll es sein. Sag mir, Richard, wie wirst du das Kapitel deines Buches nennen, in das du die Dinge packst, über die wir heute gesprochen haben? Ich weiß schon, wie du es nennen wirst: ›Mit den Eulen und Schmetterlingen sprechen‹.«

Zwei in einer Decke

Sprechen wir über Mann und Frau. Du behauptest, heutzutage könne man kein Buch ohne eine gehörige Portion Sex machen. Was mich betrifft, so ist das o. k. Vorweg muß ich dir ein großes Geheimnis anvertrauen. Ich werde flüstern, denn ich trau mich nicht, es laut zu sagen: Wir Sioux sind äußerst schüchtern. Die Buben sind scheu und die Mädchen noch mehr. Jetzt ist die Katze aus dem Sack.

In den alten Tagen waren die *wincincalas,* die schönen Mädchen, sehr schwer zu kriegen. Als Mann mußte man schon auf Draht sein, um die richtige Frau zu finden, denn sie schauten immer weg und versteckten ihre Gesichter, und du wußtest nicht, ob sie hübsch, häßlich oder sonst was waren. Sprachst du sie an, gaben sie keine Antwort. Kamst du ihnen zu nahe, rannten sie weg. Etwas von dieser Schüchternheit bleibt das ganze Leben. Schamhaft oder nicht, wir Sioux sind auf jeden Fall nicht prüde. Schau dich um, wenn du all diese Familien mit acht, zehn, zwölf Kindern siehst, dann weißt du, daß unsere Leute nachts recht rege sind, besonders wenn kein TV ihre Gedanken von wichtigeren Dingen abbringt.

Gleichzeitig zeigen wir unser Inneres aber nicht, wenn andere Leute da sind; wir küssen uns dann auch nicht oder halten uns an der Hand. Nicht nur Liebespaare, auch Verheiratete sind in der Öffentlichkeit zurückhaltend zueinander. In den alten Tagen war es für einen Jungen und ein Mädchen nicht leicht, sich zu treffen. Im Familien-Tipi gab es keinen Privatraum zum Zurückziehen, und im Salbeigebüsch* zu verschwinden war zu gefährlich: Ein unfreundlicher Zeitgenosse konnte dort mit einem Messer auf der Lauer liegen und auf deinen Skalp warten. Und als Tipi-Kriecher hattest du bald herausgefunden, daß Mütter die Angewohnheit hatten, ihren reifen Töchtern ein geflochtenes Haarseil um die Hüften zu binden, das einmal zwischen den Beinen durchführte.

Das bedeutete: »Betreten verboten.« Wenn einer erwischt

* Beifuß

wurde, wie er an dieser Schnur herumspielte, zündeten die Frauen sein Tipi an oder töteten sein Pferd.

Meine Großmutter erzählte mir mal von einer bestimmten Medizin, die die Buben der Sandtee-Sioux verwendeten, wenn sie auf Tipi-Kriech-Abenteuer gingen. Sie hat angeblich jeden blind und taub gemacht, so daß die jungen Liebhaber ungestört vorgehen konnten. Falls es je ein solches Mittel gegeben hat – das Rezept ist jedenfalls längst verlorengegangen. Du konntes natürlich am Fluß auf ein Mädchen warten, denn du wußtest, daß sie jeden Morgen mit dem Ledersack* kommen mußte, um für ihre Familie Wasser zu holen. Hier konnte man sich näherkommen, aber was half das? Beide waren ja viel zu schüchtern, um ein Gespräch anzufangen. Vielleicht hattest du, um die Aufmerksamkeit des Mädchens zu erregen, einen Pfeil durch ihren Wassersack geschossen. Für den Anfang nicht schlecht.

Um sich zu treffen, gab es für die jungen Leute nur einen Weg: Das Mädchen mußte mit einer großen Decke vor dem elterlichen Tipi stehen. Ihr Liebhaber konnte dann kommen, und sie wickelte die Decke um sich und ihn. Unter diesem Vorhang konnten sie ihre Gesichter nah zusammenbringen und ungestört tuscheln. Die Vorbeikommenden respektierten ihr Allein-sein-Wollen und taten so, als sähen sie die beiden nicht. Ein Mädchen, das hübsch und bekannt war, hatte oft eine Schlange vor ihrem Zelt – drei oder vier Kerle, die warteten, bis sie an der Reihe waren. Das war alles sehr unschuldig, Verabredungen im traditionellen alten Stil.

Falls es einem jungen Mann nicht genügte, in eine Decke gehüllt mit seinem Mädchen die Nase zu reiben, konnte er immer noch einen Elk-Medizinmann bitten, ihm eine Flöte anzufertigen und ihm ein Lied zu geben, das dem Mädchen den Kopf verdrehte. Diese Flöten, die immer aussahen wie ein Vogelkopf mit offenem Schnabel, konnten sehr mächtig sein. Ein Mädchen, das eine Flöte hörte, die ein Elk-Medizinmann** gemacht hatte, rannte aus seinem Tipi und in die Richtung, aus der der Ton kam. Sie konnte sich nicht dagegen wehren – die Medizin war zu stark.

Ich kenne eine Menge solcher Elk-Lieder, alte und neue. Ich

* Hautblase oder ganze Tierhaut

** Elk: Wapiti

singe dir jetzt das Lied vom Geister-Liebhaber: Vor langer Zeit lebte einmal ein junger Mann, dem konnte keine Frau widerstehen. Ein Schamane hatte ihm eine starke Liebesmedizin gegeben, und wenn er auf seiner Flöte blies in der Nacht, dann sprang das Mädchen, auf das er es abgesehen hatte, vom Schlaf auf und kam zu ihm. Ihr Verstand mag sie zurückgehalten haben, doch ihre Füße trugen sie gegen ihren Willen zu der Flöte. Er war diese Sorte von Mann, die Frauen zu erobern pflegt, wie ein Krieger seinen Feind erobert. Jedes gewonnene Mädchen war ein Coup für ihn.

Eines Tages kam der junge Krieger nicht von der Jagd zurück. Seine Eltern warteten Tage und Wochen, schließlich gingen sie zu einem Medizinmann und baten ihn, ihren Sohn mit seinen Such-Steinen zu finden. Der Medizinmann sagte: »Dieser junge Mann ist getötet worden«, und beschrieb ihnen den Platz, wo sie ihn finden würden. Sie fanden den Leichnam in der Prärie – mit einer tiefen Wunde in der Brust. Sie bahrten ihn auf dem Totengerüst auf, und der Stamm suchte sich einen neuen Lagerplatz. Eines Abends, im Lager wurde geschmaust und geredet, stimmten die Hunde am Dorfrand ein trauriges Geheul an. Niemand konnte sehen, was sie beunruhigte. Aber man konnte Eulen auf geisterhafte Weise rufen hören, und die Bäume bewegten sich mit seltsamen Geräuschen. Die Leute im Lager überkam ein unsicheres Gefühl. Sie löschten ihre Feuer und gingen in ihre Tipis.

Die Krieger lauschten. Sie wußten, daß ein Geist sich ihnen näherte, und plötzlich erkannten sie die Stimme des toten Weiberjägers. Er sang ein Lied: »Weinend streife ich umher. Ich dachte, ich sei der einzige. Ich dachte, ich war der einzige, der viele Mädchen kannte und viele Lieben hatte. Jetzt sind harte Zeiten für mich angebrochen. Ich streife umher, und ich werde ein Wanderer bleiben, solange die Erde sich dreht.« Nach dieser Nacht hörten die Leute dieses Lied noch oft. Ein einsames Mädchen, das nachts zu spät nach Hause kam, oder eine Frau, die zu früh zum Wasserholen zum Fluß ging, noch vor Anbruch des Tages, sie hörten dieses Lied und sahen den schemenhaften Umriß eines Mannes, der in eine graue Decke gehüllt war. Sogar als Geist konnte er die Mädchen nicht in Ruhe lassen.

Wenn die Männer in den Krieg zogen, dichteten unsere Mädchen oft zum Abschied spezielle Lieder für ihre Liebhaber. Egal, wie mutig und hart du bist, wenn du als Mann so ein Lied hörst, wirst du laut heulen. Zur Zeit von Pearl Habor sang ein Mädchen für ihren Freund dieses Lied: »Wenn du mich verläßt, werde ich als Beweis meiner Liebe so laut weinen, daß mich alle hören können. Am Tag unseres Abschieds werde ich ohne Scheu für dich weinen. Meine Tränen wird jeder sehen. Vergiß nie, was immer passiert, ich werde auf dich warten. Du wirst es in den Zeitungen lesen, daß ich in der Öffentlichkeit für dich geweint habe.« Unsere Mädchen wissen zu lieben, auch wenn sie zu scheu sind, um es in der Öffentlichkeit zu zeigen. Trotz aller Schüchternheit wurde der Sex nicht verleugnet, mußte aber den guten Sitten entsprechen. Das Ziel war natürlich, zu heiraten und Kinder zu kriegen.

Unsere älteste Lady – sie ist so alt, daß sie keinen Taufnamen hat und nicht einmal weiß, wann sie geboren wurde. Dafür hat sie ein Runzelgesicht wie die Badlands – was sagte sie zur dir: »Du hättest mich vor achtzig Jahren fotografieren sollen, als ich noch hübsch anzuschauen war.« Sie hat immer noch dieses gewisse Funkeln in ihren Augen. Das erlischt nie.

In den alten Tagen wurde eine Heirat durch die Eltern der beiden Liebenden beschlossen. Ohne ihre Zustimmung konntest du nicht heiraten. Ein Mann mußte zudem ein paar Pferde aufbringen, um die Frau zu bekommen; damit bewies er seinen Respekt und daß er in Zukunft für sie sorgen konnte. War er so arm, daß er selbst kein Pferd besaß, gab es trotzdem noch einen Ausweg für ihn. Wir hatten für solche Fälle eine Zeremonie, die hieß »Er begehrte sie so sehr, wir gaben sie ihm«, und das wurde dann eine ebenso schöne Hochzeit.

Manchmal wollten Eltern ihre Tochter unbedingt einem alten berühmten Häuptling geben, obwohl das Mädchen bereits sein Herz an einen jungen Krieger verloren hatte, der noch ein Niemand war. In einem solchen Fall nahm sie das beste Pferd ihres Vaters und machte sich mit ihrem Liebhaber auf und davon. Sie blieben für ein paar Tage in der Wildnis, kamen dann zurück ins Dorf und errichteten ein Tipi. Nun, jeder wußte, was mit den beiden los war und was sie in der Abwesenheit getrieben hatten. Da gab es keinen Spott und keine Beleidigungen. Was passiert ist, ist passiert. In Sachen Sex

sind wir immer sehr tolerant gewesen und haben die Jungen verstanden; die Ältesten erinnern sich an die Liebschaften in ihrer Jugend. Die Eltern akzeptierten das Durchbrennen ihrer Tochter, und auch dies wurde eine schöne Hochzeit.
Immer häufiger fühlen junge indianische Paare, die auf weiße, christliche Weise in der Kirche geheiratet oder sich auch nur im Standesamt eine Urkunde abgeholt haben, daß irgend etwas fehlt. Sie fühlen sich erst richtig verheiratet, wenn ich die Zeremonie im alten, traditionellen Stil nachhole: beide mit einer Indianerdecke umwickelt, ihre Hände um die heilige Pfeife geschlossen, ihre Handgelenke mit einem Streifen aus roten Stoff zusammengebunden. Meine Zeremonien sind sehr einfach, ohne Übertreibung. Du warst ja schon mal dabei in Süd Dakota, und einmal habe ich dieses bezaubernde junge Navajo-Paar in deiner Wohnung getraut. Deine Wohnung ist gut, Richard, denn du hast den Büffelschädel vom Sonnentanz, den ich dir gegeben habe, und du hast immer etwas Süßgras und *kinnickinnick* in deinem Haus, du hast alles, was ich brauche.
Während einer solchen Zeremonie trage ich weder mein Kostüm noch donnere ich mich auf, denn ich will vom Geist berührt werden. Ich ziehe mein Hemd aus; nichts soll meine Arme verhüllen. Ich will den Rauch auf der Haut spüren. So eine Zeremonie ist wie ein Traum. Ich kann Dinge spüren, die ich sonst nicht bemerke. Während der Navajo-Hochzeit, als ich das junge Paar berührte, fühlte ich ein gutes Schicksal, und das machte mich froh. Ich konnte aber auch zweimal einen traurigen Druck in den Händen spüren, der von rechts kam. Diese beiden Menschen konnten krank werden, vielleicht starb in ein oder zwei Jahren auch einer von ihnen. Ich kannte die beiden nicht, aber ihr Händedruck sprach von einem Unglück. Ich spüre so etwas nur, wenn die Pfeife – der Stiel und der Kopf – zusammengesteckt ist, bereit, geraucht zu werden. Sobald ich die Pfeife wieder auseinandernehme, verschwinden die Gefühle, die Gutes oder Schlechtes ankündigen.
Ich breitete eine rote Decke über das Paar, ließ sie die Pfeife des Friedens halten, band ihre Hände mit Stoff zusammen und sprach die alten Gebete über ihnen. Diese Worte habe ich benützt: »Wir sind hier in der großen Stadt des weißen

Mannes. Eigentlich solltet ihr auf der Erde, eurer Mutter, stehen, dafür sind wir hier in einem Apartment im achten Stock in der West Side. Während ich meine Vorbereitungen treffe, bitte ich euch, die Stadt zu vergessen und euch wie zu Hause zu fühlen. Vergeßt diese alte Stadt, stellt euch vor, da ist ein Hügel, ein Fleck auf dieser Erde, zu dem ihr euch hingezogen fühlt, wo ihr bereits die Gegenwart der Geister spüren könnt. Versetzt euch in diese Lage, fühlt euch auf der Spitze der Welt. New York ist nicht der recht Platz für eine indianische Zeremonie, aber unsere Gedanken werden sie gelingen lassen. Vergeßt den Verkehr und den Lärm draußen, konzentriert euch, haltet euch an dieser Pfeife fest, auf diese Weise wird unsere Zeremonie gut werden, und von den vier Richtungen der Welt, vom Himmel über uns und von der Erde unter uns wird der Segen des Großen Geistes mit uns sein.
Denkt an eure Eltern zu Hause, denkt an eure Großväter, erinnert euch der schlechten Zeiten, die ihr hattet, aber auch an die guten. Denkt immer daran. Ich gebe euch einen Spiegel. Es ist ein winziger Spiegel. Was seht ihr darin. Ihr seht ein Indianergesicht. Alle Freuden und all unsere Leiden, alles, was wir taten und alles was mit uns geschah, alles kann man in euren Gesichtern sehen. Drum denkt in erster Linie daran, wer ihr seid – Indianer, die ums Überleben kämpfen in einer rauhen, gnadenlosen Welt. Ihr beiden, die ihr da unter der Decke steht, der Geist ist mit euch, und der Große Geist wird euch ein kleines Geschenk geben, ein neues Leben. Nur wenn ihr dieses Geschenk erhaltet, wird meine Zeremonie vollständig sein. Ihr werdet ein Nest bauen, und ich bete zum Großen Geist, damit er euch helfe. Jetzt werden wir zusammen die Pfeife rauchen. *He-hechetu.*«
Das war alles. Halt! Ich darf nicht vergessen, deine Frau hat gut gekocht an diesem Tag, und es war genügend da für alle. Nach einer Zeremonie wird gegessen. Gutes Essen nach der Hochzeit, niemand geht hungrig heim. Ein kleiner Bissen wird für die Geister beiseite gelegt – das ist ein guter Anfang.
Daheim gehört zu einer indianischen Hochzeit natürlich noch mehr: mehr Reden, mehr Medizinmänner, ein Tipi, ein Schrein, ein weiter offener Raum unter dem Himmel, Sänger und Trommler, ein großes Essen im Freien, ein Verschenk-Fest. Wenn es dunkel wird, zieht sich jeder sein Festgewand

für den großen Tanz an. Doch eine Zeremonie ist so gut wie die andere – es sind nur ein paar Dinge, die in diesem Fall zählen.

Eins dieser wesentlichen Dinge in einer Ehe ist der Nachwuchs. Wir Sioux brachten unsere Babys selbst zur Welt. Willst du ein prächtiges Baby haben, mußt du dich nach einer tüchtigen Hebamme umsehen. Wir hatten eine alte Frau, die bei Geburten sehr gut war. Diese alte Squaw bekam für eine Entbindung immer ein Pferd oder den Gegenwert eines Pferdes. Wenn sie bei der Geburt half, war das Baby immer gesund und gutmütig und schrie selten. Diese Frau war immer beschäftigt. Sie war eine gute Hexe.

Die Geburt eines Kindes war immer ein großer Moment, wie das Coup-Zählen für einen Krieger. Gewöhnlich wurde für die Mutter ein Stab in den Boden gesteckt, an dem sie sich festhalten konnte. In unserem Burned-Thigh-Stamm stand die schwangere Frau zuerst aufrecht, dann kniete sie sich nieder in einer Art Hocke und preßte sich gegen den Stock. War das Kind geboren, stand sie wieder auf und wartete auf die Nachgeburt. Wir haben verschiedene Arten von Medizin, um die Geburt zu erleichtern. Ich werde darauf zurückkommen, wenn wir von den Kräutern und ihrer Anwendung sprechen.

Es gab auch einige alte Frauen, die benützten den Squaw-Gürtel zur Geburtshilfe. Sie banden der Mutter den Gürtel über den Bauch, drückten dann nach unten und massierten den Unterleib. Ein breiter Gürtel aus Hirschleder war auch nach der Geburt gut. Das Neugeborene wurde auf ein frisches Stück weiches Rehleder gelegt und mit einem warmen Sud des *wacanga*-Krautes gewaschen. Der Nabel des Babys wurde mit dem Staub des Bovists desinfiziert und anschließend bandagiert. Als Windel benutzten wir eine aufsaugende Pflanze, die einem Katzenschwanz glich.

Noch vor der Geburt schnitt eine der Großmütter zwei kleine Formen aus Stoff oder Leder. Die zwei kleinen, spielzeugähnlichen Figuren hatten die Umrisse einer Schildkröte und einer Eidechse. Die Eidechse – *manitukala* – ist ein kleiner Schutzgeist. Sie ist sehr bedürfnislos. Die nötige Flüssigkeit holt sie sich aus der Feuchtigkeit der Erde. Sie sind sehr schnell und schwer zu töten. Wenn du einen Fuß oder den Schwanz abschneidest, wächst diesem kleinen Geschöpf ein neuer.

Schildkröten sind auch sehr stark. Beide Tiere verkörpern Kraft und ein langes Leben. Deshalb wurden gerade sie ausgewählt, um das Leben des neugeborene Kind gegen böse Geister zu schützen. Die Spielzeug-Eidechse und die Spielzeug-Schildkröte sind so groß wie eine Handfläche. Sie werden aus Hirschleder gemacht und mit Glasperlen bestickt. In eines diese Amulette kommt die Nabelschnur des Neugeborenen; das andere wird mit trockenem Gras ausgestopft, um die bösen Geister an der Nase herumzuführen und von der Nabelschnur abzulenken. Das Original-Amulett wird an der Wiege befestigt und später, wenn das Kind anfängt zu laufen, an sein Hemd genäht. Nach fünf Jahren nimmt es die Mutter zu sich.

Eine Tante der jungen Mutter stellt die tragbare Wiege her. Eine solche Wiege war ziemlich schwer und ganz mit Perlen besetzt. Gab es auf der väterlichen Seite der Mutter mehr Tanten, hatte das Kind auch mehr Wiegen. Leider besitzen wir von diesen alten feinen Wiegen nur noch wenige, da die Leute von den Museen fast alle gekauft haben. Sie zahlen bis zu 400 Dollar für ein Stück. Ich hoffe immer, daß aus den Ehen, die ich schließe, Zwillinge hervorgehen. Das würde mich glücklich machen. Schau, Liebe ist etwas, was du hinterlassen kannst, wenn du einmal stirbst. Diese Macht steckt in ihr. *Nagi* – die Seele – wird umherstreifen und sich auf die Reise begeben. Zwei Leute, die sich unendlich liebhatten, werden als Zwillinge wiederkommen. Eine tiefe Liebe hat sie ehedem verbunden, jetzt wirbeln sie durch den Raum, und der Große Geist hat Mitleid mit ihnen und läßt sie wieder zusammenkommen. Diese kleinen ruhelosen Seelen kommen wieder zu uns – als Zwillinge oder Drillinge – denn nicht nur Liebespaare, auch Brüder oder Schwestern, die sich zu Lebzeiten sehr gut verstanden haben, können so auf die Erde zurückkommen. Jemand, der auf diese Weise wiedergeboren wurde, kann ein Gedächnis haben, das mehrere Generationen zurückreicht. Ich kannte mal einen Mann mit Namen Somebody, der konnte sich an sein früheres Leben vor über 200 Jahren erinnern.

Eltern, deren Lieblingskind in jungen Jahren starb, wollten seine Seele gern behalten, sie wollten »den Geist besitzen«. Sie bewahrten deshalb eine Locke des Kindes auf, und nach einem Jahr veranstalteten sie eine große Geist-Festhalte-Zeremonie. Sie erbauten eine Geisterhütte und stellten eine Schüssel mit Lebensmitteln für die kleine Seele darin auf. Für diesen Tag richtete jeder spezielle Geschenke her, denn bei diesem Fest gab man alles her, sogar das Hemd auf dem Leib. Das war nicht nur bloßes Dahergerede wie bei den Weißen, wir taten es wirklich. Am Schluß einer solchen Verschenk-Orgie – einem give-away – gaben die Eltern dann noch ihre eigenen Kleider weg. Man teilte aus, bis es schmerzte, bis nichts mehr da war zum Herschenken.

Indianische Ehen dauern meistens länger als weiße, denn wir fühlen uns gegenüber den Kindern stärker verpflichtet. Beide Großeltern wollen sich an der Erziehung des Kindes beteiligen und es verwöhnen. Solche Bande halten die Menschen zusammen. Wir haben natürlich auch unsere Scheidungen. Ein Mann konnte seine Frau samt ihrer Habe zu ihrer Familie zurückschicken, falls sie ihm nicht gut genug war. Er konnte auch eine *wihpaja* abhalten, eine »Seine-Frau-hinausschmeißen«-Zeremonie. Wenn sie faul war oder sich mit einem anderen Mann eingelassen hatte, trommelte der Ehemann die Männer seiner Krieger-Gesellschaft zusammen und tanzte mit ihnen. Während des Tanzes warf er einen Stock unter seine Freunde und rief: »Ich werfe diese Frau weg! Wer will sie? Komm her und nimm sie dir. Ich will sie nicht mehr.«

Er mußte schon einen guten Grund dafür haben, denn sonst war sein guter Name flöten, und ihre Verwandten waren hinter ihm her. Von ihr ganz zu schweigen: Die Hinausbeförderte lauerte ihrem Ehemann mit ihrem Abhäutungsmesser auf, oder was vielleicht noch schlimmer war, sie schlich sich zu seinem besten Pferd und schnitt ihm die Kniesehnen durch. Das Ganze war nicht so einseitig, wie es bis jetzt aussehen mag: Eine Frau konnte sich ebenso von ihrem Mann trennen. Sie stellte einfach seine ganze Habe vor das Tipi. Er wußte, was das hieß: Verschwinde und komm bloß nicht wieder.

Wenn es um die Gespräche geht, die ihr Aufklärung nennt, waren und sind wir Sioux immer geradeheraus; wir erzählen unseren Kindern keine verschnörkelten Geschichten oder senken unsere Stimme, sobald wir über Sex reden. Aber wir haben ein ausgeprägtes Gefühl für Privates, eine Fähigkeit, nichts zu bemerken. Das ist sehr wichtig, denn wir müssen uns dort unsere Intimsphäre schaffen, wo es eigentlich gar keine gibt. In einem Tipi, in dem die ganze Familie schlief, oder heutzutage, wo oft mehrere Personen zusammen in einem Zimmer leben, mußt du Methoden entwickeln, um einen privaten Raum für dich und deine Mitmenschen zu schaffen. Du mischst dich nicht ein. Du hörst das Flüstern einfach nicht, auch nicht Stöhnen und Wälzen, und trotzdem weißt du, daß Papa und Mama sich lieben – den lebenden Beweis siehst du ja als neuen Bruder oder neue Schwester im Jahr darauf. Wir Indianer haben gelernt, wie die Stachelschweine Liebe zu machen – sehr vorsichtig. Nicht, daß wir etwas verbergen wollen – wir wollen nur unsere Gefühle nicht jedem zeigen.

Wir haben ein eigenes Wort für die sexuelle Schüchternheit – *wistelkiya*. Das ist die Zurückhaltung zwischen männlichen und weiblichen Verwandten. *Wistelkiya* bedeutet, den Namen bestimmter Verwandten nicht zu betonen, ihnen nicht ins Gesicht zu blicken oder direkt mit ihnen zu sprechen. Dies geschieht nicht, weil wir vor dem Geschlechtsverkehr eine Scheu hätten, sondern es ist unsere Angst vor dem Inzest. Das war das Schlimmste für uns, so schlimm, daß du nicht einmal daran denken oder darüber hören wolltest.

Du konntest ruhig deine Scherze mit deiner Schwägerin treiben, mit ihr Unfug machen, ihr Witze erzählen, und sie konnte das gleiche mit dir tun. Wenn du dich mit ihr heimlich trafst, konnte das eine Kette von Unannehmlichkeiten auslösen und, falls sie verheiratet war, auch einen Kampf mit ihrem Ehemann, aber es war auf keinen Fall etwas Unzüchtiges oder Unnatürliches. Es war einfach schlechtes Benehmen.

Gegenüber seinen Schwestern oder Kusinen mußte unsereins sich sehr speziell verhalten: Man durfte ihnen nicht in die Augen sehen, nicht mit ihnen rumblödeln und sie nicht berühren. Ein Mädchen mußte mit seinen Brüdern und Vettern sehr reserviert umgehen. Zwischen einem Mann und seiner Schwiegermutter oder einer Frau und ihrem Schwiegervater ist es, als ob eine unsichtbare Mauer zwischen ihnen wäre. Sie meiden einander völlig. Deine angeheirateten Eltern nehmen nämlich die verwandtschaftliche Position wirklicher Eltern ein. Sich mit seiner Schwiegermutter einzulassen, kommt einem Liebesverhältnis mit der eigenen Mutter gleich; so etwas kann ich mir nicht einmal in Gedanken ausmalen.

Ich kenne einen jungen Mann, der mit einer alten Frau Freundschaft geschlossen hatte. Regelmäßig kam er auf ein Schwätzchen oder ein Stück Kuchen bei ihr vorbei. Die zwei hatten sich sehr gern. Die alte Frau hatte auch eine Tochter. In die verliebte sich der Mann. Die Tochter erwiderte die Liebe. Beide zogen zusammen, lebten wie Mann und Frau und hatten gemeinsame Kinder. Doch sie heirateten nicht, denn das hätte seine alte Freundin zu seiner Schwiegermutter gemacht. Und dann hätten sie keine Freunde mehr sein können. Es ist schwierig, den Kontakt mit der Schwiegermutter total zu vermeiden. Falls man durch Zufall mit ihr im selben Zimmer ist, so sitzen beide unruhig in den gegenüberliegenden Ecken. Er ist hungrig und murmelt in sich hinein, jedoch laut genug, um von ihr gehört zu werden: »Wäre schön, wenn jemand für mich was kochen würde.« Glaub ja nicht, er spricht zu ihr, er denkt nur laut. Sie hat plötzlich die Idee, die Kanne auf den alten Holzherd zu stellen. Auch sie spricht zu sich: »Diese faulen Kerle, niemand hat heute für mich Holz gehackt. Wenn ich nur jemanden hätte.« Nun, der junge Kerl hat plötzlich die Idee, Holz zu hacken, er geht nach draußen und greift zur Axt. Das ist auch ein Weg von Kommunikation. Mein Dad war sehr altmodisch. Er wechselte nie ein Wort mit seiner Schwiegermutter. Wenn er ihr etwas mitteilen wollte, sagte er es seiner Frau, und die sagte es ihr. Was unsere Sexualmoral betrifft, so sind wir in einer anderen Sache noch etwas eigen: wenn eine Frau ihre Tage hat. Wir nennen das *isnati* – allein bleiben. Früher mußte ein Mädchen vier Tage lang in einer kleinen Hütte bleiben. Die Mutter brachte das Essen. Wir hielten die Menstruation nicht für etwas Unsauberes oder etwas, für das man sich schämen muß. Im Gegenteil, die erste Periode eines Mädchens wurde von den Eltern als etwas Heiliges gefeiert, denn es machte sie zur Frau. Nach dem ersten *isnati* gaben sie ein großes Fest, luden alle im Dorf ein und veranstalteten eine Verschenk-Zeremonie.

Wir glauben jedoch, daß die Menstruation eine seltsame Kraft besitzt, die unter gewissen Umständen Schaden anrichten kann. Diese Kraft konnte manchmal gegen das Mädchen, manchmal gegen eine andere Person wirken. Wenn ein Mädchen während ihrer Periode Kleider aus dem Leder bestimmter Tiere trug, konnte sie plötzlich von Furunkeln übersät sein. Sie muß sich während dieser Zeit gewisser Dinge enthalten, wie auch ein Mann vor der Visions-Grube oder anderen religiösen Zeremonien vier Tage lang keinen Geschlechtsverkehr haben darf. Eine Frau in der Periode sollte dem heiligen Bündel eines Medizinmannes nicht zu nahe kommen und auch nicht an einer Zeremonie teilnehmen. Unsere jungen Mädchen von heute ziehen sich an ihren Tagen nicht mehr zurück, aber wir passen immer noch auf, daß ihre Kraft nicht mit der eines Medizinmannes zusammenprallt. Es könnte beiden weh tun.

Wir glauben, daß eine Frau, in der zwei Leben wachsen, die normalerweise als Zwillinge geboren werden, statt dessen auch *einen* Menschen zur Welt bringen kann. Die beiden Babies verschmelzen zu einem Wesen – halb Mann, halb Frau. Einen solchen Menschen nennen wir *winkte* – Zwitter; er hat sowohl weibliche als auch männliche Geschlechtsteile. In den alten Tagen kleidete sich ein *winkte* wie eine Frau, kochte und machte Perlenstickereien. Er benahm sich wie eine Squaw und zog nicht in den Krieg. Für uns ist ein Mann das, zu was ihn die Natur oder seine Träume machen. Wir akzeptieren dennoch seine Entscheidung. Es liegt an ihm. Trotzdem mögen Väter nicht, wenn ihre Söhne bei einem *winkte* rumhängen, und mahnen sie, wegzubleiben.

Es gibt gute Leute unter den *winktes*, und sie sind mit besonderen Kräften gesegnet. Soviel ich weiß, hat noch nie ein Weißer einen *winkte* interviewt. Drum sind wir in diese Bar gegangen, wo ich sicher war, einen zu finden. Ich glaube, du warst auch nicht sicher, ob ich mit einem Mann oder mit einer Frau sprach.

Nun, die erste Frage des *winkte* war: »Hast du Wein?« Ich sagte ihm, er könne haben, was er wolle, zuerst müsse er mir jedoch die Wahrheit über die *winktes* erzählen. Er sagte, daß die Natur, wenn sie einem Mann die Last der Andersartigkeit mitgibt, ihm auch eine Kraft schenkt. Er sagte, ein *winkte* habe die Gabe der Prophezeiung und daß er selber das Wetter vorhersagen könne. In meinem Stamm gehen wir mit dem Neugeborenen zu einem *winkte*, um ihm einen geheimen Namen zu geben.

Meistens geschieht dies nur mit einem Buben, aber ein *winkte* kann auch einem Mädchen einen solchen Namen geben. Meine Frau Ida hat zum Beispiel einen. Der Name, der einem vom *winkte* gegeben wurde, soll dem Träger Glück und langes Leben geben. In den alten Tagen war ein *winkte*-Name so viel wert wie ein kostbares Pferd – wenn nicht mehr. Der *winkte* erzählte mir, daß diese Namen sehr sexy und lustig sind, Namen, die man nicht laut sagt. Ein Fremder soll den Namen nie hören; er könnte sich darüber lustig machen. Ein *winkte*-Name kann einen Mann sehr berühmt machen. Sitting Bull, Black Elk, sogar Crazy Horse – sie alle hatten *winkte*–Namen, die nur ein paar Leute kannten. Der *winkte* in der Bar gab mir eine Kostprobe seiner Prophezeihungskunst: Er sagte einer Frau, sie werde 80 Jahre alt werden, und sie gab ihm dafür ein Paar feiner Moccasins. Er führt auch Behandlungen durch und benützt dazu Kräuter, die nur *winkte* kennen. Wie diese Mann-Frau mir erzählte, sagten die *winkte* früher Schwester zueinander und hatten einen eigenen Hügel, auf dem sie begraben wurden. Was wirst du sein, wenn du gestorben bist, fragte ich ihn, wenn du nach Süden gehst, in die Welt der Geister, wirst du dann ein Mann sein oder eine Frau? Ich werde beides sein, antwortete er. Es war ein langes Interview.

Die Anthropologen sind immer hinter uns her und wollen alles wissen über das Sexualleben des Mister Indian. Jahrelang beschäftigte sie die Frage: »Wer tötete Custer?« Jetzt beschäftigt sie das Sexualverhalten der Eingeborenen. Eine mittelalterliche, weiße Anthro-Lady ging einmal sogar so weit, daß sie einen Indianer bat, sich auszuziehen und sich nackt auf sie zu legen. Sie bestand aber darauf, daß er seinen Federschmuck aufbehielt, und ein Dritter sollte den konstruierten Liebesakt photographieren. Im Interesse der Wissenschaft, nehme ich an. Aber der Indianer lehnte höflich ab. Einige unserer Leute haben viel Spaß mit diesen Völkerkundlern, denn sie erzählen ihnen wilde Geschichten und halten sie zum Narren. Das Spiel läuft ungefähr so:

Anthropologist: »How's your sex life?«

Indian: »Fine. How is yours?«

Anthropologist: »Do you always have the same position?«

Indian: »Yes, I've been an ambulance driver for twenty years.«

Anthropologist: »You have a taboo about your organ?«

Indian: »The only guy around here with an organ is the catholic priest. You should see him working it.«
Anthropologe: »Wie ist Ihr Sexualleben?«
Indianer: »Gut, und das Ihre?«
Anthropologe: »Haben Sie immer die gleiche Stellung?«
Indianer: »Ja, ich bin seit 20 Jahren Ambulanzfahrer.«
Anthropologe: »Gibt es ein Tabu, bezüglich ihres Organs?« *
Indianer: »Der einzige, der hier eine Orgel hat, ist der katholische Pfarrer. Sie sollten ihn orgeln sehen.«
Einige unserer Leute sind schon richtig darauf abgerichtet. Ich kenne einen jungen Mann mit Humor, der mit einem Mädchen ging und endlich heiraten wollte. Doch es fehlte ihnen der Bluttest. Sie hatten schon viele Anläufe hinter sich, immer war etwas schiefgelaufen. Entweder der Motor des Wagens streikte, das Benzin ging auf der Strecke aus, oder es schneite auf Teufel komm raus. Schließlich klappte es: Der Wagen lief ohne Mucken, und das Wetter konnte schöner nicht sein. Er hatte auch ihre Eltern mitgenommen. Als sie ankamen, war der Doktor gerade zu einem dringenden Fall unterwegs. Sie sollten am nächsten Tag wiederkommen. Sie mieteten sich wo ein, und der Witzbold und das Mädchen hatten eine vergnügte Nacht. Am nächsten Morgen hatte er jedoch keine Lust mehr, sie zu heiraten. Er wollte aber ihre Eltern nicht enttäuschen, die sonst diesen weiten Weg umsonst gemacht hätten. Er grinste sie an: »Sagt mal, Leute, als ihr geheiratet habt, da gab es doch diesen Bluttest noch nicht. Also seid ihr eigentlich gar nicht richtig verheiratet. Ich spendiere euch den Test.« Und tatsächlich gingen statt ihm ihre Eltern zum Doktor.
Vor Jahren war ich einmal im Büro des hiesigen B.I.A.-Agenten. Da ging die Tür auf, eine beleibte Lady kam herein und schob einen Mann vor sich her, dem eine große Feder am Hut steckte. Sie sprach wie ein Wasserfall, auf Lakota: »Dieser Mann taugt nichts. Wir sind jetzt zwei Wochen verheiratet, und er will ununterbrochen mit mir ins Bett. Er liebt mich noch zu Tode. Sie müssen dem Einhalt gebieten.« Der Ehemann sagte dazu nichts, er sah nur schläfrig unter seinem Hut hervor.
Der Beamte war neu auf dem Reservat, und es war dies sein

* organ (engl. für Organ und Orgel)

erster Fall, den er bearbeiten mußte. Ich mußte für ihn übersetzen. Das Weib ließ zwischen ihren Vorwürfen kaum Platz zum Luftholen, sie fand kein Ende. »Ich bin schlimm dran. Dieser alte Bock hat nie genug. Wir kommen kaum mehr zum Schlafen. Was sagen sie dazu, Superintendent?«

Der Beamte lief rot an. Er versuchte, zu erklären: »Bei uns Weißen nennt man das Honigmond. Flitterwochen. Diese Zeit sind wir sehr ausgelassen. Betrachten Sie sich als glückliche Ehefrau und gestehen Sie ihrem Mann seine Rechte zu. Geben Sie ihm nochmal eine Chance.« Ich versuchte ernst zu bleiben und übersetzte wortgetreu. Das Wort »honeymoon«* konnte ich nicht übersetzen, denn etwas wie Flitterwochen gibt es in unserer Sprache nicht. Sie reagierte recht aufgebracht: »Honig und Mond? Was haben Honig und Mond mit mir zu tun? Dieser weiße Mann ist verrückt.« Das Gesicht des Beamten wurde röter und röter. Er glaubte sich mißverstanden und wiederholte es laut und deutlich: »Honey-moon, ho-ney-moon.« Ich sagte zu ihr auf Lakota: »So beginnen die Weißen ihre Ehe – alles auf einmal. Das bedeutet honeymoon. Du mußt dich in dein Schicksal fügen.« Sie warf dem Beamten einen verächtlichen Blick zu und sagte: »Wenn ich dabei draufgehe, ist es Ihre Schuld!« Dann schob sie ihren Mann wieder durch die Tür hinaus. »O. k., Alter, laß uns gehen und *tawiton, tawiton, tawiton,* bis wir tot umfallen.« Ihr habt im Englischen auch ein Wort für *tawiton,* doch eures ist kürzer.

Wie du siehst, haben wir hier keine großen Sex-Probleme. Die Alten hatten eher welche, die mit mehreren Frauen. In den zwanziger Jahren kannte ich einen alten Mann, der hatte sechs Frauen. Ich fragte ihn, wie er das bewältigen konnte. Er gab sein Geheimnis preis: »Du kannst keine bevorzugen«, sagte er. »Deine erste Frau ist vielleicht schon alt und runzlig, während die Nummer Sechs temperamentvoll und jung ist; du mußt zu allen gleich gut sein. Du bereitest ihnen, einer nach der anderen, eine schöne Zeit. Natürlich hüpfst du mit der älteren nicht so rum. Die Kraft hebst du dir auf für die jungen, heißen.«

Als ich noch klein war, hatten wir im Dorf noch einen Mann, der mit zwei Frauen lebte. Eines Tages ging der Missionar zu

* wörtlich: Honig-Mond

ihm und sagte: »Häuptling, der ganze Stamm schaut auf euch, ihr sollt ein gutes Beispiel geben. Zwei Frauen aber sind kein gutes Beispiel. Ihr müßt einer von beiden sagen, sie soll gehen.« Der alte Häuptling sah den Schwarzrock unbeweglich an und sagte nur: »Sag du es ihr!«

Wie ein Medizinmann zu Sex steht? Ein Medizinmann muß über das Leben und den Sex Bescheid wissen, er muß alles herausfinden, was dazu gehört, denn bei seinen Behandlungen kommt er auch mit Sex in Berührung. Ein Medizinmann, den ich unterrichtet habe, erzählte mir, er habe einen Fall von Nymphomanie mit einem Kraut geheilt. Wenn sie unglücklich war, so ist das in Ordnung, falls sie aber eine glückliche Nymphomanin war, warum sie dann heilen?

Wir haben eine Medizin, die verhindert, daß eine Frau ein Kind bekommt. Es ist ein Kraut, mit dem ein Medizinmann den Mutterleib durchspülen kann, ohne ihr Schaden zuzufügen; das geht wie mit eurem Rizinusöl. Das soll nicht heißen, daß wir Frauen vom Kinderkriegen abhalten wollen. Ich muß meine Arbeit gewissenhaft tun. Auf dieser Reservation fragen mich die Leute immer wieder nach diesem Kraut, aber ich gebe es nicht her, ich verkauf's auch nicht, und das ist gut so. Nur wenn der Geist mir sagt, daß eine Frau ihr Kind besser nicht zur Welt brächte, wenn ich weiß, daß das Kind verkrüppelt oder geistig behindert sein wird, nur dann benütze ich diese sogenannte Fleisch-Medizin.

Was ich über Geburtenkontrolle denke? Ich habe darüber nachgedacht und mit vielen Leuten gesprochen. Ich habe zehn meiner besten Freunde gefragt, und neun haben gesagt: »Nicht gut.« Der eine, der Geburtenkontrolle gut fand, ist ein Wino, als ein Alkoholiker. Weißt du, die vieldiskutierte Bevölkerungsexplosion beunruhigt uns nicht. All die langen Jahre, in denen der einzig gute Indianer ein toter Indianer war, die Toten der Massaker von Wounded Knee, Sand Greek und Washita, das Abschlachten unserer Frauen und Kinder, die Masern und Pocken, die ganze Stämme ausradiert haben – so wie ich die Sache sehe, haben wir Indianer die Bevölkerungskontrolle hundertfach gelöst. Unser Problem heißt Überleben. Bevölkerungsexplosion – das ist euer Problem.

Es gibt Zaubermittel, die lassen ein Mädchen für einen Mann in Liebe entflammen. Ich könnte auch ein Paar auseinanderbringen, könnte den Mann dazu bringen, daß er sie im Stich läßt und umgekehrt. Mit diesem Hexengeschäft wäre viel Geld zu machen, doch ich überlasse das lieber den Zauberern. Ich mach so was nie. Ich könnte natürlich in die Berge gehen und jene Pflanze suchen, deren Samen in einem Ball stecken, der wie eine spanische Fliege aussieht. Du gibst zwei dieser winzigen Samen einem Mädchen in den Drink oder zwischen ein Sandwich, und bald darauf wird sie dich verführerisch kratzen und zärtlich beißen. Das funktioniert bei Männern auch. Und ein alter Mann fühlt sich wieder jung, richtig saftig jung. Aber ich behalte das für mich. Nun, wenn du und deine Frau einmal alt seid und zusammengeschrumpft, vielleicht tu ich euch dann einen Gefallen.

Medizin – gute und schlechte

Ich bin ein Medizinmann – ein *wićaśa wakan.* »Medizinmann« – das ist ein Wort der Weißen, genau wie Papoose, Squaw, Sioux und Tomahawk – Wörter, die in unserer Sprache nicht vorkommen. Es wäre schön, wenn es bessere Wörter gäbe, die klarmachen würden, was ein »Medizinmann« wirklich ist, aber ich kann keine finden, und du weißt auch keine, und so werden wir uns wohl oder übel mit Medizinmann begnügen müssen. Aber das Wort vermittelt überhaupt nicht die vielen Bedeutungen, die einem Indianer durch den Kopf gehen, wenn du das Wort »Medizinmann« benützt.

Wir haben verschiedene Namen für verschiedene Männer, die verschiedene Sachen machen. Ihr habt für alles zusammen nur einen putzigen Namen. Als erstes unterschieden wir den Heiler – *pejuta wićaśa* – den Mann der Kräuter. Er behandelt nicht mit den Kräutern allein; um zu heilen, brauchst du auch die Kraft des *wakan.* Dann haben wir den *yuwipi,* den Zusammengebundenen, den Mann, der die Kraft von rohem Leder und Steinen benützt, um Dinge und Ursachen zu finden und zu kurieren. Wir sprechen auch von *waayatan,* dem Mann mit Visionen, der Ereignisse voraussagen kann, die sich in der Zukunft ereignen werden, dem Mann, dem die Fähigkeit des Vorausschauens gegeben ist. Dinge, die sich seiner Prophezeiung gemäß ereignen, werden *wakinyanpi* genannt. Dieses Wort bedeutet auch »die Geflügelten«, jene, die durch die Luft fliegen, denn die Kraft, die Zukunft vorauszusagen, kommt von innen.

Dann haben wir den *wapiya* – den Zauberer –, den ihr wahrscheinlich den Hexendoktor nennen würdet. Wenn er ein fähiger Mann ist, wendet er das *waanazin* an: das Leiden unter Beschuß zu nehmen, die schlechten Dinge herausholen und aussaugen, die in die kranke Person von bösen Geistern eingepflanzt wurden, so wie eine bestimmte Art der Beutelratte, die aus ihrem Erdloch scharfe Gräser und winzige Stücke von Stachelschweinsborsten in deinen Körper schießt und böse Beulen verursacht.

Wenn so ein Zauberer ein übler Kerl ist, dann wird er selber für eine Krankheit in deinem Körper sorgen, eine Krankheit, die nur er wieder heilen kann – gegen einen guten Preis, versteht sich.

In diesem Berufszweig finden sich immer einige Scharlatane. Einem jungen Soldaten geben sie eine kleine Medizin, die ihn vor Unglücksfällen schützen soll, die ihn kugelsicher machen soll, die ihm eine heile Rückkehr sichern soll. Wenn er in einem Stück zurückkehrt, dann sammeln sie. Wenn er nicht wiederkommt – nun, das ist schlimm, aber nicht zu ändern.

Wieder eine andere Variante des Medizinmannes ist der *heyoka* – der heilige Clown – der seine Donnerkraft zum Heilen benützt. Wenn man das Wort »Medizinmann« ausbreitet wie eine Decke und genügend dehnt, um sie alle zu bedecken, dann, glaube ich, kann sogar noch ein Peyote–Mann darunterschlüpfen und sich als Medizinmann ausgeben. Aber je mehr ich darüber nachdenke, desto mehr glaube ich, daß nur einer der wahre Medizinmann ist: *wićaśa wakan* – der heilige Mann. Er kann heilen, prophezeien, zu den Pflanzen sprechen, den Steinen befehlen, den Sonnentanz leiten oder das Wetter ändern. Aber all dies ist für ihn nicht so wichtig. Es sind mehr oder weniger Stufen, die er hinaufsteigt. Der *wićaśa wakan* hat das bereits hinter sich. Er hatte bereits *wakanya wowanyanke* – die große Vision. Sitting Bull war so ein Mann. Als er seine Sonnentanzvision am Medicine Deer Rock hatte, sah er viele blaugefrackte Soldaten rückwärts in ein Indianerlager fallen, und er hörte eine Stimme, die sagte: »Ich gebe sie dir, denn sie haben keine Ohren.« Da wußte Sitting Bull, daß die nächste Schlacht die Indianer gewinnen würden. Er kämpfte selbst nicht, er befehltigte keine Männer, er tat nichts, außer seine Weisheit und seine Kraft für sein Volk wirken zu lassen.

Der *wićaśa wakan* will für sich sein. Er will abseits von der Menge und dem täglichen Kleinkram sein. Er will meditieren, will sich gegen einen Baum oder einen Felsen lehnen, will die Bewegungen der Erde unter sich spüren. Auf diese Weise kann er Dinge herausfinden und Fragen beantworten. Indem er seine Augen schließt, sieht er viele Dinge klarer. Was du mit geschlossenen Augen siehst, das zählt.

Der *wićaśa wakan* liebt die Ruhe, in sie hüllt er sich ein wie in seine Decke – eine laute Stille mit einer Donnerstimme, die ihm vieles erzählt. Ein solcher Mann bevorzugt einen Platz, wo außer dem Summen der Insekten nichts zu hören ist. Er sitzt und blickt nach Westen und bittet um Hilfe. Er spricht zu den Pflanzen, und sie antworten ihm. Er lauscht den Stimmen der *wama káskan* – den Stimmen all derer, die sich auf der Erde bewegen, den Tieren. Er ist eins mit ihnen. Von allen Lebewesen fließt ständig etwas in ihn hinein und etwas fließt aus ihm zu ihnen. Ich kann nicht sagen, wo was fließt, es ist einfach da. Ich weiß es.

Dieser Medizinmann ist weder gut noch böse. Er lebt – nichts sonst, und das genügt auch. Die Weißen bezahlen einen Pfarrer, um »gut« zu sein, um sich in der Öffentlichkeit gut zu benehmen, um einen weißen Kragen zu tragen, um sich von einer bestimmten Art von Frauen fernzuhalten. Niemand bezahlt einen indianischen Medizinmann, auf daß er gut sei, sich benehme und achtbar handle. Der *wićaśa wakan* ist einfach er selbst, und dementsprechend handelt er auch. Er hat die völlige Freiheit – die Freiheit eines Baumes oder eines Vogels. Diese Freiheit kann schön sein oder häßlich; es spielt keine Rolle.

Alle Medizinmänner – die Pflanzenheiler wie die heiligen Männer – haben ihre ganz persönlichen Methoden, die sich nach ihren Visionen richten. Der Große Geist will, daß die Menschen verschieden sind. Er läßt einen Menschen ein bestimmtes Tier, einen bestimmten Baum oder ein bestimmtes Kraut lieben. Er läßt Menschen sich von einem Lieblingsfleck auf dieser Erde angezogen fühlen, wo sie sich besonders wohl fühlen, von dem sie sagen: »Das ist ein Platz, der mich glücklich macht, ein Platz, wo ich hingehöre.« Der Große Geist ist einer und gleichzeitig viele. Er ist Teil der Sonne, und die Sonne ist Teil von ihm. Er kann in einem Donnervogel sein oder in einem Tier oder in einer Pflanze.

Ein Menschenwesen besteht ebenso aus vielen Dingen. Was immer die Luft zur Luft, die Erde zur Erde, die Kräuter zu Kräutern und die Steine zu Steinen macht, ist auch ein Teil unseres Körpers. Wir müssen lernen, verschieden zu sein, um die mannigfaltigen Dinge zu spüren und zu schmecken, die wir sind. Die Tiere und Pflanzen lehrt *wakan tanka,* wie sie sein sollen. Sie sind nicht eins wie das andere. Vögel unter-

scheiden sich von anderen Vögeln. Einige bauen Nester, andere wieder nicht. Es gibt Tiere, die leben in Löchern, andere wieder in Höhlen oder im Busch.
Manche brauchen gar kein Zuhause.
Sogar Tiere derselben Art – zwei Hirsche, zwei Eulen – werden sich verschieden benehmen. Auch der Hamster deiner Tochter lebt auf seine Weise, sie alle benehmen sich ihrer Art entsprechend und nicht anders. Ich habe viele Pflanzen studiert. Nimm die Blätter einer Pflanze am selben Stengel – keines stimmt genau mit den anderen überein. Auf der ganzen Erde gibt es kein Blatt, das genau so noch einmal vorkommt. Dem Großen Geist gefällt es so. Er zeichnet den Pfad des Lebens nur groß vor, er zeigt den Kreaturen auf dieser Erde lediglich, wohin sie gehen müssen und wo sie ankommen müssen, aber er überläßt es ihnen, den Weg dorthin zu finden. Er will, daß sie unabhängig handeln, ihrer Natur und den Bedürfnissen folgen, die in ihnen wohnen.
Wenn *wakan tanka* wünscht, daß die Pflanzen, die Tiere, ja sogar die kleinen Mäuse und Käfer ihren eigenen Weg gehen, wie müssen ihm da die Menschen zuwider sein, die keine eigene Persönlichkeit aufweisen, die alle das gleiche tun, die alle zur gleichen Zeit aufstehen, die alle die gleichen Kleider aus dem Warenhaus tragen, die alle mit derselben U-Bahn fahren, im selben Büro der gleichen Arbeit nachgehen und deren Augen auf die selbe Uhr schauen, und das ist das Schlimmste, die alle ständig das gleiche denken. Alle Lebewesen leben für einen bestimmten Zweck. Sogar eine Ameise weiß, was ihre Aufgabe ist – sie weiß es nicht mit ihrem Gehirn, aber irgendwie weiß sie es. Allein die Menschenwesen sind an einem Punkt angelangt, wo sie nicht mehr wissen, wozu sie leben. Sie wissen ihr Gehirn nicht mehr zu gebrauchen, und sie haben das geheime Wissen ihrer Körper, ihrer Sinne und ihrer Träume vergessen. Sie machen keinen Gebrauch mehr von dem Geist, der einem jeden von ihnen eingegeben wurde; sie sind sich darüber nicht einmal bewußt, und so stolpern sie blind auf der Straße ins Nichts – ein geteerter Highway, den sie selber gewalzt und geglättet haben, um schneller zu dem riesigen Loch zu kommen, daß sie am Ende alle verschlucken wird. Es ist ein schneller, komfortabler Super-Highway, aber ich weiß, wo er hinführt. Ich habe es

gesehen. Ich war in meinen Visionen bereits dort, und ein Schauer läuft mir den Rücken runter, wenn ich nur daran denke.
Ein Medizinmann zu sein, ist, glaube ich, mehr als alles andere ein Bewußtseinsstand, eine Sichtweise, die Erde zu sehen und zu verstehen, ein Gespür und ein Verständnis dafür, worum es geht. Bin ich ein *wićaśa wakan?* Ich denke schon. Was könnte oder würde ich sonst sein? Wenn du mich so in meinem geflickten, abgetragenen Hemd siehst, mit meinen abgetretenen Cowboystiefeln, dem pfeifenden Hörgerät im Ohr, und wenn du die dünnwandige Hütte anschaust mit dem stinkenden Plumpsklo dahinter, das ich mein Zuhause nenne, dann paßt das eigentlich nicht zu dem Bild, das sich ein weißer Mann von einem heiligen Mann macht. Sicher nicht. Du kennst mich betrunken und hast mich schon gesehen, als ich völlig am Boden war. Du hast mich fluchen und schmutzige Witze erzählen hören. Du weißt, daß ich weder besser noch weiser als andere Männer bin. Aber ich war allein auf dem Berg, ich hatte meine Vision, und ich erhielt meine Kraft: der Rest ist Übung. Diese Vision verläßt mich nie mehr – weder im Gefängnis noch beim Malen irgendwelcher Reklameschilder an der Wand eines Restaurants. Auch nicht, wenn ich im Saloon sitze oder mit einer Frau zusammen bin – gerade da ist sie bei mir.
Ich bin ein Medizinmann, weil mir ein Traum sagte, einer zu sein, weil mir befohlen wurde, einer zu sein, weil die heiligen Männer – Chest, Thunderhawk, Chips, Good Lance – mir geholfen haben, einer zu sein. Daran kann und will ich nichts ändern. Ich könnte dich von einer Krankheit allein mit einem Glas klarem, kalten Wasser und der Kraft meiner Vision heilen. Nicht immer, aber meistens. Ich will ein *wićaśa wakan* sein, ein Mann, der den Kummer der anderen spürt. Ein Todesfall macht mich schwach. Eine junge Frau wurde mit ihrem Kind letzte Nacht auf dem Highway getötet. Das hat mich sehr getroffen. Meine Gedanken sind bei ihnen. Bei Sonnenuntergang werde ich für sie zum Großen Geist sprechen. Ich werde meine Pfeife füllen und sie für die beiden rauchen. Das mache ich immer so. Robert Kennedy wurde ermordet, kurz nachdem er hier draußen war und mit uns Indianern gesprochen hatte. Ich ging in meine Schwitzhütte und habe ihm ein

Opfer gebracht. Kannst du dir vorstellen, daß ein weißer Mann für Crazy Horse betet? Ich bin alle Stufen gestiegen, das Heilen mit Kräutern, die *yuwipi*-Zeremonie, das Peyote. Ich habe einfach meine Pfeife genommen und bin von dort zu einem höheren Punkt gegangen. Ich will etwas mehr über die Methoden unserer Medizinmänner sprechen; über jene, die noch leben und jene, die bereits von uns gegangen sind. Ich werde dazu meine Augen schließen, werde denken, während ich spreche, werde den Geist durch mich sprechen lassen. Dies ist ein Erinnern. Wir haben ein eigenes Wort für diese Art des Zurückdenkens: *waki-ksuya*. Es bedeutet: Zurückrufen, in die Vergangenheit reisen, in Verbindung mit den Geistern treten, eine Nachricht von ihnen erhalten, die toten Freunde in sein Bewußtsein holen, ihre Stimmen noch einmal hören, vielleicht sogar zu einer Vision gelangen. Doch ich will das alles jetzt nicht tun. Ich will mich nur zurücklehnen, meine Augen schließen und jemand anderem das Steuer überlassen. Ich werde einfach reden und die Worte ihren eigenen Weg finden lassen.

Ein *pejuta wićaśa*, ein Arzt und Heiler, wirst du, weil ein Traum es dir sagt. Doch kein Mensch träumt von aller Medizin. Du mußt die Heilkunst dort anwenden, wo deine Kräfte liegen. Diese Kräfte erbst du nicht; du mußt hart arbeiten, du mußt für sie fasten, sie herbeiträumen. Sie werden nicht immer kommen. Es stimmt, daß aus manchen Familien eine Linie guter Medizinmänner hervorgeht, und es hilft auch, einen Medizinmann im Verwandtenkreis zu haben, der dich unterrichtet und versucht, seine Kräfte auf dich zu übertragen. Es klappt manchmal, aber nicht immer. Medizinmänner sind keine Pferde. Du kannst sie nicht züchten. Du kannst einem Jungen ein Auto schenken und ihm das Fahren beibringen, doch wenn kein Benzin im Tank ist, nützen ihm das Lernen und das Auto wenig. Manchmal überspringt die Kraft eine Generation und kehrt in einem Enkel wieder.

Ein Medizinmann versucht, wenn er alt wird, seine Vision und sein Wissen an seinen Sohn weiterzugeben. Es gibt da eine Kräftelinie, aber manchmal kommt der Saft einfach nicht durch. Wenn trotz all dem Lernen und Versuchen und Betteln um eine Vision einem Mann diese Kraft versagt bleibt, dann wird er das einsehen. Meistens ist er dann ehrlich genug und wird den Versuch aufgeben. Doch manchmal täuscht ein Mann die Fähigkeiten vor, gibt sich als etwas aus, das er nicht ist. Am Ende bringt das nur Unglück für ihn. Wer versucht, andere reinzulegen, legt nur sich selber rein. Daher lassen es auch die meisten.

Einer der größten Medizinmänner unter uns Sioux war der alte Chips. Ohne ihn wäre unsere Religion womöglich untergegangen. Während der finstersten Jahre hat er seine Vision am Leben erhalten und sie zum Wohl seines Volkes eingesetzt. Er war ein wahrhaftiger *wićaśa wakan.* Wenn er uns nichts beigebracht hätte, gäbe es jetzt keine Medizinmänner mehr unter uns. Er tat fast alles alleine. Sicher, er hat seine Kraft an seinen Sohn abgegeben, Ellis Chips, und der ist auch ein guter Mann.

Doch die ureigenen Kräfte des alten heiligen Mannes sind in seinem Enkel Godfrey wiedergekehrt, obwohl er erst ein junger Kerl von sechzehn ist. Zuerst wurde die Kraft einem seiner älteren Brüder gegeben. Doch der wußte damit nicht umzugehen. Der war dem harten Zeug zu sehr zugeneigt und liebte ab und an ein Glas oder zwei. »Nehmt mir diese Last ab«, sagte er »es ist nicht gut für mich.«

Und so tauchte die Kraft in dem jüngeren Buben Godfrey auf. Niemand hatte es mit ihm versucht, doch die Geister, die *yuwipi,* haben sich ihn ausgesucht und über drei Monate lang zu ihm gesprochen. Er hat sie nicht verstanden und sich anfangs gefürchtet. Er erzählte seinem Vater davon. Sein Vater sagte zu ihm: »Warum bittest du sie nicht, dir etwas ins Ohr zu stecken, damit du sie verstehen kannst.« Nun, das tat er, und der *yuwipi* gab ihm eine Medizin und riet ihm, nach einem bestimmten Kraut zu suchen. Dem Rat seines Vaters folgend, rieb er es sich ins Ohr, und von da an verstand er die Geister. Sie sagten zu ihm, daß er ihr Übersetzer sein werde und alles genau wiedergeben soll, wie der *yuwipi* es ihm gesagt hatte. Von dieser Nacht an war er ihr Sprecher. Als dies geschah, war er erst dreizehn Jahre alt. Er ist unser jüngster *yuwipi*-Mann.

Ansonsten ist er ein gut aufgelegter, normaler Bub. Er spielt die üblichen Spiele mit seinen Freunden und hat ein besonderes Vergnügen daran, Maschinen und allen möglichen Krimskrams auseinanderzunehmen, um zu sehen, wie es funktioniert. Nur in einem Punkt unterscheidet er sich von den anderen Jungen: er ist nie mehr in eine Rauferei verwickelt. Wenn ihn ein anderer schlägt, haut er nicht zurück. Er wird auch nicht in die Nähe eines Mädchens kommen, das seine Monatsblutung hat, denn das könnte für beide schlecht sein. Während des Tages ist er ein hübsches Kind, wie viele andere auch, doch in der Nacht ist er ein sehr mächtiger *yuwipi*. Die Chips-Familie war mit Crazy Horse verwandt, und die Leute sagen, daß der Geist dieses großen Kriegers manchmal während der Zeremonien des jungen Chips anwesend sei. Es stimmt, einer der Geister hat allerhand Kraft. Manchmal zerbricht er Sachen, zertrümmert Teller und Tassen, ruiniert beinahe den Platz.

Nun, Crazy Horse war ein Krieger, kein Medizinmann. Er war ein Töter, aber er hatte seltsame Kräfte, zum Beispiel den Kiesel hinter seinem Ohr, der ihn kugelsicher machte. Er trug ein Kraut mit sich, *santu bu*, das rote Gras, und *wotawe*, seine besondere Medizin. Die Kraft von Crazy Horse ist immer noch um uns, wie zwei Feuersteine, die aneinanderschlagen. Gewaltig. Ich habe einen Sohn, Richard, den du nie getroffen hast. Manchmal denke ich, er muß etwas von dieser Kriegerkraft mitbekommen haben. Jahrelang arbeitete er als Stuntman für Indianerrollen in Hollywood und machte verrückte, halsbrecherische Sachen. Er hatte nie einen Unfall, nie die kleinste Verletzung. Wie Crazy Horse war er unverwundbar. Das gab ihm Vertrauen.

Als es sicher war, daß der junge Chips ein Medizinmann werden würde, nahmen ihn seine Eltern sofort aus der Schule. Wir tun das gewöhnlich in so einem Fall wie bei Chips. Du kannst nicht gleichzeitig eine weiße Schule besuchen und den Weg eines Medizinmannes gehen. Ich kenne den Vater eines anderen Kindes, das Anzeichen zeigte, *wakan* zu sein. Als die Beamten kamen, die die Schulschwänzer einsammeln, hat sein Vater sie mit dem Gewehr vertrieben. Der Junge kann heute weder lesen noch schreiben, doch er wuchs heran und wurde ein guter Medizinmann.

Bei Godfrey Chips kam auch die Polizei. Doch ihr Auto kam ins Schleudern und überschlug sich, und ein Polizist hatte eine ausgekugelte Schulter. Nach diesem Zwischenfall ließen sie ihn in Ruhe. Jetzt hat er ein Papier, das ihm bescheinigt,

daß er getreu nach der traditionellen indianischen Weise lebt und keine Schule besuchen muß.
Wir wußten von Anfang an, daß seine Kräfte mächtig waren. Eine Familie reiste 200 Meilen, um seine Hilfe zu erbitten. Sie hatten ihren kleinen Jungen verloren, er war spurlos verschwunden. Sie baten den jungen Chips, ihn für sie zu finden. Eine Zeremonie wurde abgehalten, und Godfrey fragte die Geister. »Ich sehe euren Sohn«, sagte Godfrey dann zu den Eltern, »und ihr werdet ihn auch sehen, in sieben Tagen, aber ich weiß nicht, ob ihr froh sein werdet, ihn zu sehen.« Und er beschrieb ihnen, wo sie ihn finden würden. Später nahm er mich beiseite und sagte zu mir: »Onkel, ich habe den Jungen gesehen. Ich wollte es seinem Vater nicht sagen, aber das Kind ist tot. Ich sah ihn. Da lebte er noch, doch dann, in meiner Vision sah ich, wie er im Missouri ertrank. Ich könnte seinen Zustand genau beschreiben, aber ich laß es lieber. Ich weiß, ich muß die Wahrheit sagen, aber vielleicht doch nicht alles auf einmal.« Chips war selbst noch ein Kind, und den Eltern den Tod ihres Kindes bekanntzugeben, lastete schwer auf seiner Seele. Es war einfach zu viel. Sie fanden das Kind sieben Tage später, genau wie Godfrey Chips es vorausgesagt hatte.
Du kannst also auf verschiedene Weise ein Medizinmann werden, wie Chips, indem die *yuwipis* zu dir sprechen, oder wie ich durch *hanblechia*, die Visionsgabe. Vielleicht hast du auch Glück, und ein heiliger Mann gibt dir seine Kraft. Bald wird es auch für mich Zeit, daß ich mich nach einem jungen Mann umsehe, dem ich meine Kraft übergebe. Wenn er auftaucht, werde ich ihn sofort erkennen. Ich werde es spüren: das ist er! Diese Kraft ist etwas wie AC* und DC**. Der weiße Pfarrer macht es mit AC. Er nimmt, was immer er hat, und es geht geradeaus weiter und verschwindet. Es kommt nie mehr zurück. Ich bin auf DC. Die Linie kann unterbrochen werden und kommt dennoch zurück, sie bewegt sich wie ein Kreis ohne Anfang und Ende. Ich beobachte meine Verbindungslinie zu den anderen Medizinmännern und schau, wo eine Lücke ist. Ich halte auch Ausschau nach einem Nachfolger.
Wie ich schon gesagt habe, wird einer meistens durch seine

* Gleichstrom ** Wechselstrom

eigene Vision zum Medizinmann. Sein Traum ist sein ganz persönliches Eigentum; niemand hat noch einmal genau den gleichen Traum. Ein gewisses Etwas wird in diesem Traum sein, das nur für ihn geschaffen ist – sein besonderes Geheimnis. Teile seines Traumes wird er aber auch mit anderen Medizinmännern teilen – eine gemeinsame Vision, die sie zusammenhält, die aus unserem gemeinsamen Blut kommt, direkt aus der Prärie. Ein Medizinmann zu sein, bindet einen Mann an sein Volk wie der Lederstreifen der *yuwipi*-Zeremonie die Glieder an den Körper.
Ich achte andere Religionen, mir gefällt nur nicht, wie sie verhunzt und mißbraucht werden. Ihr habt einen Blondie aus Jesus gemacht. Ich kümmere mich nicht um die Abbildungen eines blonden, blauäugigen, hygienischen, mit Ajax gescheuerten Christus. Aber wie wärs mit einem Jesus mit Zöpfen und einer Adlerfeder? Nicht wahr, jetzt nennt ihr mich einen verrückten Indianer . . .! Aber Jesus war ein Jude und kein blondgelockter Europäer. Ich bin sicher, er hatte schwarze Haare und dunkle Haut wie ein Indianer. Die weißen Rancher hier in South Dakota hätten ihn nicht mit ihren Töchtern ausgehen lassen, sie hätten ihn auch nicht in ihren Kneipen geduldet. Seine Religion kam aus der Wüste, wo er lebte, eine Welt der Berge, Tiere und Pflanzen, seiner Berge, seiner Tiere und seiner Pflanzen. Ihr habt versucht, einen englischen Bürstenverkäufer aus ihm zu machen, einen langhaarigen Billy Graham im modischen Nachthemd – und *darum* arbeitet er auch nicht mehr für euch! Ich glaube, er war ein sehr guter Medizinmann. Wie man in der Bibel nachlesen kann, hatte er die Kraft zu heilen. Er war ein Hippie. *Hipi* – in unserer Sprache bedeutet das: er ist da, wir sind da, es ist da.
Ich habe nichts gegen einen jungen Weißen mit langem Haar und einem Perlenstirnband, der zu mir kommt und mich bittet, von der indianischen Religion zu sprechen, und der mit uns beten will. Aber ich hätte etwas dagegen, wenn er versuchen würde, unseren Glauben zu ändern und ihn an seine Kultur, an seinen Fortschritt, an seine Zivilisation und das ganze Zeug anzupassen. Da hätte ich allerdings etwas dagegen. Du kannst nicht unseren Glauben von unseren Badlands und Prärien loslösen und in eines eurer Fabrik- oder Bürogebäude verlegen.

Auf einem unserer Sioux-Reservate wurde für uns Indianer eine große katholische Kirche gebaut. Sie ist wie ein gigantisches Tipi geformt. Über dem Altar hängt gemeinsam mit dem Kreuz eine riesige Pfeife. Damit wird versucht, dir weiszumachen, daß Jesus ein *yuwipi* war. Er will sagen: Kommt alle her, ihr Peyote-Anhänger, ihr Medizinmänner, ihr *heyokas* und Hirschträumer, kommt alle, ihr Indianer, und betet hier. Dies hier ist wie eine *hanblechia* oder eine Peyote-Sitzung; es ist doch alles das gleiche, es gibt keinen Unterschied. Ich mag das nicht, und viele andere außer mir mögen das auch nicht. Es ist unehrlich. Denn da ist ein Unterschied, und es wird immer einen Unterschied geben, solange auch nur noch ein Indianer am Leben ist. Unser Glaube ist tief in der Erde verwurzelt, egal, was immer ihr der Erde angetan und wieviel ihr mit Zement bedeckt habt. Wenn ihr euren Beton und Teer für ein Jahr oder zwei Jahre vergeßt und euch nicht darum kümmert, dann werden unsere Pflanzen, die indianischen Pflanzen, die schon immer hier waren, den Beton durchbohren und ans Licht stoßen.

Um ein richtiger Medizinmann zu sein, sollte man die Visionen dort suchen, in der Natur. Im Westen bekommt ein Mann seine Kraft vom Büffel. Vom Norden erhält er seine Kraft von den Donnerwesen. Aus dem Osten kommt die Kraft vom Geisterpferd und dem Hirsch. Aus dem Süden kommt die Geisterkraft. Von oben, vom Himmel, erhält er die Weisheit des großen Adlers. Von unten, aus der Erde, wird er die Nahrung der Mutter bekommen. So wird man ein *wićaśa wakan*, so lernt man die geheime Sprache, um über heilige Dinge zu sprechen, um mit Steinen und Pflanzen zu arbeiten, um die Pfeife zu gebrauchen.

Von den Tieren kommt viel Kraft, und die meisten Medizinmänner haben ihr besonderes Tier, das sie in ihrer ersten Vision sahen. Dieses Tier wird nie getötet. Medizinmänner können Träumer von Büffeln, Adlern, Hirschen oder Bären sein. Von allen Vierbeinern und Geflügelten, von denen ein Mann eine Vision haben kann, ist der Bär der erste. Was die Medizin angeht, ist der Bär das weiseste aller Geschöpfe. Wenn ein Mann vom Bär träumt, kann er ein großer Heiler werden. Der Bär ist das einzige Tier, das in einer Vision sich wie ein Medizinmann benimmt und den Menschen Kräuter gibt. Mit sei-

nen Klauen gräbt der Bär nach Wurzeln, die eine besondere Heilkraft haben. Oft zeigt er einem Mann in seiner Vision, welche Medizin er künftig verwenden muß.
Die alten Medizinmänner trugen meist in ihren geweihten Bündeln Bärenklauen. Diese Klauen, in das Fleisch einer erkrankten Person gedrückt, können bewirken, daß die heilende Bären-Medizin in den Körper eindringt. Viele Lieder der Bärenträumer enden mit den Worten *Mato hemakiye* – ein Bär hat mir das erzählt. Jeder weiß dann, wer diesem Medizinmann seine Mächte verliehen hat. Die Bärenträumer hatten eine glückliche Hand bei Knochenbrüchen. Sie vermischten eine besondere Bärenmedizin – *huhuwehanhan pejuta* – mit Fett und schmierten sie auf den gebrochenen Arm oder den gebrochenen Fuß. Dann richteten sie die Knochen ein und umwickelten das verletzte Glied fest mit feuchtem Leder. Einen Monat später lief der Patient wieder, ohne zu hinken, oder spannte mit dem verarzteten Arm mühelos den Bogen. So haben mir die alten Leute erzählt. Und billiger als ein Krankenhaus war es auch, das kannst du mir glauben.
Diese Bären-Medizinmänner haben ihr Handwerk wirklich verstanden. Unsere Leute sind früher neunzig und hundert Jahre alt geworden und hatten dann immer noch ihr vollständiges Gebiß. Die moderne Ernährung, die blitzenden neuen Krankenhäuser und die schlechten Zähne gehören zusammen. Die alten Veteranen, die noch gegen Custer (1876) gekämpft haben, trafen sich in den 30er und 40er Jahren immer noch. Manche waren über hundert Jahre alt, aber immer noch fähig, auf einem Pferd zu sitzen und – eine ihrer Lieblingsbeschäftigungen – auf zähem Fleisch herumzukauen. Sie hatten immer noch ihre spirituellen Treffen im Dunkeln. Ich half ihnen beim Singen. Die meisten der *yuwipi*-Lieder habe ich bei dieser Gelegenheit von einem Zwillingsbrüderpaar gelernt. Diese Zusammenkünfte mußten wir heimlich abhalten, denn die Regierung versuchte, sie zu vereiteln, um die Kraft und die Mächte der indianischen Ärzte zu brechen.
Ein Hirschträumer war fast genauso stark wie ein Bärenträumer. Der Hirsch* verkörpert viele gute Dinge: Kraft, Jugend,

* hier: Elk, im Gegensatz zu »Deer«
Im Original ist hier von Elk = Wapiti-Hirsch die Rede im Gegensatz zu »Deer« = Hirschwild.

Liebe. Ein Hirsch ist mutig, er verteidigt seine Herde. Hirschträumer schauen aus diesem Grunde nach den Frauen und Kindern. Sie kümmern sich um die Armen. Sie haben ihre besondere Art, mit den Mädchen umzugehen, doch sie sind keine Weiberfetzer. Sie behandeln Frauen mit Respekt und Höflichkeit, doch sie besitzen auch die Liebeskraft. Die Frauen wissen das. Wenn ein Hirsch-Medizinmann in die Nähe kommt, dann fühlen sie das, noch bevor sie ihn sehen. Sie werden unruhig, fummeln herum, zupfen an ihren Röcken. Niemand sagt ihnen das, es ist der Einfluß der Hirschkraft. Beobachte einmal solch ein Tier, wie es seinen Harem beschützt und sich bei Gefahr vor seine Hirschkühe stellt.

Der Hirsch ist ein Sportler. Trotz seines großen Geweihs kann er durch einen dichten Wald jagen, egal, wie eng die Bäume stehen. Wie er das macht, weiß man nicht. Er lebt mit den Bäumen, er ist selbst wie ein Baum geformt; seine Stangen sind wie Äste.

Ein Hirschmeister gewinnt seine Kraft von diesem Tier. Diese Kraft dreht deine Augen nach innen und dringt in dein Denken ein, füllt den ganzen Körper mit *wakan.* Ein Hirsch-Mann hat eine gute Stimme und ist ein guter Musiker, ein Flötenspieler. Diese Flöte – *siyotanka* – bezaubert, sie läßt die Liebeslieder erklingen, mit denen ein Junge sein Mädchen ruft. Der Klang reist weit; sogar die Tiere im Wald lieben den Ton. Mit den Tönen reist ein guter Geist. Ein Hirsch-Medizinmann wächst, um zu werden wie sein Tier. Er kann die Spuren eines Hirsches hinter sich lassen, um seine Kraft zu zeigen.

Der Hirschgeist kommt mit dem Geräusch eines Stiefels auf dem Boden, wie ein Huf, der Eisen berührt. Ich habe das selbst erlebt. Früher benützten die Hirschträumer eine Maske, wenn sie Kranke behandelten. Außerdem trugen sie kleine, geflochtene Reifen im Haar, denn der Kreis ist eines der Symbole des Hirsches.

Ein Hirsch-Mann ist der richtige Arzt für kranke Frauen. Er beherrscht machtvolle Jagdzaubersprüche und Liebeszaubersprüche. Er leitet die *hehaka lowanpi*-Zeremonie. Er kennt alle Hirschlieder. Er arbeitet mit der Hirschmedizin – *hehaka tapejuta* – die ihr Pferdeminze nennt. Sie wächst in den trockenen Hügeln. Sie schaut aus wie ein Trommelschlegel mit kleinen blauen und purpurroten Blütenblättern und hat einen guten, süßen Geschmack. Diese Minze ist eine Blutmedizin. Man kaut die Blätter und bedeckt damit Wunden oder Schnitte. Sie wirken blutstillend und beschleunigen die Heilung. Du kannst diese Medizin auch als Tee verwenden. Du trinkst ihn dann gegen Husten und Kreislaufschwäche. Du tauchst ein Tuch in den Tee und legst es auf deine entzündeten Augen. Diese Hirsch-Medizin, auf verschiedene Weise angewendet, heilt viele Krankheiten.

Wir haben auch Medizinmänner, die ihre Kraft vom Büffel, vom Kojoten und vom Dachs erhalten haben. Einmal konnte ich einem Schlangen-Medizinmann bei der Arbeit zusehen. Es war im Jahr 1919, und ein Bekannter war von einer großen Prärieklapperschlange gebissen worden. Sie hatte ihn zweimal erwischt, am Knöchel und ein Stück höher. Sein Bein schwoll an und verfärbte sich. Der Mann hatte schreckliche Schmerzen und mußte sich ständig übergeben. Seine Familie schickte nach Black Moon, einem Schlangen-Mann von Cherry Creek. Er konnte seinen Körper wie eine Schlange bewegen. Seine Zunge war wie die einer Schlange, ständig schnellte sie aus dem Mund und verschwand wieder, wie eine züngelnde Flamme. Er konnte seine Augen hart und starr blicken lassen, ohne jeden Ausdruck, wie eine Klapperschlange eben. Er sagte zu dem Mann, der sich vor Schmerzen krümmte: »Die Schlange ist mein Freund. Klapperschlangen, Ringelnattern, Bullenschlangen, sie sind alle meine Freunde. Ich habe die Kraft. Wenn du mir glaubst, wirst du in vier Tagen geheilt sein. Ich brauche dir nicht einmal eine Medizin zu geben. Ich habe es hier: *zuzeka tapejuta*, das haarige Zungenkraut, aber ich brauche es nicht.« Dann hielt Black Moon eine *kankakpa*-Zeremonie ab. Er betrachtete die Bißwunden, aus denen das Blut lief. Black Moon nahm einen spitzen Stecken, spaltete ihn wie eine Schlangenzunge und steckte einen Dime dazwischen. Diesen Stock band er mit einer Schnur aus Darm eng an das Bein und ließ das Ende mit der Münze hart gegen die Vene schnalzen. Ich sah grünen, dunklen Saft aus der Wunde spritzen. Sobald das grüne Zeug heraußen und das Blut wieder rot ist, sagst du zur Schlange, sie solle sich zum Teufel scheren. Es kam so, wie der Schlangen-Medizinmann es vorausgesagt hatte: Nach der Blutung

wurde dem Mann besser, und nach vier Tagen war er so gut wie gesund.
Diese Art künstlicher Blutung *–kankakpa–* wird für zahlreiche Unpäßlichkeiten angewendet. Du schlägst die Vene an, und das Blut kommt, und die Krankheit wird getilgt. Wenn dein Blut nicht zu dunkel ist, macht der Medizinmann die Behandlung nur an einem Arm. Das ist gut bei Ekzemen und entzündeten Augen. Sonst macht er es an allen vier Gliedern. Leute mit hohem Blutdruck haben dunkles Blut. Der Medizinmann wartet, bis das Blut heller wird. Danach drückt er etwas Spinnweben auf die Stelle, wo er das *kankakpa* gemacht hat. Spinnweben sind besser als Jod und Wasserstoff und all das Zeug. Nach vier, fünf Tagen fühlt sich der Kranke wieder frisch, so als komme er gerade aus einem Schwitzbad.
Auch die Vögel geben einem Medizinmann besondere Kräfte. Nimm George Eagle Elk. Ich glaube, die meiste Kraft bekommt er vom Adler, denn wenn er seine Heilungszeremonien abhält, kannst du die Gegenwart eines großen Vogels hören und spüren. Old George braucht vier Tage, um einen Kranken zu heilen. Er benützt alle möglichen Kräuter, kocht sie und macht daraus einen Tee, fast wie eine Suppe.
Wenn ich das nächste Mal in ein Schwitzbad gehe, um mich für eine größere Zeremonie vorzubereiten, dann schau dir den Himmel aufmerksam an. Meistens wirst du dort oben einen Adler sehen, der seine Kreise zieht, ein kleiner schwarzer Fleck, der immer wieder seine Runde dreht. Diese Adler-Kraft ist immer gegenwärtig. Auch die Eule ist sehr wichtig. Sie ist wach, wenn Menschen und Tiere schlafen. Sie sieht im Dunkeln, fliegt in der Nacht und bringt uns Träume. Ich achte sie. Ich werde nie einem Mitglied der Eulen-Nation etwas zuleide tun. Der Bussard *–heca–* ist ein Wetterprophet. Sobald er sich zeigt, gehen Kälte und Schnee zu Ende. Ein anderer wetterkundiger Vogel ist *maste-kola,* die Lerche. Es wird schönes Wetter, wenn sie kerzengerade in die Wolken hoch fliegt. Sie singt: »*Masteko, masteko* – ich liebe die warme Luft.«
Wir haben von heiligen Männern gesprochen, von Heilern und von Propheten. Ich darf nicht *wokabiyeya* vergessen, den Zauberer. Seine Methode heißt *kiyapa:* er saugt die Krankheit mit seinem Atem aus dem Körper, atmet sie ein, könnte man sagen, zieht kleine Stachelschweinsborsten oder scharfe Grä-

ser aus deinem Körper, die von einem bösen Geist oder einem rattenähnlichen Tier in deinen Körper geschossen wurden und die viel Unbehagen bereiten und deine Haut in Beulen und Pickeln aufbrechen lassen. Ein Zauberer ist ein Mann, der mit *wihmunge* arbeitet – mit der Hexenkraft. Die Anthropologen nennen ihn daher gern den Hexendoktor.

Diese Art der Behandlung hat ihren Ursprung in einem alten Glauben: Eine Krankheit, so sagt man, ist etwas, das von außen in den Körper gelangt ist – spitze Dinge, Würmer, faules Wasser, ein innerer Schmerz, ein Feuer, von den Fiebergeistern in deinem Körper entfacht. Der Zauberer kann diese Leiden einatmen und aussaugen, er bringt sie an die Oberfläche und spuckt sie aus.

Mein Onkel Chest, einer der Medizinmänner, die mich unterrichtet haben, war ein Zauberer, der eine Art Magie bei seinen Behandlungen verwendete. Er war sehr gut darin. Er benützte dazu ein viereckiges schwarzes Tuch und eine Adlerfeder. Das Tuch heftete er an die Wand. Er hatte außerdem eine mit Heilkräften ausgestattete Rassel. Wenn er seine Heilungslieder sang, schlug die Rassel gegen die kranke Person. Zur gleichen Zeit hüpfte die Adlerfeder hoch und auf das schwarze Tuch an der Wand, genau in die Mitte. Du konntest es so oft und so nah betrachten, wie du wolltest. Erst war der schwarze Stoff noch leer, und im nächsten Moment, plötzlich wie ein Blitz, war die Feder darauf. Das Auge konnte ihr nicht folgen, die Feder war zu schnell.

Um einem Kranken das Leiden aus dem Körper zu ziehen, nahm Old Chest eine Feder oder ein paar seiner Medizinsteine aus seinem kleinen Sack und schickte sie in den kranken Körper. Sie trafen den Kerl wie einen Schock und verschwanden in ihm. Die Feder kehrte immer mit etwas Blut oder Schleim behaftet zurück. Die Leute erzählen, daß der alte Mann viele Fälle von Rheumatismus auf diese Weise erfolgreich kuriert habe. Chest kam als Doktor gut zurecht. Immer brachte er Geschenke heim – Decken, Lebensmittel, Kaffee, alles, was er so brauchte. Er lebte mit seiner ganzen Habe in einer Hütte mit einem Raum, aber das meiste verschenkte er meistens wieder, denn er war ein freizügiger Mann. Er wußte immer im voraus, wann jemand kommen und seine Hilfe in Anspruch nehmen würde. Wenn er dieses Gefühl plötzlich

hatte, dann sang er ein kleines Lied: »Ich werde heute noch zu Geld kommen.« Er irrte sich nie.
Chest war ein ehrenhafter Mann. Er hat seine Kräfte nie mißbraucht. Er war ein altmodischer Heiler, ein Mann aus einer vergangenen Zeit. Er war nie habsüchtig. Aber es gibt da einige Zauberer, das sind Scharlatane und Mogelbrüder. Einige haben vielleicht sogar ein paar Kräfte, doch sie benützen sie auf schlechte Weise. Einer warf womöglich etwas Scharfes auf dich, einen Stachel oder einen Felssplitter, du wurdest krank, und nur er konnte dir helfen. Und das hat dich dann einiges gekostet. Oder er nahm deine Seele und änderte deinen Charakter. Er konnte auch Mann und Frau trennen, ihn in eine andere Frau sich verlieben oder sie zu einem anderen Mann gehen lassen. Um deine Liebste zurückzubekommen, mußtest du zahlen. Ein so gearteter Medizinmann mag zum Hexendoktor überwechseln, wenn er sieht, daß er versagt, daß er daneben greift, daß er nicht mehr zu heilen vermag.
Doch die Rückschläge lassen nicht auf sich warten. Einem Mann, der die Mächte so mißbraucht, werden eines Tages seine Kinder krank werden oder wegsterben. Je mehr er bekommt, je mehr wird er verlieren. Einen guten Medizinmann kann man nach seinem Tun und seiner Lebensweise beurteilen. Ist er dünn? Lebt er in einer bescheidenen Hütte? Läßt Geld ihn kalt? Hat er eine fürsorgliche und liebende Frau und glückliche Kinder? Dann ist er ein guter Medizinmann, egal, welche Methoden er anwendet. Es ist auch ein gutes Zeichen, wenn ein Mann nicht vortäuscht, alle Krankheiten behandeln zu können. Wenn er sagt: »Für dein Leiden ist meine Medizin nicht gut, aber ich werde dich zu jemand schicken, der ein Kraut für dich hat«, wenn das einer sagt, dann kannst du sicher sein, daß du einen guten fähigen Mann vor dir hast.
Ich habe nie versucht, auf diese Weise zu heilen, habe es auch nie gewollt. Das gehört nicht zu meiner Vision. Aber einmal habe ich einigen Kerlen einen Streich gespielt, ein Ding, wie auch ein Hexendoktor es sich hätte ausdenken können. Ich hatte mich freiwillig zur Armee gemeldet und ließ gerade den Gesundheitsdienst über mich ergehen. Wir standen alle in einer Reihe und bekamen eine kleine Flasche ausgehändigt, in die wir urinieren sollten. Unter den Männern waren viele Wehrpflichtige, die überlegten, wie sie davonkommen könn-

ten. »Oh, was gäbe ich jetzt drum«, sagten sie, »wenn ich Zucker hätte oder einen Tripper. Dann müßte ich nicht einrücken.« – »Boys, da habt ihr Glück«, sagte ich zu ihnen, »ich leide an beidem, ich bin Diabetiker und geschlechtskrank. Für einen Dollar piesel ich jedem ins Glas.« Junge, da waren sie aber da und wedelten mit ihren grünen Dollarscheinen. Natürlich war bei mir alles in Ordnung. Ich war gesund wie ein Stier. In der nächsten Stunde war ich sehr beschäftigt, trank Gallonen von Wasser, ließ immer wieder etwas ab ins Glas und bekam mehr Kunden, als ich verkraften konnte. Ich verdiente um die 40 Dollar als Pisser. Nun, der Militärarzt grinste von einem Ohr zum anderen. »Ich habe in meinem Leben noch keinen gesünderen Haufen gesehen. Ihr kommt alle zur Infanterie.« Ich mußte einige dieser frischgebackenen Soldaten zu einer Kneipentour einladen. Sie waren so sauer auf mich, daß sie mich umgebracht hätten, wenn ich sie nicht mit Bier versorgt hätte.

Eines sollte ein Medizinmann niemals tun: eine Frau behandeln, wenn sie ihre Periode hat, wenn sie *isnati* ist. Das ist nämlich eine seltsame und mächtige Kraft. Eine Frau, die in ihren Tagen auf eine Klapperschlange spuckt, kann die Schlange damit töten. Wenn du Blumen in einer Vase im Zimmer stehen hast und eine Frau mit *isnati* kommt herein, fangen die Blütenblätter an, sich zu rollen. Eine Frau sollte während dieser Zeit nicht an einer Zeremonie teilnehmen. Ihre Kraft würde mit der Kraft des Medizinmannes zusammenprallen. Es könnte ihm oder ihr schaden. Eine besondere Feder oder ein besonderes Kraut könnte sie gewissermaßen neutralisieren, aber warum etwas riskieren. Es ist besser, wenn sie sich vier Tage lang absondert.

Ein Medizinmann muß zur Erde gehören, er muß die Natur lesen, so wie ein Weißer ein Buch liest. Er sollte über Ernährung und Diät Bescheid wissen, sollte wissen, was er einem Patienten verordnen muß. Gewisse Nahrungsmittel verschlimmern die Krankheit. Die alten Indianerrezepte sind da am besten: rohe Niere, rohe Leber, *wasna,* vielleicht noch den vollständigen Fötus einer Kuh. Reservationen sind wie Vogelkäfige, und wir sind auch gezwungen, Vogelfutter zu essen. Das ist ein Grund, warum wir Indianer nicht mehr so gesund sind wie früher.

Laß mich über die Kräuter und Pflanzen erzählen, die wir bei unserer Arbeit verwenden. Diese Pflanzen haben ihre eigene Lebensweise wie alle Lebewesen. Da haben wir *aunyeyapi*, eine Art Sandbeere: Wenn du dich ihr mit dem Wind näherst, schmeckt sie bitter, kommst du aber von der entgegengesetzten Richtung, schmeckt sie süß. Ein Beispiel, wie seltsam eine Pflanze sein kann: Ich kenne einige Wurzeln, die einen ganz schönen Wind verursachen können, wenn du sie richtig anwendest. Salbei vertreibt die bösen Geister; Süßgras zieht die guten an.

Gegen Bauchweh nehmen wir *taku-sasala*, das Süßgras. Es ist gut gegen Krämpfe und Durchfall. Roteiche beschleunigt den Heilungsprozeß. Pferdeminze und Eisenkraut-Tee sind gut für Bauchschmerzen und Unterleibsbeschwerden. Die Blüten der Prärienelke helfen bei geschwollenem Hals, und die Wurzeln führen ab, nicht zu stark, gerade angenehm. *Wagamu pejuta* ist eine Melonenmedizin. Koch die Melone und nimm einen halben Teelöffel. Es ist ein Brechmittel, ein heißer Guß, es säubert Galle und Nieren. Es öffnet dich. Das Vier-Uhr-Kraut –*huokihe hanskaska* – hilft dir, wenn du nicht mehr Wasser lassen kannst. *Wina wizi cikala* ist eine Art Süßholz. Es schmeckt sehr bitter, wenn du es kaust, aber hervorragend gegen Grippe. *Can makatola* ist eine purpurrote Lilie. Die Blume getrocknet und zu Pulver zerrieben wird bei Prellungen und Schwellungen angewandt. *Cante yazapi icuwe* gibt einen kräftigen Tee gegen Herzbeschwerden. *Sinkpe tawote* – das frißt die Bisamratte, Sweetflag, ist eine unserer gebräuchlichsten Arzneien. Seine bitteren Wurzeln sind ein erprobtes Fiebermittel. Wenn du sie zermahlst und mit Schießpulver vermischst, hast du ein Mittel gegen Muskelkrämpfe in Armen und Beinen. *Tate canuga,* eine Art Schlangenwurz, wird bei Appetitlosigkeit verabreicht. Doch ohne Jobs und ohne Geld auf den Reservaten ist diese Wurzel eine Medizin, die wir heutzutage nicht brauchen.

Taopi pejuta ist unsere große Medizin bei offenen Wunden. Um dieses Kraut zu finden, mußt du in die Badlands gehen und zwischen den prähistorischen Saurierknochen rumsuchen. Es ist besonders bei Schußwunden zu empfehlen. Ein anderes Wundermittel ist *pejuta wahesa.* Hier wird die haarige rote Wurzel verwendet. Die Wurzel ist eigentlich schwarz,

doch wenn du die schwarze Außenhaut abschälst, kommt das rote Fleisch zum Vorschein. Daraus wird ein Puder gewonnen, den man Verwundeten gibt, die durch die Brust oder die Lunge geschossen wurden. Es gibt da die Geschichte von einem Mädchen, die mittendurch geschossen worden war, die weißen Ärzte hatten sie bereits aufgegeben. Doch nachdem sie das Pulver bekommen hatte, konnte sie gerettet werden. »Der Fall ist hoffnungslos«, hatten die Ärzte bereits festgestellt. *Winawizi hutanka* – den englischen Namen dafür kenn ich nicht – ist gut bei zu starken Blutungen. Es wächst auf nassem Boden entlang eines Baches.
Die Purpurkornblume wirkt zerkaut bei Schlangenbissen. Die Schmetterlingspflanze ist gut, wenn du dich übergeben willst. Red Cloud benützte die rote Zeder auch, um eine schlimme Cholera-Epidemie unter seinen Leuten einzudämmen. *Pispiza tawote,* die Präriehund-Medizin, hilft Leuten, die Schwierigkeiten mit dem Atmen haben.
Wir haben viele Kräuter, die mit Kindsgeburt, Säuglingspflege und Sex zu tun haben. *Hupe stola,* das Seifenkraut, ist eine Verwandte der Yuccapflanze. Wirklich eine großartige Medizin. Vermischt mit *unkčela blaska,* einem Kaktus, hilft es der Mutter, wenn das Baby nicht kommen will. Nach einem anderen Rezept hergestellt, ist es *hokši yuhapi šni* – ein Mittel zur Abtreibung. Wenn eine Frau einen triftigen Grund hat, ihr Baby nicht zu bekommen, geben wir ihr das, und dann gibt es keine Geburt. Dies wird äußerst sorgsam angewendet, nach einer langen Zeit der Besinnung.
Diese Medizin hier ist *lila wakan* – sehr heilig; sie funktioniert auf zweierlei Weise. Einmal ist sie gut, um Wildpferde einzufangen. Wenn die Tiere den Rauch des Krauts riechen, verlangsamen sie ihr Tempo und beruhigen sich soweit, daß sie gut eingefangen werden können. Das Kraut tötet aber auch Läuse, falls du dieses Problem haben solltest, und läßt gleichzeitig dein Haar wachsen.
Itopta sapa tapejuta – Schnee-auf-dem-Berg – ist ein Milchkraut. Es wird von den Häufchen der Präriehunde gepflückt. Daraus machst du einen Tee für Mütter, die nicht genug Milch zum Stillen haben. Seine zerquetschten Blätter werden bei Schwellungen aufgelegt. Grünes Milchkraut stoppt Durchfall bei Kleinkindern.

Can hlogan wastemna – ein Ragweed – ist auch ein Geburtshelfer. Es schläfert auch einen Mann so ein, daß du leicht seine Pferde stehlen kannst, doch es empfiehlt sich nicht für Autos. Die weibliche Pflanze des wilden Salbei mindert Menstruationskrämpfe. Ein weiteres Mittel zur Geburtenkontrolle ist eine bestimmte Art von stinkendem Kohl; man verwendet den Saft der gekochten Wurzeln. Man muß damit vorsichtig umgehen – zuviel davon, und die Frau kann keine Kinder mehr bekommen. Einige Stämme benutzen es. Für einen Mann, der zu schwach ist und ihn nicht mehr hoch kriegt, kann eine bestimmte Schlangenwurzel eine große Hilfe sein. Und von einer anderen Pflanze, wenn du davon einem alten Mann nur einen winzigen Samen gibst, dann kann er es die ganze Nacht treiben. Ich werde es nicht beschreiben und auch den Namen nicht verraten, denn sonst haben wir hier eine Invasion von weißen Männern aus den Städten, die alle diesen Samen suchen. Sie würden verrückt werden mit diesem Kraut, und bei mir wäre der Teufel los, weil ich es verraten habe.
Schließlich haben wir einige Kräuter, die nicht bei Menschen, sondern nur bei Pferden und Rindern angewendet werden. Leute mit ökologischem Bewußtsein sollten unbedingt *hante*, eine Zedernart, kennen – ein natürliches, ungefährliches Käferspray. Man zermanscht und kocht die Zweige und verwendet den Sud; den Kartoffelkäfer treibt das sofort in die Flucht. Andere Pflanzen sind ausschließlich Nahrung, wie zum Beispiel der Prärieapfel oder die wilde Rübe, die wir *tinpsila* nennen und wie Brot benützen. Das getrocknete Rübenkraut ist das Purzelbaumkraut, das du bei starkem Wind die Autobahn entlangkugeln siehst. Wir haben auch Kräuter, die weder zum Heilen noch zum Essen hergenommen werden, wie zum Beispiel *pejunige tanka*. In alten Tagen, als es noch keine Streichhölzer gab, lieferte es unser tägliches Feuer – einmal entfacht, glimmte es für Monate. Es wurde vor dem Tipi aufgehängt. Wenn du Feuer brauchtest, hast du einfach geblasen, bis es glühte. Einige Mittel sind nicht auf Kräuterbasis hergestellt. Dachsfett ist, wie der Name schon sagt, keine Pflanze. Es wirkt hervorragend gegen Glatzenbildung. Und dann habe ich dir mal erzählt, daß, wer ein Schildkrötenherz ißt, mutig und stark wird. Ich könnte die Liste von Heilpflan-

zen und Arzneien noch lange fortsetzen, doch ich glaube, wir haben jetzt mehr als genug.

Über eine Sache möchte ich noch reden: Ich bin in New York, Chicago und anderen großen Städten gewesen, ich habe sehr oft in deinem Hause gewohnt, habe viele Leute getroffen und meine Augen offen gehalten. Ich verstehe ein bißchen von allem, was ihr Psychologie nennt. Ich habe von Gruppentherapie und Encounter-Treffen gehört, und ich habe herausgefunden, daß es weiße Menschen gibt, die ihre Probleme im Rollenspiel lösen. Nun, ich muß dir sagen, daß wir Indianer diese Dinge kannten, lange bevor sie bei euch erfunden wurden. Länger, als sich irgendeiner von uns erinnern kann, haben wir Sioux bereits Zeremonien gehabt, die mit einer Art indianischer Gruppentherapie zu Ende gingen: Einer nach dem anderen trat in den Kreis, wenn er an der Reihe war, und sprach über seine Probleme, darüber, was ihn bedrückte. Ein *heyoca*, ein Donnerträumer und Clown, mußte dann seine Träume in der Öffentlichkeit vorspielen, egal, wie peinlich das werden konnte. Und schließlich kostet das nicht fünfunddreißig Dollar die Stunde.

Ich halte es auch für ein sehr weises Stück indianischer Psychologie, daß ein Medizinmann sich nicht mit Federn herausputzt, wenn er seine Zeremonien abhält. Du hast mich beim Beten gesehen und bei einer Hochzeit, hast gesehen, wie ich eine Zeremonie in einem alten Unterhemd und geflickten Hosen abgehalten habe. Dahinter steckt eine Absicht – eine gewisse Bescheidenheit in der Gegenwart der Geister, nicht der Menschen. Das heißt, ein Medizinmann sollte bei seiner Tätigkeit bis auf die notwendigste Kleidung ausgezogen sein. Nicht die Verpackung zählt, sondern was drinsteckt, unter den Kleidern und unter der Haut.

Je älter ich werde, um so seltener halte ich Heilungsrituale und Zeremonien ab und widme mich immer mehr der Medidation. Ich gehe von einer Stufe zur nächsten und versuche, dabei immer etwas höher zu gelangen, und bete für genug Treibstoff, um es bis dahin zu schaffen.

Ich habe dir nicht alles erzählt, was ich über Kräuter und die Methoden unserer heiligen Männer weiß. Du mußt verstehen, daß man über gewisse Dinge nicht sprechen soll, Dinge, die in Ruhe gelassen werden müssen. Nehmen wir an, es gäbe eine Person, die alles erzählen könnte und auch alles erzählen würde, dann gäbe es keine Geheimnisse mehr, und das wäre sehr schlecht. Der Mensch kann ohne Geheimnise nicht leben. Er braucht sie dringend.

Inipi – Großvaters Atem

Wenn wir von heiligen Dingen berichten, will ich als erstes vom *inipi* – dem Schwitzbad – sprechen, weil wir uns jedesmal, bevor wir mit einer Zeremonie beginnen, im Schwitzbad innerlich und äußerlich reinigen. Zuerst kommt immer das *inipi*, gleichgültig ob wir uns zur Feier des Sonnentanzes rüsten oder uns auf die Suche machen nach einer Vision. Vielleicht war das *inipi* unser erstes Ritual, dem dann alle anderen Zeremonien folgten. Darüber gibt es eine alte Geschichte, und viele von uns glauben ihr. Es ist die Geschichte von Inyan Hoksi – dem Steinbuben.

Es war einmal ein junges Mädchen, das hatte fünf Brüder; so fängt die Geschichte an. Sie lebte mit ihnen, kochte für sie, nähte Kleider aus Fellen und war das ganze Jahr über mit ihnen zusammen. Jeden Tag gingen die fünf Brüder auf die Jagd und verfolgten das Wild. Wenn sich der Wildbestand erschöpft hatte, stellten sie ihr Tipi anderswo auf. So kamen sie eines Tages in eine Schlucht, durch die ein Bach floß. Sie fühlten sich merkwürdig fremd an diesem Ort und wußten nicht warum. Am nächsten Morgen zogen wieder alle Brüder auf die Jagd, aber jeder für sich, und als es Nacht wurde, kamen nur vier zurück. Sie wußten nicht, was dem einen, der nicht zurückgekehrt war, zugestoßen sein mochte. Am nächsten Tag zogen die vier Brüder auf die Jagd, und diesmal kamen nur drei zurück. Sie fürchteten sich sehr, mußten aber immer wieder auf die Jagd gehen, um essen zu können. Jedesmal, wenn sie auszogen, fehlte ein weiterer Bruder, So kam es, daß das Mädchen alleine übrigblieb. Sie wußte nicht, was sie tun sollte, und hatte niemanden, der ihr Nahrung gebracht oder sie beschützt hätte. Sie wußte nicht einmal, wie sie die Geister um Hilfe anflehen konnte, denn damals, und es ist lange her, hatten die Menschen noch keine Zeremonien oder Gottesdienste. Sie tanzten auch nicht und hatten keine Pfeife.

Das Mädchen wollte nicht alleine leben. Sie kletterte auf einen Hügel und weinte, dann hob sie einen runden großen Stein auf und verschluckte ihn. »Das wird mich umbringen«, dachte sie. Sobald sie den Kiesel verschluckt hatte, fühlte sie Frieden. Sie trank ein bißchen Wasser, und der Stein begann sich in ihr zu regen. Sie fühlte sich glücklich, sie war schwanger, obwohl sie nicht wußte, was das war. Nach vier Tagen gebar sie einen Sohn.

Dieser Steinbub, Inyan Hokši, wuchs schnell heran, in einer Woche wuchs er so schnell wie andere Kinder in einem Jahr. Seine Mutter ließ ihn nie weit von sich weggehen, denn sie fürchtete, ihn zu verlieren, wie sie ihre Brüder verloren hatte. Die beiden nährten sich von Wurzeln und Kräutern. Eines Tages machte Steinbub einen Bogen und einen Pfeil. Er nahm einen Stein und splitterte kleine Stückchen am Rand ab, bis eine scharfe Spitze entstand, die machte er am Ende des Pfeils fest. Das war der erste Pfeil mit Steinspitze. Bis dahin hatten die Jäger nur zugespitzte Stöcke benutzt, die sie im Feuer gehärtet hatten.

Als seine Mutter Pfeil und Bogen sah, fing sie an zu weinen. »Warum weinst du?« fragte er. »Ich mag diese Dinge nicht«, sagte sie, »denn du wirst damit auf die Jagd gehen und nicht wiederkommen.« Und sie erzählte ihm von seinen fünf Onkeln, die nicht mehr heimgekehrt waren.

»Mach mir ein Paar Moccasins und pack etwas Essen ein, ich muß gehen und sie suchen«, sagte er. Sie rief: »Aber wenn du nicht wiederkommst, was wird dann aus mir?« Aber er lächelte nur und sagte: »Ich komme mit meinen Onkeln zurück.«

Früh am Morgen machte er sich auf den Weg. Als es Abend war, roch er Rauch, ging dem Geruch nach und kam zu einem Tipi, vor dem eine riesige und häßliche alte Frau hockte. Neben sich hatte sie fünf große Bündel an das Tipi gelehnt; sie lud ihn ein und bewirtete ihn mit Fleisch. Als es dunkel war, wollte er sich zum Schlafen hinlegen, aber die alte Frau sagte: »Ich habe Rückenschmerzen, ich wollte, du könntest meinen Rücken massieren oder, noch besser, darauf laufen, dann würde ich mich besser fühlen«.

Steinbub lief auf dem massigen Rücken der Alten hin und her, als er plötzlich etwas Scharfes, Speerähnliches aus ihrer Wirbelsäule aufsteigen fühlte. »Damit hat sie meine Onkel getötet«, sagte er zu sich. Er sprang hoch in die Luft und landete hart auf der Alten, damit brach er ihr den Hals.

Er baute ein riesiges Feuer, warf die alte Hexe hinein und verbrannte sie zu Asche. Dann betrachtete er die fünf großen Bündel und dachte: »Könnten das nicht die Körper meiner Onkel sein?« Er fühlte die Nähe der Geister und vernahm ihre Stimmen. Sie sagten ihm, er solle eine kleine Hütte aus Weidenruten bauen und die fünf Bündel drinnen im Kreis anordnen, dann glühendrote Steine aus dem Feuer in die Mitte wälzen, Wasser in einem Ledersack herbeitragen und es auf die Steine gießen.
Er bedankte sich bei den Steinen und sagte: »Ihr habt mich hierhergeführt«. Dann dichtete er die Hütte ab, so daß die heiße Luft nicht entweichen konnte. Drinnen war es dunkel; Steinbub sah, wie sich etwas im Dunkeln bewegte. Die Seelen kehrten in die Körper zurück, die in den Bündeln lagen. Als er zum vierten Male Wasser über die Steine goß, erwachten seine Onkel wieder zum Leben. Sie fingen an zu sprechen und zu singen. Er sagte zu ihnen: »Die Steine haben mich gerettet, und jetzt haben sie euch gerettet. Von nun an soll uns das Schwitzhaus heilig sein. Es wird uns gute Gesundheit schenken und uns reinigen.« Das war das erste *inipi.*
Diese Geschichte macht uns deutlich, wie alt das Schwitzbad ist und daß es das erste von vielen unserer Rituale war. Die Geschichte besagt, daß die Steine heilig sind und daß sie das erste waren, was wir verehrten. Ein Schwitzbad kann als Auftakt einer längeren Zeremonie dienen, und es kann als heiliges Ritual für sich allein stehen. Es sollte keine Sioux-Familie geben, die keine Schwitzhütte hat.
Wenn man eine Schwitzhütte baut, widerfährt einem etwas Heiliges und Erhebendes. Wenn zwei Feinde gemeinsam den kleinen bienenkorbförmigen Bau aufrichten, ist ihr alter Groll vergessen. Neid und Eifersucht verschwinden. Die Männer fangen an zu lachen, sich anzurempeln und über ihren alten Zwist zu scherzen.
Zuerst sucht man sich die richtigen Steine, man findet sie auf den Wiesen oder im Hügelland. Sie sind aus Erde, die sich in dichten und matten Stein verwandelt hat. Diese Steine glänzen nicht und funkeln nicht. Sie sind fest, hart und nicht zu spröde. Sie platzen nicht, wenn sie in der Schwitzhütte rot glühen, und niemand wird verletzt. Man nennt sie Vogelsteine – *sintkala waksu* –, und sie sehen aus, als seien sie mit Per-

len bestickt. Sie haben ein feines grünes Muster wie von Moos, wenn man sie von nahem betrachtet. Die Zeichnung verblaßt nach etwa vier Tagen. Man kann die Zukunft aus diesen Mustern voraussagen. Ich habe einmal gehört, wie ein alter Mann sagte: »Ich sehe einen Fluß, eine weggeschwemmte Brücke, das Wasser steigt über die Ufer, eine Flut wird kommen.« Das geschah dann auch.

Außer den Steinen sammeln wir Holz für das Feuer, Wir verwenden Holz der Balsampappel, sie ist unser heiligster Baum. Dann muß man hinuntergehen zum Fluß und zwölf weiße Weidenruten schneiden, die man entrindet und im Kreis in die Erde steckt; sie sind leicht zu biegen. Man bindet sie in Form eines Bienenkorbes zu einer Hütte zusammen. Obenauf bilden die Weidenruten ein Quadrat, das das Universum und die vier Himmelsrichtungen symbolisiert. Manchmal benutzen wir auch sechzehn Ruten. Diese dünnen Weidenruten bilden das Gerüst für die Hütte wie die Knochen beim Menschen. Dann wird das Gerüst zugedeckt; früher benutzten wir dafür Büffelfelle, heute Decken oder Quilts. Für die Schwitzhütte beim Sonnentanz verwendet man die besten Decken, die man hat, die mit den schönsten Mustern. Die fertige Schwitzhütte reicht einem Mann ungefähr bis an die Rippen, sie ist also klein, aber für die, die darin hocken, bedeutet sie das ganze Universum. Die Geister aller lebenden Kreaturen und Dinge sind in dieser Hütte vereint, daran glauben wir. Die Erde, auf der wir sitzen, ist unsere Mutter, alles Leben kommt von ihr. In der Mitte der Hütte heben wir eine runde Grube aus, in die später die Steine gefüllt werden, dabei beten wir zum Großen Geist. Seine Macht wird sich in dieser kleinen Grube vergegenwärtigen, denn sie wird bei der heiligen Handlung zum Mittelpunkt der Erde. Die ausgehobene Erde wird sorgsam aufgehoben und zu einem kleinen Damm geformt, dem Pfad für die Geister, zehn Schritte lang, der aus der Schwitzhütte herausführt und in einem kleinen Hügel endet, den wir *unci* – Großmutter* – nennen, denn das ist die Erde für uns Sioux. Die Grube in der Mitte steht auch für *wakicagapi* – den geliebten toten Verwandten, der wieder auf die Erde zurückgekommen ist. Man muß an ihn denken, wenn

* Sioux-Mythologie, gilt nicht für andere Stämme. Die verbreitetste Form ist die Verkörperung der Erde als Mutter (Anm. d. Ü.)

man die Steine in die Grube legt. Die Grube ist ein Kreis im Mittelpunkt des Kreises, den die Hütte formt. Dieses Symbol, Kreis im Kreis, steht für das Leben, für das, was ohne Ende ist. Pflanzen, Tiere und Menschen werden geboren und sterben, aber die Indianer werden leben.
Ein wenig entfernt vom *unci* – Hügel, dem heiligen Pfad folgend, wird das Feuer entzündet, indem wir die Steine erhitzen. Das ist die Flamme, die von Generation zu Generation weitergegeben wird. Alles, was wir in unseren Zeremonien tun, hat für uns eine tiefere Bedeutung und symbolisiert auf diese oder jene Weise das Universum, die Kräfte der Natur, deren Geister immer in unseren Gedanken gegenwärtig sind. Deshalb legen wir, wenn wir das Feuer bauen, erst die vier Ostwest-Stöcke auf den Boden und dann die vier Nordsüd-Stöcke quer darüber. Auf diesem Fundament richten wir Scheite auf, als bauten wir ein kleines Tipi. Auch das symbolisiert wieder die vier Himmelsrichtungen, die Erde und den Himmel. Die Scheite bedeuten für uns außerdem ein Tipi mit Indianern darinnen. Das heißt, wir sind ein Teil des Universums, und das Universum ist ein Teil von uns, das Universum ist zugegen, in unseren Häusern, in unseren Schwitzhütten, in unseren Herzen.
Der Eingang der Schwitzhütte blickt nach Westen, zum Sonnenuntergang. Ich weiß, daß die meisten Anthropologen geschrieben haben, sie blickten nach Osten, aber das gilt nur für die Schwitzhütten der *heyoka,* dieser Clowns, die alles anders machen als der Rest. Vor der Hütte stellen wir zwei Astgabeln auf und legen einen Stecken waagerecht darüber, das ist das Gestell, an das wir die heilige Pfeife lehnen. Das ist ein Altar. Es gibt Leute, die legen noch einen Büffelschädel dazu, an dessen Hörner sie sechs Tabakopfergaben gebunden haben, andere stellen einen schwarz-weißen Stock dazu, der Tag und Nacht darstellt. Es muß auch ein Eimer frisches Wasser zur Hand sein. Das Wasser muß frisch aus fließendem Gewässer geschöpft sein, denn es bedeutet das Wasser des Lebens. Früher haben wir Tierhäute mit Wasser gefüllt, aber diese alten, wunderbar verzierten Ledersäcke gibt es nicht mehr. Wir müssen uns mit einem einfachen Eimer begnügen.
Der Leiter der Zeremonie geht als erster in die Hütte und nimmt seine Pfeife mit. Er bedeckt den Boden mit Salbei, ei-

ner heiligen Pflanze. Das bedeutet, die grünen lebenden Dinge, die Geister der Bäume und der Pflanzen sind mit uns in der Schwitzhütte. Dann verbrennt der Führer aromatische Pflanzen, die zu einem Zopf geflochten sind wie das Haar einer Frau. Das eine Ende wird angezündet, und der Duft und der Rauch wird durch Herumwirbeln in der ganzen Schwitzhütte verteilt. So wird alles geheiligt, und alle bösen Gedanken und Gefühle werden vertrieben. Jetzt ist alles bereit, und die Leute können in die Schwitzhütte kommen. Gewöhnlich reinigen sich sechs oder sieben Leute, das sind gute Zahlen. Wenn es sieben sind, ist einer der Führer, einer repräsentiert die Erde, einer die Wolken und die anderen die vier Himmelsrichtungen. Bis zu sieben Leute können in der Schwitzhütte mit gekreuzten Beinen sitzen. Bei seltenen Gelegenheiten sind es bis zu zwölf Personen, aber dann müssen alle auf den Knien hocken.

Wenn du in eine Schwitzhütte kriechst, komme nicht in Badehosen oder mit einem Handtuch um die Lenden. Du sollst ja wiedergeboren werden. Du wirst wie ein Baby aus dem Schoß der Mutter kommen, denn unsere wirkliche Mutter ist die Erde. Du wirst mit neuem Geist aus dem Bad kommen. Du willst doch nicht mit Unterhosen wiedergeboren werden. Wenn du so kommst, werden die Leute denken, etwas stimmt vielleicht nicht mit deinem Schwanz. Also zier dich nicht. Einige Weiße haben immer ein schlechtes Gewissen – daher das Handtuch; das hat sich allerdings in letzter Zeit geändert. Freunde erzählten mir von einer jungen weißen Dame, die bei ihnen zu Besuch war, sie zog sich alle Kleider aus, ehe sie mit ihnen in die Schwitzhütte kroch. Das war natürlich und richtig. Nicht nur die Männer reinigen sich im *inipi;* Frauen benutzen das *inipi* ebenfalls, aber meistens bilden sie eine Gruppe für sich.

Männer gehen öfter ins Schwitzbad, weil der Medizinmann sich vor jeder Behandlung, die er vornimmt, reinigen muß. In dem Moment, wo du dich zusammenkauerst und in die Schwitzhütte kriechst, bist du ein Tier, das in seine Höhle kriecht. Das sollte dich daran erinnern, daß du ein Verwandter aller Vierbeiner bist. Wir kriechen hinein, in Richtung gegen den Uhrzeigersinn, der Führer sitzt rechts neben dem Eingang, sein Helfer links. Die anderen können sich hinset-

zen, wo sie wollen. Wir brauchen jetzt nur noch einen, der uns von draußen hilft.
Dieser Mann wird uns jetzt die heißen Steine, einen nach dem anderen, bringen. Während er das tut, ist es keinem erlaubt, seinen Weg zu kreuzen und zwischen ihn und die Schwitzhütte zu geraten. Wenn der Führer sehr darauf erpicht ist, die Zeremonie richtig abzuwickeln, sollte man eine dicke Astgabel verwenden, um die Steine herbeizuschaffen, ansonsten genügt eine Heugabel oder ähnliches. Wenn der erste Stein durch den Eingang hereingereicht wird, sagen wir *pila-maye* – Danke. Der erste Stein wird genau in die Mitte der Grube von Mutter Erde gelegt. Dann ordnen wir vier weitere Steine um ihn herum – Westen, Osten, Norden, Süden –, einen für jede Himmelsrichtung, aus der der Wind bläst; schließlich einen Stein auf den ersten in der Mitte – für den Himmel und für Großvaters Geist. Wenn die ersten sechs liegen, kann man den Rest darauf schichten wie man will, wenn aber die Zeremonie eine Krankenbehandlung einleitet, nimmt man meistens zwölf weitere oder im ganzen achtzehn Steine. Bei speziellen Anlässen kann man bis zu fünfzig Steine auflegen. Diese Extrasteine repräsentieren die Bäume, die Pflanzen und die Tiere.
Der Mann, der die Zeremonie leitet, entzündet die Pfeife und reicht sie herum. Das heiligt uns und macht uns zu Brüdern. Der Rauch steht zum Greifen im Raum, wir reiben unsere Handflächen damit ein, reiben ihn in unseren Körper. Wir beten zum Großen Geist, zum heiligen Felsen, zum *tunka*, zum *inyan*. Die haben keinen Mund, keine Augen, keine Arme oder Beine, aber sie atmen den Lebenshauch aus. Der Helfer draußen schließt nun die Klappe und sieht zu, daß kein Licht in die Hütte dringt.
Der Führer gießt oder sprenkelt dann Wasser über die glühenden Steine. Wenn er es wie früher machen will, nimmt er dazu ein Büschel Salbei oder aromatische Kräuter, er kann aber auch eine Schöpfkelle benutzen. Das Wasser ist eiskalt, die Steine rotglühend, und hier haben wir die Vereinigung der Erde mit dem Himmel und des Lebenswassers mit heiligem Atem des Geistes – Großvater und Großmutter vereinigen sich. Eine große Kraft steigt auf. Wir atmen ihn ein, diesen Odem, trinken das Wasser, den weißen Dampf – er be-

deutet die Wolken, die lebendige Seele, das Leben. Die Hitze ist nun sehr groß. Die Lungen atmen Feuer ein, und wer das nicht aushält, sagt: »*Mitakuye oyasin* – all meine Verwandten«, dann macht jemand die Klappe auf, um kühle Luft reinzulassen.

Und da sitzen wir alle schweigend im Dunkeln und überlegen, was *inipi* bedeutet. Man macht die Augen zu und lauscht dem Zischen des eisigen Wassers auf den heißen Steinen, lauscht, was sie einem zu erzählen haben – ein kleiner Funke, der die Gedanken entzündet. Die ganze Hütte bebt und zittert, wenn die Männer *»tunka – shila, hi-yay, hi-yay«* singen. Die Hitze und die Kraft der Erde treffen dich voll. Du atmest es ein, füllst dich damit an. Die Kraft dringt in dich ein, heilt dich. Der Dampf wird von der Haut gebremst, aber die Erdkraft durchdringt deinen Körper und deinen Geist. Er heilt viele Krankheiten – Arthritis, Rheumatismus. Die Wunden deiner Seele heilen. So ein *inipi* ist unsere kleine Kirche. Nicht wie manche Kirchen bei den Weißen, wo die Leute zusammenhocken, um ihre eleganten Kleider zu zeigen. Der *inipi* ist anders. Hier gibt es keine Angeberei und keine Unlauterkeit. Einfach nur nackte Menschen, die in der Dunkelheit hocken, der Erde nahe und dem Großen Geist. Wenn der Geist dich beseelt, kannst du einen glühenden Stein aufheben und wirst dich nicht verletzen.

Wir machen viermal die Klappe auf und lassen Licht und kühle Luft herein. Zwei Lieder werden gesungen, und dazu öffnen wir die Klappe wieder. Viermal gießen wir Wasser auf und viermal rauchen wir den roten Weidenrindentabak, dessen Rauch hinaufsteigt zum Großen Geist. Wenn die Klappe geöffnet ist, möchte vielleicht einer sprechen; über eine Krankheit, die er geheilt haben möchte oder einfach nur wie gut es ist, mit allen im Schwitzbad zu sitzen. Oder jemand sagt, es ist schön, daß du hier bei uns bist. Vielleicht spricht jemand über Probleme mit dem Alkohol in seiner Familie und bittet um Hilfe und Gebete. Es hängt ganz davon ab, für wen oder für was das Schwitzbad veranstaltet wurde.

Nachdem wir die vierte Runde geraucht haben, sagen wir »Alle meine Verwandten«, und damit endet die Zeremonie. Der letzte, der raucht, nimmt die Pfeife auseinander und reinigt behutsam den Pfeifenkopf. Wir verlassen die Schwitzhütte in der Richtung der Sonnenbewegung gegen den Uhrzeigersinn. Wir trinken kaltes Wasser und reiben unsere Körper mit trockenen Salbeiblättern ab. Wir entsteigen dem Bad mit dem Gefühl des Wohlseins, mit klarem Kopf – glücklich. Wir wissen, wir haben etwas Gutes getan, etwas, das nicht nur uns, sondern allen lebenden Wesen zugute kommt.

Die kleine bienenkorbförmige Hütte, die so einfach zu machen ist und deren Bau keinen Pfennig kostet, kann immer und immer wieder für die Zeremonie benutzt werden, bis sie eines Tages zusammenfällt oder die Weidenstöcke, die die Wände bilden, brechen. Wenn das passiert, brennst du sie nieder, vergräbst die Steine und ebnest den Boden, um die Erde wieder zu heilen. Dann kannst du irgendwo anders eine neue Schwitzhütte bauen. Ich hoffe, bald kommt der Tag, wo jeder Indianer wieder seine Schwitzhütte neben seinem Haus stehen hat.

Yuwipi – kleine Lichter aus dem Nichts

Stell dir vor, du wärest von völliger und totaler Dunkelheit umgeben, einer Dunkelheit, die wie Tinte um dich herfließt und dich bedeckt wie eine dichte, samtene Decke. Eine Dunkelheit, die dich von der Alltagswelt trennt und dich zwingt, dich tief in dein Inneres zurückzuziehen, damit du mit deinem Herzen anstelle deiner Augen sehen kannst. Du siehst nichts, obwohl deine Augen geöffnet sind. Du bist von allem getrennt und weißt doch, daß du ein Teil des Großen Geistes bist und mit allen lebenden Wesen vereint.

Und aus dieser vollkommenen Dunkelheit nun steigt das Dröhnen der Trommeln, der Klang der Gebete und die mit hoher Stimme gesungenen Lieder. Und unter all diesen verschiedenen Geräuschen nimmt dein Ohr die Stimme der Geister war – kleine, geisterhafte Stimmchen, Gewisper, das von unsichtbaren Lippen an dein Ohr dringt. Lichter flitzen durch den Raum und berühren dich fast. Kleine Lichtblitze, die aus der Dunkelheit zu dir dringen, raschelnde Geräusche sind in der Luft, brechen sich an deinem Kopf und an deinen Schultern, und du spürst Vogelschwingen, die dein Gesicht streifen und fühlst auf der Haut die leichte Bewegung der Federn. Und immerzu ist das Pulsieren der Trommeln um dich, das die Dunkelheit und den leeren Raum in deinem Inneren füllt, das dich die Dinge vergessen läßt, die sich in deinen Gedanken verkeilt haben. Dein Körper fängt an, im Rhythmus dieser Trommeln zu schwingen.

Und durch das schwarze Nichts kommt zu dir das Gefühl einer Gegenwart, der Gegenwart jenes Mannes, der in der Mitte des Raumes mit dem Gesicht zum Boden liegt und dessen Finger mit Lederriemen zusammengebunden und dessen Körper in eine Decke eingewickelt ist. Eine lebende Mumie, durch die die Geister zu dir sprechen. Solcher Art ist die Erfahrung, die du bei einer *yuwipi*-Zermonie machen wirst.

Yuwipi ist einer unserer ältesten Riten. Es gibt Leute, die behaupten, dieser Ritus sei nicht so alt, aber die haben unrecht. Sie glauben das, weil *yuwipi* nie beim Namen genannt wird, wenn in den alten Büchern von Indianerreligionen die Rede ist; das kommt daher, daß wir die Zeremonie vor Außenseitern verborgen gehalten haben. Ich bin ein alter Mann, aber meine Großmutter hat mir von *yuwipi* erzählt, als ich noch ein kleiner Bub war. Ihr hatte man in ihrer Kindheit davon erzählt. Auf diese Weise überliefern wir das Wissen von Generation zu Generation, und keiner weiß, wo es angefangen hat. Ich glaube, daß *yuwipi* so alt ist wie unser Volk, denn die Symbolik, die drinsteckt, die ganze Art zu denken, weist auf unsere Frühzeit hin. Die heiligen Dinge, die in dieser Zeremonie gebraucht werden, sind die Fesseln, die uns an unsere noch dunkle Vergangenheit binden, an unsere Vergangenheit, lange bevor der weiße Mann seinen Fuß auf unseren Kontinent gesetzt hatte. Obgleich die Zeremonie nicht beim Namen genannt wird, beschreibt ein Buch sie als etwas, was vor langer Zeit gefeiert wurde, ehe wir noch in Häusern lebten. Dieses Buch wurde von einer Frau geschrieben, die einige Jahre mit uns lebte, als ich noch ein kleiner Junge war und ehe noch der 1. Weltkrieg ausbrach. Sie hatte die Geschichte von dem weißhaarigen, heiligen Mann, der sich noch an die Tage erinnern konnte, bevor es hier Reservationen gab. Hier ist eine Seite aus diesem Buch.*

> Wenn ein Mann geschickt war im Gebrauch der heiligen Steine und man ihn zu einer kranken Person rief, erwartete man von ihm, daß er seine übernatürlichen Kräfte zuvor demonstrierte. Man lud viele Menschen ein, als Zeugen beizuwohnen, und man sagte, daß denen Unglück widerfahren würde, die nicht »an die heiligen Steine glaubten«. Der Kranke stopfte seine Pfeife und gab sie dem Medizinmann. Nachdem der sie geraucht hatte, fesselte man ihn mit Lederschnüren, selbst seine Finger und Zehen wurden mit Sehnen, mit denen man sonst Bögen bespannt, aneinander gebunden. Dann wurde er in eine Felldecke eingeschnürt. Das Zelt war dunkel, und der Medizinmann begann Lieder zu singen, in denen er sich an die heiligen Steine wandte; er sang auch seine eigenen Traumlieder. Seltsame Töne stiegen aus der Dunkelheit, und man konnte Dinge durch die Luft fliegen spüren. Man hörte Tier-

* Frances Densmore: »Teton Sioux Music«

stimmen sprechen, eine sagte: »Mein Enkelkind, du bist sehr krank, ich werde dich heilen.« Oft kam auch ein Büffel, und Leute, die nicht an die heiligen Steine glaubten, wurden von ihm getreten oder von fliegenden Steinen oder einem Bündel Kleider getroffen. Schließlich rief der Medizinmann: »Schnell, macht Licht!« Man hatte trockenes Gras bereitgelegt und warf es auf das Feuer. In der Helligkeit, die nun entstand, konnte man den Mann sehen, der zwischen den Pfosten im oberen Ende des Tipis verkeilt war. Alle Fesseln waren von ihm abgefallen.

In dieser Beschreibung eines *yuwipi* kommen alle wichtigen Elemente dieser Zeremonie vor; die Steine, die Dunkelheit, die Fesselung. *Yuwipi* hat wie all unsere heiligen Worte vielerlei Bedeutungen. *Yuwi* heißt fesseln, winden. *Yuwipi* ist unser Wort für die kleinen, glitzernden Felsstückchen, die wir auf den Ameisenhügeln sammeln können und die heilig sind. Sie haben eine eigene Kraft. Bei unserer Zeremonie für die verschiedenen grünen Verwandten, die verschiednene Bäume in unserem Sioux-Universum, stecken wir 405 dieser kleinen Felsbrocken in eine kleine Kürbisrassel und benutzen diese bei der Zeremonie. *Yuwipiwasicon* bedeutet Kraft des geheiligten Steines. Es ist auch ein anderer Name für *tunka*, unseren ältesten Gott, der wie ein Stein war, unvorstellbar alt, zeitlos und ewig. Die Alten verehrten diesen Gott in Form eines riesigen, rot angemalten Steines. Das alte Wort für Gott und für Stein ist ein und dasselbe – *tunkashila*, Großvater –, und das ist auch der Name für den Großen Geist. Das Wort *tunka* ist darin enthalten.
Ein modernes Wort für Stein ist *inyan*. *Inyanvasicoñwakan* ist unser indianischer Name für Moses. Die indianischen Medizinmänner suchen auf den Bergspitzen runde Steine und bringen sie ins Tal, wo sie sie dazu benutzen, Leute zu heilen. Diese Steine tragen verborgene Botschaften, die sie uns manchmal enthüllen: eine unsichtbare Schrift, die nur diejenigen lesen können, die mit ihrem Herzen lesen. Die alten Medizinmänner sprachen die Steine an und konnten mit ihnen Verbindung aufnehmen.
Tunka, inyan – der Stein – ist uns immer heilig gewesen. Die Geschichte unseres größten Mysteriums, die Geschichte der

Friedenspfeife, berichtet uns von White Buffalo Calf Woman, die uns die heilige Pfeife gab. Sie gab uns auch den Felsen, der rund und rot war wie die Erde und aus dem das Lebensblut unseres Volkes entstand. Auf ihm waren die sieben Kreise eingezeichnet, die sieben Lagerfeuer unserer Nation, die sieben Arten, mit der Pfeife Gottesdienst zu halten. In alten Zeiten wurde dieser Stein in einem bestimmten heiligen *oinikagatipi* aufbewahrt. Der Pfeifenkopf und der heilige Stein waren aus einem bestimmten Felsmaterial geformt, das wir in Minnesota im Pfeifenkopfsteinbruch abbauen, am einzigen Platz auf der Welt, wo dieses Gestein zu finden ist. Und das ist die Verbindung des heiligen Steines mit der heiligen Pfeife.

In den alten Tagen hatte der Mensch einen Stein, den er ausschickte, um die Büffel auszukundschaften. Er breitete dazu eine rotbemalte Büffelhaut aus, auf die der Stein zurückkehren konnte. Von einem Augenblick zum anderen war die Büffelhaut leer, und ebenso plötzlich lag der Stein wieder in ihrem Zentrum. Einige Steine brachten sich ein paar Kiesel mit oder den Zweig einer Medizinpflanze. Der Besitzer befragte den Stein und teilte den anderen Leuten mit, was er ihm gesagt hatte. Ein bestimmter Sioux-Stamm hatte einen Suchstein, der ausgesandt wurde, um die Pläne der Feinde zu erkunden. Auch dieser Stein hatte einen Landeplatz, einen viereckigen Erdaltar, der aus feinem roten Staub geformt war.

In den alten *yuwipi*-Feiern setzten die Männer ihre Steine frei, um nach verlorenen Objekten zu suchen. Je weiter solch ein Stein zu reisen hatte, desto länger brauchte er, um zurückzukehren. Einige dieser Medizinsteine sind nicht gerne allein. Sie brauchen Helfer, kleine Kiesel. Andere Steine, die man zur Heilung von Kranken benutzt, werden behutsam in ein Stück Büffelhaut gewickelt und in einem Nest von Adlerflaum aufgehoben. Das gefällt den Steinen, und sie bleiben. Auf diese Weise können sie nicht verlorengehen.

Ein Medizinstein ist ein perfektes Werk von *wakan–tanka*, dem Großen Geist; er besteht aus einem einzigen Material. Seine Oberfläche hat keinen Anfang und kein Ende, und seine Kraft besteht für immer. Solche Steine sollte man nicht aus dem Boden graben, denn wenn sie so im Erdreich eingebettet liegen, sind sie von einem Blitz, von den Kräften des Donners dorthin gelegt worden. Ein *yuwipi*-Mann, es sei denn, er wäre ein *heyoka*, also ein Entgegengesetzter, würde sie niemals benützen. Diese Steine findet man auf den Kämmen der Hügel. Die weißen Menschen finden diese Geschichten komisch, aber sie haben ein schlechtes Gedächtnis. Ich habe gehört, daß es überall auf der Welt prähistorische Höhlen gibt, in denen man bemalte Kieselsteine findet, die bei religiösen Riten benutzt wurden. Eure Bibel ist voller Geschichten von heiligen Steinen, die man auf Bergrücken aufgestellt hatte. Denkt nur an den »Rock of Ages« von St. Peter, dessen Name auch Fels bedeutet, denkt an Stonehenge. Die weißen Menschen haben all das vergessen, und sie haben die Kraft, die in den Steinen steckt, verloren. Bei einer *yuwipi*-Zeremonie offenbaren sich die Geister und Lichter, die in den Steinen wohnen. Die hellen Funken, die man in der Dunkelheit erkennen kann, das ist das Licht des *inyan* – des runden Kiesels. Er hat Macht über unsere Mutter, die Erde; eine Seele manifestiert sich in ihm und spricht. Die Seele sagt zum Beispiel: »Erkennst du mich? Ich bin seine Seele, ich bin gekommen, um dir zu helfen, also hör gut zu.« Während einer *yuwipi*-Zeremonie steckt sich jeder ein Zweiglein Salbei hinter das Ohr, damit er den Geist verstehen kann, wenn er zu ihm spricht. Männer und Frauen tun dasselbe. Daran kann man erkennen, wie alt dieses *yuwipi* ist. Aber es bedarf noch viel mehr als der Lichter und der Steine. Ich möchte dir eine *yuwipi*-Zeremonie von Anfang bis Ende schildern. Du hast sie gesehen und wirst sie nun neu erleben, denn ich werde versuchen, sie dir so zu erklären, daß du sie ganz verstehst.

Eine *yuwipi*-Zeremonie fängt damit an, daß jemand, sei es Mann oder Frau, ein Problem hat und Hilfe braucht. Mag sein, daß jemand krank ist oder nach einem verschwundenen Verwandten sucht. Er schickt die Friedenspfeife, die er mit Tabak der Marke »Bull Durham« gestopft hat, zu einem *yuwipi*-Medizinmann. Wenn das auf die richtige Art und Weise geschicht, kann sich der Medizinmann nicht weigern, ihm zu helfen. Er muß die Zeremonie abhalten. Nicht alle Medizinmänner sind *yuwipis*, einige wollen keine *yuwipis* sein, denn als *yuwipi*-Medizinmann muß man etwas finden, vielleicht eine Person, die vermißt wird und die man nur tot bergen kann, ertrunken auf dem Grund des Flusses. Der *yuwipi* hilft sie zu finden und bringt damit der Familie Kummer. Oder aber er soll einen gestohlenen Gegenstand finden; der *yuwipi* findet ihn, und alle sind verlegen, der Dieb ist verlegen, der Medizinmann und der, der gebeten hat, nach dem Gegenstand zu suchen.

Davor scheuen sich einige Medizinmänner. Ich selbst habe als *yuwipi* gearbeitet, aber heute tue ich das nicht mehr. Ich bin über dieses Stadium hinausgewachsen. Aber ich habe einigen Leuten beigebracht, *yuwipis* zu werden, und ich werde es noch ein paar Leuten beibringen.

Für eine *yuwipi*-Zeremonie braucht man einen Bürgen und einen Medizinmann. Bürge ist der, der das Problem hat und Hilfe braucht. Es gibt keine Bezahlung für die Dienste des Medizinmannes, aber man erwartet vom Bürgen, daß er sich um das Essen kümmert. Da jedermann bei dieser Zeremonie willkommen ist, kann das ins Geld gehen, 20 Dollar mindestens, wenn viele Gäste kommen. Während eines solchen Treffens können alle Anwesenden sich mit ihren Gebrechen an den Medizinmann wenden, und alle werden verköstigt. Womit wir auf den Hund zu sprechen kommen, ein junges und feistes Tier. Er wird mit einem roten Punkt markiert und mit einem Seil schnell und sicher erdrosselt. Eine Frau wird sein Fell absengen, ihn abhäuten und zerlegen und ihn dann in einem Kessel über dem offenen Feuer kochen. Eine *yuwipi*-Zusammenkunft ohne Hundefleisch ist undenkbar. Jeder muß davon essen, und wenn es nur ein kleines Stück ist. Wir Sioux sind große Hundefreunde, aber das Töten eines Hundes für diese Zeremonie ist eine heilige Sache. Der Hund stirbt, damit die Leute leben. Sein Fleisch hilft, die Kranken zu heilen, und gibt ihnen besondere Kraft. Der Hund wurde nicht umsonst getötet.

Jeder größere Raum kann für eine *yuwipi*-Zeremonie dienen, doch einige Medizinmänner halten einen speziellen Raum dafür bereit. Als erstes müssen alle Möbel raus und sämtliche Fenster und Türen mit Decken verhangen werden. Nicht der kleinste Lichtschimmer darf hereindringen; Fenster und Türen werden immer dicht gemacht, obwohl die Zeremonie meistens nachts abgehalten wird. Aber sogar der dünnste Mondschein würde die tiefschwarze Finsternis aufheben, die wir dazu brauchen. Wir gehen sogar so weit, daß wir alle

Spiegel und verglasten Bilder entfernen oder sie zumindest umdrehen. Nichts Glänzendes, das nur irgenwie Licht reflektieren könnte, sollte im Raum bleiben. Sonst werden die Geister, die die absolute Dunkelheit lieben, womöglich zornig und zerschlagen die Augengläser oder reißen die Uhr vom Handgelenk.

Als nächstes wird der Boden mit Salbei ausgelegt. Es gibt verschiedene Arten von Salbei, aber alle sind heilig für uns. Salbei ist unsere »Erste Hilfe«-Pflanze, ein Allheilmittel, und wir benutzen ihn in all unseren Zeremonien. Er stellt die Kräfte der Natur dar. Ein Salbeizweig im Haar wird die Geister zu uns kommen lassen und uns helfen, sie zu verstehen.

Den vorangehenden Nachmittag verbringen zwei Mädchen damit, Tabakschnüre und kleine, etwa haselnußgroße Bündel mit »Bull Durham« herzurichten. Dafür schneiden sie zuerst aus einem Baumwollstoff kleine Vierecke mit einer Seitenlänge von einem Inch. Sie nehmen Stoff in vier verschiedenen Farben, für die vier Richtungen des Universums. Sie schneiden 405 kleine Rechtecke und geben auf jedes eine Prise Tabak. Dann verschnüren sie die Stoffstücke mit dem Tabak zu winzigen Säckchen, die sie wiederum zu einer langen Kette zusammenbinden. Wenn die Kette fertig ist, wird sie von einem Mann auf dem Boden in einem Rechteck ausgelegt. Zwischen diesem Rechteck und der Wand bleibt gerade genug Platz, daß ein Mensch mit ausgestreckten Beinen sitzen kann. In diesem Zwischenraum, zwischen Kette und Wand, nehmen all jene Platz, die an der Zeremonie teilnehmen wollen. Das Innere des Rechtecks ist heilig. In seiner Mitte wird der Medizinmann liegen, verschnürt und verpackt wie eine Mumie. Niemand darf in dieses Rechteck treten außer den zwei Männern, die den *yuwipi*-Mann verschnüren. Und auch sie werden wieder hinaustreten und sich mit den anderen hinsetzen, sobald sie ihre Arbeit getan haben.

In den alten Tagen hatten wir nun vier große Beutel aus Wildleder anstatt der vielen kleinen Bündel. Wir füllten sie mit *kinnickinnick* – unserem Tabak aus roter Weidenrinde – anstatt mit einem »Bull Durham«. Ist die Kette ausgelegt, wird an jedem Eck eine farbige Fahne angebracht – eine schwarze, eine rote, eine gelbe und eine weiße, in genau dieser Reihenfolge. Schwarz gilt für den Westen, die Nacht, die hereinbrechende Dunkelheit und das Nachdenken. Rot stellt den Norden dar, den Pfeifenstein, das Blut unseres Volkes. Gelb symbolisiert den Osten und die aufgehende Sonne. Und weiß ist der Süden, die Sonne im Zenit. Der Süden symbolisiert auch den Tod. »Nach Süden gehen« bedeutet in unserer Sprache »sterben«, denn die Seele reist von Norden nach Süden entlang der Milchstraße in das Land des Geistes. Einige *yuwipis* benützen heute auch noch Grün und Blau. Das Grün steht für unsere Mutter Erde und das Blau für den Himmel und die Wolken über uns.

Die vier Himmelsrichtungen können auch mit einem schwarzen, roten, gelben und weißen Pferd dargestellt werden. Ein fünftes Pferd, das gefleckt ist, stellt die Verbindung zwischen Himmel und Erde dar, wie übrigens auch der Pfeifenkopf und der Rauch, der daraus aufsteigt. Einige unserer Medizinmänner werden auch erklären, daß die vier Farben die Menschheit repräsentieren – die schwarze, rote, gelbe und weiße Rasse – die Einheit aller Menschenwesen.

Außer den vier Stöcken, an denen die farbigen Tücher hängen, gibt es noch einen zusätzlichen Stock. Der ist wirklich wichtig. Er steht in der Mitte, zwischen der schwarzen und roten Fahne. Der Stock ist halb rot und hab schwarz angestrichen, ein dünner weißer Strich trennt die untere von der oberen Hälfte. In diesem Fall symbolisiert Rot den Tag und Schwarz die Nacht. Am oberen Ende ist eine Adlerfeder befestigt. Sie verkörpert die Kraft und die Weisheit, die von oben kommen, denn für uns Indianer ist der Adler von allen Kreaturen die weiseste. *Wanbli galeshka* – der gefleckte Adler ist die große Kraft aus dem Norden.

In der Mitte des Stabes hängt der Schwanz von *tahca topta sapa,* einem besonderen Reh, über dessen Gesicht ein schwarzer Streifen läuft. Dieses Reh ist sehr heilig. Wer es erlegt, hat keine glückliche Jagd. Es stellt die Einheit des Universums dar. Bei Tagesanbruch, noch bevor jemand Wasser holen gegangen ist, ist dieses Reh am Fluß gewesen und hat das Wasser gesegnet. Seine Haut verwenden wir nur, um die heilige Kürbisrassel zu bespannen. Um die fünf Stöcke aufzustellen, füllen wir fünf Konservendosen mit Erde, da stecken wir sie dann rein. Einige Leute mögen das nicht. Sie wollen bei einer solchen Feier keine »Maxwell House«-Kaffeedose sehen oder leere Büchsen »Hawaiian Punch«. Das ist vielleicht kleinlich, aber verständlich. Es ist in jedem Fall besser, von einem runden Baumstamm fünf Scheiben abzuschneiden, in der Mitte ein Loch zu bohren und den Stock da reinzustecken. Für die Stöcke nehmen wir natürlich auch nicht jedes x-beliebige Holz. Sie sind *wowakan,* übernatürlich und werden vom *canunkcemna* vom skundwood geschnitten, einer Art Sumac-Pflanze.

Warum wir ausgerechnet dieses Holz nehmen? In diesem Holz steckt eine Kraft. Diese seltsamen Büsche haben immer zwölf Äste auf der Westseite und sieben nach Süden hin. Wir wissen nicht, warum. Die sieben beobachten den Wind aus Süden und Osten; die anderen – sechs für den Westen und sechs für den Norden – beobachten das Universum. Der Moment, in dem du diese Zweige aus dem Boden ziehst, ist überaus wichtig. Wenn du in das Loch im Boden schaust, wo du den Zweig herausgerissen hast, wirst du sehen, von welcher Art Krankheit die Person befallen ist, die du während der Zeremonie heilen willst.

Jetzt werden wir über den Altar sprechen. Er ist direkt hinter dem Mittelstab.

Er wird aus Erde geformt und mit einer Adlerfeder glattgestrichen. Er stellt *maka sitomni* dar, alle existierende Erde, das Universum. Durch diesen viereckigen Klumpen Erde ist während dieser Zeremonie die ganze Welt im Raum gegenwärtig. Mit dem Finger zeichnet der Medizinmann ein Zeichen in das heilige Stück Erde. Einige dieser Zeichen sind wohlbekannt und werden von allen *yuwipis* verwendet. Andere wiederum sind etwas Besonderes. Sie gehören einem Mann und stammen aus seiner Vision. Ich selbst benutze meistens vier Altarzeichen, obwohl ich viel, viel mehr kenne. Mein Zeichen Nummer eins repräsentiert den Großen Geist, und man verwendet es, um einen Kranken zu behandeln. Ich habe dieses Zeichen ja bereits in dem Kapitel über den Kreis und das Rechteck gezeichnet und beschrieben. Ein anderes Zeichen ist ein Kreis und heißt »ohne Ende«. Derjenige, der es zeichnet, pflanzt sich selbst in diesen Kreis, indem er ein Tier hineinzeichnet, einen Specht, einen Bär oder einen Adler – das liegt an ihm. Er macht auch das Blitzsymbol, um die Kraft des Donners zu bekommen.

Das Zeichen, das *iktome*, den trickreichen Spinnenmann, darstellt, wird normalerweise nicht von einem Medizinmann verwendet, aber dafür von einem, der einen Zauber vorhat, von einem *heyoka* vielleicht. Dieses Spinnenzeichen kann als Liebesmittel verwendet werden. Mit diesem machtvollen Zeichen könnte man die Seelen von einem Jungen und einem Mädchen zusammenbinden. Sie könnten dann durch nichts verhindern, daß sie sich finden und ineinander verlieben. Du brauchst das nicht zu glauben, aber es funktioniert wirklich.

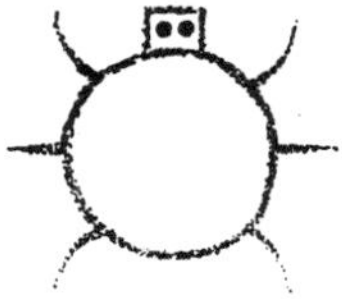

Die Kürbisse, die Rasseln, die wir *wagmuha* nennen, sind besonders wichtig für die Zeremonie. Man legt sie zu beiden Seiten des Altars nieder. Man sollte zwei haben; manche Medizinmänner benutzen vier, für die vier Richtungen. In diesem Fall wird die Rassel auf der Ostseite des Altars als letzte hingelegt. Die Ostseite gehört zu *tunkashila*, dem Großen Geist, und dem Morgenstern. Die Rasseln sind mit Hirschleder bespannt, einige alte noch mit Büffelleder. Ich kenne welche, die sind aus einem Büffelhoden. So weit sich Leute zurückerinnern können, sind Rasseln für Krankenheilen verwendet worden. Ganz früher hatten wir sogar eigene Männer, die zu »Hütern der Rassel« bestimmt waren. In den Rasseln sind, wie ich bereits erzählt habe, die heiligen kleinen *yuwipi*-Steine. Manchmal schneiden sich Männer oder Frauen kleine Hautstücke aus dem Arm und tun sie in die Rassel, um einem Verwandten zu helfen, gesund zu werden.
Der Klang der Rasseln ist keine Musik, und er soll auch nicht die Klapperschlange darstellen, wie manche Weißen glauben. Diese Rasseln sprechen zu dir. Wenn der Mann, der die Zeremonie abhält, dir etwas von dem heiligen Kraut gibt und du steckst dir das ins Ohr, dann wirst du verstehen, was die Rassel sagt. Dieses Kraut hat in eurer Sprache keinen Namen. Es ist oben nicht grün, weil es eigentlich nur eine Wurzel ist. Wenn während der Zeremonie ein Geist in den Raum

kommt, nimmt er sich eine Rassel, schüttelt sie und berührt unter Umständen den Körper eines Kranken, um ihn zu heilen. Diese Rassel wandert so schnell, daß noch niemand sie zu fangen vermochte. Das kommt von *takuskanskan* – der Kraft, die sich bewegt.

Alle Dinge, die ich bis jetzt aufgezählt habe, sind heilig und für eine *yuwipi*-Zeremonie unentbehrlich – die Tabak-Kette, die farbigen Fahnen, die Stöcke, der Altar, die Rasseln –, doch den bedeutendsten Gegenstand habe ich bis zum Schluß aufgehoben: Wir brauchen auch die heilige Pfeife, die in allen unseren Riten eine wichtige Rolle spielt.

Das ist das Zubehör für die *yuwipi*-Zeremonie. Vielleicht fügt ein Medizinmann noch Dinge aus seinem Medizinbeutel hinzu: Kopf und Klauen eines Adlers, Bärenkrallen, besondere Steine, Geweihsprossen, Tier- und Pflanzenteile, das hängt von seiner Vision ab. Diese Utensilien wird er immer wieder benützen, sobald er eine *yuwipi*-Zeremonie abhält, die Tabak-Kette hingegen und die Fahnen werden nur einmal verwendet. Sie können danach verbrannt oder auch zur Erinnerung verschenkt werden, aber man kann sie auf keinen Fall mehr für spirituelle Dinge verwenden. Neben all diesen heiligen Utensilien warten natürlich auch ein Kessel mit Hundefleisch und ein Topf mit klarem, kaltem Quellwasser. Beide werden innerhalb der Tabak-Kette in der Nähe der roten Fahne hingestellt. Im Raum verstreut sind außerdem Töpfe und Teller mit Suppe und Brot, Mais und Beeren – *wasna* –, der Pudding, der *wojapi* heißt, und ein besonderer Minztee, den wir nur zu dieser Gelegenheit trinken. Das Essen wird verteilt, sobald die Zeremonie vorbei ist.

Jetzt ist alles bereit für *yuwipi*, für die Schädelarbeit, wie man in den alten Tagen sagte. Vor dem Verschnüren wird der Raum noch mit Süßgras ausgeräuchert und gereinigt. Wir nennen es *wacanga*, und es ist geflochten wie der Zopf einer Frau. Nachdem es auf der einen Seite angezündet wurde, gehen wir damit im Raum auf und ab, so daß der Duft überall hinkommt, alles segnet und mit Wohlgeruch füllt. Es riecht wunderbar, und der Rauch wirbelt um uns her und macht uns alle zu Verwandten. Wir reinigen damit alle Dinge, die wir bei der Zeremonie gebrauchen, denn der Rauch treibt die bösen Einflüsse hinaus. Er hebt die Wirkung auf, die von einer

Frau ausgeht, wenn sie ihre Tage hat. Sie darf dann nicht an der Zeremonie teilnehmen. *Isnati* zu sein heißt, daß eine große Naturkraft in ihr steckt, die die Medizinmänner stören und die Heilung aufhalten könnte. Wenn eine Frau *isnati* ist, kann sie nicht behandelt werden. Die Frauen wissen das und halten sich den Zeremonien fern, wenn sie ihre Menstruation haben. Falls eine aber doch nicht weiß, daß sie ihre Tage hat, wird der Rauch des Duftgrases diese Kraft neutralisieren. In einigen Zeremonien benutzen wir auch Zedernrauch, der einem Mann die Kraft gibt zu träumen. Aber beim *yuwipi* ziehen wir das Süßgras vor.

Wir benutzen auch *wahpe-wastemna,* indianisches Parfum. Mir hat der Große Geist gesagt, ich solle diese Dinge benutzen. Wir reichen das Bündel herum und reiben unsere Körper, unsere Kleidung damit ein, um zu riechen wie die Natur. Jetzt durchdringt der Geist das Haus, und jeder steckt sich ein Zweiglein Salbei hinter das Ohr oder ins Haar. Nun kann der Geist seine Arbeit gut verrichten.

Der Medizinmann steht vor dem Altar. Er ist bereit, sich binden zu lassen. Wir benutzen zum Fesseln die gleiche Rohhaut, die wir auch für unsere Bogensehnen verwenden. Wir fangen mit seinen Fingern an, binden seine Arme hinter den Rücken und fesseln jeden Finger an den nächsten. Das Binden der Finger bedeutet den *wakinyam,* den Donnervogel und den Blitz. Der wird auch durch die Bogensehne symbolisiert. Der Geist trifft sein Ziel ungewöhnlich schnell, wie von der Bogensehne geschnellt.

Wir wickeln den *yuwipi*-Mann ein wie ein Mumie. In alten Zeiten benutzte man dafür Büffelhäute. Heute müssen wir uns mit einer großen Sterndecke begnügen, einem Quilt, der aus vielen farbigen Stückchen Stoff zusammengesetzt und auf dem ein Morgenstern zu sehen ist. Der Hintergrund dieser sehr schönen Decken ist meistens weiß. Manche Leute werden darin beerdigt. Sie sind groß genug, um einen Mann von Kopf bis Fuß zu bedecken. Als nächstes wickeln wir den Mann in die Decke ein und verschnüren ihn mit einem langen Lederriemen. Wir müssen ihn auf die richtige Art zusammenschnüren und sieben Knoten machen; wir können uns keinen Fehler leisten, denn das würde sein Leben gefährden. Wir ziehen den Lederriemen so fest, daß der Mann mit seinem Körper spüren kann, wie sich die Anwesenden mit ihm verbunden fühlen.

Das Fesseln, die Lederriemen, der Strick mit den Tabakbündelchen, die aufgebunden sind, haben für uns eine tiefe Bedeutung. Das ist das Untereinander-Zusammengebundenwerden, welches der Isolation zwischen den menschlichen Wesen ein Ende macht und aus uns eine Linie formt bis zum Großen Geist. Das bedeutet, die Kraft nutzbar machen. Der Mann liegt dort gefesselt, damit der Geist in ihn kommen kann und sich seiner bedient. Die Leute werden zusammengebunden und erhalten eine Lehre. Nicht nur während der *yuwipi*-Zeremonie findet diese Fesselung statt, man nahm sie in alten Tagen auch vor, wenn ein Mann schwor, ein *kola,* ein »Freund« für einen anderen Mann zu werden – die weißen Leute benutzen dieses Wort viel zu leicht; vielleicht wißt ihr nicht, was wirkliche Freundschaft ist. Die jungen Männer, die sich schwören, nicht nur *kola,* sondern *hunka*-Blutsbrüder zu werden, werden fast zu ein und derselben Person. Sie teilen alles – Leben und Tod, Schmerz und Freude, den letzten Mund voll Essen, selbst ihre Frauen. Sie müssen immer bereit sein, das Leben für den anderen zu lassen. Auf dieselbe Weise kann auch ein älterer Mann einen jüngeren adoptieren und sein *hunka* werden. Dadurch wird der jüngere Mann der Sohn des älteren, selbst wenn der Altersunterschied nur ein paar Jahre ausmacht. Männer besiegeln diese spezielle Freundschaften mit einer Zeremonie. Der Medizinmann bedeckt beide mit einer Büffelhaut und bindet sie mit Lederriemen zusammen. Er teilt den Leuten mit, daß diese beiden Männer nun aneinandergebunden sind als *kolas* oder als *hunkas.* Derselben Art zu denken entspricht auch unsere Entfesselungszeremonie – *kici yuskape.*

Ein Mann, der einen anderen getötet hat, kann sich von der Blutschuld losbinden lassen. Nach dieser Zeremonie müssen die betroffenen Familien sich gegenseitig vergeben.

Der *yuwipi*-Mann muß gebunden werden, damit die Geister erscheinen können. Wenn man ihn losbindet, verschwinden die Geister, manchmal kommen sie aber auch überhaupt nicht. Manchmal fühlt man nichts weiter als eine Fellpfote, weich wie die eines Kätzchens, die über Schulter oder Nacken streicht.

Wenn der *yuwipi*-Mann gefesselt ist, heben ihn zwei Männer auf und legen ihn mit dem Gesicht nach unten auf den Boden, den Kopf in der Nähe des Altars. Er ist nun wie ein Toter, es gibt ihn nicht mehr. Wir haben unsere Toten nie in Särgen beerdigt. Wir haben sie auf Holzgestelle gelegt und sie dem Wind und dem Regen übergeben, bis die Natur sie aufgelöst hatte. Während nun der *yuwipi*-Mann in eine Sternendecke gehüllt auf dem Boden liegt, kann sein Geist Hunderte von Meilen entfernt auf den fernen Hügeln mit den Alten Zwiesprache halten. Er ist nicht mehr da, es ist an uns, ihn später zurückzuholen, darauf müssen wir uns konzentrieren. Wir müssen ihm beistehen mit *wace iciciya* – dem stillen Gebet.
Nun wird die Kerosinlampe ausgelöscht, und völlige Dunkelheit fördert unsere Konzentration. Der Medizinmann und wir alle, die wir anwesend sind, müssen unsere Kraft auf richtige Weise gebrauchen, sonst kann es sein, daß er, hilflos wie er selber ist, getötet wird. Ein Blitz könnte ihn erschlagen. Jetzt erreichen auch uns die Geister; mag sein, daß sie dich berühren, aber du selbst kannst sie nicht fassen. Jetzt sind wir bereit für die Trommeln, für die Lieder und für die Gebete.
Die Worte meines ersten Liedes sind diese: »Wo ist dieser heilige Geist, den das Schicksal mir heute abend zugesellt?« Das zweite Lied geht folgendermaßen: »Ich habe schlecht gehandelt, ich habe die Vision des Geistes verletzt, aber ich will mich ändern, ich will ein anderer werden, mein Leben wird sich ändern, ich habe vier Leben wie die vier Windrichtungen. Als ich von oben auf die Welt kam, hat man mir Kräfte versprochen, die ich bei den Menschen benutzen soll.« Mein drittes Lied ruft die Geister, daß sie erscheinen mögen. Ich singe, ich bitte sie zu kommen, ich rufe den Geist des Westens, die schwarze Kraft, die rote Kraft, die gelbe Kraft und die weiße Kraft aus dem Süden. Ich bitte die Kraft von oben, die Adlerkraft, sich hier bemerkbar zu machen. Ich bete zu den Kräften von unten, zu unserer Mutter Erde und bitte sie, bei mir zu sein, zu helfen und unsere Wünsche zu erfüllen.
In meinem fünften Lied sage ich: »Auf diesen Fels habe ich meine heilige Pfeife gelegt. Dieser Felsen bin ich, dieser Felsen. Deshalb wird die Weisheit des großen Geistes in diesem Augenblick in mir sein.« Das sechste Lied richtet sich an die weiblichen Geister. Es heißt darin, daß vier von ihnen anwe-

send sind, zwei Frauen mit Flügeln, die über mir im Himmel schweben, und zwei Männer auf der Erde, die mir helfen und mich mit ihrer Gegenwart beehren. Sie führen mich, damit ich ihre Sprache verstehen kann, sie helfen mir, die Spinnen und die Ameisen zu verstehen. Der Große Geist hat diese winzigen Kreaturen gesegnet, und durch seinen Segen kann ich mit ihnen und mit den Vögeln in der Luft sprechen; so ist der Geist in mir.

Mein siebtes Lied sagt: »Hier kommen die tanzenden Geister. Sie segnen und loben die Geheimnisse der Kraft mit Liedern und Rasseln. Sie tanzen und sind glücklich.« Nun kommt das letzte Lied, es fängt an: »Du hörst meine Stimme, ich höre deine Stimme, die Stimme des Geistes kommt jetzt zu mir. Was ich heute Nacht über diese Krankheit höre, über die Bedürfnisse einer Person, der Geist wird es mir jetzt sagen und durch mich zu euch allen sprechen.«

Und so kommen die Geister oft von Westen, von Süden her, sie kommen als helle Funken aus Licht und in sanften Berührungen, wie von einer Feder. Sie kommen von oben und von unten und lassen die Wände und den Boden zittern. Sie kommen als Stimmen, ohne Körper und ohne Mund, nicht menschliche Stimmen, trotzdem können wir sie verstehen. Diese Zeremonie dauert lange. Aber schließlich werden die Lichter wieder angezündet, und man sieht den Medizinmann mit dem Strick um sich, an dem die Tabakbündelchen hängen, aber ohne Fesseln und Decke. Er ist wieder bei uns. Nun muß jeder abwechselnd etwas sagen, etwas Gutes, wie er sich fühlt oder was er erlebt hat. Man kann auch Fragen stellen über die Gesundheit, über die Familienprobleme, über jemanden, der verlorengegangen ist, und der *yuwipi*-Mann wird sie alle beantworten. Wenn er gut ist, hat er die Kraft, denn während er lag, hat er in der Dunkelheit, im Inneren der Decke bereits die Antworten gehört.

Der Medizinmann zündet die heilige Pfeife an und hebt, während er betet, das Rohr in die Höhe. Dann macht die Pfeife im Uhrzeigersinn die Runde, von Hand zu Hand und von Mund zu Mund. Ihr Rohr und der Rauch sind ein Bindeglied zwischen der Erde und dem Himmel, zwischen dem Mann und seinem Nebenmann. Jeder nimmt vier Züge aus der Pfeife, die in einem Kreis herumgereicht wird, der keinen Anfang

und kein Ende hat. Dann kommt sie zurück zum Medizinmann.
Nun, heute nacht wollen wir dir den Hund zu kosten geben, du wirst die Medizin schlucken, sie ist heilig. Sag nicht: »Pfui, ich mag dies alte Vieh nicht schmecken!« Das wollen wir nicht von dir hören. Sei froh, wenn du mit dem Kopf des Hundes bedient wirst. Es gibt gutes Essen für uns alle, Brot, süße *wasna* und süße *wojape.* Alle unsere Zeremonien enden mit einem Fest. Sich den Bauch zu füllen – auch das ist heilig. Wenn wir so zusammen essen, auf dem Boden hockend, unsere Rücken gegen die Wand gelehnt – das ist wieder eine Sache, die uns zusammenbindet wie vorher die Lederriemen. Schließlich kommt ein Bub, der im Uhrzeigersinn herumgeht; er trägt einen Schöpfer und ein Schaff voll klaren, kalten Wassers, das uns heilig ist, denn ohne das würde es kein Leben geben. Ich kann nur hoffen, daß es noch klares Wasser gibt, wenn unsere Buben alte Männer sind.
Der Bub, der uns das Wasser reicht, ist ganz jung. Wir geben ihm diese wichtige Aufgabe, damit er sich als Mann fühlt, um ihm zu zeigen, daß wir es für eine wichtige Sache halten, daß er hier ist und das Verbindungsglied zur nächsten Generation formt und den alten Glauben an die, die nach uns kommen, weiterreicht. Wenn wir nicht so fühlen könnten, hätte das Fortbestehen von Leben keinen Sinn.
Nun schüttelt der Medizinmann behutsam die Asche aus seiner Pfeife und nimmt das Rohr aus dem Pfeifenkopf. Wenn er das tut, unterbricht er die Verbindung, die Erde und Himmel haben, die uns alle zusammengebunden hat. So auseinandergenommen ist die Pfeife nicht länger heilig. Wenn sie so auseinandergenommen worden ist, ist sie nur ein Gegenstand. Und nun müssen wir alle bestimmte Worte sagen, einer nach dem anderen. Du mußt lernen, diese Worte richtig zu sagen, sie sind *mitakuye oyasin* – alle meine Verwandten, alle von uns, jeder. Das bedeutet: alle menschlichen Wesen auf der Erde, alle lebenden Dinge bis zum kleinsten Insekt und zur kleinsten Pflanze; aber mehr sagen wir nicht. Wir stehen auf und gehen, denn dies *yuwipi*-Zeremonie ist zu Ende.

Sie schauen in die Sonne und tanzen

Du starrst mit offenen Augen in die flammende Sonne. Die grellen Strahlen brennen sich tief in dein Gehirn, füllen es mit unerträglicher Helle . . .
Auf der Pfeife aus einem Adlerknochen blasen, die zwischen deinen Zähnen klemmt, bis der schrille Ton zum einzigen Laut in der ganzen Welt wird . . .
Tanzen, tanzen, tanzen von morgens bis abends ohne Essen und Trinken, fast bis zum ohnmächtigen Zusammenbruch . . .
Ziehen, an einem Lederriemen ziehen, der an einem tief in deinem Fleisch versenkten Haken befestigt ist, bis deine Haut sich dehnt und streckt und reißt, bis du schließlich frei bist und das Blut über deine Brust fließt . . . Das ist es, was einige von uns während des Sonnentanzes aushalten müssen.
Viele Leute verstehen nicht, warum wir dies tun. Sie nennen den Sonnentanz barbarisch, wild, einen blutigen Aberglauben. So wie ich es sehe, ist unser Körper das einzige Ding, was wirklich uns gehört. Wenn wir Indianer unser Fleisch, unsere Körper aufgeben, dann geben wir das einzige auf, was uns ganz allein gehört. Wenn wir Wakan Tanka ein Pferd opfern, Beutel mit Tabak, Nahrung für die Armen, dann schenken wir ihm etwas, das ihm längst gehört. Alles in der Natur wurde vom Großen Geist geschaffen, ist also ein Teil von ihm. Nur unser eigenes Fleisch ist ein wirkliches Opfer – ein echtes Hingeben von uns selbst. Wie können wir ihm irgendetwas Geringeres geben?
Während fünfzig langer Jahre sperrten sie uns ein, wenn wir den Sonnentanz tanzten, bezeichneten es als Verbrechen, ein »indianisches Vergehen«. Religionsfreiheit gilt für uns Indianer nicht.
Der Sonnentanz ist unsere älteste und feierlichste Zeremonie, der »Großvater von allen anderen«, wie mein Vater sie immer nannte. Sie ist so alt, daß ihre Ursprünge hinter Dunstschleiern verborgen liegen. Sie geht zurück zu einem Zeitalter, da unser Volk weder Pferde noch Gewehre oder Messer besaß –

als es nur uns und die Tiere, die Erde, das Gras und den Himmel gab.

Heutzutage studieren kluge Leute Sonnenflecken durch gigantische Fernrohre, und von Menschen gemachte kleine Sterne rasen um die Erde, als kämen sie zu spät zur Arbeit. Sogar auf dem Mond seid ihr gelandet und habt dort ein paar Plastiktüten mit Urin und einige Kaugummipapierchen zurückgelassen. Doch ich glaube, daß in jenen längst vergessenen Tagen die Indianer den Mond und die Sonne viel besser kannten und ihnen viel näherstanden.

Nach der Dunkelheit des Winters, den sie dicht aneinandergedrängt in ihren armseligen Unterschlupfen frierend und hungernd, fast wie Tiere im Winterschlaf überstanden hatten, wie freudig, wie dankbar müssen sie da die lebensspendende Sonne begrüßt haben und sich von ihr die gefrorenen Knochen haben wärmen lassen, als schließlich der Frühling zurückkehrte. Ich kann mir gut vorstellen, wie einer von ihnen auf einen plötzlichen Impuls hin aufstand, um für die Sonne zu tanzen, seinen Körper wie ein Gebet benutzend, und einer nach dem anderen schlossen sich ihm alle an.

So entstand dieser Tanz, und langsam, von Generation zu Generation, bekam er mehr Bedeutung, wurde ihm mehr Ehrfurcht erwiesen. Mein Vater brachte ihn mir bei, wie er ihn von seinem Vater gelernt hatte, und dieses Lernen und Lehren geht zurück bis zum Anbeginn der Zeit.

Wi wanyang wacipi – der Sonnentanz – ist unser größtes Fest, zu dem das ganze Volk zusammenkommt. Ich habe von *hanblechia* erzählt, der Suche nach Visionen; ein Mann ganz allein auf einem einsamen Hügel, der mit den geheimnisvollen Mächten in Verbindung tritt. Nun, der Sonnentanz bedeutet, daß alle Leute mit allen geheimnisvollen Mächten in Verbindung treten. Es ist das *hanblechia* der gesamten Sioux-Nation.

Von all unseren Riten wird der Sonnentanz am meisten mißverstanden. Viele Weiße halten ihn für eine Einführung ins Mannesalter oder eine Mutprobe. Das aber ist falsch. Der Sonnentanz ist ein Gebet und ein Opfer. Man nimmt nicht freiwillig daran teil, sondern als Erfüllung eines Traumes oder einer Vision. Der Sonnentanz, den ihr nun sehen werdet, wird von jemandem ausgeführt, der träumte, er müsse sich dieser schweren Prüfung unterziehen, um seinen Sohn aus Vietnam zurückzuholen, um den Völkern dieser Erde Frieden zu bringen, damit sie einander verstehen können. Dafür werden wir tanzen.

Der Tanz ist jetzt nicht mehr so streng, wie er einmal war, doch auch heute noch verlangt er viel von einem Mann. Selbst heute mag ein Mann aus Mangel an Nahrung und Wasser ohnmächtig werden. Vom Blasen auf seiner Adlerknochenpfeife kann er so durstig werden, daß seine Kehle ausdörrt wie ein rissiges, trockenes Flußbett. Für einige Zeit mag er blind werden vom Starren in die Sonne, so daß seine Augen nur noch glühende Spiralen aus gleißendem Weiß sehen. Der Schmerz in seinem Fleisch, dort wo die Adlerklaue in seiner Brust befestigt ist, mag so groß werden, daß der Moment kommt, da er ihn nicht länger spürt. In solchen Momenten wie diesen, wenn er das Bewußtsein verliert, wenn sich die Sonne in seinen Verstand brennt, wenn seine Kraft aus ihm gewichen ist und seine Beine ihn nicht länger tragen, in solchen Momenten erscheinen die Visionen – Visionen, ein Medizinmann zu werden, Visionen von der Zukunft.

Einsichten, die zu einem solchen Preis gewonnen werden, sind sogar noch höher einzuschätzen als jene, die ein Mann auf einem Hügel während seiner Suche nach Visionen erfährt, sie sind wahrhaft *wakan* – heilig.

Eines macht mich traurig. Hier in der Stadt Winner leben Hunderte von Indianerfamilien, die eifrig darauf bedacht sind, die alten Traditionen wachzuhalten, doch von allen Seiten sind wir von weißen Viehzüchtern umgeben. Der einzige Platz, wo wir jetzt unseren Sonnentanz veranstalten können, ist die alte Wiese, wo die hiesigen Cowboys früher ihre Rodeos abhielten. Für sie ist es dort nicht mehr gut genug, sie haben was Neues gebaut, und wir haben das hier übernommen. Die alten Tribünen blättern ab und sind voller Splitter, doch immer noch sicher genug zum Draufsitzen. Du kannst noch die verblassenden Zeichen sehen: »Trink Pepsi-Cola«, »Besuch deinen örtlichen Ford-Händler«. Tu so, als wären sie nicht da.

Einige Gemeinden haben mehr Glück, sie sind nicht so eingezäunt. Sie können ihre Zeremonien immer noch draußen auf der offenen Prärie abhalten oder auf dem, was davon übriggeblieben ist, doch wir werden trotz allem auch hier einen guten

Sonnentanz haben. Wir werden es richtig machen, auf die geheiligte Weise unserer Vorväter, so wie unsere Eltern es uns gelehrt haben – zumindest soweit das möglich ist in dieser Zeit und an diesem Ort.
Wir wollen, daß man versteht und beobachtet, aber nicht nur mit den Augen. Jetzt ist ein guter Moment zu erzählen, wie wir den Sonnentanz in längst vergangenen Tagen feierten, damit du ihn auch mit deinem *Geist* in all seiner ursprünglichen, Ehrfurcht einflößenden Größe erfaßt.
Schon wenn ich darüber rede, fühle ich mich ein bißchen unbehaglich. Früher sprachen selbst wir, untereinander, kaum darüber, höchstens bei feierlichen Gelegenheiten, wenn zwölf alte und weise Männer anwesend waren und wir sichergehen konnten, daß jedes Wort stimmte.
Ich habe viel über den Schmerz des Sonnentanzes gesprochen, wenig über seine Freuden. Wir Sioux sind kein simples, einfaches Volk, wir sind sehr kompliziert. Immer wieder betrachten wir die Dinge von verschiedenen Seiten. Für uns gibt es Schmerz in der Freude und Freude im Schmerz, genauso wie für uns der Clown ein lustiger Mann und eine tragische Figur zur gleichen Zeit ist. Alles ist Teil der gleichen Sache – Natur, die weder traurig noch fröhlich ist; sie *ist* einfach.
Deshalb war in den alten Tagen der Sonnentanz auch nicht nur Opferfest, sondern eine fröhliche Zeit, in der die Beeren reif waren, das Gras hoch stand und es reichlich Wild gab – eine gute Zeit, um alte Freunde zu treffen.
Damals breiteten wir uns in kleinen Jagdtrupps von Nebraska bis Montana aus, wie in die Prärie geworfene Steinchen. Doch niemand würde den Sonnentanz versäumen, selbst wenn er dafür Hunderte von Meilen zurücklegen müßte. Beim Sonnentanz begegnete man Verwandten, die man ein Jahr lang nicht mehr gesehen hatte und mit denen man Geschichten austauschte über all die guten und schlechten Dinge, die in der Zwischenzeit passiert waren. Hier trafen die Jungen die Mädchen, denen sie den Hof machen und mit denen sie sich lieben konnten. Wir Sioux haben eine solche Angst vor Inzest und deshalb so viele Gesetze, die uns verbieten, innerhalb des Clans zu heiraten, daß der Sonnentanz, glaube ich, für viele junge Männer die einzige Gelegenheit war, das richtige Mädchen zu finden.

Jede Familie stellte ihr Tipi an dem Platz auf, den sie für angebracht hielt, und der Herold umritt das Lager und sagte jedem, was zu tun sei. Das waren die Tage der ständigen Besuche von Zelt zu Zelt, mit gutem Essen, guten Gesprächen, guter Gesellschaft. Das war die Zeit der Bettelsongs, wo die Sänger von Zelt zu Zelt gingen und Gaben und Nahrung für die Armen sammelten. Es war auch die passende Zeit für die Mädchen, nach einem besonderen Kraut mit vier Blättern Ausschau zu halten, das als Liebeszauber wirkte – ein Kraut, das ihre Liebhaber treu machte. Wie mir die Frauen erzählten, gibt es heutzutage von diesen Kräutern nur noch wenige.
Der Sonnentanz dauerte zwölf Tage: vier Tage, um das Camp zu bereiten, vier Tage für die Medizinmänner, um den Teilnehmern all die Dinge beizubringen, die sie wissen müssen, und vier Tage für den Sonnentanz selbst.
Eigentlich beginnt der Sonnentanz erst mit der Wahl der *canwakan* – des heiligen Baumes. Unser heiliger Baum war immer der Cottonwood*. Wenn man mit einem Messer mit sauberem Schnitt die oberen Zweige abschneidet, dann findet man im Kern jedes Astes ein Muster, das einem Stern ähnelt. Bei der Auswahl nahmen die Männer nicht einfach den erstbesten, gutgewachsenen Cottonwood, der am Weg stand. Nur der vollendetste von allen Bäumen war gerade gut genug. Um ihn zu finden, schickte der Stamm vier Kundschafter aus, tapfere Männer mit tadellosem Charakter. Es war eine große Ehre, für diese Aufgabe ausgewählt zu werden. Die Scouts ritten davon, als wären sie auf dem Kriegspfade – bemalt und bewaffnet. Sie versuchten einen »Feind« zu fangen – einen hölzernen Feind, einen Baum, dessen Stamm in eine große Astgabel mündet. Wenn die Scouts den richtigen Baum gefunden hatten, kehrten sie im Galopp zurück und berichteten den Medizinmännern.
Am nächsten Morgen schwirrte das Camp vor Aufregung. Die Trommeln dröhnten. Jeder sang brave-heart-songs und black-face-paint-songs**. Ihr müßt wissen, daß jeder Krieger, der sich im Kampf ausgezeichnet hat, das Recht besitzt, bei der Rückkehr ins Lager die eine Hälfte seines Gesichts schwarz zu bemalen.

* Balsampappel, ** Tapferkeitslieder

Der ganze Stamm ritt aus, angeführt von den vier Kundschaftern – die jungen Männer und Frauen mit grünen Ranken und Blättern geschmückt, auf ihren besten Pferden. Die Scouts galoppierten auf den Baum zu wie beim Angriff auf einen Feind. Sie erklärten dem Baum: »Du hast Glück, unter all den anderen ausgewählt worden zu sein. Es ist eine große Ehre!«. Das »Töten« des Baumes wurde von vier jungen Frauen vollzogen, die nie Anlaß zu Klatsch gegeben hatten und die noch nie das Lager mit einem Mann geteilt hatten. Sie waren stolz, dafür ausgewählt worden zu sein. Wenn ein Mädchen so dumm gewesen wäre, sich selbst als Jungfrau auszugeben, obwohl sie keine mehr war, dann hätte sich sofort der Mann, mit dem sie zusammengelegen hatte, gerührt und hätte sie für ewig beschämt; doch so etwas ist noch nie passiert. Die Axt, die für das Fällen des Baumes benützt wurde, mußte brandneu sein – nie zuvor benutzt, nie danach benutzt. Jede der jungen Frauen kam an die Reihe, zuerst den Hieb nur vortäuschend, um den jungen Männern eine Chance zu geben, von ihren tapferen Taten zu erzählen. Oft wurde das in Form eines Liedes gemacht. Mein Großvater sang meist diese Worte:

In einem Kampf
lasse ich niemand auf den vordersten Platz.
Das Gesicht schwarz gemalt
kämpfe ich.
Ohne Furcht
lebe ich.

Wenn die Frauen schließlich den Baum fällten, gaben sie dabei den schrillen, Gänsehaut erzeugenden Tötungsschrei von sich, der einen tapferen Feind ehrt. Wenn der Baum dann fällt, darf er den Boden nicht berühren, sondern wird von den zwanzig Pfahlträgern aufgefangen. Danach durfte niemand mehr den Baum berühren, an ihm vorbeilaufen oder über ihn hinwegsteigen. Ein Mann, der einmal gedankenlos drüber sprang, brach sich am nächsten Tag das Genick, als sein Pferd ihn abwarf. Ihr mögt das einen Unfall nennen, doch wir alten Vollblut-Indianer wissen es besser.

Während eines Sonnentanzes gibt es so viele Dinge zu tun, so

viele Ge- und Verbote, daß wir immer einen Medizinmann zum Zeremonienmeister erheben, der darauf achtet, daß alles richtig gemacht wird, daß all die Dinge, die benutzt werden, neu und besonders angefertigt sind. Dieser Mann ist der Vermittler zwischen dem Volk und den geheimen Mächten. Zeitweise bin ich dieser Mann gewesen.
Der Tanz muß auch einen Förderer haben, einen Mann, der für die Feier verantwortlich ist, weil eine Vision ihm gesagt hat, dies zu tun, und er einen Schwur geleistet hat. Solch ein Förderer wird einen Großteil seines Besitzes opfern, um die Armen mit Nahrung und Geschenken zu versorgen.
Ich bin nicht mehr so jung, und mein Kopf ist so voller Gedanken und Erinnerungen, daß es mir schwerfällt, von dieser Geschichte nicht abzugleiten. Mein Reden ist wie der Sonnentanz – so viele Dinge geschehen zu ein und derselben Zeit.
Wenn der Baum dann gefällt war, schnitten vier Medizinmänner, die ebenfalls zuvor ausgewählt worden waren, die untern Zweige ab und bedeckten die »Wunden« am Stamm mit Zinnoberfarbe. Die Gabel des heiligen Baumes und die obersten Zweige mit ihren Blättern blieben unberührt. Eine rotgefärbte Büffelhaut oder ein scharlachfarbenes Tuch und das Fell eines Wiesels wurden zusammen mit der Figur eines Mannes und eines Büffels aus rohem Leder darangebunden. Diese kleinen Nachbildungen besaßen große männliche Geschlechtsteile, bereit zur Tat, könnte man sagen. Das hatte tiefere Bedeutung. Unter anderem symbolisierte der Sonnentanz auch eine Erneuerung des Lebens – neue Pflanzen schießen in die Höhe, Stuten fohlen, Babys werden geboren. Diese steifen männlichen Glieder standen für die erneuernde Kraft der Natur. Dann wurde der Baum mit nach vorn gerichteter Spitze zum Tanzplatz gebracht. Zum Tragen wurden besondere Stöcke benutzt, da er nicht berührt werden sollte. Viermal rasteten die Träger auf ihrem Weg.
Eines werden wir womöglich nie mehr sehen: den wilden Ritt der jungen Krieger hinter dem Zug der Träger, jeder bemüht, der erste an dem Loch zu sein, in dem der Baum aufgerichtet wird. Was ein Anblick muß das gewesen sein, diese kräftigen jungen Männer, wie sie in den Kreis des Tanzplatzes stürmten, wie ihre Pferde auf den Hinterhufen tanzten, den Staub

hochschleuderten, die Flanken bemalt und die Schwänze kunstvoll hochgebunden, ich höre ihr Wiehern, ihr Schnauben und die gellenden Schreie der Reiter. Ich sehe sie vor mir: Der Federschmuck und das offene Haar fliegen im Wind, jeder versucht den anderen vom Pferd zu stoßen, um der erste und einzige zu sein, der das Loch berührt und damit neue Ehrenzeichen für seinen roten Coup-Stab bekommt. Diese stolzen jungen Männer auf ihren tapferen Ponys, wo sind sie jetzt? Wenn der Baum schließlich den Kreis der Tipis erreichte, stieg ein großer gemeinsamer Freudenschrei aus dem Lager auf. Büffelfett war in das Loch gestrichen worden, das darauf wartete, den Sonnentanz-Pfahl zu empfangen. Das Fett war eine Gabe an die Büffel-Nation: Man bat damit um ihre Hilfe, den Stamm auch im kommenden Jahr zu nähren. Ein Kreuzbalken wurde in der Gabelung des Baumes befestigt. Daran wurden die Lederriemen gebunden, einer für jeden der Männer, die den Schwur geleistet hatten, sich der Prüfung des »Durchbohrens« zu unterziehen. Die Spitze des Pfahles war mit Streifen aus bunt gefärbtem Tuch geschmückt – schwarzen, gelben, weißen und roten –, je ein Streifen für die vier Ecken der Welt: An den Kreuzbalken wurde auch noch die Gabe des »Schirmherrn« gebunden – eine Art Tasche, wundervoll bestickt mit Perlen und Stachelschweinsborsten und mit Wildkirschzweigen umwunden, so daß das Ganze sich harmonisch in die Blätter an der Baumspitze einfügte. In der Tasche war ein besonders gutes Stück Büffelfleisch, von einem Pfeil durchbohrt: Gewähr für gute Jagd. Der Baum war außerdem auf jeder Seite in einer anderen Farbe bemalt.

Die ganze Zeit durch sprach und betete der verantwortliche Medizinmann zu dem Baum und zu dem Loch. Er tat es mit so leiser Stimme, daß niemand die Worte verstehen konnte. Schließlich wurde der Pfahl aufgerichtet. Dies geschah in vier Stufen. Ich glaube, mittlerweile ist es klar: Die Vier ist unsere heilige Zahl, wir machen alles mit vier. Während der Baum sich erhob, schwiegen alle, nicht ein Ton war zu hören, doch sobald er aufrecht stand, brachen alle in großen Jubel aus, und die Männer feuerten ihre Gewehre in die Luft.

Für kurze Zeit gab es dann ein leichtes Geplänkel, als Männer und Frauen scherzend *iya* und *gnaske* anriefen – die beiden kleinen Figuren mit den großen männlichen Geschlechtsteilen. Diese eindeutigen Scherze hatten nur mit Sex zu tun; man könnte es als »schmutzige Reden« bezeichnen. Normalerweise hätten Frauen sich geschämt, so vor allen Leuten zu sprechen, doch zu dieser Zeit war alles Teil eines Ritus und deshalb gut.

Nun, da der Baum aufgerichtet war, hatte er zu den Leuten zu »sprechen«. Diese Worte wurden in seinem Namen gesungen:

Ich stehe
Auf heilige Weise
Im Mittelpunkt der Erde
Vor dem ganzen Volk
Ich sehe den Stamm
Der um mich versammelt ist.

Um den Pfahl herum wurde die Sonnentanz-Hütte errichtet. Man nannte sie auch das »Schatten-Haus«, ein Kreis aus Pfählen, die ein Dach aus Kiefernzweigen hielten. Von hier aus konnten die Leute den Sonnentanz beobachten. Ein kleines bißchen westlich des Pfahles wurde ein viereckiges Stück Erde abgesteckt – *owanka wakan,* der heilige Platz. Er enthielt ein bestimmtes Maß an Kraft, verliehen vom Großen Geist für das Volk. Zwei Linien wurden in das Quadrat gezeichnet, eigentlich kleine Gräben, die mit Tabak gefüllt und mit Zinnoberpulver, silbernem Glimmerstaub und flaumigen Adlerfedern bedeckt wurden. Das Kreuz symbolisiert die vier Richtungen des Windes. Niemand durfte zwischen den Pfahl und das *owanka wakan* treten.

Dann wurde ein Zelt für die Tänzer aufgestellt und eine Schwitzhütte für sie gebaut. Nun war alles bereit für den großen Sonnentanz, der vier lange Tage dauerte. In der Nacht zuvor gab es keine fröhlichen Feste und keine Besuche mehr. Die Medizinmänner beteten, während die Leute ruhig in ihren Zelten blieben. In den ersten drei Tagen tanzten die Männer von der Morgendämmerung bis zum Sonnenuntergang, sie bliesen auf ihren Pfeifen aus Adlerknochen, ihre Körper bewegten sich wie ein gemeinsamer Körper, bis sie fast ohnmächtig waren vor Müdigkeit. Dann kam der vierte, der feierlichste Tag.

Vor der Morgendämmerung des letzten Tages gehen die Medizinmänner noch auf einen Hügel, um die ersten Strahlen der aufgehenden Sonne zu begrüßen, um sie willkommen zu heißen, um gutes Wetter und Kraft für die Tänzer zu erbitten. Jene, die den Schwur abgelegt hatten, reinigten sich selbst im Schwitzbad und wurden bemalt, jeder seinem Schwur entsprechend auf eine andere Art. Sie trugen Kränze aus Salbei auf ihren Köpfen und an ihren Handgelenken und lange Quilts aus rotem Tuch von der Hüfte an abwärts. Alle hatten ihren Medizinbeutel um den Hals hängen. Frauen durchbohrten sich nicht wie die Männer, doch auch sie konnten ein Opfer bringen, indem sie winzige Fleischstücke aus ihren Armen schnitten.
Angeführt von den Medizinmännern bewegten sich die Tänzer in feierlichem Marsch vom Zelt des Sonnentanzes zum Tanzkreis. Der Medizinmann, der als Vermittler zum Großen Geist wirkte, ging auf einem markierten Pfad voraus, einen bemalten Büffelschädel tragend, der zusammen mit einer gefüllten Friedenspfeife, dem heiligen Pfahl zugewandt, auf den Altar gelegt wurde. Bevor sich die Männer ihrer Prüfung unterzogen, wurden den Babys die Ohren durchstochen. Ein Platz war ganz mit Salbei bedeckt worden. Dort saßen die Mütter mit ihren Kleinen und riefen diesem oder jenem weisen Mann zu, diese Aufgabe zu übernehmen. Während die Männer die winzigen Ohrläppchen mit einer Ahle durchstießen, erzählten sie von ihren tapferen Taten und erinnerten die Eltern daran, ihre Kinder richtig zu erziehen – nach der Sioux-Methode eben. Das sollte den Geist der Kinder beeinflussen, doch nicht gleich, glaube ich, denn es gab viel Gekreisch und Geheul unter den Kleinen.
Schließlich waren die Männer an der Reihe, und, glaub mir, das war kein Kinderspiel mehr. Niemand war dazu gezwungen oder überredet worden, doch sobald er einmal den Schwur abgelegt hatte, mußte er es durchstehen. Man kann sein Wort gegenüber *wakan tanka* nicht brechen.
Das Durchbohren konnte auf vier verschiedene Arten geschehen. Beim »Starren auf den Büffel« war das Fleisch am Rücken des Tänzers mit Haken gespickt. Daran hingen bis zu acht Büffelschädel. Ihr Gewicht zerrte die Haken nach wenigen Stunden durchs Fleisch.

Das zweite war das »Blicken in die sinkende Sonne«. Es war die am häufigsten benutzte Art. Das Fleisch auf der Brust des Tänzers wurde eine Handbreit über jeder Warze durchstoßen, und ein hölzerner Stift oder eine Adlerklaue wurde direkt durch den Muskel gesteckt. Am Ende des Tanzes mußte sich jeder Mann selbst losreißen.
Die dritte Art heißt »Stehend leiden«. Der Tänzer wurde zwischen vier Pfosten gestellt. Riemen wurden in seinem Fleisch befestigt – zwei in seiner Brust und zwei in seinem Rücken unterhalb der Schulterblätter. Die losen Enden waren an den Pfosten angebunden, und der Tänzer mußte sich freikämpfen.
Die letzte Art war »Schwebend auf die Sonne starren«. In diesem Fall wurden Seile an Haken gebunden, die in Brust und Rücken des Mannes befestigt waren. Er wurde so hoch in die Luft gezogen, daß er mit seinen Füßen den Boden nicht berührte. Das war die ernsthafteste Probe von allen, da hier der Tänzer wenig tun konnte, um durch Zerren und Rütteln das Ende seiner Prüfung herbeizuführen, sondern darauf warten mußte, bis sein Fleisch durch sein eigenes Gewicht durchriß. Manche blieben einfach hängen, bis Freunde oder Verwandte sie runterzogen.
Für gewöhnlich hatte ein Mann seine Freunde an seiner Seite, die ihm Mut zusprachen, seine Wunden reinigten und mit einem Büschel weicher Salbeiblätter den kalten Schweiß abwischten. Auf diese Art benutzte Pflanzen ergaben einen mächtigen Liebeszauber, der von Frauen sehr geschätzt wurde. Auch die Aststäbchen des Salbeiholzes, die im Fleisch der Tänzer steckten, waren begehrt. Die Tänzer schenken sie ihren Freunden, die sie zum Stopfen des Tabaks in ihren Pfeifen benützen. Ein Mädchen mag ihrem Liebhaber auch Wasser bringen, falls ihn der Durst zu überwältigen droht.
Manche weißen Männer schüttelt es, wenn ich ihnen diese Dinge erzähle. Doch die Idee, Schmerzen zu erleiden, damit andere leben können, sollte man nicht als merkwürdig empfinden. Betet ihr nicht in euren Kirchen zu einem, der »durchbohrt« wurde, ans Kreuz genagelt zum Wohle seines Volkes? Kein Indianer hat je einen weißen Mann wegen seines Glaubens unzivilisiert genannt oder ihm verboten anzubeten, was und wen er wollte.

Der Unterschied zwischen dem weißen Mann und uns ist der: Ihr glaubt an die erlösende Kraft des Leidens, falls dieses Leiden von jemand anderem erduldet wird, weit entfernt, vor zweitausend Jahren. Wir glauben, daß es an jedem von uns liegt, uns gegenseitig zu helfen, sogar durch den Schmerz unserer Körper. Schmerz ist für uns nichts »Abstraktes«, sondern sehr wirklich. Wir legen diese Bürde nicht unserem Gott auf, noch möchten wir es versäumen, Angesicht in Angesicht mit dem heiligen Geist zu stehen. Beim Fasten auf der Spitze des Hügels oder beim Zerreißen unseres Fleisches während des Sonnentanzes erleben wir die plötzliche Einsicht, kommen wir dem Innersten des Großen Geistes am nächsten. Diese Einsicht läßt sich nicht billig gewinnen, und wir wollen weder einen Engel noch einen Heiligen, der sie für uns erringt und sie uns dann aus zweiter Hand überläßt.

Nun, mein Freund, es tut gut, hier zu sitzen und zu beobachten, wie ein weiterer Sonnentanz seinem Höhepunkt entgegenstrebt. Es tut gut zu sehen, wie unser Volk an seiner alten Weise, an seinem Indianersein festhält. Einige der schönsten und ausdrucksvollsten Riten des Sonnentanzes fehlen heutzutage, doch das Wesentliche blieb unberührt. Sicher, es gibt nicht länger die *Ucita*, die große Parade, wo Männer und Frauen in all ihrem Glanz Seite an Seite reiten. Viele unserer Leute haben keine Pferde mehr. Trotzdem ist es gut, daß so viele mit ihren Heuverbrennungsmaschinen* gekommen sind anstatt in ihren Skunk-Wagen mit dem Benzingestank. Dieser Mann dort drüben mit dem alten Büffelkopfschmuck ist bis von Denver hergekommen, und die Familie neben ihm mit dem wunderschön bemalten Zelt, das einen Sitting Bull stolz gemacht hätte, ist den ganzen Weg von Kalifornien angereist, um heute hier sein zu können. Ihnen kann man wirklich keinen Vorwurf machen, daß sie mit dem Auto gekommen sind. Sie sind von Chicago, von Milwaukee, von Kanada, von der Ostküste hierhergereist. Sie sind da – das ist die Hauptsache. Der heilige Pfahl ist in der uralten Tradition ausgewählt worden, der Büffelschädel befindet sich auf seinem Platz, und das Schmerzaushalten ist so wirklich wie eh und je. Diese heiligen Cottonwoodbäume bedeuten für mich viel. Ihre Blätter sind herzförmig. Gekrümmt schauen sie wie ein

* hay-burner: indianischer Slangausdruck für Pferd

Tipi aus, und flach symbolisieren sie einen Moccasin. Der Stamm dieses Baumes steht für die Milchstraße. Die Gabelung, wo ein Ast abzweigt, symbolisiert die Stelle, wo eine alte Frau – *hihan kara* – in der Milchstraße sitzt. Wenn wir sterben, müssen wir an ihr vorbei auf unserem Weg ins Land der Seele. Haben wir an unseren Handgelenken eine Tätowierung, dann läßt uns *hihan kara* passieren. Unsere Tätowierung bedeutet eine Art Taufe. Ohne sie dürften wir nicht in das Land der Seelen, sondern müßten den Weg zur Erde zurückgehen als irrender Geist.

In den letzten paar Jahren stand der Sonnentanz unter meiner Obhut, doch diesmal bat ich einen jüngeren Medizinmann, den ich unterrichtet habe, für mich einzuspringen. Vielleicht ist das mein heutiges Opfer, meine Macht aufzugeben, sie weiterzureichen, jemand anderem die Ehre zu überlassen. Bei uns Sioux gibt es eure Kluft zwischen den Generationen nicht. Wir glauben daran, die Jungen zu fördern, damit sie unseren Platz einnehmen können, denn so ist nun mal die Natur. Vielleicht liegt es daran, an unserer Bereitschaft, die Macht mit den Jungen zu teilen, daß unsere Alten geliebt und respektiert werden, was wiederum das Gespräch zwischen den Generationen leicht macht.

Das bedeutet, daß ich mich heute zurücklehnen und euch diese Dinge erklären kann. Ich habe gefastet und dem Tabak und anderen Vergnügungen entsagt, und das wird mein Opfer sein. Bevor die Tänzer den geheiligten Boden betreten, nehmen die Sänger ihren Platz außerhalb ein. Sie haben die sieben Songs des Sonnentanzes geübt. Ihre Trommeln schlagen sie mit ungeschälten Weidenstäben. Die Tänzer nähern sich in einer Reihe. Langsam schreiten sie im Kreis herum. Sie halten viermal an, bevor sie eintreten. Sie sind barfuß, denn die Erde, die sie gerade betreten, ist heilig. Der Vortänzer lehnt seinen Kopf gegen den Pfahl des heiligen Baumes und umarmt ihn; sie weinen, denn das ist ein großer Augenblick.

Es sind ungefähr ein Dutzend Tänzer, unter ihnen ein paar Frauen. Einige haben sich in die Arme geschnitten, doch nur vier haben den Schwur abgelegt, durchbohrt zu werden. Zwei von ihnen sind Medizinmänner – Bill Eagle Feathers und Pete Catches. Und Pete's Frau hält die heilige Pfeife – Symbol für die Weiße Büffelkalb-Frau. Heute am frühen Morgen hat

Pete zu mir gesagt: »Heute möchte ich tiefer reißen, noch mehr leiden, um Vietnam Frieden zu bringen, um Leben zu erhalten.« Er hat acht Adlerfedern tief in sein Fleisch gebohrt, und ich kann euch sagen, sie fügen ihm jedesmal, wenn er sich bewegt, starke Schmerzen zu. Jetzt ist die Zeit für das »piercing«, das Durchbohren gekommen. Vielleicht kannst du nicht deutlich sehen, was auf dem Boden in der Nähe des Pfahles geschieht. Pete liegt mit dem Rücken auf einer Büffelhaut, ein Holzstück zwischen die Zähne geklemmt. Bill kniet über ihm, packt das Fleisch über dem Herzen mit seinen Zähnen, beißt hart zu, bis das Fleisch weiß und taub wird, damit das Durchbohren nicht mehr so schmerzt. Hast du das Blitzen des Messers gesehen? Es ist geschehen, und Bill steckt einen starken Salbeizweig und eine Adlerklaue durch die Wunde. Pete steht auf, und die vom Pfahl runterhängende Lederschnur wird am Salbeizweig befestigt. Auf die gleiche Art und Weise durchbohrt Bill nun die beiden anderen Männer. Ich werde dich nun für einen Moment verlassen und das Durchbohren von Bill übernehmen. Ich werde es schnell und sanft machen, wie eine Feder auf einer Wunde, denn ich habe sehr viel Übung.

Hast du von hier aus alles beobachtet? Ich bin sicher, es hat nicht länger als eine Minute gedauert. Den Tänzern wird nun hochgeholfen. Jeder von ihnen hat einen Kranz aus Salbei um den Kopf. Sobald sie einmal an den Pfahl gebunden sind, hat der Medizinmann, der den Tanz leitet, keinerlei Mitleid mehr mit ihnen. Er zieht die Tänzer zurück, bis das Fleisch von ihrer Brust weit absteht. Wenn es soweit ist, singen die Sänger das erste Lied: »Ich bringe mich selbst als Opfer dar, Großer Geist. Nimm mich für das, was ich wünsche. Habe Mitleid mit mir, denn ich möchte leben.« Die Tänzer heben nun ihre Arme zum Gebet, auf ihren Adlerknochenpfeifen blasend. Sie werden auf einer Stelle stehenbleiben, immer der Sonne zugewandt, sich mit ihr drehend, die Augen starr in ihrer Helligkeit versunken. Außer den Sängern schweigen alle. Kein Baby schreit; selbst die Hunde haben aufgehört zu bellen.

Wirst du schon vom bloßen Zuschauen müde? Ist die Sonne heute zu stark für dich, geschützt wie du bist unter den Kiefernzweigen? Bringt dir das Dröhnen der Trommeln, das endlose Pfeifen der Knochenflöten Träume?

Unter uns gibt es ein paar Alte, die auf die tiefen Narben auf ihrer Brust deuten und die Tänzer von heute verhöhnen: »Sie gehen nicht unter den Muskel« sagen sie. Es ist bloß das Fleisch«, und: »Die jungen Männer sind verweichlicht.« Sie klagen darüber, daß niemand mehr schwebend aufgehängt ist oder acht Büffelschädel hinter sich herschleppt, bis das Fleisch in Streifen von seinen Schulterblättern reißt.
Ich weiß nicht, wo jemand heutzutage noch acht Büffelschädel herbekommen soll, und was das Rausreißen ihrer Muskeln anbelangt . . . diese Tänzer müssen für ihren Lebensunterhalt arbeiten. Sie müssen Dollars verdienen, um Nahrung für ihre Familien kaufen zu können. Ganz gleich, wie tief ihre Wunden sind, in ein paar Tagen müssen sie wieder in der Lage sein, Heu zu machen, einen Krankenwagen für den Stamm zu fahren oder rote Rüben zu ernten.
In den alten Tagen brauchte man kein Geld. Während ein Tänzer seine Wunden pflegte, brachten ihm die Jäger soviel Fleisch, wie er und seine Familie nur essen konnten.
Nein, in vielen Punkten sind die Tänzer von heute tapferer als jene in den längst vergangenen Tagen. Sie müssen nicht nur die Müdigkeit, den Durst und die Schmerzen, sondern auch den Feind in ihrem eigenen Herzen bekämpfen – den Unglauben, die Zweifel, die Versuchung, in die Stadt zu gehen, das eigene Volk zu vergessen, einfach nur zu leben, um Geld zu machen und es sich gutgehen zu lassen.
Jetzt ist es Zeit für die Männer, sich freizumachen. Pete hat sich losgerissen und nun Bill. Der junge Mann dort drüben hat Schwierigkeiten; für ihn ist es das erstemal. Sie bringen ihm einen Stock, rammen ihn vor ihm in den Boden, damit er sich daran abstoßen kann. Er hat's geschafft. *Hetchetu* – es ist vorbei.
Am Pfahl liegt ein Mann am Boden. Er leidet an einer Krankheit und möchte geheilt werden. Hier ist die Zeit und der Ort, um geheilt zu werden. Unter der Pappel, während des Sonnentanzes, geschieht die Heilung plötzlich, in wenigen Sekunden. Es passiert mit großer Gewalt, mit einer geistigen Kraft, so ähnlich wie ein Elektroschock. Es liegt an der Person selbst: Wer wirklich geheilt werden möchte, wird geheilt. Letztes Jahr litt Pete Catches an einer Krankheit, irgend etwas tief in ihm, und er hatte einen Traum, daß er unter dem Baum

des Sonnentanzes liegen und geheilt werden würde. Doch seine Vision sagte ihm auch, daß niemand in dieser Zeit ihm nahe kommen durfte.
Später erzählte er mir, was passierte. Als er ausgestreckt auf dem Boden lag, du kannst es glauben oder nicht, war nach wenigen Minuten jemand unter ihm in der Erde, ungefähr zwanzig Fuß unter der Oberfläche, und streifte dort umher. Pete konnte ihn sehen, ihn hören, ihn fühlen. Da war jemand unten, und bald schon kam er hoch, brach durch Erde und Fels, schlug sich auf seinen runden Bauch, streckte die Arme aus und schaute Bill an. Er war gekommen, um ihn zu verarzten. Und genau in diesem Augenblick hatte einer der Vortänzer plötzlich die Idee, vor den Kameras und den Touristen anzugeben und wedelte mit seinem Adlerfächer vor Pete herum, wobei er so tat, als würde es sich um eine heilende Zeremonie handeln, um den Zuschauern was für ihr Geld zu zeigen. Pete hatte jeden gebeten, sich von ihm fernzuhalten, aber vielleicht hatte dieser Mann es vergessen, jedenfalls verschwand das Wesen wieder unter der Erde. Es mochte dieses Touristenzeug nicht. Pete war so traurig, daß er hätte weinen mögen.
Doch ich kenne einen Mann, der unter dem Pfahl in der Mitte geheilt wurde. Er hatte einen bösen Fall von Arthritis. Er konnte kaum noch laufen oder sich bücken. Und als er unter der Pappel ausgestreckt lag, hatte er eine Vision. Zwischen den weißen Fahnen sah er im tollkühnen Galopp einen Reiter näher kommen, der eine einzige Feder im Haar trug. Vom Westen aus glitt er zwischen den weißen Tüchern, über den Schatten der Sonne herein, auf einem grauen Pferd, dessen Hufe nie den Boden berührten. Der kranke Mann war starr vor Entsetzen, als er sah, wie der Reiter mit voller Geschwindigkeit auf ihn zuraste. Und er spürte, wie ihn der Reiter mit seiner Lanze berührte und verschwand. Der Mann stand auf und konnte laufen. Seine Krankheit war verschwunden. Während des Sonnentanzes liegt große Kraft in der Nähe des Altars und des heiligen Baumes.
Die Leute stellen sich in einer Reihe auf, um den Tänzern zu danken und ihre Hände zu schütteln. Sie bringen die große Wurzel vom Fuße des Pfahles, eine Wurzel, so groß wie ein Kind, wie ein menschliches Wesen geformt, mit Armen und Beinen. Sie zerhacken die Wurzel. Es ist eine mächtige Medi-

zin, und Pete und Bill werden jedem ein Stück davon geben. Komm und schließe dich der Reihe an. Auch du mußt den Medizinmännern danken und ein Stück Wurzel bekommen. Es ist gut gegen Rheumatismus.
Den Pfahl des Sonnentanzes, die geopferten Gaben, die Tabakpäckchen werden wir zurücklassen, damit sie von Wind, Regen und Schnee weggetragen werden, wir überlassen sie der Natur, dem Himmel, der Erde, von wo sie hergekommen sind. Hier, nimm ein Extrastück der Medizin, um es mit zu dir nach Hause zu tragen. Und jetzt, wie wir Sioux immer nach einer Zeremonie zu sagen pflegen – auch nach dem feierlichsten, heiligsten Ritual –, *wa uyun tinkte*, laßt uns essen gehen! Seit gestern habe ich keinen Bissen mehr zu mir genommen.

Anmerkung:

Seit das Buch vor beinahe zehn Jahren geschrieben wurde, hat sich der Sonnentanz sehr verbreitet und ist von Jahr zu Jahr strenger geworden. Bei einem großen Sonnenritual, das von dem Medizinmann Crow Dog geleitet wurde und im August 1977 auf der Rosebud Reservation stattfand, unterzogen sich mehr als siebzig Tänzer der Selbst-Tortur. Ein halbes Dutzend hatte sich die Stäbe unter und durch die Muskeln bohren lassen und hing schwebend an dem Sonnenpfahl. Andere zerrten zwölf Büffelschädel, die in ihren Rücken befestigt waren, hinter sich her, bis die Riemen losrissen. Crow Dog selbst hatte sich an zwei Stellen in der Brust und zwei weiteren im Rücken durchbohrt und die Riemen an vier Pferde festgebunden, die dann in alle vier Weltrichtungen gejagt wurden.

Füge den Bäumen keinen Schmerz zu

Ich hab darauf gewartet, daß du mich nach der Peyote-Kirche fragst. Oft ist das erste, was ein weißer Mann fragt: »He, Chief, hast du ein bißchen Peyote?«

Wir haben viele Besucher, junge Leute, die Lederhemden mit Fransen und Perlenstirnbänder tragen – made in Hongkong. Die Männer haben gewöhnlich langes Haar – manchmal nach Indianerart geflochten – und Bärte. Mir kommt es vor, wie eine Invasion unzähliger Doppelgänger von Jesus oder Johannes dem Täufer – ich kann sie nicht auseinanderhalten.

Die meisten sind nette junge Menschen auf der Suche nach irgendwas und mit der Hoffnung, es hier zu finden. Wir versuchen zu helfen. Zuerst füttern wir sie. Sie sind immer hungrig, hungrig wie Indianer, hungrig nach einer Mahlzeit, nach neuen Ideen, nach der Wahrheit. Es herrscht ein Gefühl der Freundlichkeit, der Verwandtschaft zwischen uns und ihnen – sie sind sanft, sie versuchen, zur Natur zurückzukehren – doch wir verstehen uns nicht immer. Sie kommen und gehen zu schnell, man braucht mehr Zeit, um einander kennenzulernen.

Vielleicht ist die Verständigung deshalb schwierig, weil wir verschiedene Sprachen sprechen. Zwei dieser jungen Jesusse von der Universität von Minnesota tauchten hier vor einiger Zeit auf. Sie nannten sich selbst »White Panthers« – weiße Panther. »Chief, wir kommen mit einer Botschaft«, erzählten sie mir sehr feierlich, »wir bringen dir die Wahrheit.«

»Wie lautet die Botschaft?«, fragte ich.

»Schau zu, daß ihr die Mutterschänder* loswerdet!« sagten sie. »Bei uns gibt es keine Männer, die *das* ihren Müttern antun würden«, erklärte ich ihnen.

Verstehst du, das ist eine unserer Schwierigkeiten. Wir können nicht fluchen. Wir haben keine Schimpfwörter. Sicher, wir haben ein Wort für Geschlechtsverkehr; es bedeutet genau das – ein Mann und eine Frau, die sich lieben. Für uns ist es schwer verständlich, wie man ein Wort als Fluch benutzen

* mother-fucker im Original, beliebtes Schimpfwort in den USA (Anm. d. Ü.)

kann, das eigentlich bedeutet, daß zwei Körper voller Freude zusammenkommen. Egal, jedenfalls ist es Peyote, was die meisten unserer jungen Besucher anzieht. Das schafft für uns einige Probleme. Uns Indianern ist es erlaubt, während unserer religiösen Zeremonien Peyote zu benützen, wenn wir Mitglieder der Native American Church* sind. Doch wie steht es mit unseren weißen Gästen? Ein Mann unseres Stammes ist wegen Rauschgiftvergehens angeklagt, weil er einen weißen Mann während eines Peyote-Treffens ein paar Bissen essen ließ. Wir wissen nicht, wie es ausgehen wird.
Einem anderen Mitglied der Peyote-Kirche – einem alten Mann – wurde von ein paar weißen Studenten ein Fläschchen mit kleinen Pillen gegeben. »Hier, Chief«, erzählten sie ihm, »iß die hier. Das ist Peyote – modernes Peyote von heute. Du brauchst nicht mehr zu würgen, um diese großen, bitteren Kaktusknöpfe runterzuschlucken, die dir die Kehle zusammenziehen. Mach Schluß damit, Häuptling, mach's auf die moderne, leichte Weise, brauchst bloß ein paar von denen hier zu nehmen.«
Nun, der alte Mann fing ganz glücklich an, diese Pillen in den Mund zu stecken, und ich sage dir, es hat ihn fast um den Verstand gebracht. Für zwei, drei Monate war er total verwirrt und konnte den Lärm in seinen Ohren nicht loswerden. Er sagte, er wär ein großes *powwow*, das Tag und Nacht in seinem Kopf ablaufen würde. Er hatte die kleinen Pillen alle auf einmal gegessen. Er meinte, sie hätten gut geschmeckt – wie ein Bonbon. Jetzt fragt er sich, was wohl drin war.
Nun, mein Freund, du siehst, es dauert lange bei mir, bis ich zum Kern dieser Peyote-Geschichte komme, wie ein Hund, der einen kochenden Topf mit Stew umkreist. Der Grund ist, daß mein Geist in dieser Sache gespalten ist – ich möchte über Peyote reden, gleichzeitig aber auch wieder nicht.
Ich war fünf Jahre lang Mitglied der Native American Church, ging jede Woche zu ihren Treffen und aß Peyote. Du kennst uns Sioux – bei Religionen und Visionen möchten wir alles ausprobieren. Selbst Black Elk, der tief in der Sioux-Tradition verankert war, interessierte sich als alter Mann so sehr

* Glaubensvereinigung, innerhalb derer Peyote erlaubt ist; entstand teilweise unter dem Druck der Drogengesetze und als Schutz gegen weitere Missionierungen

für die christliche Religion, daß seine Enkelin hinter ihm aufs Pferd steigen und ihm aus der Bibel vorlesen mußte, während er kreuz und quer über die Prärie galoppierte.

Nun gut, ich habe lange beim Peyote-Kult mitgemacht, doch ich habe es vor langer Zeit aufgegeben. Ein Mann kann nicht ewig zwei Dinge gleichzeitig sein. Zumindest kann ich es nicht. Ich bin ein Medizinmann in der alten Tradition der Sioux und glaube an *wakan tanka* und die heilige Pfeife.

Die Peyote-Religion ist etwas Neues. Sie gehört nicht zu unserem alten, ursprünglichen Glauben. Sie tauchte bei uns vor ungefähr fünfzig Jahren auf und breitete sich in Richtung Norden von Stamm zu Stamm aus. Sie muß noch vor Kolumbus entstanden sein, irgendwo in Mexico, vielleicht unter den Mayas oder Azteken, und ging von dort dann langsam auf die Apachen über, die Navajos, die Kiowas und Komantschen und gelangte über die Oklahoma-Stämme schließlich zu uns. Der Peyote-Kaktus wächst nicht einmal hier in dieser Gegend. Die Mitglieder der Sioux-Kirche müssen sie aus Texas besorgen.

In gewisser Weise ist der Peyote-Kult, wie er von vielen Sioux praktiziert wird, eine perfekte Verbindung von indianischem und christlichem Glauben. Dieser Teil ist in Ordnung. Wir glauben, daß in Wirklichkeit alle Religionen gleich sind – alle ein Teil des Großen Geistes. Das Problem liegt nicht im Christentum oder in irgendeiner anderen Religion, sondern darin, was man daraus gemacht hat. Man hat alles vollkommen verdreht. Ihr habt die Religion des Aufrührers und Hippies Jesus zu einer Religion der Missionare, der Armee-Pater, der Agenten des Büros für Indianische Angelegenheiten gemacht. Das sind zwei vollkommen verschiedene Religionen, mein Freund. Irgendwie spüren das die jungen Leute. Deshalb kommen sie zu uns – auf der Suche nach einer geistigen Erfahrung, die ihnen ihre Kirche nicht mehr geben kann. Das ist gut – soweit es ausreicht. Die Verschmelzung von zwei Glauben, das Beste von eurem und unserem – vielleicht ist das eine Antwort. Die Pueblos sind recht glücklich damit, gleichzeitig Katholiken und Kachina-Anbeter zu sein. Ich weiß von einem katholischen Heiligen, den sie zu einem Kachina-Regengott machten, und sie erzählten mir, daß er seinen Job recht ordentlich erledige.

Viele von uns Sioux gehen am Sonntag zur Kirche, am Samstag zu einem Peyote-Treffen und immer dann, wenn wir uns krank fühlen, zu einem *yuwipi*–Mann.
In Pine Ridge bauen sie eine neue katholische Kirche in der Form eines Tipis und mit einer Friedenspfeife neben dem Kreuz.
All das verwirrt mich. Ich bin dafür zu alt. Ich habe alle Hände voll zu tun, mich bloß an die alte Sioux-Tradition zu halten – die alten Lieder richtig zu singen, eine Schwitz-Zeremonie so abzuhalten, wie sie sein soll, den alten Glauben so rein, so klar und so wahr zu halten, wie ich nur kann, um ihn damit vor dem Erlöschen zu bewahren. Diese Aufgabe ist groß genug für einen alten Mann. Und deshalb kann ich nicht ein *yuwipi*, ein echter Lakota-Medizinmann sein und zur gleichen Zeit Peyote nehmen.
Außerdem haben sich meine Vorstellungen über Drogen verändert. Nicht daß Peyote eine Droge wäre – es ist eine natürliche Pflanze. Wenn es ein Teil meines eingeborenen Glaubens wäre, so wie die Friedenspfeife, würde ich mich mit meinem ganzen Herzen daran klammern. Doch so, wie ich es jetzt sehe, wie ich jetzt fühle, möchte ich, daß meine Visionen aus meinen eigenen Säften, aus meinen eigenen Anstrengungen entstehen – auf die harte, uralte Weise.
Ich traue Visionen, die auf leichte Art – nur durch Schlucken von irgendwas – errungen werden, nicht. Die wirkliche Einsicht, die große Ekstase entsteht nicht durch sowas.
Instant-Licht durch ein Schalterknipsen, Instant-Kaffee, Instant-TV-Dinner*, Instant-Visionen durch Pillen, Pflanzen oder Pilze – von all dem möchte ich weg. Für meine Art zu denken ist das alles Teil der weißen »Instant«-Kultur.
Natürlich kann ich – und tue es auch – gegen mich selbst Argumente anführen. Peyote ist ein natürlicher Teil der Religion vieler Indianerstämme. Der Kern aller Indianerglauben besteht aus Visionen, die auf verschiedene Arten errungen werden. Die christliche und jüdische Religion, die großen Religionen des Ostens stützen sich auf die gleiche Sache, nur haben die Weißen das vergessen. Für sie ist es nicht länger wichtig.

* Fertiggericht in Plastiktablett mit Eßfächern; wird der TV-Familie ins Haus geliefert

Für Indianer ist es gut, wenn sie alle indianischen Religionen als gemeinsames Schatzhaus betrachten, als etwas, das uns verbindet in unserem Ausblick auf die Natur, auf uns selbst, uns zu einer Einheit macht und nicht allein zu Sioux, Cheyennes, Navajos, Pueblos, Iroquois, Haidas, sondern zu etwas viel Größerem, Umfassenderem – zu *Indianern.*
Einer meiner jüngeren Brüder, Leonard Crow Dog, ist zur gleichen Zeit ein *yuwipi* und ein Peyote-Priester. Er praktiziert die alte Sioux-Tradition, besucht aber auch die Stämme in Arizona und New Mexico, um ihre Art zu erlernen. An erster Stelle ist er Indianer – und dann erst Sioux.
Ich bin immer noch zuallererst Sioux, ein Minneconjou-Sioux, und danach dann ein Indianer. Mir bleiben weniger Jahre als meinem jungen Freund hier, und ich muß mich einem engeren, einfacheren Kreis widmen.
Ich könnte dir alles über Peyote erzählen. Ich habe es viele Jahre lang genommen. Doch ich höre jetzt lieber auf, darüber zu sprechen. Höre Crow Dog zu. Er wird es dir erklären. Sogar besser – geh mit ihm, nimm an einem Peyote-Treffen teil. Das wird eine gute Sache sein. Dann kommst du zurück und berichtest zur Abwechslung mir.

Leonard Crow Dog: »Ich bin ein Road-Man, ein Mann, der in der Native American Church – der Peyote-Kirche den Weg zeigt. Genauso bin ich ein yuwipi, ein Medizinmann in der alten Sioux-Tradition. Ich kann weder lesen noch schreiben. Mein Vater Henry jagte die Leute von der Schulbehörde mit dem Schrotgewehr davon. Er wollte nicht, daß mich die weiße Schule verdirbt und mich hindert, ein Medizinmann zu werden.
Mit dreizehn Jahren fing ich mit vier Peyote-Knospen an. Zwei Jahre später aß ich zwölf Knospen während einer Versammlung. Ich besitze kein Buchwissen und spreche nicht gut englisch, doch ich werde es so gut ich kann erklären.
Peyote-Macht ist die Kenntnis von Gott durch Peyote. Gott – *wakan tanka* – der Große Geist.
Wir haben hier eine Bibel und eine Friedenspfeife. Einige der Leute, die zu dieser Versammlung kommen, sind Katholiken, andere gehören zur protestantischen Kirche, einige sind nicht mal Christen, und dich, mein Freund, haben wir nicht einmal

gefragt, an was du glaubst. Denn zum Schluß ist alles das gleiche. Jesus und *wakan tanka* sind gleich. Gott und die Weiße Büffelkalbfrau, jawohl, Christus und dieser Stein hier in meinem Medizinbeutel, das Licht von dieser Kerosinlampe und der Heilige Geist – alles ein und dasselbe. Verstehst du? Iß Peyote, dann wirst du verstehen.

Dieses Peyote ist heilig. Es ist kein chemisches Erzeugnis, sondern eine heilige Pflanze – unser Sakrament. Dieses Peyote hat mich zu einer Menge guter Orte, zu einigen guten Leuten gebracht. Ich habe damit geheiratet; meine Kinder wurden in der Native American Church getauft.

Dieses Peyote öffnet drei Türen für mich: Es läßt mich mein eigenes Selbst verstehen, läßt mich die Leute um mich herum verstehen und läßt mich die Welt verstehen.

Für unser Peyote müssen wir nach Texas gehen, um es zu holen, ein weiter Weg. Der Staat von Texas hat ein Gesetz erlassen, in dem er Peyote als gefährliche Droge verbietet. Es geht in Ordnung, wenn wir uns mit Whisky umbringen oder uns gegenseitig töten, wenn wir betrunken Auto fahren. Vom Zigarettenrauchen Krebs zu kriegen geht in Ordnung – obwohl ohnehin die meisten Indianer nicht lang genug leben, um Krebs zu bekommen –, doch Peyote ist gefährlich. Kommst du da mit, mein Freund? Ich verstehe es nicht. Sie erklären mir, wir hätten Religionsfreiheit. Es wird von der Verfassung garantiert, aber wir haben auch eine ganze Truhe voller Verträge, in denen uns der Besitz der heiligen Black Hills garantiert wird, solange die Sonne scheint. Nun, du weißt, was mit unseren Black Hills geschehen ist. Vielleicht ist dasselbe unserer Verfassung zugestoßen. Das ist schlimm, nicht nur für uns, sondern auch für euch, mein Freund. Ich weiß es, obwohl ich weder lesen noch schreiben kann.

Wir sind nun bereit für die Versammlung. Das hier ist, wie du sehen kannst, nur ein ganz gewöhnliches Heim. Wir brauchen keine Kirchen. Nimm alle Möbel aus einem Zimmer, und du hast einen Platz der Anbetung. Wir alle sitzen auf dem Boden. Lehn dich mit dem Rücken an die Wand. Es wird von Sonnenuntergang bis Sonnenaufgang dauern, also mach es dir bequem.

Das ist eine Kreuzfeuer-Zeremonie. Es gibt auch ein Mondfeuer-Ritual, um ein Peyote-Treffen abzuhalten – im Navajo-

stil. Der Unterschied liegt darin, daß beim Mondfeuer eine Frau eine große Rolle spielt – die Wasser-Frau, die die Erde und alle wachsenden Dinge darstellt. Das Mondfeuer ist mehr indianisch, hat weniger von der Bibel in sich. Bald werden einige Navajofreunde uns besuchen kommen. Dann werden wir in einem Zelt eine Mondfeuer-Zeremonie abhalten, mit einem großen, aus Sand gemachten Halbmond.
Es ist komisch. Wir Sioux halten unsere Peyote-Treffen in unseren Häusern ab. Die südlichen Stämme haben ihre Treffen in einem Zelt. Doch wir waren es, die das Tipi erfunden haben. Nun müssen die Navajos uns besuchen, damit wir eins aufstellen. Wir stellen nun ein Quadrat aus Blechplatten und Asbest in der Mitte des Zimmers auf. Das ist für das Feuer. Der Feuer-Mann wird es hereinbringen. Wir haben fünf Männer, die das Treffen leiten. Den Road-Man – er leitet das Treffen wie ein Priester –, den Feuer-Mann, den Trommler, den Zedernholz-Mann und den Helfer, der das heilige Sakrament, das heilige Peyote, herumreicht. Red Bear ist heute unser Road-Man, deshalb bin ich frei, um dir alles zu erklären.
Ich glaube, Lame Deer hat dir erzählt, daß für uns alles eine symbolische Bedeutung besitzt.
Zuerst stellen wir den Altar – einen mexikanischen Teppich – auf und legen darauf eine Lakota-Bibel in unserer eigenen Sprache. Wir verwenden nur die Johannes-Offenbarungen in unseren Treffen. Es ist sehr indianisch – voller Visionen, Natur, Erde, Sterne. Manches verstehen wir sehr gut, vielleicht besser als ihr.
Über die Bibel legen wir eine Adlerfeder – sie versinnbildlicht den Großen Geist, den Heiligen Geist. Dieser Heilige Geist ist wie ein Adler mit scharfen Augen. Du kannst ihn nicht täuschen.
Zur Linken ist ein Lederbeutel mit Zedernstaub, der über das Feuer gestreut wird. Das ist unser Weihrauch. Das Feuer verkörpert die Pflanzen, die grünen Dinge dieser Erde, alles, was bis jetzt noch nicht von euren Schnellstraßen zugepflastert worden ist. Diese grünen Dinge wollen leben, damit wir, das Volk, weiterleben können.
Zur Rechten ist der Peyote-Fächer aus Federn. Dieser Fächer fängt gute Lieder aus der Luft auf, gute Peyote-Songs. Er symbolisiert alle geflügelten Kreaturen, die durch die Luft fliegen.

Dann haben wir noch den Peyote-Stab und den hohen Kürbis, die heilige Rassel.* Der Peyote-Stab ist auch der Stab des Lebens. Unsere Gebete ranken sich an diesem Stab empor. Die Perlenarbeit am Griff dieser Kürbisrassel ist etwas Besonderes – Samenperlen, Kiowa-Arbeit. Wir bekommen diese kleinen Perlen nicht mehr. Das Muster bedeutet Visionen, Träume, Wolken und Regenbögen. Die Steine in der Rassel – das Geräusch, das sie machen –, das ist Gebet, direkt an Gott gewandt. Das Büschel Pferdehaar an der Spitze, das sind die Strahlen der Sonne, der lebensspendenden Sonne.
Vielleicht wunderst du dich, was der Wecker des weißen Mannes an unserem Altar zu suchen hat. Nun, du wirst sehen. Die Nacht ist in vier Teile geteilt – alle zwei Stunden werden die Bedeutung und die Symbole wechseln. Dafür brauchen wir die Uhr.
Du wirst auch die leeren Blechbüchsen bemerkt haben. Nimm eine und behalt sie bei dir. Manche Leute müssen sich von Peyote übergeben. Wenn dir das passiert, brauchst du nicht beunruhigt sein. Es ist ganz natürlich. Benütz die Blechbüchse. Niemand wird dich dabei beachten.
Nun kommt der Feuer-Häuptling mit der Glut. Geh niemals zwischen einem Mann und den Flammen hindurch. Das Feuer steht für die Generationen. Reiche Feuer zu Feuer. Reiche die Flamme weiter an jene, die nach dir kommen. Reiche den Geist weiter.
Wir formen die Glut zu einem Halbmond – *hanhepi wi*, Nachtsonne –, der für die Nacht, die Dunkelheit steht. Zeit zum Nachdenken, Konzentrieren, Versenken, In-sich-selbst-Ruhen. Großvater Peyote vereinigt uns alle in Liebe, doch zuerst muß es uns trennen, uns von der Außenwelt abschneiden, uns dazu bringen, in unser Inneres zu schauen. Jetzt ist ein Gebet an der Reihe.

> »Und er sagte zu ihm, gib mir das kleine Buch.
> Nimm es und iß es auf;
> Und es wird deinen Bauch bitter machen,
> Doch in deinem Mund wird es süß wie Honig sein.«
> (Offenbarung Johannes)

* Durch den Stab fließen die Mächte, die es mir ermöglichen, dieses Treffen abzuhalten

Der Helfer bringt uns nun das heilige Peyote. Wir haben es klein gehackt. Dadurch läßt es sich leichter schlucken. Nimm vier Löffel voll. Ich hoffe, du hast heute nichts Salziges gegessen. Das Peyote mag kein Salz. Da – es hat dich nicht mal zum Würgen gebracht. Und nun krieche in dich selbst. Laß es auf dich wirken.
Das Peyote braucht seine Zeit. Für ein oder zwei Stunden mag vielleicht überhaupt nichts passieren. Plötzlich bemerkst du dann eine Änderung. Die Dinge sind nicht länger das, was sie waren. Der Mann neben dir kann plötzlich Millionen Meilen weit entfernt sein, oder die Trommel auf der anderen Seite des Zimmers kann in deinem Schoß liegen. Die trennende Linie zwischen Körperlichem und Geistigem verschwindet. Lichter, Stimmen, Geräusche verschmelzen ineinander.
Ein neues Verständnis dämmert in dir – freudig und heiß wie das Feuer oder bitter wie das Peyote. Leute erzählen mir, daß sie aus sich selbst heraustreten, weit weg, hoch in die Luft, sie sehen ihren Körper tief unten auf dem Boden. Du wirst Leute sehen, die sich zu einer Kugel zusammenkrümmen, als wären sie noch im Bauch ihrer Mutter, sich an Dinge erinnernd, die noch vor ihrer Geburt lagen.
Die Zeit und der Raum wachsen und schrumpfen auf unerklärliche Weise – eine ganze Lebensspanne des Seins, Lernens, Verstehens zusammengepreßt in ein paar Sekunden der Einsicht, oder die Zeit steht still, bewegt sich überhaupt nicht, eine Minute wird zu einem ganzen Leben. Überleg, was du mit so einer Minute alles anfangen kannst.
Ich weiß nicht, wie es bei dir sein wird. Warte ab, was geschehen wird.
Jetzt geht die Wasser-Trommel rundum – zusammen mit der Kürbisrassel, dem Stab und dem Fächer –, während jeder vier Lieder singt.
Vor langer Zeit hatte die Trommel kein Metallbecken. Vor langer Zeit bestand die Bespannung aus Büffelhaut. Jetzt ist es Elch. Die Haut ist die Haut von Jesus, als er von den Soldaten geschlagen wurde. Es ist Indianerhaut, geprügelt von der Polizei in den Ausnüchterungszellen. Die Haut verkörpert alle vierbeinigen Kreaturen, die uns Nahrung liefern.
Der Trommelstock ist der Stock, mit dem sie Jesus geschlagen haben. Der große Stock, den die Regierung für die India-

ner verwendet. Er ist aus Zedernholz geschnitzt. Er symbolisiert alle Bäume, die ebenfalls unsere Freunde sind.
Das um die Trommel gewundene Seil ist wie eine Dornenkrone. Wenn du die Trommel umdrehst und auf ihren Boden schaust, wirst du sehen, daß das Seil den Morgenstern bildet. Die sieben Murmeln, die als Knöpfe um die Trommel herum angeordnet sind, bedeuten die sieben Sakramente – oder die heiligen Riten der Sioux-Nation. Das liegt ganz bei dir.
Die Trommel ist mit Wasser gefüllt. Schüttle sie und atme dabei durch die Haut in sie hinein: Sie verändert ihren Klang von einem dumpfen zu einem hohen, klingenden Ton. Wir brauchen beide Geräusche. Das Dröhnen der Trommel ist dein Herzschlag. Laß es dein Sein erfüllen. Geh mit. Wehr dich nicht dagegen.
Jetzt ist die Zeit für einige Lieder gekommen. Ich werde für dich singen. Reich einfach die heiligen Dinge weiter.

He yana yo wana hene yo
He yana yo wana hene yo
He yana yo, wani hiyana
He ye ye yo wai.

Jetzt, laß es jetzt sein, genau jetzt. Das bedeutet es . . . Eine Zeitlang habe ich nicht mit dir gesprochen, habe dich mit einer Decke um deine Schultern allein gelassen. Es ist Mitternacht. Der Feuer-Häuptling bringt eine weitere Ladung Glut herein. Wir formen sie zu einem Herzen. Siehst du es pulsieren? Peyote ist das Herz. Was in uns liegt. Es läßt uns eins werden.
Du legst deine Hand auf deine Brust. Du schaust verängstigt aus. Ich weiß, was es ist. Beim erstenmal passiert es jedem. Die Trommel steckt in dir. Dein Herz hämmert und schlägt so schnell – wie ein Peyote-Song. Du hast Angst, daß dein Herz nicht Schritt halten kann und bersten wird. Hab keine Angst. Es wird nicht. Nach einer Weile wird es angenehm sein. Laß dich einfach in den Rhythmus fallen. Da, jetzt lächelst du. *Washtay*-Zeit für weitere vier Löffel, Zeit für ein weiteres Gebet.

Und ein großes Wunder geschah im Himmel;
Eine Frau bedeckt sich mit der Sonne,
Und unter ihren Füßen der Mond,
Und über ihrem Kopf zwölf Sterne.

Die Jungfrau Maria oder die Weiße Büffelkalb-Frau oder unsere eigene Wasser-Frau hier mit ihrem Eimer – es spielt keine Rolle. Hier kommen wieder die Trommel und die Rassel, das Lied und der Fächer, der die Lieder fängt.
Wenn du je getauft werden möchtest, dann formen wir das Feuer zu einem Vogel – der Friedenstaube, dem Heiligen Geist, dem Donnervogel.
Doch nun ist es Zeit, ein Kreuz aus dem Feuer zu bilden. Für die vier Ecken der Erde. In jeder Ecke stehen Engel mit ausgebreiteten Flügeln. Wann immer es ihnen beliebt, könnten sie die Welt zerstören, doch sie sind hier, um sie mit ihren Flügeln zu beschützen. Sie möchten sie nicht zerstört sehen. Sie sagen folgendes: »Verletzt die Bäume nicht, auch nicht das Meer, und nicht die Erde!« (Offenbarung Johannes) Achte auf diese Worte. Vielleicht sind das keine Engel, sondern die *wakinyan*, die heiligen Donnerwesen. Wer weiß? Vielleicht kannst du sie sehen, mit den Blitzen, die aus ihren Augen schießen. Ich kann es.
Jetzt ändern wir das Feuer in einen Stern. Christus sagt: »Ich bin der Morgenstern.« Wir Indianer glauben, daß die ersten Menschen von den Sternen gekommen sind. Hier kommen weitere vier Löffel voll. Hast du Schwierigkeiten mit deiner Kamera? Springt sie und krümmt sie sich? Hat sie einen Pelz? Alles ist lebendig – das Feuer, das Wasser, Großvater Peyote – warum also nicht die Kamera?

> Und ich sah einen neuen Himmel und eine neue Erde!
> Denn der erste Himmel und die erste Erde
> sind dahingegangen.

Das ist immer noch die Bibel, doch es könnte auch ein Geistertanz-Song sein, nicht wahr?
Das ist das letzte Gebet. Ich glaube, draußen wird's hell. Wir haben um Gesundheit gebetet, auch um deine. Hier kommt die Frau mit dem Wasser. Es schmeckt wirklich gut. Nimm vier Schluck. Und nun muß jeder irgendwas Gutes über diese Nacht sagen – nur ein paar einfache Worte – und dann essen wir zusammen. Es gibt zwei Arten von *wasna*, Fleisch mit Beeren vermischt, und *wasna* aus süßem Korn.
Und nun laß uns hinausgehen und den Sonnenaufgang beobachten, eine neue Sonne, wie du sie nie zuvor gesehen hast. Komm, es war eine lange Nacht. *Hihani washtay* – guten Morgen!

Rollt die Erde auf

Vor kurzem fuhr ich nach Rosebud und traf dort ungefähr zwanzig Indianer, die ich kannte. Sie saßen zusammen im Gang des Councilhauses. Ich treffe ständig Leute hier, die rumsitzen und warten: auf Geld, auf Arbeit oder auf die Lösung eines langwierigen, bürokratischen Problems. Man läßt sie warten; Indianer haben ja Zeit. Jeder weiß das.
Die Männer lachten mich an, und ich schüttelte viele Hände. Ein alter Mann aus Norris, der einmal Medizinmann gewesen war, aber vor vielen Jahren aufgehört hatte, sagte: »John, du bist doch ein Medizinmann. Ich hatte lange keinen Kontakt mehr mit der indianischen Religion, und das tut mir schon seit einiger Zeit leid. Ich will meinen Enkeln davon erzählen und sie in der alten Weise unterrichten, aber es gibt so vieles, das ich nicht verstehe oder vergessen habe!« Die anderen versammelten sich um mich herum, um zu hören, was ich daraufhin zu sagen hatte. Ich fragte den Alten, was er wissen wollte: »Alles über den Geistertanz!«
»Nicht hier«, antwortete ich, »dieser ganze Betrieb hier, das Schlangestehen, das Geschäftemachen, das ist mir zuviel. Laßt uns in den Versammlungsraum des Councilhauses gehen. Dort können wir uns mit den Dingen eingehender befassen!«
»*Hiyuopo* – okay, gehen wir«, rief er und folgte mir mit anderen. Wie bei einem Stammestreffen holte sich jeder einen Stuhl. Sie bildeten einen Kreis um mich, und ich begann zu erzählen, was ich über den Geistertanz wußte. Meine Vision, mein Traum, die Dinge, die mir der Große Geist und seine helfenden Geister gezeigt hatten, und die Geschichten, die ich als kleiner Junge von den Alten gehört hatte, sie alle bildeten und formten meine Erzählung.

Zwischen 1880 und 1890 trat eine Sonnenfinsternis ein. Viele Indianer spürten die Erde zittern und dachten, die Sonne sei gestorben. Sie erkannten, daß ein großes Unglück über sie gekommen war. Man hatte sie in Reservate geschickt, um

Land zu bebauen. Wie sie das anstellen sollten, wurde ihnen nicht gesagt. Sie durchlitten Jahre der Dürre. Der Wind blies die Erde in Staubklumpen weg. Sogar die weißen Farmer, die besseres Land hatten und über Ackerbau Bescheid wußten, hatten es schwer. Den Indianern hatte man Vieh gegeben, als Entgelt für das Land, das man ihnen genommen hatte, und erwartete jetzt von ihnen, daß sie Viehzucht betrieben. Die Ernte blieb jedoch aus, und die von der Regierung gesandten Lebensmittel trafen zu spät ein. Die Indianer aßen das Vieh auf. Danach hungerten sie wieder. Sie hatten Lungenbeschwerden und kämpften mit Masern und Keuchhusten. Starken Menschen hätte das nichts ausgemacht, aber die von Hunger geschwächten Indianer starben. »Wir können uns genausogut gleich hinlegen und sterben«, sagten sie und hofften auf Hilfe, ehe es zu spät war.

Der Geistertanz hat im Südwesten, unter den Paiute seinen Ursprung. Während einer Sonnenfinsternis hörte einer ihrer heiligen Männer ein lautes Geräusch, das wie das Krachen vieler Donnerschläge klang. Er fiel wie tot zu Boden, und ein Adler trug ihn zum Himmel hinauf. Als er in dieses Leben zurückgekehrt war, berichtete er seinen Leuten von einer Vision: In ihr hatte ihm Gott, der Große Geist, ein schönes Land gezeigt, daß er für seine indianischen Kinder geschaffen hatte. Es war mit üppigem hohem Gras bewachsen und glich dem Land der Indianer, bevor der weiße Mann gekommen war. Es war voller Büffel, Rehe und Antilopen und dicht mit Tipis besät. Alle Indianer, die der weiße Mann und seine Krankheiten getötet hatten, waren in diesem schönen Land wieder am Leben. Die Besitzgüter des weißen Mannes – Gewehre, Töpfe, Pfannen und Whisky – waren hier nicht erlaubt.

Der heilige Mann der Paiute kehrte mit einer Heilsbotschaft zur Erde zurück. In jenem Land hatte Gott ihn einen neuen Tanz und Lieder gelehrt, mit Hilfe derer man die toten Indianer und die Büffel zur Erde zurückholen konnte. Er begann, sein Volk in diesem Tanz zu unterweisen. Dabei wurden gleichzeitig fünf Lieder abgesungen, wobei das erste Nebel und Kälte, das zweite Schnee, das dritte sanften Regen, das vierte einen heftigen Schauer und das fünfte Sonnenschein brachte. Zu dem Tanz- und Gesangszeremoniell gehörten

eine heilige Feder und geweihte rote Farbe, die der heilige Mann auch in jenem Land empfangen hatte.
Er sagte zu jedem: »Mein Geistertanz ist ein Tanz des Friedens, kämpfe nicht und verletze keinen Menschen!«
Dies schien den Leuten das Zeichen und die Hilfe zu sein, um die sie gebetet und auf die sie gehofft hatten. Ein Stamm nach dem anderen übernahm die Zeremonie des Tanzes. Als die Sioux davon erfuhren, sandten sie vier vertrauenswürdige Männer zu dem heiligen Mann der Paiute nach Süden. Sie hießen Good Thunder, Cloud Horse, Yellow Knife und Short Bull. Viel Land war von Weißen schon besetzt, und die Reise war lang und beschwerlich. Sie mußten Zäune, Straßen und Eisenbahngleise überqueren. Da Indianer sich nur mehr mit einer Sondererlaubnis von den Reservaten entfernen durften, mußten sie während der Nacht reisen und sich bei Tage verstecken. »Was uns über diese neue Religion erzählt worden ist, ist wahr«, bestätigten sie bei der Heimkehr.
Einer erzählte: »Ich fiel tot zu Boden. Ich *war* tot. Plötzlich befand ich mich in diesem unbekannten Land und traf dort einen im letzten Jahr verstorbenen Bruder von mir. Ich sah ihn so, wie ich euch jetzt sehe. Ich traf auch seine Frau, die vor langer Zeit von drei weißen Soldaten getötet worden war. Beide lebten in einem großen Tipi und gaben mir etwas Fleisch. Ich habe dieses Fleisch einer anderen Welt aufgehoben, hier ist es.«
Ein Zweiter berichtete: »Dieser heilige Mann der Paiute ließ mich in seinen Hut blicken, und ich konnte die ganze Welt darin sehen.«
Der dritte Mann sagte: »Dieser Prophet befahl uns, Kopf, Schwanz und Hufe eines Büffels zurückzulassen, nachdem wir ihn getötet hatten. Dann nämlich würde der ganze Büffel wieder zum Leben erweckt. Obwohl man nicht mehr viele Büffel sieht, stießen wir gelegentlich auf einen einsam Überlebenden. Wir töteten ihn, aßen das Fleisch und taten, wie der Paiute uns geheißen hatte. Aus einiger Entfernung beobachteten wir, wie Kopf, Schwanz und Hufe zu einem neuen Büffel wurden, der sich dann aus dem Staub machte!«
Der Vierte erzählte: »Diese neue Religion muß gut sein, denn der Geistertanz hat unsere früheren Feinde – Crows, Assiniboines und Pawnees zu unseren Freunden und Brüdern ge-

macht. Jetzt gibt es nur noch einen großen Stamm – Indianer!«
Die Männer brachten auch eine Adlerfeder, besondere Kräuter und geweihte rote Gesichtsfarbe, die der Paiute-Mann ihnen gegeben hatte.*
Doch die Sioux waren nicht die ersten, die mit der Geistertanz-Zeremonie begonnen hatten. Mein Großvater erzählte mir, daß zuerst die Arapaho, die Wolkenleute, die Nez Percés, die sogenannten Loch-in-der-Nase-Leute und die Cheyennes und Crows den Tanz angenommen hatten. Ein Mann der Arapaho hatte während einer selbstaufopfernden Suche nach einer Vision einen Traum, in dem ihm befohlen wurde, sofort mit dem Ritual des Geistertanzes zu beginnen. Im Traum erhielt er auch das Kraut, das man zum Tanz benötigte. Aber angeblich war es gar kein Kraut, sondern das Fleisch eines Vogels, vielleicht einer Eule. Der Arapaho entwarf Kleider und Hemden, die von Stamm zu Stamm wanderten und Geistertanzhemden genannt wurden. Sie waren mit Bildern von Vögeln und Tieren, der Sonne, dem Mond und dem Morgenstern bemalt.
Weitere Sioux begaben sich auf die Reise, um alles, was man über diesen Tanz wußte, zu erfahren, unter ihnen das zweite Mal Short Bull und dann auch noch Kicking Bear, ein wilder, finsterer Krieger vom Cheyennefluß. Diese beiden wurden später die Führer des Geistertanzes. Immer wieder erzählten sie den Leuten, daß sie durch diesen Tanz eine neue Welt zum Entstehen bringen könnten. Ein heftiger Wind würde sich dann erheben, die Erde würde schwanken und beben. Hügel und Berge würden in Schichten aufeinanderfallen. Die Erde würde sich mit all dem häßlichen Drum und Dran des weißen Mannes, den übel riechenden, unbekannten Tieren, den Schafen und Schweinen, den Zäunen und Telegrafenmasten, den Bergwerken und Fabriken wie ein Teppich aufrollen. Darunter würde die wunderbare alte, neue Welt zum Vorschein kommen, eine Welt, wie sie war, bevor die weißen Fettfresser gekommen waren.
Die beiden Männer sagten: »Die Geister der Toten werden wieder auf dieser Erde weilen. Der Geistertanz wird unsere

* Der Prophet Wowoka war eigentlich Paiute, aber die älteren Sioux nennen ihn stets den »heiligen Mann der Ute«.

verstorbenen Brüder zurückbringen. Alles wird wieder gut und rein sein. Man wird nicht töten. Der weiße Mann wird in seinen Besitz gerollt verschwinden und auf den eigenen Erdteil zurückkehren. Sicherlich gibt es da auch ein paar gute Weiße. Man wird ihnen eine Adlerfeder fürs Haar geben, und sie werden wie die Indianer leben und an der neuen Welt teilhaben können. Aber das wird nur sehr wenigen Weißen gelingen. Wenn die Erde bebt und ein heftiger Wind weht, werden wir wiedergeboren. Dann werden Männer und Frauen ihre Kleider ablegen und sich nicht schämen, denn sie kommen ja wieder aus Großmutter Erdes Schoß!«

Die Tänzer glaubten, durch die Zeremonie des Tanzes das Herannahen der glücklichen Jagdgründe auf Erden beschleunigen zu können. Man findet gute Worte in ihren Geistertanzliedern. In einem heißt es:

Sie schlachten dort Kühe
Sie töten Kühe
Mach einen geraden Pfeil
Mach einen Pfeil, mach einen Pfeil.

Natürlich meinten sie damit nicht das Schlachten wirklicher Tiere oder das Anfertigen von wirklichen Pfeilen. Der Gesang bedeutete, daß, wenn man in die neue Welt gelangen wollte, man einen ganz geraden Pfeil machen mußte. Er mußte perfekt sein. Der Pfeil symbolisierte das Selbst, das gerade und gut sein mußte. Deshalb fertigte man auch Pfeil und Bogen für den Tanz und hängte sie an einen Pfahl in der Mitte des Tanzgrundes. Manchmal eröffnete eine Frau den Tanz, indem sie einen Pfeil in alle vier Windrichtungen schoß. Diese Pfeile waren nach alter Sitte mit Steinspitzen ausgestattet.

Die Tanzzeremonie wurde mit einem Schwitzbad und dem Abbrennen wohlriechender Kräuter begonnen. Die Tänzer hatten ihre Gesichter rot bemalt, auf den Wangen oder der Stirn trugen sie einen schwarzen Halbmond. Sie trugen nichts vom weißen Manne an sich, kein Metall, kein Messer, kein silbernes Ornament. Als das Hirschleder ausging, machten sie die Geistertanzhemden aus Baumwolle. Manchmal legten sie den Platz, auf dem die Zeremonie stattfand, in Viereckform an. An der Westseite stand die heilige Pfeife, das Symbol der Sioux-Nation. Im Norden hing der Pfeil, der die Cheyennes (Shahiyela) repräsentierte. Im Süden stand die

Feder der Kangi Wicasha, der Crows. Im Osten zeichnete man die Hagel-Symbole der Arapahos in die Erde. Man wollte damit zeigen, daß der Tanz die Stämme vereinte, sogar die ehemals feindlichen.
Der Tanz dauerte vier Tage. Oft wurde die ganze Nacht bis zum Tagesanbruch getanzt. Der Tanzführer trug einen langen Stab, an dessen Ende ein Medizinbeutel und eine Adlerfeder befestigt waren. Wurde jemand mit der Adlerfeder angefächelt, fiel er in Ohnmacht. Der Führer schwenkte den Stab mit der Feder hin und her, und während die Leute Hand in Hand tanzten, entstand irgendwo eine große Kraft. Ein Mann oder eine Frau wurden schwindlig und fielen zu Boden. Sie sahen wie tot aus, nur die Haut zitterte. Man ließ sie in der Mitte des Kreises liegen und tanzte weiter.
Nach einer Weile kam der in Trance Verfallene wieder zu sich und stand auf. Die Tänzer hielten an, und er erzählte, was er gesehen hatte. Einer sagte: »Ich war tot und wurde wiedergeboren.« Andere wiederum erzählten: »Ein Adler nahm mich in jenes Land hinauf, und ich sah meine tote Mutter.« Manchmal trug einer ein Stück Fleisch in der Hand oder Beeren, Federn und Perlen, Dinge der anderen Welt. Brachte einer Mais zurück, wurde der unter den Tanzenden verteilt. Diesen Mais, der direkt von jener Geisterwelt kam, ehrten sie. Sie legten die Maiskörner in kleine Beutel und banden sie an ihre Halsketten.
Einmal war ein junger Mann in Trance verfallen und mit einer Art weißgrauer Erde in der Hand zurückgekommen. Er sagte zu seinen Leuten: »Das hier ist vom Morgenstern. Ich war dort oben und habe Leute gesehen, doch ihr könnt sie nicht sehen, und sie können euch nicht sehen. Niemand wird sie je wieder sehen, aber hier habe ich diese Erde, und sie ist ein Teil von ihnen. Wir kommen ja auch aus der Erde und sind ein Stück davon, so ist die Erde vom Morgenstern in einer Weise auch menschlich.«
Ein anderes Mal, während eines wunderschönen Geistertanzes in Montana, zu dem die Tänzer von überall her angereist waren, fiel ein alter Mann in Trance, während die anderen dazu sangen. Als er wieder zu sich kam, rief er viele Male: »Seht, hier habe ich ein Stück vom Mond – es sieht wie Erde aus, dennoch ist es Fleisch!« Er öffnete seine Hand und zeigte

den anderen seltsam glänzenden Staub. Das war übrigens nicht das einzige Mal, daß einer, der das Bewußtsein verloren hatte, mit Erde in der Hand aufwachte und sagte, sie käme vom Mond. In einigen alten Medizinbeuteln der Nachkommen dieser Geistertänzer hat man noch etwas von dieser Erde gefunden. Ich hab mir einmal einen solchen Medizinbeutel schicken lassen und sandte diesen seltsamen Staub zur Analyse an die Universität von Süd-Dakota in Vermillion. Mir wurde später mitgeteilt: »Dieser Staub gleicht dem Mondgestein in der Tat sehr, aber sprechen Sie nicht darüber!«
Ein Arapaho machte einmal einen unserer Geistertänze mit und erklärte: »Wir werden alle Geistertanzhemden kugelfest machen. Die Symbole, die ich euch gelehrt habe, auf die Hemden zu malen, werden Gewehrschüsse abwehren. Durch diesen Geistertanz wurde mir bewußt, daß die Weißen beseitigt werden müssen. Sie müssen weg! Mit diesen kugelsicheren Hemden können wir das bestimmt erreichen!« Er hielt sein Hemd hoch und ließ jemanden darauf schießen. Dann hob er ein paar Kugeln vom Boden auf und rief: »Seht, sie können unsere Hemden nicht durchdringen, sie prallen ab und fallen auf die Erde. Die weißen Soldaten werden uns nichts anhaben können!«
Ein Mann sah und hörte dies alles und erzählte den Regierungsagenten davon. Das war der Anfang allen Leids. Durch diese falsche Darstellung mißverstanden manche weißen Männer den Geistertanz, der immer ein friedlicher Tanz gewesen war, ein Tanz, der mit den toten Brüdern Verbindung aufnahm. Der Mann, der so falsch davon erzählt hatte, belog die Regierungsagenten aus Eifersucht. Seine Freundin hatte ihn verlassen, um sich den Geistertänzern anzuschließen. Er verriet sein eigenes Volk, indem er den Regierungsbeamten erzählte, daß die Indianer die Weißen umbringen wollten. Die Regierung griff ein und verbot den Geistertanz, aber nicht auf friedliche Art und Weise, sondern mit Feuerbüchsen und Kanonen.
Zuerst wurde unser heiliger Mann Sitting Bull getötet. Der Regierungsagent in Standing Rock, McLaughlin, wußte wohl, daß Sitting Bull kein Geistertanzführer war. Er wußte auch, daß trotz all des Geredes über einen großen Indianeraufstand der Geistertanz keine Gefahr für die Weißen bedeutete. Der

alte Häuptling lebte friedlich in seiner Hütte. Er war sogar mit den Weißen befreundet und sprach oft von den kleinen weißen Kindern in New York, denen er Zuckerzeug gegeben hatte, als er in einer Buffalo-Bill-Show aufgetreten war. Er sagte, daß alle Kinder, ob rot oder weiß, gleich wären und daß die Menschen miteinander auskämen, wenn sie sich das Gemüt eines Kindes bewahrten. Und er sagte oft: »Der weiße Mann soll mit mir, aber nicht über mir sein!«

Natürlich, solange Sitting Bull lebte, hörten die Leute lieber auf ihn als auf den Regierungsagenten, der sie »zivilisieren« und zu Weißen machen wollte. Deswegen war Sitting Bull im Weg und mußte sterben.

Ungefähr 30 indianische Polizisten umzingelten plötzlich die kleine Hütte, in der der alte Mann lebte. Zuerst wollte er sich friedlich ergeben, aber dann hörte er jemanden in der Menge rufen: »Sitting Bull, was wirst du, der einst ein Krieger war, tun?« Da stieß er die Männer, die ihm Handfesseln anlegen wollten, von sich und rief: »Ich werde nicht mitgehen!« Sofort entstand ein Kampf zwischen der Polizei und Sitting Bulls Anhängern. Man sagt hier, daß, um einen richtigen Kampf zu erleben, man zusehen soll, wie ein Sioux auf den anderen losgeht. Dagegen sind andere Gefechte zahm. Als das Gefecht vorüber war, lagen 15 Männer tot im Schnee, darunter Sitting Bull. Ein Zirkuspferd, das Sitting Bull von Buffalo Bill als Geschenk erhalten hatte, fing, als das Schießen begann, auf den Hinterbeinen stehend zu tänzeln an. Es dachte wohl, es wäre wieder in der Wild-West-Show im Zirkus.

Solange Sitting Bull und seine engsten Freunde, die mit ihm durch dick und dünn gegangen waren, noch lebten, hatte Standing Rock sich gegen diese sogenannte Zivilisation behauptet. Standing Rock war ein Ort, wo die Indianer hartnäckig an ihrer Tradition und an ihrer Religion festhielten. Aber als Sitting Bull nicht mehr war, gaben die Leute auf, und die Missionare taten das übrige. Das ist auch der Grund dafür, daß es in Standing Rock noch weniger Sioux-Medizinmänner gibt als in anderen Reservaten der Sioux.

In Pine Ridge war der weiße Agent überzeugt davon, daß der Geistertanz den Beginn eines großen indianischen Aufstands bedeutete, und er rief die Armee zu Hilfe. Bald schwärmte der ganze Ort nur so von Blauröcken. Es waren mehr Soldaten als Indianer da. Einige Geistertänzer bekamen es mit der Angst zu tun, rannten weg und versteckten sich in den Badlands, wo es schwierig war, sie zu finden. Unter uns hier sitzt ein alter Mann, den wir alle gut kennen, Mr. Fool Bull, der sich noch an den Geistertanz, den er als kleiner Junge sah, erinnern kann.

Fool Bull: »Ich weiß nicht, wie alt ich bin. Die Regierung setzte meinen Geburtstag auf den 1. Juli 1887 fest. Aber das war nur der Zeitpunkt, als meine Familie von der Volkszählung erfaßt wurde. Ich war wahrscheinlich zur Zeit meiner angeblichen Geburt schon vier Jahre alt. Damals gab die Regierung noch keine Geburtsurkunden aus. Mir wurde gesagt, daß ich in Oklahoma geboren worden sei. Mehr weiß ich nicht darüber.
Ich will versuchen, mich an den Anlaß dieses schrecklichen Unglücks zu erinnern. Wir waren gerade in Rosebud und hatten unter Bewachung von Soldaten und Kavallerie unsere Lager aufgeschlagen. Um sicherzugehen, daß sie nicht weggingen und sich zu einer feindlichen Gruppe gesellten, trieb man alle Väter und Großväter zusammen. Mein Vater war mit einem Gespann Ochsen unterwegs, um Ladung aus Valentine zu transportieren. Er fuhr immer früh am Morgen dorthin und war in der Nacht zurück, um die Ladung zu löschen. Wir hörten, daß nördlich von uns, im indianischen Dorf Salt Camp ein Geistertanz stattfände. Der jüngste Bruder meiner Mutter war krank und wollte den Tanz sehen, damit er geheilt werden könnte. Wir spannten den Schlitten an und fuhren dorthin, mein Onkel, meine Mutter, meine Schwester und ich.
Bei unserer Ankunft sahen wir auf einem großen, ebenen Platz in der Nähe des Dorfes eine Menge Leute zu Pferd in Aufruhr. Wir sahen einen großen Kreis Männer und Frauen, die sich an den Händen hielten, wie heutzutage beim Rundtanz. Dabei sangen sie die Geistertanzlieder und gingen immerzu im Kreis herum. Um sich im Takt bewegen zu können, benützten sie keine Trommel, sondern ihre eigene Stimme. Ich erinnere mich besonders an einen Mann, der sich wie ein Betrunkener benahm und hin und her schwankte. Plötzlich fiel er aufs Gesicht, drehte sich um und blieb auf dem Rücken

liegen. Zwei Tanzführer näherten sich ihm mit einem Adlerflügel und einem brennenden Holz. Sie verbrannten ein paar Kräuter und fächelten ihm den Rauch zu. Der Tänzer wachte auf und erhob sich. Die anderen fragten ihn, was er erlebt hatte.

Er antwortete ihnen: ›Ich befand mich auf einer Straße, die von jenem Land hierher führte. Ich erklomm einen Hügel, auf dem ich einen Mann ganz alleine sitzen sah. Als ich ihn erreicht hatte, sagte er: ‚Dort drüben ist dein Volk, dort findest du ein großes Indianerlager, Tipis, Büffel, Pferde – dort wirst auch du einmal sein. Jetzt aber kehre zurück und lehre deine Leute.'‹ Dieser Mann war von jener anderen Welt mit einem neuen Lied zurückgekehrt, das er den Leuten beibrachte. Ein Angehöriger eines anderen Stammes verfiel in Trance. Als er wieder zu sich kam, sammelte er einige Geisterhemden und hängte sie an einen Pfahl. Diese Hemden waren aus Leinwand gefertigt und am Rücken mit Sonne und Halbmond bemalt. Der fremde Indianer sagte, daß diese Hemden nicht von Kugeln durchdrungen werden könnten. Sie würden einfach zu Boden fallen. Einige Männer schossen mit Gewehren auf die Hemden. Einige meiner Onkel – ich hatte sieben – wollten nach Pine Ridge, das in der Nähe von Wounded Knee liegt, und überredeten meinen Vater, sich ihnen anzuschließen. Mein Vater erhielt einen Paß für 20 Tage, und die indianische Polizei teilte uns mit, daß wir auch von dorther zurückkehren müßten. Pine Ridge bestand damals nur aus ein paar Häusern, Bürogebäuden und dem Grenzzaun. Die eng zusammengepferchten Tipis wurden Tag und Nacht bewacht. Einige unserer Leute konnten sich jedoch in die Badlands flüchten.

Wir fuhren mit Pferd und Planwagen dorthin. Mein Vater war ein Medizinmann und lehrte mich unterwegs ein paar Geistertanzlieder ›*Maka sitomni ukiye* – Die ganze Welt kommt‹ und ›Ich liebe meine Kinder, ihr werdet zu einer Nation wachsen, sagt der Vater‹.

Die Soldaten kamen an unser Lager und befahlen uns, ihnen unsere Pfeile und Bögen, unsere Messer und Gewehre auszuliefern, dann sei es uns erlaubt, andere unseres Volkes zu besuchen. Wir warfen daraufhin unsere Waffen auf einen Haufen. Damals besaßen wir kaum mehr etwas, was man Waffe nennen könnte, und der Haufen war sehr klein. Wir hatten ja so etwas schon zuvor erlebt. Ich glaube, wir befanden uns irgendwo zwischen Pine Ridge und Wounded Knee. Wir hielten uns so lang wie möglich in den Hütten am Feuer auf. Es war Dezember, sehr kalt und viele Grad unter Null. Die Erde war mit Schnee bedeckt. Niemand wußte, was passieren würde oder was die Soldaten vorhatten. Jeder hatte Angst, sogar wir Kinder konnten das fühlen. Plötzlich hörten wir die Gewehre. Es klang wie das Geräusch, wenn man eine Decke zerreißt, doch es hielt viel länger an. Ich sah am Gesicht meiner Eltern, daß etwas Furchtbares passiert sein mußte. Später erfuhr ich, daß die Soldaten Big Foots Volk getötet hatten, Männer, Frauen und Kinder. Wir konnten nicht sehr weit entfernt gewesen sein, da wir das Geräusch der Gewehre sehr deutlich hören konnten. Die Leichen blieben mit starr gefrorenen, von sich gestreckten Gliedern über Nacht am Boden liegen. Am Morgen wurden sie auf Karren geworfen, in einen langen Graben geschmissen und mit Erde beworfen. Unser Lager hatte Glück gehabt. Uns hätte das auch passieren können. Die Hemden waren also doch nicht immer gegen Kugeln sicher.«

Als die Leute wagten, nach Überlebenden zu suchen, fanden sie vier Babys, die noch am Leben waren. Die sterbenden Mütter hatten sie vorsichtig in ihren Schal gewickelt. Ihre letzten Gedanken hatten den Kleinen gegolten. Ein paar Frauen waren auch noch am Leben. Sie hatten blutend während eines Blizzards im frisch gefallenen Schnee gelegen, drei Tage lang ohne Nahrung. Diese Frauen waren sehr stark. Eines der überlebenden Kinder war ein kleines Mädchen, genannt *Sintkala Noni* oder Verlorener Vogel. Man erzählt, daß eine winzige amerikanische Fahne aus Perlen an seinem Babyhut befestigt gewesen sei. Ich möchte den Geistertanz zurückbringen, aber ihn neu interpretieren. Ich glaube, er wurde stets mißverstanden; aber jetzt, 80 Jahre später, meine ich, daß mehr und mehr Leute zu verstehen beginnen, was wir Indianer meinten, wenn wir für eine neue Erde beteten, besonders da jetzt ja nicht nur Indianer zur ›bedrohten Gattung‹ gezählt werden können. Laßt euch von den Indianern zeigen, wie man eine neue Erde ohne Umweltverschmutzung und Kriege schafft. Rollt die Erde auf! Sie hat es nötig!

Der Umgedrehte, der Vor-Rückwärts, der Eis-Heiße

Ich werde dir eine Geschichte über Clowns erzählen, aber sie wird nicht lustig sein. Zur Erklärung muß ich vorausschicken, daß für uns Indianer alles eine tiefere Bedeutung hat; alles was wir tun, hängt irgendwie mit unserer Religion zusammen. Für uns ist ein Clown ehrwürdig und lustig, mächtig und lächerlich, hellseherisch, heilig und profan. Er ist aber noch viel mehr. Ein Clown, der Spaß macht, vollzieht in Wirklichkeit eine spirituelle Zermonie. Er besitzt eine gewisse Macht, die er direkt von den Donnerwesen bezieht, nicht von den Tieren oder der Erde. In unserem indianischen Glauben hat ein Clown viel mehr Macht als die Atombombe. Diese Macht könnte die Kuppel des Kapitols sprengen. Ich habe dir erzählt, daß ich einmal als Rodeo-Clown arbeitete. Diese Arbeit war von fast spiritueller Art. Für micht ist ein Clown fast so etwas wie ein Medizinmann. Beide sind von gleicher Art.

Ein Clown wird in unserer Sprache *heyoka* genannt. Er ist ein Mann voller Widersprüche, der alles umdreht, sich gleichzeitig vorwärts und rückwärts bewegt, ja und nein in einem sagt. Jeder kann, ob er will oder nicht, von einem Tag auf den anderen ein Clown werden. Das ist nämlich sehr einfach. Das einzige, was man tun muß, ist von Blitz und Donner zu träumen. Am nächsten Morgen ist man ein *heyoka.* Man kann nichts dagegen machen. Ein Clown zu sein bringt Ruhm, aber auch Schmach. Sicherlich verleiht es auch Macht, aber man muß dafür zahlen.

Ein Clown tut seltsame Dinge. Er sagt »ja« wenn er »nein« meint. Er reitet sein Pferd schwanzwärts. Er zieht seine Moccasins oder Stiefel verkehrt an. Wenn er kommt, geht er in Wirklichkeit. Wenn es während einer Hitzewelle richtig heiß ist, zittert ein *heyoka* vor Kälte. Er zieht seine Handschuhe an, wickelt sich in Decken ein, zündet ein großes Feuer an und jammert, daß er sich zu Tode friere. Im Winter, wenn an Blizzardtagen die Temperatur auf 40 Grad minus fällt, schwitzt der *heyoka* in Strömen. Für ihn ist es viel zu heiß. Er zieht sich

seinen Badeanzug an und verkündigt, daß er zum Schwimmen geht, um sich abzukühlen. Meine Großmutter erzählte mir von einem Clown, der im kältesten Winter nur im Lendenschurz herumlief und sich die ganze Zeit über die Hitze beschwerte. Man nannte ihn *heyoka oshi* – den kalten Narren. Ein anderer Clown hieß *Gerade-Macher.* Er lief mit einem Hammer herum und versuchte runde und gebogene Gegenstände wie Suppenschüsseln, Eier, Bälle, Ringe oder Wagenräder gerade oder glatt zu hämmern. Meine Großmutter besaß einen runden Glasschirm, den man über Petroleumlampen stülpte. Den hämmerte er auch glatt. Ja, es ist schwer, ein *heyoka* zu sein. Und es ist sogar noch schwerer, einen in der Familie zu haben.
Nichtsnutze und Trinker machen sich über die *heyokas* lustig. Die weisen alten Leute wissen aber, daß die Clowns Donnerträumer sind und daß die Donnerwesen ihnen befahlen, sich komisch zu benehmen, jeder *heyoka* so, wie es sein Traum ihm zeigte. Sie wissen außerdem, daß ein *heyoka* die Leute vor Blitz und Sturm schützt und daß seine Kapriolen, mit denen er die Leute zum Lachen bringt, heilig sind. Das Lachen ist besonders uns Indianern heilig. Denn für Leute, die so arm wie wir sind, die alles verloren und soviel Tod und Traurigkeit erlebt haben, ist das Lachen eine kostbare Gabe. In den Zeiten, da wir wie die Fliegen an den Krankheiten des weißen Mannes starben, in die Reservate gedrängt wurden und nie die Rationen der Regierung erhielten und hungerten, waren die Späße eines *heyoka* ein Segen.
Wir Indianer lachen gern. In kalten und hungrigen Nächten konnten uns die Geschichten eines *heyoka* unser Elend vergessen lassen. Mir fällt da jener *heyoka* ein, der vorgab, kein Englisch zu können. Er geht in eine Cafeteria, deutet auf ein Sandwich und sagt: »Schinken und Käse, bitte, du Son-of-a-bitch.«* Ein anderer wird von seiner Schwester mit einem Paar schöner Moccasins beschenkt. »Ohan«, sagt sie zu ihm, das bedeutet »zieh sie an«. Der Bruder ist ein *heyoka.* Kurz darauf kommt er mit einem Topf dampfender Suppe zurück, in dem die Moccasins, in kleine Stücke geschnitten, schwimmen. Er löffelt die Suppe. »Was machst du da mit den Moc-

* akustisches Wortspiel: Sandwich (belegtes Brot) und Son-of-a-bitch (Hundesohn)

casins?« ruft das Mädchen. »Du hast ›*wohan*‹ zu mir gesagt, das heißt ›koch sie‹«, antwortete der Narr. Vielleicht hast du von dem *heyoka* gehört, der in einen Laden geht, um sich Büchsennahrung zu kaufen. Er kann weder lesen noch schreiben. Er schaut sich die Bilder auf den Dosen an – Bohnen, Hühner, Erbsen. Was ihm gefällt, kauft er sich. Er findet eine Hundefutterdose mit dem Bild eines fetten Hundebabys auf dem Aufkleber. Er kauft sie und ißt alles auf. »Mann, dieses Hundebaby schmeckt aber gut«, sagt er.

Man erzählt sich auch die Geschichte von der *heyoka*–Schildkröte und ihrem Freund, dem *heyoka*-Frosch. Beide sitzen auf einem Felsen am See. Da fängt es an zu regnen. »O je«, ruft die Schildkröte, »wir müssen uns beeilen, sonst werden wir naß.« »Ja«, antwortet der Frosch, »laßt uns den Regen meiden!« Und beide springen in den See. Mag sein, daß ein Weißer diese Geschichte nicht lustig findet, wir lachen immer darüber, auch wenn wir sie schon oft gehört haben.

Ein Clown erhält seine ungewöhnlichen Kräfte von den heiligen Beflügelten, den Donnervögeln. Davon will ich jetzt erzählen. Wir glauben, daß am Anfang, als die Erde jung war, die Donnervögel riesengroß waren. Sie gruben Flußbetten, damit Ströme fließen konnten. Sie waren die Herrscher des Wassers. Sie bekämpften *unktegila,* das große Wasserungeheuer. Es hatte nur ein Auge, war ganz und gar mit roten Haaren bedeckt und trug ein Horn mitten auf der Stirn. Sein Rückgrat glich einer Säge. Sobald einer es erblickte, erblindete er. Am zweiten Tag wurde er *witko* – verrückt, und am dritten Tag starb er. Versteinerte *unktegilas,* Knochen, Muscheln und Schildkröten kann man in den Badlands finden. Was man auch immer glauben mag, man weiß genau, daß das ganze Land hier ein großer Ozean war. Am Anfang gab es nur Wasser.

Als die Donnervögel auf der Erde lebten, hatten sie noch keine Flügel. Regen und Sturm wurden noch nicht vom Donnergrollen begleitet. Die Donnergeschöpfe starben, und ihre Seele flog zum Himmel hinauf. Da wurden sie zu *wakinyas,* zu beflügelten Geschöpfen. Ihre irdischen Körper wurden zu Stein, wie der des Wasserungeheuers *unktegila.* Ihre Überreste liegen verstreut in den Badlands. Auch zu schwarzem Stein gewordene Blitzschläge kann man dort in der Form von Pfeilspitzen finden.

Hoch über den Wolken, am Ende der Welt, da wo die Sonne untergeht, liegt der Berg, wo die *wakinyan* leben. Vier Wege führen zu diesem Berg. Ein Schmetterling bewacht den östlichen, ein Bär den westlichen, ein Hirsch den nördlichen und ein Biber den südlichen Eingang. In einem riesigen Nest, aus gemahlenen gebleichten Knochen gebaut, ruht das gigantische Ei, aus dem die kleinen Donnervögel schlüpfen. Das Ei hat einen größeren Umfang als das ganze Gebiet von Süd-Dakota.

Die großen alten Donnervögel haben hier ihren Sitz. Der *wakinyan* des Westens ist der im Rang höchste unter ihnen. Er ist in Wolken gekleidet. Er hat gewaltige vier-gliedrige Flügel, sein Körper jedoch ist formlos. Er besitzt enorme Krallen, aber keine Füße, einen riesigen Schnabel mit einer Reihe scharfer Zähne, aber keinen Kopf. Der zweite Donnervogel hat acht-gliedrige Flügel und ist von roter Farbe. Der dritte Donnervogel ist gelb, der vierte blau. Letzterer hat weder Augen noch Ohren. Die Donnervögel zu beschreiben gelingt nicht ganz. Man muß es beim Versuch bleiben lassen. Wie kann man denn ein Gesicht ohne Züge, eine Gestalt ohne Form, Krallen ohne Füße und Augen, die nicht wirklich Augen sind, beschreiben? Niemand hat sie je ganz zu Gesicht bekommen, weder in Träumen noch unsere alten heiligen Männer in Visionen. Wer weiß, wie die großen Donnervögel wirklich aussehen? Weißt du, wie Gott aussieht? Alles, was wir wissen, stammt von den Erzählungen der Alten und kommt aus unseren Visionen.

Diese Donnervögel sind die heilige Nation – *wakan oyate.* Sie sind nicht wie lebende Wesen. Man kann sie die mächtigen Götter nennen. Wenn sie den Mund öffnen, ertönt Donner, und all die kleinen Donnervögel wiederholen diesen Laut. Sobald die *wakinyan* ihre Augen öffnen, schießen Blitze heraus, sogar bei dem Donnervogel ohne Augen. Er hat Halbmonde statt Augen, und trotzdem schießt Blitz heraus.

Diese Donnervögel sind ein Teil des Großen Geistes. Sie sind die mächtigsten im ganzen Weltall. Ihre Kraft ist die Energie, die frei wird, wenn heiß und kalt hoch über den Wolken aufeinandertreffen. Ihre Macht ist der Blitz, gleich dem blauen Blitzen der Sonne. Wie ein glühendes Schweißfeuer gleicht sie dem Ursprung der Sonne. Sie ist wie die Atomkraft. Sie

schützt und zerstört. Sie ist wie Gott, die Natur, du und ich: gut und böse. Sie ist die große, treibende Kraft.
Wenn wir den Blitz bildnerisch darstellen, zeichnen wir ihn wie eine Zick-Zack-Linie mit gegabelten Enden:

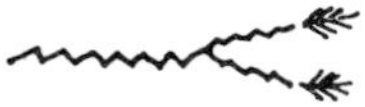

Die buschigen Enden der Gabelung symbolisieren diese beschwingte Kraft. Wir glauben, daß der Blitz sich in zwei Teile gabelt, einen guten und einen bösen.
Der gute Teil ist das Licht, das der Große Geist sendet. Auch der erste Lichtstrahl, der die Erde erleuchtete, als noch nichts war, stammte aus dieser Quelle. Der Große Geist, der Lichtgott schuf ihn, als es weder Licht noch Dunkelheit gab. Manchmal sieht man einen Blitz ohne Gabelung in einem Strich zu Boden fahren. Dieses Licht ist ein Segen. Es erhellt die Welt und das eigene Herz. Es bringt Visionen. Dieses Licht ist das Bindeglied zwischen Himmel und Erde, wie Stiel und Rauch unserer heiligen Pfeife. Es brachte den Menschen das Feuer. Der Donner, der diesen Blitz begleitet, war der erste Laut in dieser Welt, vielleicht das erste Wort. Lang bevor die ersten Weißen kamen, hatten wir Visionen vom Licht und wußten, was für eine Bedeutung das hatte. Die Kraft des Blitzes ist ehr- und furchterweckend. Wir fürchten uns vor der zerstörerischen Seite. Der Blitz vom Süden bedeutet Gefahr. Er richtet sich gegen den Wind. Wenn er mit einem anderen Blitz zusammenstößt, kracht es wie bei einem Massenzusammenstoß, und das ist tödlich. Man braucht da keinen Anwalt, Richter oder Priester mehr.
Dieser Blitz vom Süden heißt *tonwan*, Donnerkeil, Pfeil eines Gottes. Wird ein Pferd von ihm getroffen, schrumpft alles bis aufs Skelett zusammen, es sieht dann aus wie ein Röntgenbild. Manchmal kann man an der Stelle, wo der Blitz einschlug, tief in der Erde einen dieser schwarzen Steine finden. Die Alten pflegten zu sagen, daß die jungen, unerfahrenen Donnervögel für den Schaden, den der Blitz verursachte, verantwortlich waren. Sie stifteten alles Unheil. Sie waren die Possenreißer, die Clowns. Die alten Donnervögel waren weise. Sie töteten niemals. So sagt man wenigstens.
Wir schwören bei den Mächten des Donners, den *wakinyan*.

Wenn eine Geschichte nicht geglaubt und angezweifelt wird, ruft man: »*Na ecel lila wakinyan agli – wakinyan namahon.*« Das überzeugt sofort jeden von der Wahrheit der Geschichte. Denn sonst würde einen der Blitz erschlagen. Auch wenn man die heilige Pfeife in der Hand hält und bei ihr schwört, kann man nicht lügen. Die Donnervögel würden einen sonst töten. Wenn die Donnervögel ihre Macht den Menschen auf der Erde schicken wollen, lassen sie einen von ihnen über Donner und Blitz träumen. Auf diese Weise wird er dazu ausersehen, diese Macht auf menschliche Art und Weise auszuüben. So wird er ein *heyoka.* Er muß nicht einmal einen Blitzschlag gesehen oder ein Donnergrollen gehört haben, andere Symbole der *wakinyan* beschreiben Donner und Blitz. Wenn ihm im Traum ein Pferd begegnet, wenn er Reiter sieht, die Gras in die Haare und den Gürtel geflochten haben, weiß er, daß die Donnermächte diesen Traum geschickt haben.

Stell dir vor, du hast einen solchen Traum. Was wirst du dann tun? Ich spreche nicht gerne darüber, denn derjenige, der von den Donnervögeln träumt, hat am nächsten Morgen furchtbare Angst. Er muß seinen Traum in aller Öffentlichkeit in die Tat umsetzen, daß heißt, zur Schau stellen. Das ist schwer für die Indianer, denn sie sind sehr bescheiden. Früher war es unschicklich für ein Mädchen, ihr Bein bis zum Knie zu zeigen. Wir sind von Natur aus zurückhaltend. Stell dir vor, ein armer *heyoka* hat sich selbst splitternackt im Traum gesehen. Sicherlich würde es ihm nicht leichtfallen, sich so den Leuten zu zeigen.

Heutzutage haben wir diese Scham verloren. Alles ist erlaubt, und nackte Körper sieht man überall, nicht nur im Kino. Wir träumen auch nicht mehr, plötzlich ohne Kleider zu sein, denn das würde nicht mehr so schrecklich beschämend sein. Wenn die Donnervögel einen Traum schicken, den ich vorführen muß, fügen sie dem Traum etwas, für mich jetzt Beschämendes, bei, etwas, das mir heute sehr unangenehm wäre, öffentlich zu tun. Und das läßt einen nicht in Ruhe. Beim Aufstehen hört man morgens ein dumpfes Donnergrollen unter sich und weiß, daß einen Blitz und Donner noch vor Tagesende treffen werden, wenn man den Traum nicht darstellt. Man kann sich vor Angst im Keller verstecken, weinen und um Hilfe flehen, nichts hilft. Nur die Darstellung des

Traumes in aller Öffentlichkeit befreit einen wieder. Natürlich gewinnt man durch den Akt des Vorführens Macht, trotzdem würde fast jeder vorziehen, es nicht zu tun.

In den zwanziger Jahren führte in Manderson ein *heyoka* seinen Traum, so wie er ihn geträumt hatte, auf. Das war ausgerechnet am 4. Juli, der *heyoka* schien viel überschüssige Energie zu haben und lief und tollte herum und schlug Purzelbäume. Cowboys, zu Pferd, versuchten ihn zu fangen, konnten ihn aber nie erwischen. Sie probierten es mit dem Lasso, kamen aber nicht an ihn heran. Er lief purzelbaumschlagend vor ihnen her, machte plötzlich kehrt und rannte zurück. Als sie wieder dicht hinter ihm waren, schlug er abermals einen Haken und entkam ihnen. Danach zog er den alten Sack, den er trug und aus dem er zwei Löcher für die Augen geschnitten hatte, vom Kopf, und man konnte sehen, daß er schon ein alter Mann von 70 Jahren war. Wie hieß er bloß? Ich hab es vergessen. Auf jeden Fall war er ein alter, weißhaariger Großvater, dem die Donnerwesen die Macht verliehen hatten, schnell zu rennen.
Ein *heyoka* muß sich bei der Darstellung seines Traumes genauso anziehen, wie er sich im Traum gesehen hat. Seltsam ist es für jene Leute, denen er im Traum begegnete. Falls er dich im Traum gesehen hat, wirst *du* Zeuge seiner Darstellung sein. Egal, ob du das vorhattest oder nicht. Es ist kaum zu glauben, aber du kannst einfach nichts dagegen tun. Manche finden das fantastisch, andere lächerlich. Aber so ist es!
Gewöhnlich will man nicht ein ganzes Leben lang ein *heyoka* sein. Niemand will stets alles verkehrt machen, sich immer wie ein Narr benehmen und ein wandelnder Widerspruch sein. Man wird sich davon befreien wollen. Die Scham und die Schmach, die man beim Darstellen des Traumes so spürt, daß man kaum wagt, das Gesicht zu zeigen, ist ein Teil dieser Selbstbefreiung, aber nur ein Teil. In mancher Hinsicht verleiht die Zeremonie auch Würde und flößt Ehrfurcht ein.
Der Träumer bittet die Medizinmänner und alle anderen *heyokas* um Hilfe. Dann macht ein *heyoka,* in dessen Traum ein Wolf oder ein Pferd vorkamen, die Runde und verkündet, daß ein Mann von den Donnervögeln geträumt hat und seinen Traum erfüllen muß. Übrigens kann auch eine Frau zu

einem *heyoka* werden, aber das passiert nicht oft. Der Träumer lädt alle zur Zeremonie ein, die *heyokas* sind und waren.

Zuerst nehmen sie ein Schwitzbad, denn der Rauch des wohlriechenden Grases reinigt und läutert sie. Nur so will sie der Große Geist für die Zeremonie. Diese verläuft wie andere Zeremonien, die mit einem Schwitzbad beginnen, nur wird diese auch von *heyoka*-Gesängen begleitet. Eine *heyoka*-Schwitzhütte liegt außerdem mit dem Eingang nach Osten, anstatt wie sonst üblich, nach Westen. Ich weiß, daß in den Büchern steht, daß alle Schwitzhütten nach Osten schauen. Diese Behauptung muß von jemandem stammen, der *heyoka*-Hütten dabei im Kopf hatte. Oder der Bericht ist einfach falsch und wurde so weitergegeben und abgeschrieben. Alle unsere Schwitzhäuser schauen nach Westen, da wo die Sonne untergeht.

Eine *heyoka*-Zeremonie beginnt mit einem Tanz. Du mußt wissen, daß unsere Tänze nicht einfach Powwows sind, wo jeder von einem Fuß auf den anderen hüpft und sich gut unterhält. Alle unsere Tänze haben ihren Ursprung in unserer Religion. Sie begannen als spirituelle Versammlungen und waren uns heilig. Und die Clowns sind ein Teil davon. Vor vielen, vielen Jahren hatten Donnerträumer eine Vision, in der sie um einen Büffelmagen, in dem etwas Fleisch kochte, sprangen und tanzten. Damals hatten wir noch keine eisernen Kessel. Der Tanz wurde »Rund-um-den-Kessel-Tanz« genannt. Er wird zu Ehren der Donnerwesen und Blitzgeister aufgeführt. Zusammen mit dem Sonnentanz ist er unser ältester Tanz.

Während des Tanzes kocht stets über dem offenen Feuer ein Kessel voller Hundefleisch. Vor der Aufführung treffen sich alle *heyokas*, um zusammen zu helfen. Man braucht vier Führer und vier Helfer, die die *heyoka*-Gesänge kennen. Sie sollten alle *heyokas* sein, aber heutzutage gibt es nicht genug, so daß andere ihren Platz einnehmen müssen. Die übrigen, echten *heyokas* tragen besondere »bustles«* mit Schwänzen, aus Adlerfedern gefertigt. Um die Mitte haben sie Krähengürtel geschlungen, die aus Federn aller Vogelarten – Adler, Eulen,

* Turnüre; Schmuck, der um das Gesäß gebunden wird und die Figur verändert.

Krähen oder Spechte – gemacht wurden. Aneinandergereihte Rehhufe benützen sie als Rasseln. Wir ehren diese Dinge. Sie sind wakan.

Die Ersatztänzer, die keine *heyokas* sind, tragen diese Dinge nicht. Sie flechten Gras in ihre Gürtel und Haare. Von diesen Männern stammen unsere Geselligkeitstänze, wie der Grastanz, der Omahatanz und der Gute-Zeiten-Tanz. Sie entwickelten sich zu modernen Tänzen, die wir so zum Vergnügen tanzen, ursprünglich waren sie jedoch religiös. Tanzen und Beten war ein und dasselbe. Heute noch stellen wir auf unseren Powwows, wo jeder lacht und lustig ist, zu Beginn zwei *heyokas* vor und ehren sie. Eigentlich sind unsere Powwows viel mehr als einfaches Herumgehüpfe. Sie bestehen aus Dank-Opfern, mit denen wir die Toten ehren, aus Trostsprüchen für die, die trauern, und aus gegenseitiger Hilfe.

Zurück zur *heyoka*-Zeremonie: Die *heyokas* tanzen singend um den dampfenden Kessel und sagen und tun immer das Gegenteil von dem, was sie wirklich meinen. Wenn einer sagt: »Morgen wird es schön werden«, wird es am darauffolgenden Tag bestimmt höllisch schlecht sein. Wenn er jedoch sagt: »Morgen kommt ein schlechter Tag, wir werden Gewitter und Sturm von der Früh bis abends haben«, kann man seinen Regenschirm ruhig zu Hause lassen. Man wird ihn nicht brauchen, denn das Wetter wird wunderschön sein. Sieht der *heyoka* einen kranken Menschen und erklärt »dieser wird sterben«, lacht der Kranke übers ganze Gesicht, da er nun weiß, daß er weiterleben wird. Aber wenn der *heyoka* zu ihm sagt: »Dir wird es bald besser gehen«, täte der Arme gut daran, sein Testament zu schreiben.

Währenddessen kocht das Wasser sprudelnd im Kessel, der glühend rot leuchtet. Darin brodelt der Hund, Kopf, Rückgrat und Schwanz in einem Stück, der Rest in kleinere Stücke zerteilt. Der Medizinmann singt ein eigens verfaßtes Lied, zu dem der neue Donnerträumer tanzen kann. Dreimal tanzt der Donnerträumer zum Kessel hin, und bei jedem Mal kommt der Kopf des Hundes zum Vorschein, als ob er herauskommen wolle.

Beim vierten Mal läuft der *heyoka* zum Kessel, taucht seinen ganzen Arm in das kochende Wasser, tastet darin herum, zieht den Hundekopf heraus und hält ihn in alle vier Himmelsrichtungen. Sein Geist, sein Traum wird ihm eingeben, wem er den Hundekopf geben muß. Er gibt ihn einem kranken Mann oder einer kranken Frau. Diese verbrühen sich und werfen ihn schnell einem anderen zu, der sich ebenfalls daran verbrennt und ihn dem nächsten zuwirft usw. Fünf oder sechs Leute werfen sich gegenseitig den Kopf schnell zu, da er viel zu heiß zum Anfassen ist. Das bewirkt nicht ein billiger Zaubertrick, sondern die Macht des Donners.

Danach laufen die übrigen *heyokas* zum Kessel, tauchen ihren Arm hinein und fischen die restlichen Fleischstücke heraus. Es ist ihnen gleichgültig, wie heiß das Wasser ist. Sie geben das Fleisch den Kranken und Armen. Auch ihnen wurde in ihren Träumen gesagt, wem sie das Fleisch geben sollten. Es ist sehr gute Medizin, hundert Mal besser als Tabletten und Antibiotika oder all das andere Zeug. Während der Zeremonie heilt es jede Krankheit. Jedes Jahr geschieht das, ich selbst habe es schon oft gesehen.

Warum verbrüht sich ein *heyoka* nicht, wenn er ins siedend heiße Wasser greift? An seinen Händen und Armen kann man keine Blasen finden, sie sind nicht einmal ein bißchen rot. Ich kenne ein bestimmtes Kraut, eine Art Moos, dessen Wurzel *heyoka-tapejuta* genannt wird. Wenn man es kaut und die Arme mit dem Brei einschmiert, wird kochendes Wasser einem nichts anhaben können. Das heißt, nur, wenn man ein *heyoka* ist. Ein anderer kann das kochende Wasser auch dann nicht aushalten. Er hatte ja keinen Traum und besitzt deswegen keine Macht. Er wird sich den Arm gehörig verbrühen.

Nachdem die Kranken das Fleisch erhalten haben, holt ein Mann den Rest mit einem gegabelten Stock aus dem Kessel und gibt es jedem, der es will. Das beschließt die Zeremonie.

Wir nennen zwar den *heyoka* einen doppelgesichtigen, alles verdrehenden, widersprüchlichen Narren, doch er macht keinen Hehl daraus. Alles, was er tut, ist offen und ehrlich. Wenn er »Hund« meint, sagt er »Gott«, wenn er »Gott« meint, sagt er »Hund«. (Wortspiel im Englischen: dog – god). Man weiß, was er meint. Er sagt nicht: »Wenn ich zum Kongreßmann gewählt werde, tue ich dieses und jenes.« Er macht keine Versprechungen. Für die Macht, die Ehre und die Schmach zahlt er.

Ich glaube, Clowns sind allen Indianern heilig, nicht nur uns

Sioux. Ich habe von den »Mudhead Clowns« der Zuni, weit weg in Neu-Mexiko gehört. Sie laufen mit einem großen, hölzernen männlichen Geschlechtsteil herum und täuschen Geschlechtsverkehr vor mit einer grotesken Frauenattrappe. Keiner bringt den Akt wirklich zustande, keiner weiß wie. Das ganze Dorf, sogar die alten Frauen und kleinen Kinder sehen dabei lachend zu. Diese Zeremonie ist der Teil eines heiligen Tanzes für Regen und Wiedergeburt alles Grünen. Diese Zeremonie ist sehr verschieden von den Bräuchen der Sioux, verschieden und eigentlich doch dasselbe. – Verschieden und dasselbe, das klingt nach *heyoka!* – Im Grunde sind alle indianischen Religionen Teil des gleichen Glaubens, des gleichen Mysteriums. Unsere Einheit besteht darin.
Es ist spät und Zeit, ins Bett zu gehen! Träum jetzt nicht von den Donnerwesen, Richard! Nach deiner Phantasie und deinen Geschichten zu schließen, könnte es dich in große Verlegenheit bringen, deine Träume in aller Öffentlichkeit aufführen zu müssen.

Blut wurde zu Stein

In unserem Volk gibt es eine alte Geschichte, die über viele Generationen hinweg von den Großeltern zu den Enkelkindern weitergereicht wurde; sie erzählen von einer ungeheuren Flut, die irgendwann die Prärien überschwemmte wie ein Ozean. Einige der Menschen, die zu jener Zeit dieses Land bewohnten, versuchten sich zu retten, indem sie auf den Spitzen hoher Berge Zuflucht suchten; aber das Wasser stieg an und spülte sie hinweg, bedeckte die Erde und begrub alle Lebewesen unter ihrem Gewicht. Das Fleisch und die Knochen der Menschen verwandelten sich in ein großes Becken von Blut. Das Blut wurde dick und hart und war schließlich roter Stein. Es ist immer noch da. In der Südwestecke von Minnesota liegt der einzige Platz auf dieser Erde, wo du den heiligen blutroten Felsen findest, den roten »pipestone«.

Eine junge, wunderbar anzusehende Frau überlebte die Flutkatastrophe. Als sich die Wasser um sie herum schlossen, schoß ein riesiger Adler aus den Wolken nieder, packte sie und trug sie auf einen besonders hohen Berg, wo sie vor der ansteigenden Flut sicher war. Dort schenkte sie Zwillingen das Leben, die heranwuchsen und die Ahnen der Sioux-Nation wurden. Das erzählen uns die alten Leute.

Dieses Becken von Blut taucht auch in anderen Erzählungen auf, doch die sind so alt, daß keiner sie vollständig und mit allen Einzelheiten wiederzugeben vermag. Mein Großvater erzählte mir die Geschichte vom Hasenbuben. Es ist viele, viele Jahre her, da geschah es, daß ein Kaninchen eines Tages an einer Blutlache vorbeikam. Das Kaninchen spielte mit dem Blut, bis es zu gerinnen anfing und langsam die Form eines menschlichen Wesens annahm, einem Zwerg nicht unähnlich. Aber es war immer noch rohes Blut, kein Fleisch. Das Kaninchen spielte weiter mit dem Blut herum, bis sich innen die Eingeweide formten. Und immer wieder rollte es den Blutkörper auf dem Boden umher, bis ihm Knochen wuchsen. Immer noch spielte das Kaninchen weiter, und plötzlich wurde die Figur zu einem lebenden Wesen – einem Jungen. Das

Kaninchen kleidete diesen neuen Menschen in wunderbare Gewänder, in rotbemalte Hirschhaut, die mit Stachelschweinborsten verziert war. Und das Kaninchen nannte ihn Hasenbuben.
Der Hasenbube machte sich auf den Weg und lief, bis er an ein Dorf mit anderen Menschenwesen kam, dort sah er viele Jungen, die aussahen wie er. Sie fragten ihn, woher er käme. »Ich komme von einem anderen Dorf«, sagte er und wußte nicht, daß es kein anderes Dorf gab. Das Dorf, das er eben betreten hatte, war das einzige Dorf auf der Erde. »Dieser Platz, von dem ich komme«, fügte der Hasenbube hinzu, »ist so schön, daß ich euch nicht mit dorthin nehmen kann, eure Kleider sind nicht gut genug.«
In diesem Dorf gab es auch ein junges Mädchen, das noch Jungfrau war, und die Bewohner dachten, es würde vielleicht gut sein, sie mit dem Hasenbuben zu verheiraten, denn es schien ihnen, als habe jener seltsame Kräfte, und womöglich würde es ein Segen für das Dorf sein, wenn sie ihn zu einem Verwandten machen würden. Aber *Iktome*, der Spinnenmann, ein Trickser und Schelm, der immer darauf wartet, irgend jemand das Bein zu stellen, zu seinem eigenen Vorteil, versteht sich, begehrte diese junge Frau für sich selber. Also beeinflußte er die Gedanken der Bewohner und erreichte, daß jene sich gegen den Hasenbuben wendeten; sie wurden eifersüchtig auf seine schönen Kleider. »Ich habe eine Kraft, die ich gegen den Hasenbuben einsetzen kann«, sagte einer der Buben im Dorf. »Ich werde einen Reif über ihn werfen.« Das geschah, dann zogen sie ihm seine rotbemalten Hirschledergewänder aus. Als der Hasenbube sich zu wehren versuchte, fesselten sie ihn. Der Spinnenmann mit dem Doppelgesicht trieb sie an: »Los, wir wollen ihn mit einem Schlachtermesser aufschneiden.« Doch der Hasenbube stand immer noch da, wenn auch mit Lederriemen gefesselt. »Wenn ihr schon dabei seid, mich zu töten«, sagte er, »so will ich vorher mein Todeslied singen.«

»Freund, Freund,
Ich habe gegen die Sonne gekämpft.
Sie versuchte, mich zu verbrennen,
Aber sie konnte es nicht.

Auch in der Schlacht
Mit der Sonne,
Wurde ich nicht getötet.«

Als der Hasenbube sein Lied beendet hatte, schnitten sie ihn in Stücke und bereiteten eine Suppe vor. Doch der Hasenbube war schwer umzubringen. Als die Suppe kochte, kam ein großer Sturm auf, es regnete in Strömen, Hagel kam, eine Wolke senkte sich nieder und hüllte alle Gegenstände ein. Als die Wolke wieder verschwunden war, waren auch die Fleischstückchen aus dem Suppenkessel verschwunden. Doch einige erzählten, sie hätten gesehen, wie die Fleischstückchen aus dem Topf sich wieder zu einem Menschen geformt hätten. Ohne fremde Hilfe sei der Hasenbube wieder ins Leben zurückgekehrt, aber er war nicht mehr bei ihnen, er war mit der Wolke entschwunden. Stimmen wurden laut: »Der Hasenbube ist *wakan*, er steckt voller Kräfte. Kommt, laßt ihn uns mit diesem Mädchen verheiraten.« »Nein, laßt ihn uns vergessen«, sagt der trickreiche Spinnenmann. »Ich bin ebenso mächtig wie er. Fesselt mich. Zerschneidet mich.« Iktome nämlich erinnerte sich der Worte, die der Hasenbube als Sterbelied gesungen hatte, und er dachte, seine Kraft stecke in diesen Worten. Und Iktome sang:

»Freund, Freund,
Ich habe gegen die Sonne gekämpft.
Sie versuchte, mich zu verbrennen,
Aber sie konnte es nicht.
Auch in der Schlacht
Mit der Sonne,
Wurde ich nicht getötet.«

Dann zerschnitten sie Iktome, aber er blieb tot, er kehrte nicht zum Leben zurück. Alles, was von ihm zurückblieb, waren einige Fleischstückchen im Topf.
Auf fast die gleiche Weise wie der Hasenbube, der in unserem Volk als *weota-wicasa* oder Mann-aus-vielem-Blut bekannt ist, wurden auch andere Wesen geschaffen, wie z. B. der Hirsch und der Büffel, die für uns heilig sind, denn sie geben sich selbst dar, um unsere Leute mit Fleisch zu versorgen.

Ich will hier nicht die ganze Geschichte erzählen, das geht auch gar nicht, denn um dieser Geschichte zuzuhören, muß man zwei Tage gefastet und sich selbst in der Schwitzhütte einer Reinigung unterzogen haben. Soviel aber kann ich sagen:

Diese Blutlache, von der schon die Rede war, taucht noch ein drittes Mal in unseren Legenden auf. Howard Red Bear, ein Mann aus Allen, der so um die hundert Jahre alt wurde, erinnerte sich an eine Geschichte, die sein Großvater ihm oft erzählt hatte. Nach dieser Geschichte gab es einmal einen jungen Mann, das war vor vielen Lebensaltern, und dieser junge Mann war einer der ersten, die wußten, wie man mit der heiligen Pfeife für seinen Stamm betet. Zu jener Zeit gab es nur eine Pfeife, es war die Pfeife, die die heilige Weiße Büffelfrau uns gezeigt hatte. Dieser junge Mann ging zu einem alleinstehenden Felsen, der wie ein Turm aufragte; sein Volk wartete hinter ihm, bis er seine Gebete beendet hatte; sie warteten endlos, denn er kehrte nie mehr zurück.

Nach vier Tagen gingen sie, um zu schauen, wo er geblieben war, und am Fuß des Felsens, an dem sie ihn zuletzt gesehen hatten, fanden sie eine Blutlache und die Pfeife der Büffelfrau. Sie schlugen ein Lager auf, blieben dort vier Tage und trauerten um ihn. Einer der Männer betete und lehnte dabei seinen Kopf gegen den Felsen, und da hörte er plötzlich eine Stimme, die tief aus der Erde kam: »Dies ist mein Blut, das ihr benützen sollt.« Und das Blut verwandelte sich in den roten Pfeifenstein.

Es ist gut für uns, daß diese alten Legenden, die von Generation zu Generation weitergereicht werden, uns sagen, daß es unser Blut ist, das Blut der Sioux-Nation, das sich damals in den Stein verwandelt hat, von dem wir heute die heilige Pfeife machen. Die Pfeife nämlich, das sind wir. Der Pfeifenstiel ist unser Rückgrat, der Pfeifenkopf ist unser Kopf. Der Stein ist unser Blut, rot wie unsere Haut. Die Öffnung im Pfeifenkopf ist unser Mund, und der Rauch, der aufsteigt, ist unser Atem, der sichtbare Atem unseres Volkes, der Sioux-Nation.

Wenn wir auf unserer Großmutter, der Erde, stehen und die heilige Pfeife im Gebet heben, dann formt der Pfeifenstiel eine Brücke von der Erde durch den Menschen, durch unsere Körper zum Himmel, zu *wakan tanka,* zu Großvater Geist.

Wenn die Pfeife mit unserem heiligen Tabak aus roter Weidenrinde gefüllt ist, symbolisiert jeder noch so kleine Krümel in der Pfeife eines der Lebewesen auf dieser Erde. Alle Kreaturen des Großen Geistes, das ganze Universum ist in dieser Pfeife vertreten. Im Augenblick des Gebets sind wir alle in dieser Pfeife. Oft sind wir dabei so überwältigt, daß wir zu weinen anfangen und in Tränen ausbrechen, während wir die Pfeife zu den Wolken emporheben.

Unsere heilige Pfeife – ich habe wohlweislich gewartet, über sie zu sprechen, und zwar aus zweierlei Gründen. Diese Pfeife ist unser heiligster Besitz. Unsere ganze Religion geht von der Pfeife aus. Die heilige Pfeife ist das Herz all unserer Zeremonien, egal wie unterschiedlich sie voneinander sind. Ob wir um eine Vision weinen, ob wir beim Sonnentanz Schmerzen aushalten, sei es in der Dunkelheit einer *yuwipi*-Nacht oder in der Schwitzhütte, immer ist die Pfeife dabei. Sie ist so heilig für uns wie das heilige Bündel der Pfeile für die Cheyennes. Womöglich noch heiliger, denn das Pfeilbündel ist nur für die Cheyennes, während wir die Pfeife hochhalten für alle Stämme dieser Schildkröteninsel, ja für alle Lebewesen dieser Erde. Es ist diese Heiligkeit, wegen der ich über die Pfeife ganz am Schluß spreche, erst nachdem alles andere gesagt ist. Aber es gibt noch einen anderen Grund, warum ich so lange gewartet habe, um über die Pfeife zu sprechen. Ich habe Angst davor. Wenn ein Indianer versucht, über die Pfeife zu sprechen, ist er schnell verloren. Denn unser Geist ist nicht stark genug, nicht groß genug, um alles zu verstehen. Die Pfeife ist so heilig, daß ich dir nicht alles erzählen will, was ich weiß. Egal wie alt ich bin, egal wie lange ich darüber nachgedacht habe, egal wieviel ich gelernt habe, ich fühle mich eigentlich nie ganz in der Lage, um über die Pfeife zu sprechen. Manchmal träume ich, daß wir ein Buch schreiben, und dieses Buch ist nur über die Pfeife, denn alle Weisheit der Indianer kann durch die Pfeife erfahren werden. Aber, wie ich dir schon gesagt habe, ich habe Angst davor, und die Pfeife überwältigt mich in ihrer Größe.

Unsere Großväter erzählen uns, wie die heilige Pfeife zu uns gebracht wurde. Es war im Sommer vor unzähligen Menschenleben, die verschiedenen Gruppen unserer Nation kamen zu ihrem jährlichen Treffen zusammen. Die Erde war wunderbar anzuschauen, hohes Gras überall und Blumen, doch die Menschen waren hungrig. Dies alles geschah lange noch, bevor wir Gewehre oder Pferde hatten, und das Leben als Jäger war hart und unsicher. Eine Gruppe der Sioux, die *Itazipcho* – der »Stamm ohne Bogen« – hatte tagelang ohne Fleisch auskommen müssen. Und so hatten sie zwei Jäger ausgeschickt, um nach Büffeln Ausschau zu halten.

Die zwei Jäger verbrachten viele Tage mit ihrer Suche nach Wild, doch sie sahen kein einziges Tier. Schließlich, sie wollten schon umkehren, erreichten sie einen Hügel, von dem aus sie eine gute Weitsicht hatten, und sie sahen in der Ferne etwas, das sich auf sie zubewegte. Zuerst dachten sie, es sei ein Büffel, doch als das Wesen näher und näher kam, sahen sie, daß es eine wunderbare junge Frau war, die schönste Frau, die sie je gesehen hatten. Sie trug ein feines Gewand aus weißem Hirschleder, so wunderbar verziert, daß es nicht von Menschenhand geschaffen sein konnte. Ihr Haar trug sie offen, nur ein kleiner Teil auf ihrer linken Seite war mit einem Büffelhaar zusammengebunden. Auf dem Rücken trug sie ein Bündel, und in einer Hand hielt sie einen Fächer aus Salbeiblättern.

Die schöne Frau sprach zu den zwei Jägern: »Habt keine Angst. Ich komme von der Büffelnation und bringe euch eine Botschaft für eure Leute, es ist eine gute Botschaft.« Der ältere der beiden Jäger konnte ihrem Anblick nicht widerstehen, es stieg der Wunsch in ihm auf, diese Frau zu besitzen. Er streckte seine Hand aus, um sie zu berühren, aber sie war *lila wakan,* mehr als ein Mensch, und sie war nicht gekommen, um die Lust eines Mannes zu erregen. Manchmal wird erzählt, daß auf einen der Jäger, der seine Hand ausstreckte, um sie zu berühren, augenblicklich eine Wolke niederfiel und ihn umhüllte. Nachdem die Wolke sich wieder aufgelöst hatte, war ein Häufchen trockener Knochen alles, was von dem Mann übrig war. Dies ist nicht die einzige Version dieser Geschichte, und sie ist nicht genauso, wie die Geister sie mir eingegeben haben. Wenn der richtige Moment kommt und ich mich dazu in der Lage fühle, werde ich mehr darüber sprechen. Aber eines ist sicher – Begierde hat diesen Mann umgebracht, so wie Begierde viele vor ihm und viele nach ihm getötet hat. Und wenn diese Erde je zerstört werden sollte, dann

wird sie zerstört werden durch die Begierde, durch die Begierde nach Vergnügen und durch Selbstsucht, durch die Sucht nach der grünen Froschhaut. Sie wird zerstört werden von Leuten, die nur an sich selbst denken und die Bedürfnisse und die Wünsche anderer vergessen. Jetzt war nur mehr ein Jäger übrig, und die Weiße Büffelfrau trug ihm auf, zu seinem Volk heimzukehren und dafür zu sorgen, daß sie sich auf ihre Ankunft vorbereiteten. Sie erklärte ihm auch, was sie tun sollten. Sie sollten ein großes Tipi aufstellen und *owanka wakan*, einen heiligen Erdaltar, im Inneren vorbereiten. Auf diesen Altar sollten sie einen Büffelschädel legen und ein Gestell aus drei Stecken davor aufstellen.
Der junge Mann ging heim zu seinem Volk und erzählte, was ihm widerfahren war und wo sein Gefährte verblieben war. Er sagte allen, daß eine heilige Frau am nächsten Morgen in das Dorf kommen werde, die eine Botschaft der Büffelnation bei sich hätte. Er sagte auch, daß sich das Dorf auf Wunsch der Frau auf eine bestimmte Weise vorbereiten solle, und so geschah es dann auch.
Am nächsten Morgen versammelte der Rufer des Dorfes das ganze Volk um das heilige Tipi, und als die Sonne aufging, sahen sie die Weiße Büffelfrau sich in ihrer überirdischen Weise dem Dorf nähern. Diesmal trug sie anstelle des Salbeifächers die heilige Pfeife. Mit der rechten Hand hielt sie den Stiel, mit der linken den Kopf, und genauso halten wir auch heute noch die Pfeife.
Die Weiße Büffelfrau betrat das Tipi, wo die alten Männer des Stammes sie erwarteten. Mit diesen Worten begrüßten sie sie: »Schwester, wir sind froh, daß du kommst. Wir haben für lange Zeit kein Fleisch mehr gesehen und alles, war wir dir anbieten können, ist Wasser.« Sie tauchten etwas *wacanga* – das ist Süßgras – in einen Lederbehälter mit Wasser und reichten ihn ihr, und bis heute tauchen wir Süßgras oder eine Adlerfeder in Wasser und besprengen jene, die geheilt oder durch eine Zeremonie gereinigt werden wollen. Die meisten unserer Riten enden mit einem zeremoniellen Schluck Wasser, der uns bis heute an die Ankunft der Weißen Büffelfrau erinnert.
Dann führte sie das Volk in den Gebrauch der Pfeife ein. Sie füllte den Kopf mit Tabak aus roter Weidenrinde. Dann

schritt sie in Richtung der Sonne um den Altar, im Uhrzeigersinn, wie wir heute sagen. Dies symbolisierte den Kreis ohne Ende, die Straße des Menschen von der Jugend bis zum Alter, von der Unwissenheit bis zum Wissen. Der Kreis symbolisiert das Leben. Auch heute gehen wir im Kreis, wenn wir eine Zeremonie abhalten, bevor wir zu rauchen anfangen. Die Weiße Büffelfrau hielt ein ausgetrocknetes Stück Büffelleder in das Feuer, um damit die Pfeife anzuzünden. Viele Generationen lang war dies für uns die einzige Art, den Tabak anzuzünden, aber heutzutage müssen wir uns natürlich mit Zündhölzern begnügen.

Dann zeigte die Weiße Büffelfrau dem Volk, wie man mit der Pfeife betet, wie man sie zum Himmel hebt und zur Erde senkt und sie in alle vier Himmelsrichtungen hält, aus denen der Wind weht. Das Heben der Pfeife nennen wir *hupa gluza.* »Mit dieser heiligen Pfeife«, sagte die Weiße Büffelfrau zu dem Volk, »werdet ihr gehen wie ein lebendes Gebet, ihr werdet eure Füße heben über eurer Großmutter und mit dem Pfeifenstiel in den Himmel reichen zum Großvater, und euer Großvater wird das Heilige über euch mit dem Heiligen unter euch verbinden. *Wakan Tanka* wird auf uns herablächeln, denn von nun an sind wir eins, Erde, Himmel, alle lebenden Wesen und *ikce wicasa* – die Menschenwesen. Von jetzt an sind wir eine große Familie. Diese Pfeife hält uns zusammen. Sie ist ein Friedensstifter. Irgendwo gibt es einen Platz mit Blut, einen Platz, von dem ihr alle herkommt. Ihr werdet diesen Platz finden, da das Blut sich in Stein verwandelt hat und rot ist. Von diesem heiligen Platz kommt diese Pfeife, dieser Platz ist allen Menschen bekannt, an ihm werden Feinde zu Freunden und Verwandten.« Und wahrscheinlich geht es auf diese Zeit zurück, daß es ein Brauch bei den Siouxvölkern wurde, alle wichtigen Zeremonien mit den Worten *mitakuye oyasin* – alle meine Verwandten – zu beenden; gemeint sind Pflanzen, Tiere, Menschenwesen, die ganze Familie des Universums.

Dann richtete die Weiße Büffelfrau ihre Botschaft an die Frauen und sagte ihnen, daß es die Arbeit ihrer Hände und die Frucht ihres Leibes sei, die den Stamm am Leben erhalten werde. »Ihr seid von eurer Mutter, der Erde«, sagte sie. »Die Aufgabe, die euch zukommt, ist ebenso groß wie die Aufgabe der Krieger und Jäger.« Und so ist die heilige Pfeife auch etwas, das Männer und Frauen in einen Kreis der Liebe vereint. Die Pfeife ist das einzige heilige Objekt, an dessen Erschaffung Männer und Frauen gleichermaßen beteiligt sind, die Männer schnitzen den Pfeifenkopf und den Stiel, die Frauen verwenden all ihre Kunst und verzieren sie mit Stachelschweinborsten. Während einer indianischen Hochzeit halten beide, der Mann und seine Frau, gleichzeitig die Pfeife, und roter Stoff wird um ihre Hände gebunden, der sie ein Leben lang zusammenhalten soll.

Dann wandte sich die Weiße Büffelfrau den Kindern zu, denn Kinder haben ein Verständnis, dessen sie sich erst Jahre später bewußt werden. Unter uns Indianern haben Kinder das Recht, genauso behandelt zu werden wie Erwachsene, deshalb bringt man ihnen auch den gleichen Respekt entgegen. Sie erklärte ihnen, daß alles, was die erwachsenen Männer und Frauen täten, für sie sei. Daß die Kinder der wahre Reichtum einer Nation seien, daß sie die kommende Generation repräsentierten, das Leben des Volkes, den Kreis ohne Ende. »Erinnert euch daran, wachst auf und gebt es dann euren Kindern weiter«, sagte sie.

Nachdem die Weiße Büffelfrau aufgehört hatte zu sprechen, wickelte sie die Pfeife in das Bündel, das sie auf dem Rücken trug und reichte es dem ältesten Häuptling vom Stamm ohne Bogen, auf daß er es sicher aufbewahre. Der Name jenes Mannes wird manchmal als Standing Hollow Horn* und manchmal als Buffalo Standing Upward** überliefert. Zusammen mit der Pfeife gab die Weiße Büffelfrau dem Volk einen runden blutroten Stein. Auf ihm waren sieben Kreise eingezeichnet, das sind die sieben Ratsfeuer der Lakotas oder auch die sieben Zeremonien, die mit der Pfeife einhergehen. Für die, die diese Zeichen zu entziffern vermochten, stellte der Stein das ganze Universum dar.

Nachdem die Weiße Büffelfrau mit ihren Anordnungen am Ende war, nahm sie Abschied von dem Volk ohne Bogen und entfernte sich in die gleiche Richtung, aus der sie gekommen war. Dabei sang sie: *»Niya taniya mawani ye«,* was soviel heißt wie »mit sichtbarem Atem schreite ich.« Dahinter steckt mehr, wenn man eine Weile darüber nachdenkt. *Niya taniya*

* Hohles Horn-das-steht; ** Büffel-der-aufrecht-steht

bedeutet nicht nur *atmen* und *Atem*, es bedeutet auch am *Leben sein* und *leben*, das heißt, daß, solange wir die Pfeife ehren, wir leben und wir selber bleiben werden. Der sichtbare Atem kann auch als der Rauch der Pfeife gedeutet werden, der wiederum der Atem unseres Volkes ist. Es erinnert uns auch an den Atem des Büffels, der an kalten Tagen sichtbar wird. Und es verstärkt die Tatsache, daß für uns Pfeife, Mensch und Büffel eine Person sind.

Als die Menschen so dastanden und ihr nachblickten, sahen sie plötzlich, wie die wunderschöne Frau sich in einen weißen Büffel verwandelte. Der Büffel schritt weiter dem Horizont entgegen, bis er schließlich ihren Blicken entschwunden war. Auch dies ist gut, um darüber nachzudenken, und es ist leicht zu verstehen. Der Büffel war ein Teil von uns, sein Fleisch und Blut wird von uns aufgenommen und in uns wieder zu Fleisch und Blut. Unsere Kleidung, unsere Tipis, alles, was wir zum Leben brauchen, kommt vom Körper des Büffels. Es ist schwer zu sagen, wo das Tier aufhört und der Mensch beginnt. Seit dieser Zeit ist eine weiße Büffelhaut das Seltenste und Wertvollste, was ein Stamm besitzen kann. Jeder Stamm würde seinen ganzen Reichtum für ein weißes Büffelfell geben.

Als der Büffel von den Prärien verschwand, verschwand auch der alte freie Indianer. In den Dakotas, in Wyoming und in Montana hat man Plätze eingerichtet, wo einige Büffelherden überleben können. Dort werden sie von Rangers der Regierung überwacht und von Touristen begafft. Wenn unser Bruder, der Büffel, sprechen könnte, würde er sagen: »Sie haben mich auf ein Reservat gesteckt wie die Indianer.« Im Leben und im Tod haben wir und der Büffel immer das gleiche Schicksal geteilt.

Die Pfeife, die die Weiße Büffelfrau uns gebracht hat, wird im Stamm immer noch als das heiligste Erbstück aufbewahrt. Sie heißt *ptehincala huhu canunpa* – Büffelkalbknochenpfeife. Sie ist mit keiner anderen Pfeife vergleichbar. Ihr Stiel ist aus dem unteren Beinknochen eines Büffelkalbs gemacht. Sie ist eingewickelt in Büffelwolle und roten Flanellstoff. Rotgefärbte Adlerfedern, vier kleine Haarbüschel und Vogelbälge sind daran gebunden. Im Lauf der Jahre ist sie natürlich etwas brüchig geworden. Immerhin wurde sie von der Hirschkopffamilie des Itazipchostammes der Sioux-Nation 14 Generationen lang aufbewahrt. Seit wir in Reservationen eingepfercht sind, ist die Pfeife immer in Green Grass, nördlich von Eagle Butte auf der Cheyenne River Reservation aufbewahrt. Man erzählt sich, daß die Hüter der Pfeife bisher immer so um die 100 Jahre alt wurden.

Neben der *ptehincala huhu canunpa* hat diese Familie noch eine zweite, ebenfalls sehr heilige Stammespfeife aufbewahrt. Eine der ersten Pfeifen, die auf die Weise aus dem roten Pfeifenstein gefertigt wurden, wie es die Weiße Büffelfrau den Menschen aufgetragen hatte. Diese alte Pfeife diente als Modell für alle anderen Pfeifen, die von da an gemacht wurden. An ihren Kopf ist eine rote Adlerfeder gebunden. Dies erinnert uns an den Adler, der die einzige Überlebende der Flutkatastrophe gerettet hatte, jene Frau, die den Zwillingen das Leben schenkte, die wiederum die Väter unserer Sioux-Nation sind. Die Feder erinnert uns auch an den Adler als Symbol der Weisheit, das für uns fast ebenso wichtig ist wie der Büffel. Viele unserer Medizinmänner haben aus diesem Grund eine Adlerfeder an ihre Pfeife gebunden. Für eine Heiligungszeremonie ist die Feder ganz am Anfang des Stiels befestigt. Wird die Pfeife hingegen dazu benützt, um einen Zwist oder ein Problem mit der Familie zu lösen, so ist die Feder in der Mitte des Stiels befestigt. Will einer jedoch Weisheit erlangen, so hängt die Feder an der Stelle, an der sich Kopf und Stiel berühren. Die Form der Pfeife ist wie ein T, das auf dem Kopf steht:

So sieht aber nur die Pfeife eines Vaters aus, der bereits eine Familie gegründet hat. Die Pfeife eines Junggesellen ist wie ein L geformt, an ihr fehlt das Extrastück der anderen Pfeife:

Nichts, das irgendwie wichtig wäre, sei es gut oder schlecht, findet bei uns ohne den Gebrauch der Pfeife statt. Wenn ein Mann einen Stammesbruder getötet hatte, vorsätzlich oder durch einen Unfall, dann war der heilige Kreis durchbrochen, und eine Wunde entstand, die das ganze Volk berührte. Immer, wenn der Mörder trinken wollte, sah er das Spiegelbild seines Opfers im Wasser reflektiert. Wenn es ein solches Blutvergießen gegeben hatte, konnte lediglich eine Zeremonie mit der heiligen Pfeife Frieden bringen, die Gemüter der Menschen beruhigen und die Familien wieder vereinen. Wenn jemand die Wahrheit sprach, seine Worte aber angezweifelt wurden, so bot er an, ins Messer zu beißen. Wenn er dieses Angebot machte, wußten die Leute, daß er die Wahrheit gesprochen hatte, denn Unglück würde über ihn kommen, sobald seine Lippen, die Falsches von sich gegeben hatten, Eisen berührten. Ich kann mich nicht erinnern, daß ich in den letzten Jahren jemand vom Messerbeißen hätte sprechen hören; es scheint mir, daß die Leute nicht mehr so recht daran glauben. Mit der Pfeife ist es etwas anderes. Niemand würde so dumm sein und eine Lüge von sich geben, während die Pfeife geraucht wird. Das würde ihn ganz sicher umbringen. Das glauben wir auch heute noch.

Die Pfeife muß auch auf die richtige Weise geraucht werden. Jede Person muß auf dem rechten Platz sitzen, und zwar im Kreis, die Pfeife muß auf ganz bestimmte heilige Weise vom Licht ins Dunkle gereicht werden, denn sie ist unser Altar; in der weißen Kirche sitzt jeder Mensch für sich allein, hier und dort im Cafeteria-Stil. Mein Großvater pflegte zu sagen: »Die Erde ist rot, das Blut ist rot, die Sonne ist rot, wenn sie aufgeht und wenn sie untergeht, und unsere Körper sind rot. Deshalb sollten wir die rote Straße gehen, die gute Nordsüdstraße, denn sie ist der Pfad des Lebens. Der Indianer und der rote Pfeifenstein gehören zusammen.«

Der rote Steinbruch in Minnesota ist der einzige Platz, wo man diesen heiligen Stein finden kann. Er ist jetzt ein National Monument, ein von der Regierung geschützter Platz, aber wir Indianer können immer noch dorthin gehen und aus dem roten Fels das Material nehmen, das wir für unsere Pfeifen brauchen. Dieser Steinbruch ist genau im Herzen unseres alten Siouxlandes. Unsere östlichen Stämme, die Wahpeton, Sissetons und Wahpekute lebten in diesem Land bis 1851, dann aber wurden sie gezwungen, es an die Weißen abzutreten. Immerhin haben wir jetzt einen Vertrag, der uns erlaubt, wann immer wir wollen, unseren heiligen Stein zu holen.

In den alten Tagen gab es nur eine Weise, eine Pfeife zu machen. Man reinigte sich selber und opferte den Tabak an den Geist. Es gibt dort drei aufrecht stehende Felsblöcke. In unseren alten Legenden heißt es, es seien drei alte Indianer, die sich in Stein verwandelt haben, und bei ihnen legt man Tabakbündel und vielleicht auch eine Feder nieder. Wenn du das Messer ansetzt, um den Stein auszugraben, beginnst du mit einem Gebet. Die Zeichen, die in einen Pfeifenkopf geschnitzt sind, das sind auch Gebete. Eine Pfeife, die so entstanden ist, enthält große Mächte.
Heutzutage werden Pfeifen mit einer Maschine und einem Elektrobohrer kommerziell hergestellt. Sie sind leicht zu machen, zu leicht. In diesen Pfeifen stecken nur kleine Kräfte. Der Steinbruch ist jetzt auch niedlich hergerichtet, mit Rasen und Rasensprenganlagen und einem Museum. Wer näher kommt, erfährt durch Lautsprecher die Geschichte von der Weißen Büffelfrau sowie andere indianische Legenden, natürlich alle durcheinandergewürfelt, und in der Luft ist ein sirrendes Geräusch, weil sie Lichtbilder zeigen. Uniformierte Wächter führen die Touristen herum und erklären die Bedeutung der Pfeife. Ich aber frage mich nur, wie sie etwas erklären können, was sie selbst nicht wissen? Alles ist sauber mit Trinkwasser und properen Toiletten hergerichtet, trotzdem schließe ich immer die Augen, wenn ich dorthin komme, und versuche, an den Platz zu denken, wie er aussah, bevor der weiße Mann mit seiner Kosmetik begonnen hat.
Einer meiner Freunde, ein junger Medizinmann, kam einmal zu dem Steinbruch, und ein Park Ranger sagte ihm, für einen Dollar könne er ein Pfund des Gesteins mitnehmen – das wäre ein besonderes Angebot, weil er ja Indianer sei. Mein Freund wurde zornig. Es war nicht wegen des Geldes, wie du dir denken kannst, aber er antwortete ihm: »Ich bin ein Sioux, dies ist mein Land und mein Pfeifenstein. Ich werde mitnehmen, soviel ich will, und ich werde nicht bezahlen!« In der Nähe stand noch ein anderer, der auch aussah wie ein Indianer, der sagte: »Recht so!«, nahm meinen jungen Freund, führte ihn an einen Platz, wo eine Gesteinsader im Felsen lag wie eine rote Schlange, und bot ihm an, soviel zu nehmen, wie er wolle, mit Genehmigung des National Park Service. Mein Freund kam mit einer ganzen Kiste voll Gestein zurück.

Es sind kleine Siege, die heutzutage unsere Moral aufrechterhalten müssen.
In deinem Bücherschrank, Richard, habe ich ein altes Buch von George Catlin gefunden, das vor über 100 Jahren gedruckt wurde. Ich habe drin rumgeblättert, und es hat mir gut gefallen. Ich habe oft diese gelb- und braungesprenkelten Bilder betrachtet. Dabei ist mir auch eine Seite untergekommen, wo er seinen Besuch des heiligen Pfeifensteinbruchs im Jahre 1830 beschreibt. Er muß der erste Weiße überhaupt gewesen sein, der den roten Fels gesehen hat. In gewisser Weise war er eigentlich auch der erste Tourist, und er hat ja auch durch einen Dolmetscher mit unseren Leuten gesprochen. Ein paar Dinge hat er falsch verstanden, aber vielleicht waren die Dolmetscher auch nicht die besten. Doch Catlin war ein Künstler und hatte seine Augen offen. Einiges hat er fast richtig mitbekommen, und es paßt irgendwie in das, was wir Indianer wissen. Sicher können Catlins Beschreibungen alle falsch sein, und wenn er sich einer Sache nicht sicher ist, dann versteckt er diese Unsicherheit hinter einer Menge von Worten, aber hinter allem scheint doch sehr dünn die Wahrheit über die Pfeife durch.
Er wußte z. B., daß der Stein das Fleisch der Indianer war, er kannte die Geschichte von der Flut, die das Blut der Menschen in den Pfeifenstein verwandelte, und man hatte ihm auch erzählt, daß in alten Zeiten Büffel über diese Klippen getrieben wurden, deren Blut ebenfalls zu Pfeifenstein wurde. Ich habe nie unsere Leute diese letzte Version erzählen hören, aber wer immer diese Information vor 140 Jahren an Catlin weitergegeben hat, wußte, daß der Indianer, der Büffel und die Pfeife eins waren.
Ein Siouxkrieger erzählte Catlin, daß dieser rote Stein Teil seines Volkes wäre und daß es schlecht für den weißen Mann sei, etwas davon zu nehmen; in seinem Fleisch würde ein Loch entstehen und das Blut könne nie mehr zum Stillstand gebracht werden.
Ein anderer Indianer sagte ihm: »Diese rote Pfeife wurde dem roten Mann vom Großen Geist gegeben, sie ist Teil unseres Fleisches, und sie ist heilig. Wir wissen, daß die Weißen wie eine große Wolke sind, die sich im Osten erhebt und das ganze Land bedeckt. Wir wissen, daß sie unser Land wollen, aber

wir wollen diesen Platz behalten.« Wenn ich damals gelebt hätte, hätte ich auch so gesprochen.
Catlin erwähnt auch einige phantastische Vögel, die zu jener Zeit in dem Steinbruch genistet haben sollen; so, wie er die Vögel beschreibt, scheint es mir fast, als sei *wakinyan*, der Donnervogel, gemeint. Zwar gehören die Donnervögel nicht zur Pfeife, aber es zeigt doch, wie sehr sich Legenden um den Platz ranken und wie wichtig er in den alten Büffeltagen war. Einige unserer alten Leute sagen immer noch, daß dort kleine Geister – halb Geister, halb Menschen – im Felsen wohnen, die, nicht länger als ein Finger, sehr schnell und schwer zu sehen sein sollen.
Der Omahastamm hatte folgende Legende über den Pfeifensteinbruch: Vor langer, langer Zeit soll es eine Omahafrau mit dem Namen *Wahegela* gegeben haben. Sie war mit einem Siouxkrieger verheiratet. Eines Tages sah sie sich einem weißen Büffel gegenüber. Sie folgte dem Tier wie in Trance. Sie beobachtete, wie der Büffel große Stücke roten Steins vor sich hertrieb, und sofort wußte sie, daß dies die versteinerten Körper ihrer Ahnen waren. Sie folgte dem Büffel und entdeckte auf diese Weise den Steinbruch. Die Sioux und die Omahas waren Feinde, aber sie kamen überein, von nun an an diesem heiligen Platz Frieden zu halten. Das Land gehörte zwar den Sioux, doch der Stein gehört allen Indianern, die die Pfeife achten.
Diese Geschichte unterscheidet sich zwar von dem, was wir glauben, aber trotzdem paßt sie in unsere Geschichte von der Weißen Büffelfrau, denn alle Hauptzüge sind im wesentlichen erhalten, auch wenn sie auf andere Weise wieder auftauchen: die Frau, der weiße Büffel, das Blut des Indianers, das sich in Stein verwandelt, und die Pfeife als Friedensstifter. All diese Geschichten, so unterschiedlich sie auch sind, zeigen, daß die Pfeife allen Stämmen heilig ist.
Vor einem Jahr nahm ich an einer Konferenz vieler Stämme teil, die abgehalten wurde, um Einheit unter uns Indianern zu bringen. Ich hatte meine alte Pfeife bei mir, die ich über 30 Jahre nicht mehr benutzt hatte. Während einer Nacht hatten wir eine gute Zeremonie, es war kurz vor Sonnenaufgang, und 54 Stämme rauchten meine Pfeife. Ich zündete sie an, und 161 Leute rauchten meine Pfeife; sie ging nicht aus. Sie

glühte während der ganzen Zeremonie. Die anwesenden Medizinmänner hoben die Pfeife zum Himmel und beteten in ihrer eigenen Sprache zum Großen Geist: ich konnte sie nicht verstehen. Aber gleichzeitig verstand ich sie sehr wohl. Die Pfeife gab uns eine gemeinsame Sprache und einen gemeinsamen Geist. Einige anwesende Reporter versuchten zu photographieren, aber keines ihrer Bilder wurde gut. Immer, wo man die Pfeife hätte sehen sollen, war ein weißer Fleck, so etwas wie ein Nebel. Diese alte Pfeife wollte damals einfach nicht photographiert werden. Viele Männer auf unserem Reservat haben ihre eigene Pfeife. Eigentlich sollte in jeder Familie eine Pfeife sein. Ein Sioux ohne seine Pfeife ist nur ein halber Indianer, nur ein halber Mann.

Vom letzten Familienmitglied mit dem Namen Elk Head wurden unsere zwei Pfeifen weiter an Stanley Looking Horse gereicht und dessen Sohn Orval, der auch zum Elk Head Clan gehörte. Orval ist der neunzehnte in der Kette der Pfeifenhüter in jener Familie. Nur sehr wenige Leute, sogar in unserem Stamm, haben je diese zwei Pfeifen offen gesehen. Vielleicht einmal in einem Lebensalter, wenn überhaupt, können diese zwei heiligen Erbstücke gezeigt werden. Ich war einer der wenigen Männer, die die Ehre hatten, diese zwei Pfeifen zu halten und mit ihnen zu beten. Dies hat mein Leben von Grund auf geändert.

Es war vor vielen Jahren während des Winters. Ich war noch ein junger Mann und ging nach Norden, nach »Green Grass«, wo, wie ich gehört hatte, die Büffelkalbpfeife aufbewahrt wurde. Irgend etwas in mir drängte mich, dorthin zu gehen, Stimmen sagten mir, ich solle mit dieser heiligen Pfeife beten. Es war, als würde irgendeine Kraft in mir mich antreiben und mich immer wieder fragen, »sag, willst du das tun?« Ich war wie ein Auto; irgend etwas auf dem Platz des Fahrer trieb meinen Motor an; der Weg nach Norden war hart. Es gab Cayuse-Stürme, Blizzards, es war eiskalt. Der Schnee war hart und glänzend. Ich hatte immer gedacht, ein Mann würde die Pfeife aufbewahren, aber dann fand ich heraus, daß es eine Frau war, Mrs. Elk Head, die älteste Schwester von Häuptling Elk Head, der vor ihr lange Jahre der Hüter gewesen war. Einige Leute sagten mir, »wenn du diese alte Frau sehen willst, dann beeil dich lieber, denn sie liegt im Sterben«.

Ich beschleunigte mein Tempo und kämpfte mich weiter durch den Schnee zu ihrem Blockhaus. Die alte Frau saß auf dem Boden in der Mitte des einzigen Raumes. Sie war nur mehr Haut und Knochen, so zerbrechlich, daß ein Windhauch sie hätte wegblasen können. Ihre Lippen waren zusammengeschrumpft und so trocken, daß ich sie mit einem nassen Tuch befeuchten mußte. Als ich sie so dasitzen sah, dachte ich nicht, daß sie noch länger als ein oder zwei Tage leben würde.

Ich sah, daß ihr Haus für eine Zeremonie vorbereitet war, der Boden war mit Salbei ausgelegt und das ganze Zimmer mit Zedernzweigen und Süßgras geschmückt. »Wer hält hier eine Zeremonie ab?« fragte ich sie. »Du«, sagte sie, »ich hatte eine Vision, daß ein junger Mann von Süden kommen und mich heilen würde. Ich kenne dich nicht. Ich habe nie zuvor meine Augen auf dich gerichtet, aber du bist der, auf den ich gewartet habe. Alle meine Enkel sind zum christlichen Glauben übergetreten und folgen nicht länger den alten traditionellen Wegen. Morgen wird der Schnee aufhören, zur Erde zu fallen, und die Sonne wird mit ihrer ganzen Kraft durch die Wolken kommen. Es wird keinen Sturm mehr geben, und das ganze Land, die ganze Erde wird sprießen. Wenn dies morgen geschieht, dann komm hierher zu mir. Ich werde dir die heilige Büffelkalbknochenpfeife zeigen, du wirst mit ihr beten, und du wirst mich heilen. Komm morgen hierher, sobald die Sonne aufgegangen ist.«

Ich ging zurück nach Green Grass und übernachtete bei Leuten, die ich kannte. Ich erzählte ihnen von meiner Begegnung. »Mach dich doch nicht selbst zum Idioten«, sagten sie. »Der Wetterbericht hat neue Blizzarde vorhergesagt. Dieses Unwetter wird eine Woche dauern, wenn nicht länger.« Zugegeben, der Wind heulte ganz schön ums Haus. Ich ging sogar nach draußen und untersuchte Türen und Fenster auf ihre Haltbarkeit.

Mitten in der Nacht, noch vor Morgengrauen, wachte ich plötzlich auf. Ich wunderte mich, was mich geweckt hatte. Dann bemerkte ich es, es war die plötzliche Ruhe. Der Sturm war verschwunden, alles schwieg. Sosehr ich mich auch anstrengte, ich konnte keinen Ton hören. Ich stand auf, trank einen Schluck Wasser und ging nach draußen. Nichts bewegte sich mehr. Es war, als wäre die Erde zum Stillstand gekommen. Ich atmete tief durch, die Luft war warm. Im Osten ging die Sonne auf. Sie war so groß und rot und glühend und so hell, daß ich meine Augen schließen mußte. Sogar wenn ich von ihr wegblickte, war ich noch von ihr geblendet. Die Sonne spiegelte sich auf dem Schnee wider und färbte ihn rot. Die ganze Welt glitzerte, Millionen und aber Millionen von kleinen Kristallen leuchteten auf dem Boden, und in jedem einzelnen war die Sonne zu sehen. Als ich über den Schnee ging, klang es, als liefe ich über Eierschalen. Es war das einzige Geräusch, das ich hören konnte.

Als ich das Blockhaus von Mrs. Elk Head erreichte, war es wie am Vortag. Sie saß in der Mitte des Raumes und wartete auf mich. Nur lag heute ein starker Duft im Raum, denn sie hatte Süßgras und Zedernholz verbrannt. Damit war das Haus bereits in einen heiligen Platz verwandelt worden. Ich setzte mich auf der Westseite auf den Boden nieder. Da bemerkte ich ein großes Bündel aus Segeltuch, ungefähr in der Größe eines Mannes, zusammengebunden wie ein *yuwipi*. Die alte Lady bat mich, das Paket zu öffnen. Das ganze Bündel war siebenmal eingewickelt, in sieben Häute, Büffelhäute, Hirschhäute, roten und blauen Flanell. Ich öffnete die letzte Verpackung, und da lag sie – *ptehincala huhu canunpa* – die Büffelkalbpfeife, für mich das heiligste Ding der Welt. Daneben lag noch ein zweites Paket, und ich öffnete auch dies. Es enthielt eine andere heilige Pfeife, die Stammespfeife aus dem roten Pfeifenstein. Letztere war sehr groß, während die Büffelkalbpfeife klein war.

Mrs. Elk Head sagte mir, ich solle beide Pfeifen in die Hand nehmen und die kleinere über der größeren halten. »*Takoja*, mein Enkel«, sagte sie, »bete mit diesen Pfeifen. Ich hatte die Vision, daß du kommen würdest, und jetzt bist du da. Gib die Pfeife immer zu deiner Linken weiter und nimm sie immer von rechts. Gib sie von deinem Herzen aus, halte den Pfeifenkopf immer nah an dein Herz. Laß den Geist zu dir kommen.« Die alte Frau sprach nicht in Englisch mit mir, sondern in einer geheimen indianischen Sprache, die nur ich in diesem Moment verstehen konnte.

Ich hielt die Pfeifen in der Hand. Ihre Köpfe waren mein Fleisch. Der Stiel jeder Pfeife repräsentierte alle Generatio-

nen. Ich fühlte, wie mein Blut in die Pfeifen drang, ich fühlte, wie es zurückkam, ich fühlte, wie es in meinem Geist kreiste. Ich fühlte, wie Leben in die Pfeifen kam, ich fühlte, wie sie sich bewegten. Ich fühlte, wie eine Kraft aus den Pfeifen in meinen Körper drang und jede meiner Zellen füllte. Tränen liefen mir das Gesicht hinunter. Und ich bekam einen Schimmer von dem, was die Pfeife bedeutete. Durch die Büffelkalbpfeife lernte ich mich selbst kennen, aber nicht nur mich, auch die Erde um mich herum. Sei heilte die Blindheit meines Herzens, und plötzlich konnte ich hinter der Alltagswelt der grünen Froschhaut eine andere Welt sehen. Ich sah, daß die Pfeife meine Kirche war, ein kleines Stück Stein und ein Stück Holz, aber ich wußte, daß wenn ich dies hatte, es mir an nichts mehr fehlen würde. Ich wußte, daß in dieser Pfeife alle Kräfte der Natur steckten, daß ich selbst in dieser Pfeife war, ich wußte es, als ich die Pfeife rauchte. Ich war im Zentrum aller Dinge, gab mich selbst dem Großen Geist dar, und ich wußte, daß jeder andere Indianer, der mit dieser Pfeife beten würde, jetzt – oder wann auch immer – dasselbe fühlen würde. Ich wußte es, als ich den Rauch der Pfeife zum Himmel steigen ließ. Mit dem Rauch ließ ich auch etwas von mir selber frei, etwas, das frei sein wollte. Und damit machte ich alle Pflanzen und Tiere dieser Erde glücklich. All das verstand ich nur mit meinem Herzen und meinem Blut. Ich glaube, das ist mit einem Tier vergleichbar, das zwar Dinge versteht, aber eben mit dem Körper und nicht mit dem Kopf. Über diese Erfahrung habe ich viele Jahre lang nachdenken müssen. Sogar heute noch, nach so langer Zeit, hält mich die Erinnerung an diesen Moment manchmal die Nacht über wach.
Plötzlich wurde mir etwas anderes bewußt: Wenn ich meinen Atem mit dem heiligen Rauch vermischte, würde ich meinen Atem auch mit dem Atem eines jeden Lebewesens dieser Erde vermischen, und plötzlich sah ich, daß die Glut in der Pfeife das heilige Feuer des Großen Geistes war, das gleiche Feuer, von dem die Kraft der Sonne kam. Ich wußte, daß in dieser Pfeife alle kleinen Dinge vereint waren. Ich wußte auch, daß, wenn ich lernen würde zu verstehen, was die Pfeife bedeutet und welche Symbole in ihr verborgen waren, ich nur dann vollständig wissen würde, was es heißt, Indianer zu sein und was es heißt, ich selber zu sein. Nun, ich weiß es immer

noch nicht ganz. Ich lerne immer noch. Vielleicht berühre ich dieses Wissen eines Tages. Ich kann die Gedanken, die damals in mich drangen, schwer in Worte kleiden: Einsicht und Verwirrung, Trauer und Glück, es war alles zusammengemischt. Ich kann auch die Kraft nicht beschreiben, die damals von der Pfeife aus durch mich floß und mich durchschüttelte. Ich kann es einfach nicht. Aber ich war mir total sicher, daß die Pfeifen in meinen Händen mein Leben ändern würden.

Meine Gebete mußten Mrs. Elk Head geholfen haben, denn sie erholte sich und lebte noch eine Reihe von Jahren. Bevor ich sie verließ, erzählte sie mir, daß einige Leute der Regierung gekommen waren und eines der Pfeifenbündel mit sich genommen hatten, daß sie aber Angst bekommen hätten und es später zurückgebracht hätten. »Vielleicht muß ich sie vergraben«, sagte sie, »um zu verhindern, daß sie in falsche Hände geraten.« Und noch etwas sagte sie mir: »Es wird eine Zeit kommen, da alle Indianer sich erheben, und zwar mit der heiligen Pfeife in der Hand, und diese Pfeife wird von allen geraucht werden.« Jetzt, über 35 Jahre später, sitzen 54 Stämme zusammen und beten mit meiner Pfeife, darum kamen die Sätze der alten Frau in mein Gedächtnis zurück. Sie war wirklich *wakan* und hatte die Kraft, in die Zukunft zu blicken. Ich erhielt von ihr auch eine Tätowierung und einen geheimen Namen.

Von der alten Mrs. Elk Head ging das Pfeifenbündel an Stanley Looking Horse, der auch zum Stamm der ohne Bogen gehörte. Aber nach meinem Ermessen gehörte die Büffelkalbknochenpfeife der ganzen Sioux-Nation. Sie gehört den Hunkpapa in Standing Rock, wo sich eine Frau in Stein verwandelte, sie gehört den Leuten von Sitting Bull, sie gehört den Ogallalas in Pine Ridge, dem Stamm von Crazy Horse. Sie gehört den Oohenunpa – den Two Kettles Sioux –, die das Reservat mit uns teilen und die ihren Namen aus einer Zeit haben, als sie, dem Hungertod nahe, ein Lederbündel voll Fleisch fanden, genug für zwei Kessel – Two Kettles –, sie gehört den Sihasapa – den Sioux-Schwarzfuß –, deren Moccasinsohlen schwarz wurden, als sie vor langer Zeit viele Tage durch ein Gebiet gehen mußten, dessen Boden vom Präriefeuer verkohlt war. Sie gehört den Sicangu – den Menschen mit verbrannten Schenkeln – in Rosebud; ihre Beine wurden angesengt, als die Pawnees, ihre Feinde, das Gras rund um ihr Lager anzündeten. Und sie gehört zu meinem eigenen Volk, den Mnikowoju, denen, die am Wasser pflanzen. Und sie gehört im weitesten Sinn zu allen Indianern dieser Schildkröteninsel.

Das Pfeifenbündel aufzubewahren ist eine ehrenvolle Aufgabe. Es sollte in einem schönen Tipi im alten Stil untergebracht sein. Und während des Tages sollte die Pfeife auf einer Art Dreifuß ruhen, und zweimal am Tag sollte sie gedreht werden, und zwar in Richtung der Sonne. Es war nicht immer möglich, daß all die alten Weisungen beobachtet wurden, und nicht immer wurde die heilige Pfeife jeden Tag geehrt. Ich kann mich erinnern, daß eine Zeitlang, als man keinen anderen Platz fand, die Pfeife in einem Schuppen aufbewahrt wurde. Ich wollte, wir könnten für unsere heiligen Dinge wieder ein Tipi aufbauen. Es ging auch bereits das Gerücht rum, daß die große Pfeife zerbrochen sei, sogar, daß man sie verloren hätte. Ich hoffe, das stimmt nicht. Ich kann mich noch gut erinnern, wie empört die nördlichen Cheyennes in Montana waren, als sie herausfanden, daß der Hüter ihres heiligen Büffelhutes mit genau diesem Hut herumfuhr, ihn auf der Reservation trug und damit nach Sheridan ging, wo womöglich einige weiße Anthropologen sich daran vergriffen haben. Sie hatten es gar nicht gern, daß dieser heilige Hut ihr Gebiet verlassen hatte, und eine große Jagd setzte ein, bis sie den Hut wieder in Besitz hatten. Und die hatten recht. Zu viele unserer heiligen Dinge enden in Museen oder bei Leuten, die keine Ahnung haben, sondern die Dinge nur begaffen, und wo die Kraft jener Dinge nicht wirken kann.

Die heiligen Pfeifen sind jetzt bereits einige Jahre nicht mehr in der Öffentlichkeit vorgeführt worden. Im Sommer 1969 dachten wir Sioux-Medizinmänner, daß es eigentlich Zeit sei, die Bündel zu öffnen. Aber als dies dann die Runde machte und sogar von einigen TV-Leuten die Rede war, die Geld für ein Exklusiv-Filmrecht geboten hatten, da änderten wir unsere Pläne. Wir wurden wie ein ungezähmtes Pferd, das, wenn man zu nahe kommt, abhaut. Und ich glaube, wir haben auch gute Gründe dafür. Wir brachten die Bündel an ihre versteckten Plätze zurück, und jeder ging heim, ohne die Pfeifen gesehen zu haben. Sicher wird der Tag kommen, da wir sie wieder

öffnen, aber es muß der richtige Tag sein, und die, die kommen, müssen einen guten Grund dafür haben. Der Tag wird kommen, da wird man wissen, daß die Zeit reif ist.
Wir Indianer rauchen die Pfeife des Friedens; das Religionsbuch des weißen Mannes hingegen spricht vom Krieg. Wir sind nebendran gestanden, während der weiße Mann angeblich die Welt zivilisiert hat. Jetzt müssen wir Indianer dem weißen Mann zeigen, wie man mit unseren Brüdern lebt, sie nicht einfach ausnutzt, tötet oder zermalmt. Mit der Pfeife, die ein lebender Teil von uns ist, beten wir für Frieden, für Frieden in Vietnam und in unserem eigenen Land. Wir Indianer sagen »unser Land«, denn es ist immer noch unser Land, auch wenn es jetzt von vielen Menschenrassen in Besitz genommen ist. Land kann nicht Besitz eines einzelnen Menschen sein, Land gehört allen Menschen und auch den zukünftigen Generationen.
Wir müssen versuchen, die Pfeife für die Menschheit zu rauchen, denn sie ist auf dem Weg der Selbstzerstörung. Wir müssen versuchen, zurückzukommen auf die rote Straße der Pfeife, den Weg des Lebens. Wir müssen versuchen, den weißen Mann vor sich selber zu schützen. Dies kann nur geschehen, wenn wir alle zusammen, Indianer und Nichtindianer, uns als Teil dieser Erde betrachten und nicht als Feind, der von außen versucht, die Erde zu besitzen und ihr seinen Willen aufzuzwingen. Wir nämlich, die wir die Bedeutung der Pfeife kennen, wissen auch, daß man als Teil der Erde keinen anderen Teil dieser Erde verletzen kann, ohne sich nicht selbst weh zu tun. Vielleicht können wir durch diese heilige Pfeife einander die verlorengegangenen Weisheiten beibringen, so daß wir durch diese Wolke der Verschmutzung blicken können, die uns Politiker, Industrielle und Wissenschaftler als unabwendbare Realität weismachen. Durch diese Pfeife können wir vielleicht auch Frieden schließen mit unserem größten Feind, der tief in uns steckt. Mit dieser Pfeife können wir wieder den Kreis ohne Ende formen.
Wenn ein Indianer betet, dann liest er nicht tausend Worte aus einem Buch ab. Er spricht einfach ein paar Sätze. Wenn du ein langes Gebet sagst, verstehst du am Schluß selber nicht mehr, was du sagst. Und das ist das letzte, was ich dir beibringen kann, sofern du auf einen alten Mann hören

willst, der in einer baufälligen Hütte lebt und acht Jahre lang *third grade* besucht hat. Wenn du auf ihn hören willst, dann hör auf dieses Gebet, das ich benütze, wenn ich um eine Vision weine:

»Wakan tanka, tunkashila, onshimala . . . Großvater Geist, erhöre mich, auf daß mein Volk leben möge.«

NACHWORT

Inyan Wasicun, der Weiße Mann mit den Steinen

Wir saßen auf dem Boden eines großen, leeren Raumes, ich, meine Frau Jean, meine zwei halbwüchsigen Söhne, meine kleine Tochter und ungefähr vierzig Indianer. Einige davon waren alte und enge Freunde; andere hatte ich nie zuvor gesehen. Die Wände, an die wir unsere Rücken lehnten, waren zusammengestückelt aus Holzbrettern, aus Teilen eines alten Eisenbahnwagens, aus allem, was dem Indianer, der dieses Haus vor Jahren gebaut hatte, in die Finger gekommen war. Ein riesiger Baumstumpf ragte gegen die durchhängende Decke. Eine Petroleumlampe warf ihren zaghaften Lichtschein auf die mit vielfarbigen Mustern bestickten Decken, die die Wände verhängten. Vor mir stand ein großer Kessel mit Hundefleisch, der Kopf des Hundes schwamm oben. Er grinste mich an. Und da waren die zahlreichen heiligen Gegenstände für eine *yuwipi*–Zeremonie: Kürbisrasseln, die heilige Pfeife.

Das Licht wurde gelöscht, und wir waren unseren Gedanken überlassen – menschliche Inseln in einem Meer von Dunkelheit. Die Trommeln dröhnten, und viele Stimmen erhoben sich zu einem hohen, auf- und abschwellenden Gesang. Der beständige Rhythmus der Trommeln pflanzte sich fort zu den Wänden. Von dort nahm ich ihn durch die Schulterblätter in meinen Körper auf. Ich hörte die Trommeln nicht mehr, ich spürte sie körperlich. Lichter erschienen aus dem Nichts, wie Leuchtkäfer. Sie trieben für den Bruchteil einer Sekunde aus der Dunkelheit in die Höhe und verschwanden fast schneller, als Auge und Gehirn in der Lage waren, sich ihrer bewußt zu werden. Die Geister kamen herein.

Es war eine vertraute Szene, deren Zeuge ich bereits ein dutzendmal zuvor gewesen war, und doch war es seltsam und kaum glaubhaft, daß ich, ein Ex-Wiener, geboren in der österreichisch-ungarischen Monarchie, hier in der Prärie der Dakotas mit einem Haufen indianischer Freunde zusammensaß, die alle von Berufs wegen Medizinmänner waren.

Ich war aufgewachsen in barocken Städten, im Schatten von

Kathedralen, mit Wasserspeiern zwischen Fachwerkhäusern. Ich war durch ganz Eurpa gereist, zu Fuß, mit dem Rucksack, mit 30 km Tagesgeschwindigkeit und hatte Kultur mittels meiner Schuhsohlen aufgesogen. Nie, nicht einmal in meinen wildesten Träumen, hatte ich mich in Amerika gesehen, einem Land der Wolkenkratzer und der Super-Technokratie, dessen »Zeit-ist-Geld«–Philosophie mich immer geängstigt hatte. Und nie hatte es danach ausgesehen, daß ich jemals »echte« Indianer treffen, geschweige denn sie zu Freunden haben würde. Die Medizinmänner freilich, die das Dasein als eine lange Folge von Symbolen betrachten, von Symbolen, die gelegt werden müssen, die Vergangenheit, Gegenwart und Zukunft eines Mannes bestimmen, sagen mir, es sei unvermeidlich gewesen, daß ich nach Süd-Dakota kam, daß die symbolische Straße, die ich zu bereisen hatte, unvermeidlich zu dem Ort führte, wo ich, ein Mann aus Österreich-Ungarn, den Sioux begegnete.

Wie die meisten europäischen Kinder war ich dazu veranlagt, in den Indianern meine Helden zu sehen. Mit meinen Spezln ging ich gern in die »Blut-Oper«, ein Kino in Wien, das vor allem amerikanische Western spielte. Wir feuerten die Indianer an und pfiffen die Cowboys und die Kavallerie aus. Der Grund, warum wir uns so aufführten, war ein Mann namens Karl May.

May hatte als Taschendieb und kleiner Betrüger in Sachsen angefangen, einem der kleineren Königreiche in des Kaisers Staat. Er arbeitete jedoch nicht ohne einen gewissen Stil. Er tauchte in Geschäften und Krämerläden auf und stellte sich als Geheimagent der Kgl. Sächsischen Falschgeld-Fahndung vor. Er prüfte die Ladenkassen und entdeckte, was unvermeidlich war, ein paar gefälschte Banknoten, die er im Namen des Staates sicherstellte. Er hinterließ jedesmal unterschriebene Empfangsbestätigungen, eindrucksvolle, amtlich aussehende Dokumente, mit dem sächsischen Wappen im Titel. Da May sein Geschäft in einem sehr kleinen Landstrich ausübte – er besaß nicht einmal ein Fahrrad und mußte mit der Pferdebahn reisen –, wurde er rasch gefaßt. Der Falschgeld-Schwindel war nicht das erste Vergehen gewesen, und er wurde verurteilt, eine Anzahl von Jahren in einer unwirtlichen mittelalterlichen Gefängnisfestung zu verbringen.

Die Gefängnisbibliothek enthielt eine Anzahl von Büchern über Indianer und den Wilden Westen. Sie brachten May darauf, Groschenromane zu schreiben, die bald ein riesiger Erfolg wurden. Als May entlassen wurde, war er schon berühmt und in Maßen vermögend. Seine bevorzugte Heldenfigur war Winnetou, ein junger indianischer Häuptling von übermenschlicher Stärke und ebensolchem Mut und Adel. Winnetou hatte einen ständigen Begleiter, einen deutschen Trapper, Old Shatterhand genannt, eine Umkehrung der Lone-Ranger-Tonto-Situation. Edel war Winnetou sicherlich, anthropologisch gesehen aber ein Fehlschlag. Er war angeblich Apache, lebte der Beschreibung nach aber in dunklen, schattigen, von Seen durchsetzten Wäldern, fuhr in einem Kanu aus Birkenrinde herum oder ritt auf seinem weißen Mustang über die Prärie, um Büffel zu jagen. Er ging auf den Kriegspfad, trug einen Kriegsschmuck mit langem Federschwanz wie ein Prärieindianer, und in einem Film, den ein Weißer drehte, hatte er sogar einen Totempfahl vor seinem Wigwam stehen. Ich verehrte Winnetou kritiklos. Ich wußte nicht, daß Apachen und Birkenrindenkanus nicht zusammengehören.

Ich bin eine lebendige Verkörperung des alten, vielrassigen, vielsprachigen österreich-ungarischen Reiches. Ich war zu gleichen Teilen Katholik, Protestant, Jude, zu gleichen Teilen Österreicher, Ungar und Deutscher. Ich lebte in Wien, Berlin, Budapest, Frankfurt, Paris, auf dem Balkan und in Italien. Da mein Vater vier Wochen vor meiner Geburt starb, wurde ich von einer Menge verschiedener Verwandter aufgezogen. Als kleiner Junge, das war in den zwanziger Jahren, als Hunger und Inflation Wien ergriffen, schickte man mich zu etlichen Tanten und Onkeln, die in der Lage waren, mich durchzupäppeln. Zuerst landete ich bei einer katholischen Tante in Österreich, die einen Bauernhof hatte. Sie war so fromm, daß sie regelmäßige Besuche vom hl. Josef und von Judas Thaddäus, ihrem bevorzugten Heiligen, erhielt. In manch dunkler Nacht konnte ich sie mit ihnen reden hören. Einmal begegnete sie am hellichten Tag Christus auf der Reichsbrücke, der großen Brücke, die bei Wien die Donau überspannt. Sie gab vor, zu stolpern und fiel hin, um ihn anzubeten. Sie getraute sich nicht, offen so zu handeln, aus Angst, die Leute würden sie für verrückt halten und sie in eine Anstalt schleppen. Sie machte sich für den Rest ihres Lebens Vorwürfe, daß sie ihm ihre Verehrung nicht offen erwiesen hatte. Jeden Morgen um 5 Uhr ging sie zur Frühmesse und kam immer voller Flöhe von der Kirche zurück. Binnen einer halben Stunde hatte ich alle ihre Flöhe. Meine Tante sagte, das sei so, weil mein Blut süßer wäre als ihres.

Die nächste Mastkur-Station war in Budapest bei einem jüdischen Großvater. Er nahm mich in die Synagoge mit, und wir brachten jedesmal einen armen *jeshive bocher* zu einer Gratismahlzeit mit nach Hause. Dieser Großvater brachte mir viele Dinge bei – Tarock spielen, mein Essen mit den Armen zu teilen und mich von Schinken fernzuhalten. Er hatte eine braunhäutige, vollbusige Bauerndirne als Dienstmädchen. Sie und ich, wir stahlen uns öfters davon, um uns an einer Scheibe Räucherspeck mit einer feinen Schicht Paprika darauf gütlich zu tun, sehr sündig und sehr schmackhaft.

Danach lebte ich bei protestantischen Verwandten, die mich nach Wittenberg mitnahmen, um eine Predigt in der mittelalterlichen Schloßkirche zu hören, jener Kirche, an deren Portal Luther einstens seine 95 Thesen genagelt und solchermaßen eine neue Religion gegründet hatte. Man nahm mich auch auf die Wartburg mit, das Schloß, in welchem Luther die Bibel ins Deutsche übersetzt hatte. Dort war ihm ein ekliger Teufel des öfteren erschienen und hatte ihn bei der Arbeit gestört. Sie zeigten mir den dunklen Fleck an der Wand, wo Luther sein Tintenfaß nach dem Teufel geschmissen hatte, und einen anderen, gelblichen Fleck (zweifelsohne Schwefel), wo der Geselle aus der Hölle angsterfüllt verduftet war, um dem wütenden Reformer zu entrinnen.

Ich verbrachte sogar einige Zeit bei einer angeheirateten Tante, einem mohammedanischen Mädchen aus Sarajewo. Ein Vetter meiner Mutter, der Eisenbahnbrücken in Bosnien und ähnlich abgelegenen Provinzen der österreichisch-ungarischen Monarchie gebaut hatte, war ihr auf dem alten Bazar begegnet, hatte sie geheiratet und war gestorben. Und da war jetzt sie, und da war ich. Während des Ramadan ließ sie mich von Sonnenaufgang bis Sonnenuntergang fasten. Der Anbruch der Nacht aber war das Zeichen für Festlichkeiten von gargantuesken Ausmaßen. Sie mahlte ihre eigenen Kaffebohnen in einer langen, zylindrischen Handmühle aus ziseliertem

Messing, die mit arabischen Inschriften bedeckt war. Der Tag endete immer mit einer winzigen Tasse Kaffe, dick und schwarz. Obenauf schwamm ein Rosenblatt. Diese Tante sang süße, etwas unheimliche Lieder, halb türkisch, halb slawisch, die sie von Zeit zu Zeit durch wilde, gellende Schreie unterbrach, die indianischen Kriegsschreien nicht unähnlich waren.

Die verschiedenen Religionen verwirrten mich. Welche war die richtige? Ich versuchte es herauszukriegen, hatte aber keinen Erfolg. Das beunruhigte mich. Die verschiedenen Götter – der katholische, jüdische, protestantische, mohammedanische –, sie schienen alle sehr eigene Wünsche an mich zu richten, falls ich mit ihnen gut auskommen wollte. Ich konnte dem einen nicht zu Gefallen sein, ohne den anderen zu beleidigen. Eine gütige Seele löste mein Problem, indem sie mich zum ersten Mal ins Planetarium mitnahm. Ich betrachtete den unerheblichen Fliegenschiß, der Erde genannt wird, die Millionen Sonnen und Sonnensysteme und kam zu dem Schluß, daß, egal wer für das alles Verantwortung trug, keinen Deut drum geben würde, ob ich Schinken aß oder Freitags Fleisch oder am Ramadan untertags nicht fastete. Danach fühlte ich mich viel besser und war eine Zeitlang sehr an der Astronomie interessiert.

Zwei Jahre lang ging ich auf die Odenwald-Schule. Das war ein experimentierfreudiges Avantgarde-Internat, wo Jungen und Mädchen ihren Unterricht im Freien und in paradiesischer Nacktheit erhielten. Diese Schule hatte keine Lehrer und keine Noten. Eine junge Frau führte uns in den Wald und zeigte uns, welche Pilze eßbar waren und welche giftig. Das war eine Unterrichtsstunde. Der Mann, der die Schule leitete, ein biblischer Patriarch mit einem langen weißen Bart, der bis zur Hüfte reichte, ähnelte einem großväterlichen Hippie. Er trug kurze Hosen, Sandalen und ein »Wandervogel«-Hemd. Er übertrug mir die Verantwortung für das Vogelgehege der Schule, ein überzäuntes Stück Wald, das von vielfältigen Arten von Vögeln und sonstigen Tieren bewohnt war.

Ich war zehn und sehr scheu und zurückgezogen. Überall, wo ich bisher gewesen war, hatte ich die falsche Religion gehabt, die falsche Sprache gesprochen und mich sonderbar und deshalb falsch benommen. Für die Deutschen war ich ein schlamperter Österreicher, für die Österreicher ein »Saupreiß«. Für die Ungarn war ich der Sohn habsburgischer Unterdrücker. Die Bosnier nannten mich »Schwob«, einen nationalistischen ungarischen Oberlehnsherrn. Die Franzosen hießen mich den kleinen »boche«. Abhängig davon, wo ich grad war, war ich ein verdammter Papist, ein lutherischer Ketzer, ein Judenjunge, ein kleiner goj. Nichts von alldem war als Kompliment gemeint.

Damals war ich menschenscheu, fürchtete Fremde und verkroch mich mit Büchern und Tieren in meiner eigenen Traumwelt. Deshalb verbrachte ich viel Zeit im Vogelgehege mit einer Schar kleiner Eulen, die ich mit Hackfleisch fütterte und, wenn ich nicht Obacht gab, mit Fragmenten meiner Fingerspitzen. Gern stieg ich hoch auf einen Baum hinauf, machte es mir mit einem Buch und einer der winzigen, schlafäugigen Eulen auf einer Astgabel bequem und las Tiergeschichten von E. Thompson Seton. Ich schloß mich zwei jungen Geologen an und half ihnen, Fossilien auf Jurakalk-Klippen auszugraben. Ich versuchte eine Kreuzotter zu zähmen, mußte sie aber wieder in ihre natürliche Umgebung zurückbringen. Nicht einmal in der großzügigen Odenwald-Schule waren Vipern als Haustiere erlaubt.

Die Tante und der Onkel, die für meine Erziehung verantwortlich zeichneten, zogen nach Berlin und steckten mich in eine altmodische, spartanisch-preußische Schule. Das Gerücht, daß ich von jener gottlosen, subversiven Institution, der Odenwald-Schule, kam, wo entartete Kinder beiderlei Geschlechts pudelnackt in den Wäldern tollten, wo obszöne Wörter ungestraft blieben, wo Schülern das Sammeln eßbarer Pilze beigebracht wurde statt Geometrie, dieses Gerücht lief mir voran, wo ich auch hinkam.

Ich versuchte, gefällig zu sein. Ich lieferte die Information, daß Friedrich der Große deutsch nur mit seinen Hunden sprach, daß er es mit Frauen nicht konnte, daß er versucht hatte, Voltaire zu vögeln und zu seinen Soldaten gesagt hatte: »Wenn ihr nicht so blöde Kerle wärt, hättet ihr euch schon längst auf und davon gemacht.« Das alles hätte mir in Wien, wo Friedrich als verräterischer Vasall galt, der seiner Kaiserin hinterrücks einen Dolchstoß versetzt hatte, einen Einser eingebracht. In Berlin brachte es mir bloß Prügel mit einem

Rohrstock. Der wutentbrannte Lehrer, der einen Kaiser-Wilhelm-Schnauzbart trug und gelbe, tabakfleckige Zähne hatte, nannte mich einen neuen Herostrat, nach dem Griechen, der den Tempel der Diana von Ephesus, eines der sieben Wunder der antiken Welt, niedergebrannt hatte, nur weil es ihm Spaß machte. Der Lehrer erklärte, ich versuche, alles zu zerstören, was dem Vaterland heilig und teuer sei.

Ich wurde sofort zum verdorbensten Kind der Schule ernannt und entsprechend behandelt. Niemand wollte das geringste mit mir zu tun haben, ausgenommen jene, die fast so verderbt waren wie ich. Wir Ausgestoßenen hielten zusammen, sogar nach dem Abitur, 1932, als ein Trupp Braunhemden in unsere Nachbarschaft zog und eine Kneipe als Hauptquartier nahm. Wir waren natürlich gefundenes Fressen für sie. Wir mußten in Gruppen zusammenhalten, um zu überleben. Die Polizei schützte uns nicht mehr. Das Hitlertum lag in der Luft. Als die Nazis die Macht ergriffen, gingen wir in den Untergrund. Der Vater eines meiner engsten Freunde besaß eine kleine Druckerei. Nachts, wenn der alte Mann zu Bett ging, stellten wir eine illegale Zeitung her. Wir wurden verraten. Die meisten von uns wurden verhaftet und verschwanden in KZs, einige für immer. Mein Freund, dessen Vater das Geschäft gehörte, wurde schließlich in Tegel aufgehängt. Eine Hinrichtung war etwas, was sich damals nur wenige Leute leisten konnten. Die Eltern des verurteilten Jungen mußten die Kosten tragen – etwa 800 Dollar. Das schloß die Aufwendungen des Scharfrichters und seiner Assistenten mit ein, die sich für ihre Arbeit Frack und weiße Handschuhe leihen mußten.

Ich hatte Schwein. Ich wurde von einem brutal aussehenden Polizisten verhaftet, der mich in einen einsamen Park führte. Dort brach er in Tränen aus. Er erzählte mir, er habe einen Jungen in meinem Alter, der mir sogar ähnlich sähe. Er sei ein alter Sozialdemokrat und wolle verdammt sein, wenn er Kinder wie mich an eine Horde blutdürstiger Gangster übergäbe. Zu guter Letzt erholte er sich soweit, daß er seine Tränen abwischen konnte. Sein Gesicht kam mir auf einmal wunderschön vor. Er gab mir genug Geld für ein Billet 3. Klasse nach Österreich und befahl mir, direkt zum Bahnhof zu gehen und nicht rechts oder links zu schauen. Er schickte mich mit einem altmodischen »Gott befohlen, mein Junge« fort.

Ich studierte Kunst in Wien, ver- und entliebte mich einige Male, reiste nach Italien und Frankreich. Eines Tages, im März 1938, als ich vom Schifahren aus den Bergen zurückkam, fand ich die deutsche Armee, SS und Gestapo in Wien vor. Wieder ging ich in den Untergrund. Zu meinen früheren Sünden hatte ich witzige Karikaturen für Zeitungen mit ungermanischen Hitlern, fetten und blubbernden Görings und zwergischen Dr. Göbbels hinzugefügt. Ich versteckte mich an verschiedenen Orten, blieb nur wenige Tage an ein und demselben Platz. Zweimal hatte ich drei Tage lang nichts zu essen. Ich war ein guter Europäer, versuchte, wenigstens auf dem Kontinent zu bleiben, zog mich nur einmal über eine Grenze zurück, aber 1940 fand ich mich schließlich auf dem Atlantik wieder, auf einem britischen Schiff, das nach Amerika ging. Ich kam spät nachts in New York an. Freunde aus Wien, die schon seit zwei Jahren hier waren, nahmen mich in ihrem Appartement in der Nähe von Inwood Park auf. Bei Sonnenaufgang stürzte ich zum Fenster, um die Wolkenkratzer zu sehen, sah aber nur Felsen, Eichhörnchen, die einander um einen Baum jagten und ein paar kreischende Eichelhäher. Ich war maßlos erleichtert. Ich würde schon zurechtkommen in Amerika.

Wie ich schon sagte, einige meiner indianischen Freunde neigen dazu, das Leben als Kette symbolischer Bilder zu sehen, welche bestimmte, harmonische Muster bilden. Sie sehen den Menschen nicht als abgetrennte Einheit vor einem Hintergrund, sondern als Teil der Erde, auf der er geht. Sie sehen ihn fast als eine Art Pflanze, die Wurzeln und Adern in verschiedenartigen Quellen bezieht, ihre Säfte mit anderen Pflanzen austauscht, vielleicht sogar von einem anderen Lebewesen gegessen und so zu etwas anderem wird, ein lebendiger Organismus also, der seine Kraft aus seiner Umgebung, aus der Natur erhält. Sie sehen den Menschen als kleinen, aber wesentlichen Teil des Universums, der mit allen anderen Lebewesen durch eine Anzahl von unsichtbaren, aber stark wahrgenommenen Nabelschnüren verbunden ist, wie ich es in Ermangelung einer besseren Umschreibung nennen möchte. Es ist schwierig, einen weißen Mann, der ein Appartement in der Stadt bewohnt, so zu sehen. Die Medizinmänner haben keine Schwierigkeiten, mich von ihrem Standpunkt aus zu betrachten, wenn ich mit ihnen Geschichten austausche. Lame Deer würde sagen: »Du hattest wenigstens eine Tante mit Visionen. Egal, ob sie ihr nur in ihrer Einbildung erschienen oder ob sie total verrückt war. Sie glaubte daran. Oder die Leute, die dir den Ort zeigten, wo *wakan-sica*, der alte Teufel, von Luthers Tintenfaß bedroht wurde. Wenigstens glaubten sie, daß ein böser Geist einen Heiligen belästigen kann. Alle Religionen, alle guten Bekenntnisse beruhen auf irgendeiner Vision. Das Problem mit der Religion der Weißen in Amerika ist folgendes: Wenn ich einem Pfarrer erzähle, daß ich Jesus traf, der neben mir im Supermarkt stand, wird er sagen, das gibt es nicht. Er wird sagen: Das ist unmöglich, du bist verrückt. Solchermaßen verleugnet er seine eigene Religion. Er kann nirgendwohin. Christen, die nicht mehr daran glauben, daß sie an der nächsten Straßenecke mit Jesus zusammenrumpeln könnten, was sind das für welche? Juden, die nicht länger glauben, daß sie Gott in einer Feuersäule finden könnten, warum sind sie noch Juden? Du kommst wenigstens von dort, wo einige weiße Leute noch einen Schimmer von übernatürlichen Dingen haben konnten oder fühlten, daß es eine Welt hinter der grünen Froschhaut-Welt gibt.«

Er würde versuchen, mich zu analysieren und, vereinfacht, zu folgendem Schluß kommen:

»Du wurdest aus deinem eigenen Land gejagt, wie wir. Du bist ein Künstler und deshalb in der Lage, hinter das zu schauen, was uns gemeinhin als »Realität« verkauft wird. Du wurdest von der Religion des weißen Mannes verwirrt, wir auch. Damals, als Junge, verbrachtest du Stunden in den Astgabeln der Bäume und hingst deinen Träumen nach, du fühlst dich wohler mit Tieren als mit Menschen, das war eine Art Visionssuche. Vielleicht war es nicht besonders viel, aber etwas war es doch. Außerdem hebst du ständig seltsam geformte Steine auf, Kiesel und Fossilien, und sagst, du machst das, weil du Spaß daran hast, aber ich weiß es besser. Tief in dir drin mußt du die Macht der Steine wahrnehmen oder die Geister in ihnen, sonst würdest du sie nicht aufheben und sie tätscheln. Ich suchte immer jemanden, der mit helfen würde, ein Buch über indianische Religion und Medizin zu schreiben. Als ich dich traf, wußte ich, daß du der Mann warst, auf den ich gewartet hatte. Dein Kommen war kein Zufall.«

Ob es mir vorherbestimmt war, Lame Deer zu treffen oder nicht, ich dachte während meiner ersten Jahre in Amerika weder an Winnetou noch an Indianer. Ein wenig zu meiner eigenen Überraschung mochte ich New York, und meine Arbeit als Illustrator machte mir Spaß. Ich heiratete eine Amerikanerin, eine Künstlerin wie ich, und zog drei Kinder auf. Ich war glücklich, daß es mich nicht mehr umhertrieb, daß mein Leben mir ein neues Gefühl der Beständigkeit gab, daß Lärm um vier Uhr früh die Ankunft des Milchmannes oder der Müllabfuhr bedeutete und nicht die Gestapo.

Nach gut 12 Jahren aber, seit ich mich niedergelassen und Wurzeln geschlagen hatte, fühlte ich eine neue Unruhe, ein ungewisses Ahnen, daß ich allmählich wieder zum Wandervogel werden würde. Ich schaffte es, eine Anzahl Reiseaufträge von verschiedenen Verlegern zu erhalten, und kaufte einen geräumigen VW-Camper*, den ich mit einer Campingausrüstung und Kindern vollstopfte – nicht nur meinen eigenen, sondern gewöhnlich noch ein oder zwei kleinen Freunden, die auch mitkommen wollten. Auch meine Frau, Jean, die ein Naturkind ist, das ein Blizzard oder Wüstensturm kaum aus der Ruhe bringt (vermutlich einer der Gründe, warum wir verheiratet sind), packte die Wanderlust.

Meine erste Begegnung mit dem amerkanischen Westen war eine merkwürdige, gemütsbewegende Erfahrung. Natürlich fand sie in Süd-Dakota statt. Wir waren den ganzen Tag durch flache, ziemlich eintönige Maisfelder gefahren – dazwischen weitverstreute Farmen mit weißen Zäunen, jedes Haus von enormen Feldern umgeben. Wir überquerten den Missouri, und die alte Landstraße begann wellig zu werden, rauf und runter, rauf und runter. Wir fuhren durch eine Senke und waren plötzlich in einer anderen Welt. Es gab außer der Straße kein Zeichen menschlicher Besiedlung. Vor mir erstreckte sich ein endloser Ozean von Hügeln, bedeckt mit Salbei und Präriegras, silbern, zartbraun und ocker, blaßgelb und orange getönt. Über all dem erstreckte sich der gewaltigste Himmel, den ich je gesehen hatte. Nichts in meinem bisherigen Leben hatte mich auf diese Szene gänzlicher Leere vorbereitet, die mich ohne Warnung überfallen hatte.

Ich hielt den Wagen an, und wir stiegen alle aus. Es herrschte

* entspricht unserem Lieferwagen

Stille. Die Schreie einiger unsichtbarer Vögel machten die Stille nur noch eindrucksvoller. Ich wurde von einer riesigen Woge von Freiheit umbrandet, fühlte mich befreit vom Raum, erlebte einen Augenblick vollkommenen Glücks. Auch die Kinder fühlten es, sogar Jean, die das alles früher schon gesehen hatte. Für den Rest des Tages blieben wir erregt. Jean erzählte mir später, ich hätte ununterbrochen gesungen, bis wir unseren Lagerplatz gefunden hatten.

In dieser Nacht, während wir am offenen Feuer Kaffee tranken, redete ich mit Jean über den Gefühlsstoß, den diese Landschaft mir versetzt hatte. Sie war nicht schön im herkömmlichen Sinn des Wortes. Sie war nicht einmal anmutig. Und doch hatte sie mich mehr beeindruckt als die bunten Glasfenster der Sainte Chapelle, die Hügel von Rom, die österreichischen Alpen oder das Loire-Tal, die allgemein als »schön« bezeichnet werden. Ich glaube, es war der Eindruck, völlig von der Natur verschlungen zu werden, der der Prärie ihre mächtige Anziehungskraft gab. Es gibt nichts Vergleichbares in Europa. Sogar hoch oben auf einem Gletscher in der Schweiz ist man sich der Spielzeugdörfer unten bewußt, der sorgfältig gepflegten Landschaft mit wechselfarbigen Feldern, des entfernten Glockengeläutes. Das alles ist sehr schön, aber es enthält nicht das Präriegefühl der Befreiung, des Ich-Verlusts, des Entkommens schlechthin. Mit den Indianern glaube ich, daß eine Landschaft die Menschen, die in ihr leben, beeinflußt und formt, und daß man sie nicht verstehen und Freundschaft mit ihnen schließen kann, ohne die Erde zu lieben, die sie hervorgebracht hat.

Mein erster Abstecher in den Westen brachte mich nicht unmittelbar in Kontakt mit Indianern. Ich verfaßte illustrierte Geschichten über Geisterstädte, wilde Tiere und Camping in der Wildnis. 1952 ließ mich einer meiner Veleger, ein Eisenbahnnarr, eine Geschichte über eine alte Bergwerksbahn schreiben. Während der Arbeit an dieser Geschichte kamen wir zufällig in eine Indianerreservation. Die Indianer verhielten sich feindselig und mißtrauisch, besonders aber eine Frau, die mit Weißen offensichtlich überhaupt nichts zu tun haben wollte. Ich sah das Elend, in dem die Indianer lebten, und wußte über die Behandlung, die ihnen widerfahren war, Bescheid. Deshalb fand ich ihre Haltung uns gegenüber verständlich, aber persönlich schwer zu ertragen. Wir hielten das einen Tag durch und waren drauf und dran, einzupacken und wegzufahren, als gerade die Frau, die uns bis dahin wie Abschaum behandelt hatte, plötzlich auf uns zukam, uns anlachte, umarmte und zum Abendessen in ihr Haus einlud. Das alles geschah vor langer Zeit, und sie und ihre Familie sind seither liebe Freunde geworden, aber es ist mir nie gelungen, eine Antwort auf die Frage zu bekommen, worauf dieser Umschwung ihres Verhaltens zurückzuführen war. Die einzige Antwort, die ich jemals erhielt, war ein rätselhaftes Lächeln.

Bei näherer Bekanntschaft wurden meine Vorstellungen von mürrischen, stoischen, todernsten, niemals lachenden Indianern gänzlich über den Haufen geworfen. Nie zuvor hatte ich Menschen getroffen, die so gesellig waren, Menschen, die so leicht lachen und weinen konnnten wie meine neugefundenen Freunde.

Es ging uns so gut dort, daß wir nur ungern abreisen wollten. Schließlich luden wir sie ein, mit uns nach New York zu kommen. Was sie am meisten beeindruckte, war der Atlantik, der sie sprachlos machte. Sie lebten in einem dürren, wüstenähnlichen Landstrich und betrachteten jede Ansammlung von Wasser mit ehrfürchtigem Staunen.

Wir machten es uns zur Gewohnheit, diese Familie jedesmal zu besuchen, wenn wir weniger als 500 Meilen von ihr entfernt waren. Unsere Kinder spielten mit den ihren, und wir Erwachsenen waren ebenfalls gern zusammen.

Miteinander besuchten wir benachbarte Stämme, wo diese Familie Freunde hatte, die dann wieder unsere Freunde wurden. So reichte man uns von Stamm zu Stamm weiter, und um 1964 landeten wir dann bei den Sioux. Ein paarmal versuchte ich, Herausgeber von Zeitschriften für eine Geschichte über Indianer und ihre Probleme zu interessieren. Ich rannte gegen eine Mauer. Damals sagte mir jeder: »Komm mir nicht mit Indianern. Indianer sind unmöglich, kein Mensch will Bücher über sie lesen, und Zeitschriften mit diesem Thema sind unverkäuflich.« So schrieb ich Geschichten über Geologie, Wildpferdfang, eine Floßfahrt den Green- und Yampafluß hinab, über alles also, was uns zurück zu unseren indianischen Freunden bringen konnte. 1967 bewirteten wir an die sechzig Indianer in unserer New Yorker Wohnung. Sechsundzwanzig Sioux waren nach New York gekommen, um an Martin Luther Kings Friedensmarsch teilzunehmen, um Kontakt zur Außenwelt herzustellen und den »Büffelhautvorhang« zu durchbrechen. Sie entschieden sich ziemlich unvermittelt dafür, anschließend zu uns zum Essen zu kommen. Das sprach sich immerhin soweit herum, daß anscheinend jeder Indianer im Umkreis von 50 Meilen von New York sich zu unserer Wohnung aufmachte. Eine Gruppe »Weißer Indianer«, sechs Jungen und Mädchen mit langen Haaren und perlenbestickten Kopf- und Halsbändern, folgte den Sioux ganz einfach bis in unsere Wohnung. Später entdeckte ich sie in unserem Schlafzimmer wieder, Marihuana rauchend und in verschiedenen Stellungen des Kamasutra. Es waren so viele Leute da, daß ich total verwirrt wurde. Lame Deer war da. Er hatte eine Trommel dabei und sang die Sioux-Nationalhymne. Eine andere Gruppe sang im Atelier Omaha-Songs. Keine Chance, jemanden kennenzulernen oder sich gar Gesichter zu merken. Jedesmal wenn wir in Rosebud oder Pine Ridge sind, kommt uns ein Fremder entgegen, schüttelt uns die Hand und sagt: »Kennt ihr mich noch? Ich war bei euch zum Essen.«

Bald nannten sie unsere Wohnung in der 89. Straße »Sioux-East« und fingen an, uns plötzlich unangemeldet zu besuchen. Ein alter Mann blieb drei Monate lang da. Ich erhielt auch geheimnisvolle R-Gespräche aus seltsamen Orten. Eine Geisterstimme sprach in gebrochenem Englisch über eine Entfernung von 2000 Meilen zu mir: »He, Freund, erinnerst du dich noch? Ich hänge hier fest zwischen Upper Cut Meat und Wanblee. Ich hab kein Geld mehr für Benzin. Ich brauch 6 Dollar 50 um heimzukommen. Schick's mir telegrafisch!«

Ich pflegte darauf zu erklären, daß es 4 Uhr morgens und Sonntag sei und eine verdammte Plackerei, um diese Zeit eine Western-Union-Filiale zu finden, die offen hätte. Ob es nicht möglich sei, jemand in der näheren Umgebung zu finden, der aushelfen konnte? Die unwiderlegbare Antwort lautete in der Regel: »Mein Junge, du bist der einzige auf der Welt, den ich kenne, der Telefon hat.«

Lame Deer hatte mich zum Sonnentanz eingeladen, den er in seiner Heimatstadt Winner, Süd-Dakota, organisierte. Er stellte mich etlichen anderen Medizinmännern vor. Ich war überrascht, an Riten teilnehmen zu dürfen, die ich für längst ausgestorben gehalten hatte. John machte mir ein Geschenk: den Büffelschädel, der beim Sonnentanz verwendet worden war. Er sagte: »Komm wieder.« Wir besuchten uns viele Male gegenseitig, reisten zusammen, verbrachten ganze Tage nur mit Gesprächen. Der Einfall, ein Buch zu schreiben, kam aus heiterem Himmel, ohne Diskussion, als ob es schon die ganze Zeit geplant gewesen wäre. Ich hatte schon damals viele Notizbücher mit unseren Gesprächen gefüllt und eine große Zahl von Bändern aufgenommen. Ich hatte aber das Gefühl, ich sollte zusammen mit Lame Deer so viele Medizinmänner wie möglich besuchen, um die Geschichte abzurunden und eine möglichst breite Perspektive zu gewinnen. So reiste ich wieder in die Dakotas. Meine Familie kam mit.

Eines Tages saßen wir im Haus eines jungen Medizinmannes, Leonard Crow Dog. John und er sprachen davon, wie schlecht es ihnen ging, weil sie mit ansehen mußten, wie der Sonnentanz durch den Ticketverkauf, die Zirkusatmosphäre, die Entweihung kommerzialisiert wurde. Lame Deer sagte: »Ein paar von uns Medizinmännern sollten sich zusammensetzen und das alles ändern.« Leonard schlug vor: »Charlie Kills Enemy und John Strike wohnen nicht weit von hier. Jemand sollte sie holen.« In kürzester Zeit hatten wir eine Versammlung von sieben Medizinmännern, die über den Sonnentanz diskutierten. Das war eine gute Gelegenheit, eine *yuwipi*-Zeremonie abzuhalten. Sie luden mich zum gemeinsamen Schwitzbad ein. Anschließend fuhr ich nach Mission, um Essen für alle Teilnehmer zu besorgen. Als ich zu Crow Dogs Haus zurückkam, sah ich, daß sich die Nachricht von der Zeremonie schon herumgesprochen hatte. Leute kamen mit dem Auto, unter ihnen eine alte Dame, die sagte: »Ich weiß, daß diese Zeremonie nicht mir gilt, aber vielleicht wird mir *yuwipi* trotzdem helfen.«

Ich kannte alle Medizinmänner außer zweien. Vier hatten mich schon mal in New York besucht. Sie sagten, ich solle meine Familie dazuholen und daß es in Ordnung sei, wenn ich die ganze Zeremonie filmte und Tonaufnahmen machte. Sie hatten gehört, daß John und ich das Buch schrieben, und waren froh darüber. »Wir sind mit euch auf diesem Weg. Diese Dinge sollten aufgeschrieben werden für unsere Enkelkinder.«

Und deshalb saß ich, ein Ex-Wiener und zugereister New Yorker, jetzt im Dunkeln mit einem Kessel voll Hundefleisch neben mir. Als die Zeremonie ihren Höhepunkt erreichte, brachte ich mich freilich selber in Schwierigkeiten. Zwei Jahre lang hatte ich die Zeremonien aufnehmen und fotografieren dürfen, wie ich wollte. Diese Erlaubnis beruhte auf der Tatsache, daß man mir zutraute, keines der ungeschriebenen Gesetze, die für die Zeremonien gelten, zu übertreten. Es war mir gestattet, ein *yuwipi*-Treffen zu fotografieren, bevor die Lichter gelöscht wurden, aber wenn sie einmal aus waren, durfte ich unter keinen Umständen die Geister stören oder versuchen, Bilder von ihnen zu machen.

Es gibt Zeiten, da verabscheue ich Kameras und Tonbandgeräte. Zunächst bin ich ein Idiot, was mechanische Dinge betrifft, der einen endlosen, verzweifelten Kampf mit Maschinen und technischem Kram aller Art führt. Ich habe den Verdacht, mechanische Dinge wissen, wie ich für sie empfinde, und geben es mir auf ihre Weise zurück. Wir befanden uns also mitten in der Zeremonie, die kleinen Lichter waren erschienen, Rasseln flogen durch die Luft. *Yuwipi* war gekommen.

Just in diesem Augenblick begann einer meiner Elektronenblitze durchzudrehen. Er fing aus eigenem Antrieb an zu blitzen. Sofort ertönten im Chor erregte Stimmen: »Mach das verdammte Licht aus, keine Bilder.« Aufgeregt versuchte ich, alle Verbindungskabel zwischen Blitz und Batterie zu trennen, hantierte in völliger Dunkelheit herum und machte alles nur noch schlimmer. Das Gerät brach in eine lange Serie strahlender 1/1000 SK.-Blitze aus. Mir stand der kalte Schweiß auf der Stirn. Falls irgend jemand annahm, ich nützte die Situation aus, um heimlich Fotos zu machen, würde man mir nicht länger wie einem Freund vertrauen. Ich entschied mich, die Zeremonie zu unterbrechen. Ich sagte mit sehr lauter Stimme: »Dieses Licht ist übergeschnappt. Ich versuche, es abzuschalten. Ich habe schon meine Jacke darübergeworfen. Ich versuche nicht, Bilder zu machen.«

Sofort kam die Antwort: »In Ordnung. Es macht nichts. Wir werden solange warten. Dies ist ein gutes Treffen. Die Geister sind hier. Sie kennen dich.«

Jemand schob mir eine Decke zu. »Hier, deck alles zu.« So-

bald von ihm die Rede war, gab der Blitz auf und blitzte nicht länger. Die Zeremonie ging weiter. Als sie zu Ende war und die Petroleumlampe wieder brannte, sagte jeder, es sei ein großartiges Treffen gewesen, alle Anwesenden hätten die Geister, die Kräfte der Steine gespürt. Die kranke Dame glaubte, es ginge ihr besser. Als ich an die Reihe kam zu sprechen, entschuldigte ich mich für die Störung, die ich verursacht hatte. Ich sagte auch, das Blitzlicht sei wie die Geister gewesen, wie die indianische Religion – schwer auszulöschen. Alle lächelten. Einer namens Bill, ein Medizinmann, rollte einen mittelgroßen runden, gräulichen Felsbrocken mit dem Fuß in meine Richtung. Für mich sah er aus wie eine der fossilen Versteinerungen, die man in den Badlands finden kann. Ich hatte schon viele aufgebrochen, um 200 Millionen Jahre alte opalisierende Seemuscheln darin zu finden. Bill sagte: »Möchtest du mir eine Frage stellen über diesen Felsen?«
»Ist es ein besonderer Fels?«
Bill bestand darauf, daß es ein ganz gewöhnlicher Fels war, wie zahllose andere auch. Ich hatte ihm freilich vorher in jemands Medizinbündel gesehen, sorgfältig eingehüllt in rotes Flanelltuch.
»Trägt dieser Fels eine besondere Botschaft?«
Bill erwiderte, daß einige Felsen eine Botschaft trügen, die von der Natur geschrieben sei. Über diesen Fels jedoch wisse er nichts dergleichen.
»Hat dieser Fels etwas mit mir zu tun?«
Bill stellte sich unwissend. Mir fiel keine andere Frage mehr ein. Bill schien enttäuscht, wie wenn er mehr von mir erwartet hätte. Ich kam mir dumm vor.
Plötzlich faßte mich der Medizinmann und zog mich in die Mitte des Raums, wo der Altar aufgestellt worden war. Zwei hielten meine Arme, während Lame Deer den Kopf eines Weißkopf-Adlers auf den meinen legte und sagte: »Die Geister haben uns geheißen, dir einen Namen zu geben, den Namen eines menschlichen Wesens. Du wirst von jetzt an *Inyan Wasicun* heißen.« Jemand verbrannte sweetgrass und räucherte mich ein. Ich wurde mit einer Adlerfeder gefächelt. Dann wurde ich auf meinen Sitz zurückgeführt. Charlie Kills Enemy kam herüber und schüttelte mir die Hand. Er strahlte mich an: »Du hast einen guten Namen erhalten, keinen von

diesen Schwindelnamen, die sie den großkopferten Politikern für Geld andrehen, sowas wie »Großer Weißer Adler, Stolzer Adler, Adler dies und Adler das, das ist Schwindel. Aber *Inyan Wasicun*, das ist ein wirklicher Name, ein guter.«
Ich wußte, *inyan* bedeutet Stein und *wasicun* weißer Mann. Mein Name konnte deshalb übersetzt werden als »Stein weißer Mann, oder Weißer Mann mit dem Stein.« Der Sioux-Name für Moses, beispielsweise, ist *inyan wasicun wakan* – »Stein weißer Mann heilig«, weil Moses auf einen Berg stieg, eine Vision hatte und einen Inschriftenstein zurückbrachte, was ihn in gewisser Weise zu einer Art Medizinmann machte. Aber die Dinge sind niemals ganz so einfach, wenn es um Sioux-Symbole geht. *Inyan* ist nicht nur ein Stein, sondern auch der Geist des Steins, seine verborgene Botschaft, der Name eines alten Gottes. Und *wasicun* bedeutet nicht nur »weißer Mann«. Ein modernes Sioux-Wörterbuch definiert *wasicun* wie folgt:

A) der weiße Mann, in verächtlichem Sinn gebraucht,
B) jede Person oder jedes Ding, das wakan ist (heilig, übernatürlich, spirituell),
C) ebenso eine Person oder Sache, die besondere Kräfte innerhalb des Universums besitzt oder durch diese charakterisiert ist und als Behälter oder Träger von »Ton« angesehen wird (eine spirituelle Kraft, jeglicher Gegenstand, in welchen »Ton« von einem heiligen Mann für seine Zeremonien gelegt und der von ihm in einem Beutel getragen wurde).

Ich fragte meine Freunde, wie ich meinen neuen Namen deuten sollte, erhielt aber keine klare Antwort außer der wiederholten Versicherung, es sei ein guter Name. Leonhard Crow Dog sagte: »Ich lege es so aus, wie ich es verstehe. *Inyan*, das ist der Verstand in deinem Körper. *Inyan Wasicun* kann einen toten Körper überführen, zurückbringen. Er ist ein hilfreicher Geist. Was du machst, geschieht auf indianische Weise. Es macht dich zu einem Für-Sprecher. Bis jetzt hast du nur für dich gesprochen. Jetzt stehst du auf diesem Felsen. Er wird nicht brechen. Er wird in deine Söhne eingehen.
Wenn du alt geworden bist, wenn du gestorben bist, dann werden sich die jüngeren unter uns an dich erinnern. Bei einem powwow wird jemand den Trommlern ein Geschenk

machen, zum Ansagerplatz gehen und den Leuten sagen, daß sie ein Lied singen werden für dich, für *Inyan Wasicun.*«
Ich war sehr angetan, sagte ihm aber, ich hätte es nicht besonders eilig, auf die beschriebene Art geehrt zu werden. Johnny Strike grinste: »Das Buch, das John und du machen wollt, wir unterstützen euch dabei. Wenn es gut wird, dann wirst du *Inyan Wasicun,* der Übermittler von Geheimnissen sein. Wird das Buch aber schlecht, dann bist du bloß ein weißer Mann mit Steinen im Kopf.«
Anschließend aßen wir Hundefleisch und Beerensuppe.

Glossar

alowan – ein Loblied singen
anpo wicahpi – der Morgenstern
ate – Vater

bloka – männliches Tier
blota hunka – Kriegsführer

čan – Baum, Wald; Vorsilbe für beliebige Gegenstände aus Holz
čan cega – Trommel
čan gleska – Reifen, der heilige Kreis
čanku wicasa – Peyote-Zeremonienmeister
čanunpa – die heilige Pfeife
čanshasha – Pfeifenmischung aus roter Weidenrinde
čante – Herz

hanblečeya (hanblechia) – Visionsgrube
hanhepi – Nacht
hanhepi wi – die Nachtsonne, der Mond
hehaka – Hirsch
heyoka – der heilige Clown
hoksi, hokshi – Kind
hoksi eala – Säugling
hoksila – Junge
hunka – Ahne, Vorvater
hunka lowanpi – Verbrüderungszeremonie
hupa gluza – das Heben der Pfeife im Gebet

ikce wičaša – das Volk, die Naturmenschen, die Indianer
iktomé (unktomi) – Spinne; Spinnenmann, Trickser
ina – Mutter, meine Mutter; *húnku* – seine Mutter; *nihún* – deine Mutter
inipi – Schwitzbad
išnati (ishnati) – menstruieren, abseits bleiben
išta (ishta) – Auge
iñyañ – Stein, Fels, Kiesel

kañkakpa – einem Patienten aus der Ader Blut ablassen
kinnickinnik – indianische Tabakmischung, wörtlich: das Gemischte (Algonquinwort), heute im Sprachgebrauch fast aller Stämme vorhanden
kola – Freund
kunshi, unči – Großmutter

Lakota – Eigenbezeichnung der Western Sioux (im Gegensatz zu Dakota im Osten und Nakota im Norden)
leksi – Onkel
luta – rot

mahpiya – Wolken, Himmel
maka – Erde, Mutter Erde
maka sitomni – die Welt, das Universum
mato – Bär
maza – Metall; Vorsilbe für beliebige Gegenstände aus Metall
mazaska – Geld, weißes Metall
mitakuye oyasin – all meine Verwandten; Schlußworte bei fast allen Sioux-Zeremonien
mni, mini – Wasser
mni sha – Wein
mni wakan – Whisky, Schnaps, Brandwein

nagi – Seele, Geist; Kern, Gehalt
nape – Hand

ohitika – tapfer
oinikaga tipi – Schwitzhütte
olowan – Lied
owanka wakan – heiliger Platz, Altar

peji – Kraut, Gras
pejuta – Medizin
pejihota – Sagebrush, Beifuß
pejuta wičaša – Medizinmann
peta – Feuer

peta owihankeshni – das Feuer ohne Ende, das heilige Feuer
pte – Büffelkuh
ptehinčala – Büffelkalb
ptehinčala huhu canunpa – die Büffelkalbknochen-Pfeife, die heilige Pfeife der Sioux-Nation

ša, sha – rot
sapa – schwarz (paha sapa – Black Hills)
šiča, shica – schlecht
siyotanka – Flöte
ska – weiß
šunka wakan – Pferd

taḣca – Hirsch (Überbegriff)
Tahca Ushte – Lame Deer (Lahmer Hirsch)
takoja – Enkel
tatanka – Büffelstier
tate – Wind
tate topa – die vier Himmelsrichtungen
tunka – ein heiliger Stein
tunkashila – Großvater

unčela – Peyote
unči kunshi – *Großmutter*

wačanga – Süßgrass (Weihrauch)
wagmuha – Rassel, Zeremonienrassel
wakan – heilig, geweiht, übernatürlich
Wakan Tanka – der Große Geist, das Große Wunder
wakinyan – die Donnervögel, die Donnerwesen
wanagi – Geist
wanagi wačipi – der Geistertanz
wanblee, wanbli – Adler
wasicun – der weiße Mann
wašte, washtay – gut
waziya – die Kraft, die Macht der Natur, das große Wunder des Nordens; prähistorische Gottheit, wird heute auch für Santa Claus gebraucht
we – Blut

wi – Sonne
wičaśa, wichasha – Mensch, Menschheit, Mann
wičínča – Mädchen
wičínčala – kleines Mädchen, meistens: hübsches Mädchen
win – weiblich (adj.)
winyañ – Frau
wiwanyank wačipi – der Sonnentanz
wolakota – Frieden, Freundschaft
woniya – Geist, Leben, Atem
wopila – Danksagungszeremonie
wotawe – Glück, Schutz, Kriegsglück
wotuhañ, otuhan – *Verschenkungszeremonie*
wowakan – etwas Übernatürliches

yuwipi Steinchen in einer Zeremonienrassel, die auf einem Ameisenhaufen gefunden wurden; Zeremonie, bei der der Medizinmann gefesselt und wie eine Mumie verpackt ist
yuwipi wasičuñ – ein heiliger Stein, der in den Händen des Medizinmanns während einer *yuwipi*-Zeremonie über besondere Kräfte verfügt

Bei der Schreibweise folgte ich den neuesten Ausgaben der gebräuchlichen Sioux-Wörterbücher. Für die Betonung gilt folgendes:

č wie im englischen »chase«
h wie im deutschen »ich« oder »ach«
ñ nur angedeutet, wie im französichen »enfant« oder »allons«
s wie im englischen »sit«
ś wie im englischen »sure« oder »shade«

Zum Beispiel Tellerwäscher. Redaktion: Christine Grän
Süd-Nord 19. 7,80 DM

Als Tellerwäscher, Schuhputzer, Laufburschen, Zigarettenverkäufer, Wasserträger, Flaschensammler oder Autowäscher versuchen Millionen in der »Dritten Welt« zu überleben. Sie sind, wie es die Experten nennen, im »informellen Sektor« beschäftigt. Sie betreiben eine »Schattenwirtschaft«, die von den Regierungen weder gewürdigt noch gefördert wird. »Entwicklung« hat diesen Namen nicht verdient, solange sie an diesen Menschen vorbeigeht.

Zum Beispiel Nahrungsmittelhilfe
Redaktion: Jürgen Lichtenberger
Süd-Nord 20. 7,80 DM

Die Europäische Gemeinschaft erwirtschaftet Riesenüberschüsse. Die könnte man doch in die »Dritte Welt« schicken, wo großer Hunger herrsche. So lautet eine weitverbreitete »Patentlösung«. – Abgesehen davon, daß sich so die Ursachen des Hungers nicht beseitigen lassen, ist Nahrungsmittelhilfe keine mitleidig gewährte Gabe der reichen westlichen Industrienationen, sondern sie dient dem politischen Geschäft.

Zum Beispiel Babies. Redaktion: Elke Groß
Süd-Nord 21. 7,80 DM

15 Millionen Kinder sterben jährlich in der »Dritten Welt« an Hunger und Unterernährung, bevor sie das fünfte Lebensjahr erreicht haben. Mit einfachen Mitteln könnten viele von ihnen gerettet werden. Statt dessen werden Geschäfte gemacht: Mit Babynahrung – der Tod aus der Saugflasche. Mit Pillen – die Praktiken der Pharmakonzerne. Mit Adoptionen – der Babyhandel. Mit Organen – ein mörderisches Geschäft ...

Zum Beispiel Zucker. Redaktion Ekkehard Launer
Süd-Nord 22 7,80 DM

In der »Dritten Welt« sind ganze Staaten von den schwankenden Einnahmen der Rohrzucker-Plantagen abhängig.